普通高等教育电工学系列教材

电工技术

主编　张　石　　刘晓志
主审　　宋君烈

机械工业出版社

本书是根据电工学课程教学基本要求编写的，面向 21 世纪教学内容。主要内容包括：电路及其分析方法、线性电路的暂态分析、交流电路、三相交流电路、磁路和变压器、异步电动机、直流电动机、继电—接触器控制、供电配电与安全用电及电工测量仪表。每章均备有相应的例题、思考题、习题及小结。

本书可作为高等工科院校本科非电专业电工学课程的教材或教学参考书，也可供工程技术人员参考，还可供有兴趣的读者自学使用。

图书在版编目（CIP）数据

电工技术/张石，刘晓志主编 . —北京：机械工业出版社，2011.9（2025.8 重印）

普通高等教育电工学系列教材

ISBN 978 - 7 - 111 - 35833 - 6

Ⅰ.①电… Ⅱ.①张… ②刘… Ⅲ.①电工技术—高等学校—教材 Ⅳ.①TM

中国版本图书馆 CIP 数据核字（2011）第 184799 号

机械工业出版社（北京市百万庄大街 22 号　邮政编码 100037）
策划编辑：徐　凡　责任编辑：徐　凡　王玉鑫
版式设计：张世琴　责任校对：樊钟英
封面设计：张　静　责任印制：张　博
北京机工印刷厂有限公司印刷
2025 年 8 月第 1 版第 10 次印刷
184mm×260mm · 14.5 印张 · 359 千字
标准书号：ISBN 978 - 7 - 111 - 35833 - 6
定价：42.00 元

电话服务　　　　　　　　　网络服务
客服电话：010-88361066　　机 工 官 网：www.cmpbook.com
　　　　　010-88379833　　机 工 官 博：weibo.com/cmp1952
　　　　　010-68326294　　金 书 网：www.golden-book.com
封底无防伪标均为盗版　　机工教育服务网：www.cmpedu.com

前　　言

　　电工学课程是针对高等院校非电类工科各专业开设的一门重要的技术基础课，涵盖了电工电子学科的基本知识、基本理论、基本的实践技能，包括电工技术、电子技术、电力电子技术和电气控制技术、微控制器技术等。通过该课程的学习，使学生对电工电子技术的应用和发展概况有比较全面的了解，为学生学习后续专业课程及从事有关的工程技术工作及科学研究工作打下一定的理论基础和实践基础。

　　本书是电工学课程系列教材的电工技术部分，内容包括：电路及其分析方法、线性电路的暂态分析、交流电路、三相交流电路、磁路和变压器、异步电动机、直流电动机、继电—接触器控制、供电配电与安全用电及电工测量仪表。由于电工学课程是理论性、专业性、应用性均较强的课程，所涉及教学内容广，因此如何在规定学时内使非电类工科各专业学生掌握电工技术知识，成为教学实施的难点。在本书编写过程中，对基本概念、基本理论、工作原理、分析方法等作了必要的和适当的阐述，并通过例题与实例从理论和实际应用上加以说明，以培养学生分析问题和解决问题的能力。

　　本书由东北大学张石教授、刘晓志副教授主编。参加本书编写工作的还有肖军、孟令军、吴春俐、李丹、孙静、李世平、佘黎煌等。此外，尚有许多老师及同学对本书提出了宝贵的、建设性的意见，在此谨表示感谢。同时，对本书选用的参考文献的作者，表示衷心的感谢。

　　本书承蒙东北大学宋君烈教授仔细审阅，并提出了宝贵的意见和建议，在此致以诚挚的谢意。

　　本书编者都是长期在一线从事电工学课程教学的教师，在编写时力求文字通俗易懂，内容重点突出，基本概念清晰明了。但由于编者水平有限，加之编写时间仓促，书中难免有不当之处，恳请读者雅正。

编　者

目　　录

第1章 电路及其分析方法

电能既是一种优越的能量形式，又是重要的信息载体。电的应用要通过各种元器件构成电路来实现。为了正确、合理和更有成效地利用电能，就必须具备有关电路的基本知识。

实际电路种类繁多，简单的如电阻串、并联电路，而较复杂的电路常称为网路或网络。依据供电电源形式可把电路分为直流（direct current）电路和交流（alternating current）电路，直流电一般指大小和方向都不随时间变化的电压或电流，有时又泛指单方向脉动或缓慢变化的电量；交流电通常指按正弦规律变化的电量，但有时也泛指正负对称的非正弦波形的电压或电流。按照电路中元器件的性质，电路可分为线性电路（linear circuit）和非线性电路（non-linear circuit），线性电路可用线性代数方程或线性微分方程及线性积分方程来描述；非线性电路无法用线性方程来描述，如大部分含半导体电子元器件的非线性电路。根据电路所处理的信号是随时间连续变化的还是脉冲数字型的，电路又可分为模拟电路（analog circuit）和数字电路（digital circuit）。

电路理论是电工电子技术的基础，本章首先复习几个表征电路工作状态的主要物理量，然后针对电路模型讨论电路的基本定律和分析计算方法。

1.1 电路的组成及其模型

1.1.1 电路的组成及作用

顾名思义，电路是电流流经的路径。实际电路是由各种电气设备和元器件按一定方式连接而构成的。不论是简单的还是复杂的电路，一般由电源、负载和中间环节三个部分组成。

电源： 提供电能（或信号），是将其他形式的能量转换成电能的设备。例如发电机、蓄电池和信号源等。

负载： 吸收或转换电能，是将电能转换成其他形式能量的设备。例如电动机、电炉和照明灯等。

中间环节： 将电源和负载连接起来，对电能进行输送和分配，对信号进行传递和处理，对电路进行保护等。最简单的中间环节可以是两根导线，一般的中间环节由输电线路、变压器和开关等设备组成，复杂的中间环节可以包括一个庞大的控制系统。

电路的一个作用是实现电能的转换、传输与分配。例如电力系统中的电路，发电机作为电源，将热能或核能等转换成电能，经中间环节输电线和变压器等升压传输到各变电站，再经变电站变压器降压后送到用户的各种取用电能的设备，各用户负载将电能分别转换成光能、机械能、热能等。

电路的另一个作用是完成信号的传递和处理。例如无线电接收设备的电路，把收音机的天线接收到的载有语言、音乐的电磁波转换成相应的电信号，通过中间的放大电路等对信号进行传递与处理，送到扬声器还原为声音信号。

1.1.2 电路模型

由于构成实际电路的电气设备和元器件的电磁性质比较复杂，不易于分析理解，因此把实际电器元件进行抽象、简化，按其主要物理性质将本质特征用理想化的电路元件来表征。其中，每一种理想电路元件只表示一种电磁特性，如用电阻元件表示将电能转变为热能或其他形式能量的电磁特性；用电容元件表示储存电荷的电磁特性；用电感元件表示存储磁场能量的电磁特性等。用抽象的理想电路元件代替实际元器件，从而构成了与实际电路相对应的电路模型。每种理想电路元件均有各自精确的数学定义形式，因此使得用数学方法分析电路成为可能。

图 1-1a 就是一个简单实际电路，其中电池（电源）经导线（中间环节）向白炽灯（负载）供电。相应的电路模型如图 1-1b 所示，电池理想化后可视为内阻为 R_0、电动势为 E 的电压源；白炽灯可视为阻值为 R 的负载电阻。

建立电路模型是电路分析的基础，无论是简单的还是复杂的实际电路都可以抽象成理想电路元件组成的电路模型。

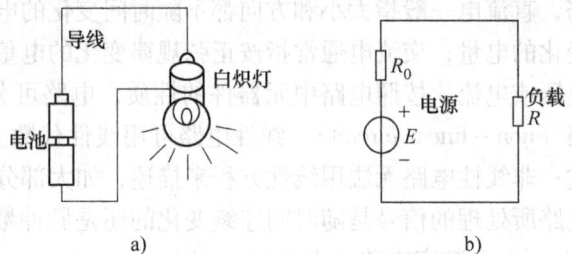

图 1-1 简单实际电路和模型
a）实际电路 b）电路模型

理想电路元件通过其端子与外电路相连接，元件的性质通常用端口处的伏安关系描述。本书常用的理想电路元件主要有：电阻元件、电容元件、电感元件和理想电源（电压源、电流源）元件等，后面将根据学习内容逐一加以介绍。

1.2 电路的主要物理量

电路的主要物理量包括电流、电压、电位、电动势、电功率等，它们的定义在物理学中描述得很清楚，在此仅扼要地说明其基本概念。

依照国家标准，直流量用大写字母表示，交流量用小写字母表示，如电流、电压、电动势、电功率的直流量分别表示为 I、U、E、P；而交流量则分别表示为 i、u、e、p。

对于电流和电压的方向，应注意实际方向与设定的参考方向（假定正方向）之间的区分。

1.2.1 电流

电路中电荷的定向有规则运动形成电流。电流是一种客观存在的物理现象，人们可以通过热效应、磁效应、光效应等来感受它的存在。描述电流强弱的物理量称为电流。电流以单位时间内通过导体横截面的电荷量表示，即

$$i = \frac{dq}{dt} \tag{1-1}$$

如果电流的大小和方向不随时间变化，则这种电流称为恒定电流，简称直流。用大写字母 I 表示。

电流的单位用安培（A）、毫安（mA）、微安（μA）表示，大电流用千安（kA）表示，其关系为

$$1A = 10^3 mA = 10^6 \mu A \qquad 1kA = 10^3 A$$

物理学中规定，正电荷运动的方向为电流的实际方向。但在实际问题中，电流的真实方向往往难以在电路图中标出，尤其在复杂电路的分析中，很难事先判断电流的实际方向。

由于在一段电路中，电流有两个可能的方向，为便于分析计算，可任意选定其中的一个方向假定为正，称为参考方向或正方向。同时规定：如果电流的实际方向与参考方向一致，电流的值为正；反之，如果电流的实际方向与参考方向相反，电流的值为负，如图 1-2 所示。因此，只有在参考方向选定以后，电流 I 值才有正、负之分。这样，在电路中设定电流的参考方向，结合代数式，就可能明确地表示出该段电路任何时刻的电流大小和实际方向。在电路中用箭头或双下标表示电流参考方向。显然，在未标示参考方向的情况下，电流的正负是毫无意义的。因此，在进行电路分析之前，一定要先确定参考方向。

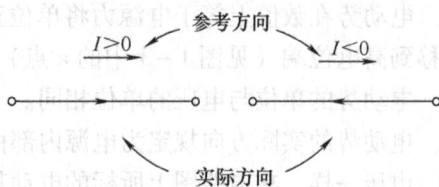

图 1-2 电流的方向

1.2.2 电压和电位

电压是描述电场力移动电荷做功本领的物理量。如图 1-3 所示，a 和 b 分别是电源的正极和负极，如果用导线和负载（外接电路）把两个电极连接起来，则正电荷在电场力的作用下就会沿外电路从 a 流向 b，即电场力对电荷做了功，也就是说 a、b 间存在有电压。

图 1-3 电荷的运动

a、b 间的电压 U_{ab} 在数值上等于电场力把单位正电荷从 a 移到 b 所做的功，其表示式为

$$U_{ab} = \frac{W_F}{q} \tag{1-2}$$

式中，W_F 是电场力所做的功；q 是被电场力所移动的正电荷。

电压的单位用伏特（V）、毫伏（mV）、微伏（μV）和千伏（kV）表示。其数值关系为

$$1V = 10^3 mV = 10^6 \mu V \qquad 1kV = 10^3 V$$

在电路中如有接地（或接机壳）点，而地（或机壳）的电位为零（$U_G = 0$），则电路中任一点 A 对地（或机壳）的电压称为该点的电位（U_A）。在分析计算电路时常常假定电路中某一点的电位为零，该点称为参考点，则电路中任一点到参考点间的电压即为该点的电位。

电压的方向用"＋"、"－"极性或双下标表示。电压的实际方向规定为电场力移动正电荷做功的方向，由高电位端（"＋"极性）指向低电位端（"－"极性），即电位（或电压）降低的方向。例如在图 1-3 中，正电荷从高电位处 a 点沿外电路移向低电位处 b 点，从而电压 U_{ab} 可以用电位差来表示，即

$$U_{ab} = U_a - U_b \tag{1-3}$$

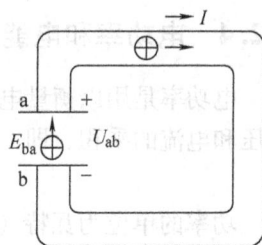

因此有时将电压称为电位差或电压降。

在电路图上所标的电压参考方向是任意设定的。当电压 U 的参考方向（极性）与实际方向一致时，U 为正值；反之，U 为负值。

1.2.3 电动势

电动势在数值上等于电源力将单位正电荷从低电位端（见图 1-3 中的 b 点）经电源内部移到高电位端（见图 1-3 中的 a 点）所做的功。

电动势的单位与电压的单位相同。

电动势的实际方向规定为电源内部由低电位端指向高电位端，即电位升高的方向。同电流、电压一样，在电路图上所标的电动势的方向都是参考方向（极性）。

如果忽略电源内电阻的作用，如图 1-4 所示的一种理想电源，则电动势的数值等于从 b 到 a 电位升高的数值，即

$$E_{ba} = U_a - U_b = U_{ab} \tag{1-4}$$

如果不使用下标，由图示参考方向也可表示为

$$E = U \tag{1-5}$$

也就是说这种理想电源的端电压等于它的电动势。

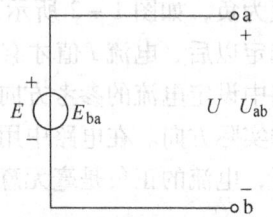

图 1-4 一种理想电源

1.2.4 电功率和电能

电功率是用以衡量电能转换或传输速率的物理量，根据焦耳定律可以推导出电功率等于电压和电流的乘积，即

$$P = UI \tag{1-6}$$

功率的单位为瓦特（W），大的功率也可以用千瓦（kW）和兆瓦（MW）。其关系为

$$1kW = 10^3 W$$
$$1MW = 10^6 W$$

当电路某一元件中的电流从高电位端流向低电位端时，表示电路元件在吸收功率，起负载作用。反之，如果电流从电路元件的低电位端流入，从高电位端流出时，则表示电路元件在发生功率，起电源作用。

在一个完整的电路内，功率服从能量守恒原理，即总的发生功率等于总的吸收功率。例如，在图 1-5 所示电路中，已知电流 I 的实际方向与正方向一致。电流从 E_1 的高电位端（正极）流出，从低电位端（负极）流入，E_1 发生功率，起电源作用。而电流从 E_2 的高电位端流入，从低电位端流出，E_2 吸收功率，起负载作用，称 E_2 为反电势。电阻 R_1 和 R_2 都吸收功率。所以功率平衡关系为

图 1-5 电路中的电功率平衡关系

$$E_1 I = E_2 I + I^2 R_1 + I^2 R_2$$

电能等于功率乘以时间，即

$$W = Pt \tag{1-7}$$

电能的单位为焦耳（J）。若时间用小时（h）、功率用千瓦（kW）为单位，则电能的单位为千瓦小时（kW·h），也叫做"度"，这是供电部门测量用电量的电度表的常用单位。

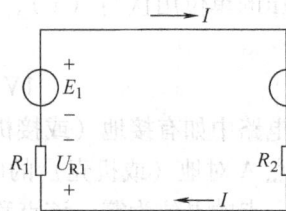

例 1 - 1　在图 1 - 6a 所示电路中，各元件电流和电压的参考方向如图所示。通过测量，已知 $U_1 = -4V$，$U_2 = 8V$，$U_3 = -3V$，$U_4 = 7V$，$U_5 = -4V$，$I_1 = -2A$，$I_3 = -1A$，$I_5 = 1A$。试判断各元件是电源还是负载，并验证功率平衡。

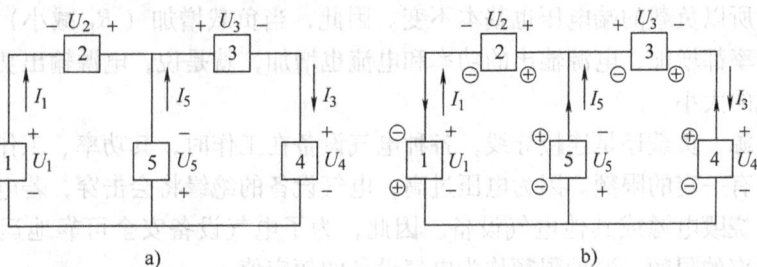

图 1 - 6　例 1 - 1 题图

解：电流、电压的参考方向与实际方向一致时，其值为正；反之为负。由已知测量值可得各元件电流、电压的实际方向如图 1 - 6b 所示。

元件上电压与电流的实际方向一致时，该元件为负载；电压与电流的实际方向相反时，该元件为电源。判断结果：元件 1、4、5 为电源，元件 2、3 为负载。

电源发生功率为

$$| U_1 I_1 | + | U_4 I_3 | + | U_5 I_5 | = 19W$$

负载吸收功率为

$$| \cdot U_2 I_1 | + | U_3 I_3 | = 19W$$

因此功率平衡关系得以验证。

思考题

1 - 1　在图 1 - 7 中，设 $U_1 = 10V$，$U_2 = 30V$，$U_3 = 15V$，试问 a、b 两点哪点电位高？U_{ab} 的值是多少？如果 I 为正值，试写出电路中功率平衡关系式。

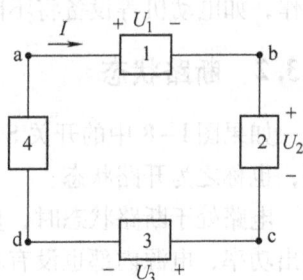

图 1 - 7　思考题 1 - 1 图

1.3　电路的几种工作状态

图 1 - 8 所示是一个简单直流电路，其中电源源电压为 U_S、内阻为 R_0，R_l 为导线电阻，R_L 为负载电阻，开关 S 控制电源的接通和断开，熔断器 FU 实现短路保护。下面分别讨论电路的几种工作状态。

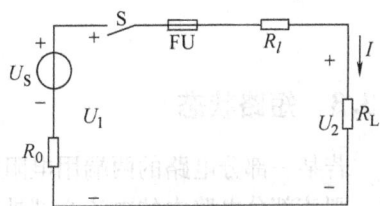

图 1 - 8　简单直流电路

1.3.1　负载工作状态

若图 1 - 8 所示电路中的开关 S 闭合，电源与负载接通，则电路中有电流流动，此时电源发出功率，负载消耗功率。这就是电路的负载工作状态。

电路中的电流为

$$I = \frac{U_S}{R_0 + R_l + R_L} \tag{1 - 8}$$

电源的端电压 $U_1 = U_S - IR_0$，负载的端电压 $U_2 = IR_L$，线路上的电压损耗 $\Delta U_l = IR_l$。负

载从电源取用的功率为 $P_L = I^2 R_L$，线路的功率损耗 $\Delta P_l = I^2 R_l$，电源内部的功率损耗 $\Delta P_S = I^2 R_0$。由此可见，在负载状态下，电源内部和线路上都有功率损耗。当导线电阻 R_l 很小时，线路上的功率损耗和电压损耗可以忽略不计。如果电源内阻 R_0 也很小时，电源的端电压 U_1 基本上不变，所以负载的端电压也基本不变。因此，当负载增加（R_L 减小）时，电流 I 和负载消耗的功率都增加，电源输出的功率和电流也增加，就是说，电源输出功率和电流的大小取决于负载的大小。

无论是电源、负载还是连接导线，各种电气设备在工作时，其功率、工作电压和允许通过的电流都要有一定的限额。因为电压过高，电气设备的绝缘将会击穿，若电流过大将产生很大热量，会烧毁电源或其他电气设备。因此，为了电气设备安全可靠地运行，都要有电压、电流和功率的限额，这种限额称为电气设备的额定值。

额定值表示电气设备的正常工作条件和工作能力，是电气设备的生产厂家为使其产品能在给定的工作条件下正常工作而规定的容许值。各种电气设备的额定值一般在铭牌上标出，或写在产品说明书中。

当电气设备通过的电流等于其额定电流时，称为满载，超过额定电流时，称为过载（超载）。如果电气设备使用不当，电流、电压和功率可能超过其额定值，会降低设备的使用寿命，严重时会导致设备损坏；如果电压、电流远小于额定值，有些电气设备也不能正常工作，如电动机等设备将不能充分利用其工作能力。

1.3.2 断路状态

如果图 1-8 中的开关 S 断开，则电源与负载未被接成闭合电路，这就是电路的断路状态，也称之为开路状态。

电路处于断路状态时，负载电阻对电源来说等于无限大，电路中的电流等于零，电源不输出功率，电源内部也没有功率损耗，电源处于空载状态，电源的端电压和源电压相等。此时电路的特征可表示为

$$I = 0$$
$$U_1 = U_S$$
$$P = 0$$

1.3.3 短路状态

若某一部分电路的两端用电阻可以忽略不计的导线连接起来，则该部分电路中的电流全部被导线旁路，称这部分电路所处的状态为短路状态。图 1-9 所示电路就是忽略导线电阻（$R_L \approx 0$）时，电源两端或负载两端因事故原因而直接连在一起的短路状态。

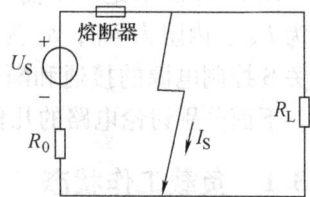

图 1-9 短路状态

电源短路时，电源外部电路的电阻很小，可以忽略，电流从电源流出经过短路点和电源内阻 R_0 构成回路，而不再流过负载，短路电流为

$$I_S = \frac{U_S}{R_0} \tag{1-9}$$

因为一般电源的内阻 R_0 很小，所以短路电流 I_S 很大。此时电源的内部功率损耗最大，

为 $P_S = I_S^2 R_0$ ，即电源所产生的能量全部被内阻消耗。如果电源短路状态不迅速排除，则超过额定电流若干倍的短路电流会使电源设备损毁。

电源短路是一种非常危险的电路状态，通常是一种严重的事故，应尽量预防。一般在电路中接入熔断器或自动断路器等短路保护装置，以便在发生短路故障时，能迅速将电源与短路部分电路切断。但是，有时因某种需要，将电路中的某一段短路而不会引起不良后果，这种短路称短接。

1.4　电路的基本定律

电路的基本定律是进行电路分析的基本依据，包括欧姆定律（Ohm's Law）和基尔霍夫定律（Kirchhoff's Law）。

1.4.1　欧姆定律

欧姆定律反映了电路中电阻元件上电压和电流的约束关系，即流过电阻的电流与电阻两端的电压成正比。

由于电压和电流是具有方向的物理量，同时对某一个特定的电路，它们又是相互关联的，因此选取不同的电压、电流参考方向，便有不同的欧姆定律形式。

对于图 1-10a 所示电路，电压参考方向与电流参考方向一致，此时称电压、电流取关联参考方向，则欧姆定律用公式表示为

$$U = IR \text{ 或 } R = \frac{U}{I} \tag{1-10}$$

在图 1-10b、c 所示电路中，电压参考方向与电流参考方向不一致，则欧姆定律用公式表示为

$$U = -IR \text{ 或 } R = -\frac{U}{I} \tag{1-11}$$

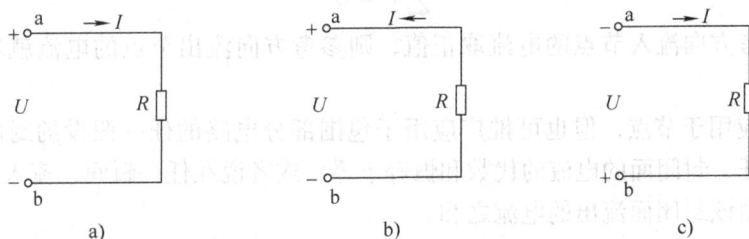

图 1-10　欧姆定律的不同形式

1.4.2　基尔霍夫定律

基尔霍夫定律是分析与计算电路的基本定律，包括基尔霍夫电流定律和基尔霍夫电压定律，概括了电路中节点上的电流和回路中的电压所分别遵循的普遍规律。

为便于叙述和应用基尔霍夫定律，首先以图 1-11 所示的平面电路为例，介绍电路中常用的节点、回路等描述电路结构的有关术语。所谓平面电路（planar circuit），就是将电路画

在平面上，能够做到除节点之外，各支路都不相交的电路，否则称为非平面电路（nonplanar circuit）。

支路（branch）：电路中的每一分支称为支路。一条支路流过一个电流，称为支路电流。图 1-11 所示的电路中共有六条支路，其中，AD、CD 两条支路中含有电源元件，称为有源支路；而 AB、BD、BC 和 AC 支路不含电源元件，称为无源支路。各支路电流的参考方向已在图中标出。

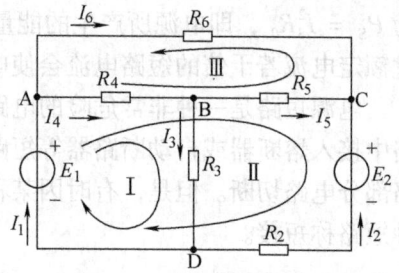

图 1-11　电路举例

节点（node）：电路中三条或三条以上支路的连接点称为节点。图 1-11 电路中的 A、B、C 和 D 都是节点。

回路（loop）：电路中由一条或多条支路组成的任一闭合路径称为回路。图 1-11 电路中的 ABDA、ABCDA 和 ABCA 等都是回路，也可用回路 I、回路 II 和回路 III 等表示，并以"↙"符号为标记。

网孔（mesh）：平面电路的单孔回路（即内部不含有其他支路）称为网孔。网孔是最简单的回路。图 1-11 电路中的 ABDA、BCDB 和 ABCA 就是网孔。

1.4.2.1　基尔霍夫电流定律

基尔霍夫电流定律（KCL）也称为基尔霍夫第一定律，用以描述电路中任一节点上各支路电流间的关系。其具体内容为：在任一瞬间，流入电路中任一节点的电流之和必等于流出该节点的电流之和。在图 1-11 所示电路中，对节点 A 可以写出

$$I_1 = I_4 + I_6$$

上式可以改写为

$$I_1 - I_4 - I_6 = 0$$

因此 KCL 还可表述为：在任一瞬间，流入（或流出）任一节点的电流代数和恒等于零。即

$$\sum I = 0 \tag{1-12}$$

如规定参考方向流入节点的电流取正值，则参考方向流出节点的电流就取负值。反之亦可。

KCL 通常应用于节点，但也可推广应用于包围部分电路的任一假设的封闭面，即在任一瞬间，通过任一封闭面的电流的代数和恒等于零。或者说在任一瞬间，流入任一封闭面的电流之和等于由该封闭面流出的电流之和。

图 1-12 所示的由封闭面包围的三角形电路，其中有三个节点，分别应用 KCL 可列出三个电流方程如下：

$$I_1 = I_{12} - I_{31}$$
$$I_2 = I_{23} - I_{12}$$
$$I_3 = I_{31} - I_{23}$$

将上列三式相加，便可得到 $I_1 + I_2 + I_3 = 0$。

即通过封闭面的电流关系满足广义的 KCL。封闭面可被看成广义节点。

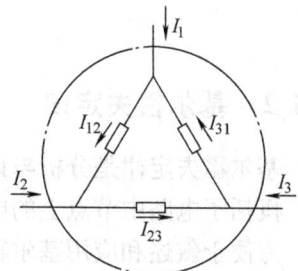

图 1-12　KCL 推广用于封闭面

1.4.2.2　基尔霍夫电压定律

基尔霍夫电压定律（KVL）也称为基尔霍夫第二定律，用以描述电路中任一回路内各部分电压间的关系。其具体内容为：在任一瞬间，沿任一回路绕行一周，回路中各部分电压的代数和恒等于零，即

$$\sum U = 0 \tag{1-13}$$

在应用式（1-13）列写 KVL 电压方程时，首先需要选定一个回路的绕行方向（顺时针或逆时针），并明确回路中各部分电压的参考方向，凡电压参考方向与回路绕行方向一致者，在式中该电压前取"+"号；电压参考方向与回路绕行方向相反者，则电压前取"-"号。

在图 1-13 所示电路中，各段电压方向如图所示。选取回路 I 的绕行方向为顺时针方向，则其 KVL 电压方程为

$$U_{R1} + U_{R3} - U_1 = 0$$

上式可以改写为

$$U_{R1} + U_{R3} = U_1$$

因此 KVL 还可表述为：在任一瞬间，沿任一回路绕行一周，电位降之和等于电位升之和。

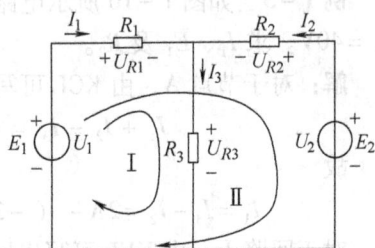

图 1-13　KVL 应用电路

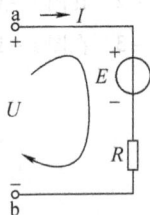

例如在图 1-13 所示电路中，取回路 II 的绕行方向为顺时针方向，则

$$U_{R1} + U_2 = U_{R2} + U_1$$

在电路分析过程中，有时电阻上的电压不设参考极性（或方向），这时可根据电流方向而定：凡电流方向与回路绕行方向相同者，则电阻上的电压取正号，反之取负号。因此，对图 1-13 所示的由电源电动势和电阻构成的各回路，式（1-13）还可写成如下形式：

回路 I

$$I_1 R_1 + I_3 R_3 - E_1 = 0$$

回路 II

$$I_1 R_1 - I_2 R_2 + E_2 - E_1 = 0$$

KVL 通常应用于闭合回路，但也可推广应用到电路中任一未闭合的假想回路，此时需要将开口处的电压列入 KVL 方程。如图 1-14 所示的电路，对 a、b 间电压 U 与电动势 E 及电阻 R 构成的假想回路应用 KVL，其 KVL 方程为

$$E + IR = U$$

图 1-14　KVL 推广用于假想回路

例 1-2　电路如图 1-15 所示，已知 $U_1 = 7V$，$U_3 = -10V$，$U_4 = -15V$。试求：（1）U_{cb}；（2）U_{ac}。

解：（1）根据基尔霍夫电压定律可以对 abcd 回路列出 KVL 电压方程如下：

$$U_1 + U_2 + U_3 - U_4 = 0$$

代入已知数据，可得

$$7 + U_2 + (-10) - (-15) = 0$$

因此

$$U_{cb} = -U_2 = 12V$$

（2）abca 虽然不是闭合回路，但作为假想回路也可以依照 KVL 的推广应用，即有

$$U_{ac} = U_1 + U_2 = 7V - 12V = -5V$$

或者由 adca 假想回路，依据 KVL 可得

$$U_{ac} = U_4 - U_3 = -15V - (-10)V = -5V$$

KVL 体现出，在任何电路中，任意两点之间的电压与计算时所取的路径无关。

图 1-15　例 1-2 题图

例 1-3　如图 1-16 所示电路，已知 $I_2 = -3A$，$I_3 = 2A$，$R_1 = 5\Omega$，$R_3 = 4\Omega$，$U_{ab} = 18V$，$E_2 = 40V$。求 I_1、E_1 及 R_2。

解：对于节点 A，由 KCL 可写出节点电流方程为

$$I_1 + I_2 - I_3 = 0$$

故

$$I_1 = I_3 - I_2 = 2A - (-3)A = 5A$$

对于回路 I，由 KVL 可写出回路电压方程为

$$I_1 R_1 + I_3 R_3 - E_1 = 0$$

图 1-16　例 1-3 题图

因此

$$E_1 = I_1 R_1 + I_3 R_3 = 5 \times 5V + 2 \times 4V = 33V$$

对于假想回路 II，由 KVL 可写出回路电压方程为

$$I_2 R_2 + I_3 R_3 + E_2 - U_{ab} = 0$$

可求出

$$R_2 = \frac{U_{ab} - I_3 R_3 - E_2}{I_2} = \frac{18 - 2 \times 4 - 40}{-3}\Omega = 10\Omega$$

思考题

1-2　在图 1-17 所示电路中，若已知 I_1、I_2 的数值为正，请问 I_3 是正值还是负值，为什么？

1-3　在图 1-18 所示电路中，已知 $U = -20V$，$E_1 = 10V$，$E_2 = 5V$，$I = -1A$，试求电阻 R。

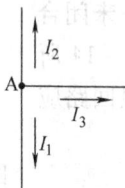

图 1-17　思考题 1-2 图

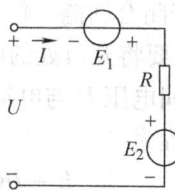

图 1-18　思考题 1-3 图

1.5　电阻及其连接方式的等效变换

电阻元件是构成电路的基本元件之一，本节介绍电阻元件常见的几种连接方式及其等效变换。

1.5.1　电阻元件

电阻元件是表征电路中消耗电能的理想电路元件。电阻元件可以分为线性电阻和非线性电阻。

线性电阻的阻值是常数，任一瞬间线性电阻两端的电压与通过它的电流之间的关系总是服从欧姆定律，即

$$U = IR$$

所以线性电阻元件的伏安特性曲线是通过 $U—I$ 坐标系原点的一条直线，如图 1 – 19 所示，线上任何一点的 U/I，都是常数且等于电阻 R。

电阻元件是一种耗能元件，其能量转换过程是不可逆的。电阻吸收的功率为

$$P = UI = I^2R = U^2/R$$

电阻元件的单位是欧姆（Ω），对大电阻则常用千欧（kΩ）或兆欧（MΩ）做单位。

如果电阻不是常数，其阻值随着电流或电压而变，那么这种电阻就称为非线性电阻。非线性电阻的伏安特性曲线不是直线，$U—I$ 关系不服从欧姆定律，一般不能用数学式准确表示出来。关系曲线 $U = f(I)$ 或 $I = f(U)$ 只能用实验方法做出来。白炽灯伏安特性曲线就是一个典型的非线性电阻伏安特性曲线的例子。

如图 1 – 20 所示，白炽灯伏安特性曲线在第一和第三象限是对称的，也就具有正反向的对称性。这是由于其灯丝的材料是钨，它的阻值只随电流大小（或温度高低）而变，与方向无关。

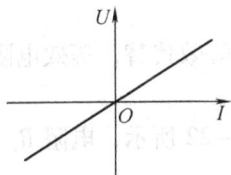

图 1 – 19　线性电阻元件的伏安特性

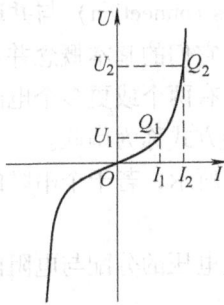

图 1 – 20　白炽灯伏安特性

曲线上各点的 U 与 I 之比称为静态电阻。由图 1 – 20 的曲线可知

$$\frac{U_2}{I_2} > \frac{U_1}{I_1}$$

也就是静态电阻

$$R_{Q2} > R_{Q1}$$

这就说明了白炽灯的冷态电阻小于它额定运行时的热态电阻。

本章只讨论线性电阻。

1.5.2　二端网络及等效的概念

对于复杂电路，有时需要根据电路元件的连接特点来简化电路的分析、计算方法。等效

变换即可用来实现化简电路的目的。

在图 1–21a 所示电路中，一端口网络 （one–port network） N_1 或 N_2 均由电路元件互相连接组成，对外只有两个接线端，因此又将网络整体称为二端网络（two–terminal network）。二端网络本质上就是只具有两个外部接线端的电路块，理解二端网络是认识等效的基础。

如图 1–21 所示，可以用一个等效电阻 （equivalent resistance） R 来代替由若干电阻相互连接构成的二端网络 N_1 在电路中的作用，即用 R 代替 N_1 后，不改变其余部分电路（图 1–21 中网络 N_2）的电压和电流。因此所谓等效，是指对外电路来说被化简的电阻网络与等效电阻具有相同的伏安关系。

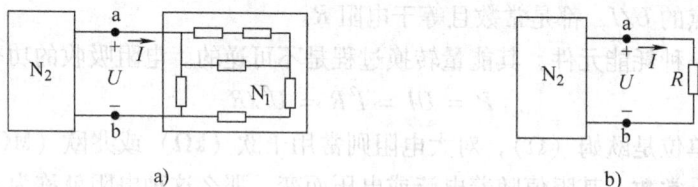

图 1–21　等效的概念

从二端网络的角度看，两个二端网络等效是指对二端网络的外部电路而言，它们具有相同的伏安关系。如果两个二端网络的伏安关系对外部电路来讲是相同的，那么它们对外部电路的作用也就相同；因此这两个二端网络等效。

1.5.3　电阻的串联与并联

串联 （series connection） 与并联 （parallel connection） 是电阻元件连接的基本方式，在此仅扼要地说明它们的基本概念并不加证明地给出一些结论。

如果电路中有两个或更多个电阻一个接一个地顺序相连接，且这些电阻上通过同一个电流，则这种连接方式称为串联。

如图 1–22 所示，若干个串联的电阻可用一个电阻来等效代替，等效电阻 R 的阻值为

$$R = R_1 + R_2 + \cdots + R_n \tag{1–14}$$

串联电阻上电压的分配与电阻的阻值成正比，如图 1–22 所示，电阻 R_i（$i = 1, 2, \cdots, n$）上的电压为

$$U_i = \frac{R_i}{R_1 + R_2 + \cdots + R_n} U$$

电阻串联的实际应用很多。例如在某负载的额定电压低于电源电压的情况下，可根据需要与该负载串联一个电阻来分压。又如有些情况下为了避免在负载中流过过大电流，可根据需要与该负载串联一个限流电阻。

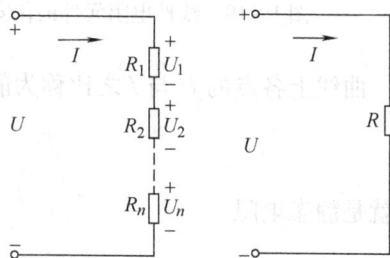

图 1–22　电阻串联的等效

如果电路中有两个或更多个电阻连接在两个公共的节点之间，即这些电阻处于同一个电压下，则这种连接方式称为并联。一般用符号 "//" 表示并联关系，如 $R_1 // R_2$ 表示电阻 R_1 与 R_2 并联。

如图 1–23 所示，若干个并联的电阻可用一个电阻来等效代替，等效电阻 R 的阻值满足

$$\frac{1}{R} = \frac{1}{R_1} + \frac{1}{R_2} + \cdots + \frac{1}{R_n} \qquad (1-15)$$

并联电阻上电流的分配与电阻的阻值成反比，如图 1-23 所示，电阻 R_i（$i=1,2,\cdots,n$）上的电流为

$$I_i = \frac{I}{R_i\left(\dfrac{1}{R_1} + \dfrac{1}{R_2} + \cdots + \dfrac{1}{R_n}\right)}$$

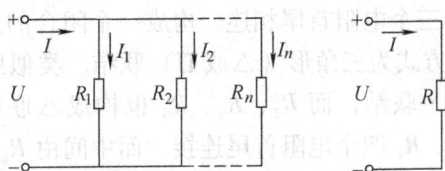

图 1-23　电阻并联的等效

通常情况下负载都是并联使用的。由于不同的负载并联工作时处于同一电压下，因此，其中任何一个负载的工作情况基本不受其他负载的影响。

通过串联、并联电阻的等效合并有时可使复杂电路得以简化。

例 1-4　如图 1-24a 所示电路，已知 $R_1 = R_2 = 2\Omega$，$R_3 = R_4 = 4\Omega$，$R_5 = 6\Omega$，$R_6 = 1\Omega$，$R_7 = 3\Omega$，$R_8 = 1\Omega$，$E = 5V$。求 I。

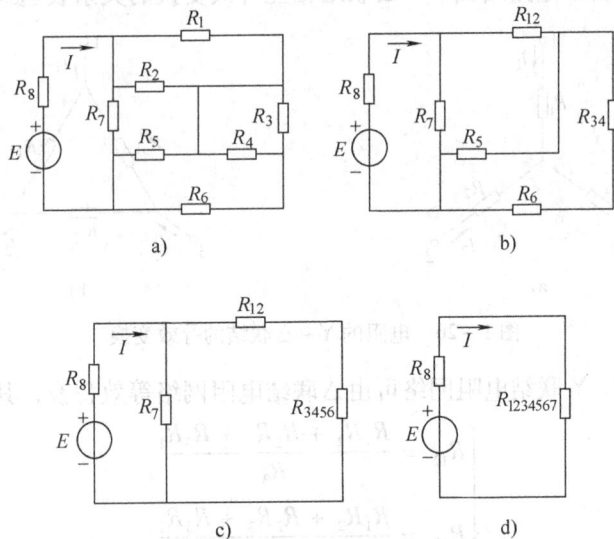

图 1-24　例 1-4 题图

解：图 1-24a 中的并联电阻 R_1、R_2 可用等效电阻 R_{12} 代替，并联电阻 R_3、R_4 可用等效电阻 R_{34} 代替，等效电路如图 1-24b 所示。由式（1-15）可计算出：$R_{12} = 1\Omega$，$R_{34} = 2\Omega$。

进一步，图 1-24b 中电阻 R_{34} 与 R_6 串联，由式（1-14）可知其等效电阻 $R_{346} = 3\Omega$。而 R_{346}、R_5 又并联，可用一电阻 R_{3456} 等效替换，且 $R_{3456} = 2\Omega$，等效电路如图 1-24c 所示。

同理，将图 1-24c 中的各串联、并联电阻等效合并后得到图 1-24d 所示的简化电路，其中等效电阻 $R_{1234567} = (R_{12} + R_{3456}) /\!/ R_7 = 1.5\Omega$，则

$$I = \frac{E}{R_{1234567} + R_8} = 2A$$

1.5.4　电阻的星形与三角形联结

在实际电路中，电阻元件还存在一些既非串联，又非并联的连接方式。

如图 1-25 所示，电路中 R_2、R_3、R_5 三个电阻一端连接在一起，称这种连接方式为星形（Y 或 T）联结；R_1、R_4、R_6 三个电阻首尾相连，构成一个闭合的三角形状，称这种连接方式为三角形（△ 或 Ⅱ）联结。类似地，R_1、R_2、R_6 也构成 Y 联结，而 R_2、R_5、R_6 也构成 △ 联结。电路中 R_1、R_2、R_5、R_4 四个电阻首尾连接，而中间由 R_6 像桥一样相互连接，称这种连接方式为桥式联结。星形联结、三角形联结及桥式联结是实际电路元件常见的连接方式。

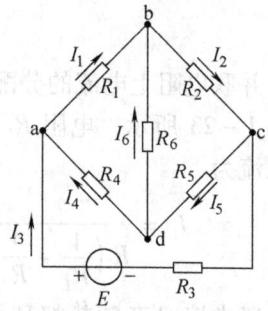

图 1-25 电阻的 Y、△ 联结实例

对于图 1-25 所示的电桥电路部分，不能用串并联等效直接计算等效电阻。

如果 Y 联结的网络和 △ 联结的网络具有相同的电压、电流关系，则这两种网络可以相互替代，而不影响其他部分的电压与电流，即对外部电路而言，电阻的 Y 联结与 △ 联结在一定条件下可以相互等效。Y 联结与 △ 联结的等效变换应用于电路分析中利于电路的简化。下面将结合图 1-26 所示电路给出 Y-△ 联结相互等效变换的关系表达式。

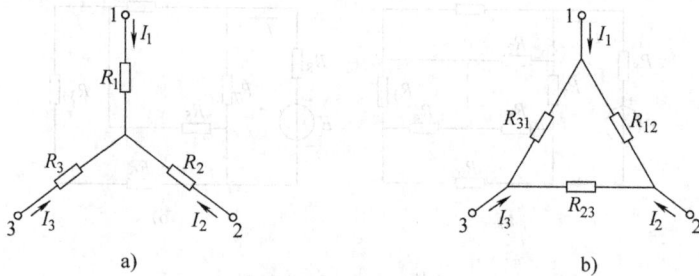

图 1-26 电阻的 Y-△ 联结的等效变换

对外部电路而言，Y 联结电阻网络可由 △ 联结电阻网络等效替换，其等效变换公式为

$$\begin{cases} R_{12} = \dfrac{R_1 R_2 + R_2 R_3 + R_3 R_1}{R_3} \\[2mm] R_{23} = \dfrac{R_1 R_2 + R_2 R_3 + R_3 R_1}{R_1} \\[2mm] R_{31} = \dfrac{R_1 R_2 + R_2 R_3 + R_3 R_1}{R_2} \end{cases} \tag{1-16}$$

对外部电路而言，△ 联结电阻网络也可由 Y 联结电阻网络等效替换，其等效变换公式为

$$\begin{cases} R_1 = \dfrac{R_{12} R_{31}}{R_{12} + R_{23} + R_{31}} \\[2mm] R_2 = \dfrac{R_{23} R_{12}}{R_{12} + R_{23} + R_{31}} \\[2mm] R_3 = \dfrac{R_{31} R_{23}}{R_{12} + R_{23} + R_{31}} \end{cases} \tag{1-17}$$

例 1-5 求图 1-27a 所示电路的等效电阻。

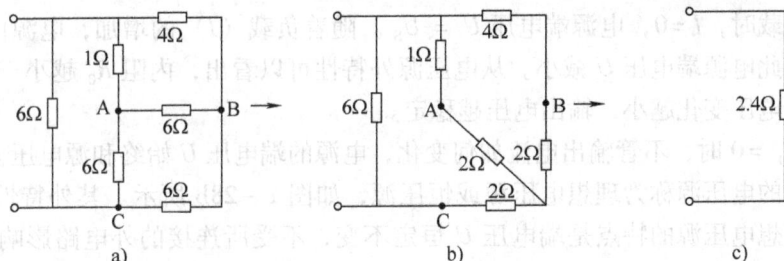

图 1-27 例 1-5 题图

解： 将图 1-27a 中节点 A、B、C 之间的 △ 联结电阻用 Y 联结电阻等效替换，由式 (1-17) 计算等效变换后的电阻，如图 1-27b 所示。对图 1-27b 即可用电阻的串并联化简求出最终的等效电阻

$$R = [(4\Omega + 2\Omega) /\!/ (1\Omega + 2\Omega) + 2\Omega] /\!/ 6\Omega = 2.4\Omega$$

上式中符号 "$/\!/$" 表示并联关系。

当然本题还存在其他 Y 联结或 △ 联结的等效变换可求出等效电阻，解法不唯一，只是变换的难易程度不同。

1.6 电源及其等效变换

电源产生电能，是组成电路的基本元件之一，是电路工作的源动力。一个实际电源可以用两种不同的电路模型表示，由电动势（或源电压）和内阻来表示的模型称为电压源；而用源电流和内阻来表示的模型称为电流源。

1.6.1 电压源

任何一个实际电源，如发电机、蓄电池和信号源等，都含有源电压 U_S 和内阻 R_0。由恒定不变的源电压 U_S 和内阻 R_0 相串联来表示的电源模型即为电压源，如图 1-28a 所示，它是使用非常广泛的一种电源模型。

由图 1-28a 可写出描述电压源的电压方程

$$U = U_S - IR_0 \tag{1-18}$$

式 (1-18) 中，U_S 和 R_0 是常数，U 和 I 是线性关系，可以用一条直线表示。这条直线称为电压源的外特性，如图 1-29 所示。

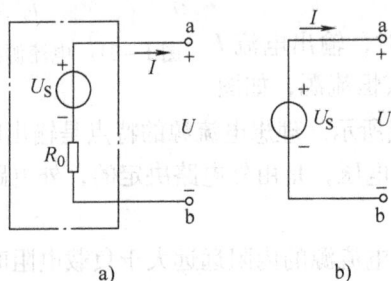

图 1-28 电压源电路
a) 电压源 b) 理想电压源

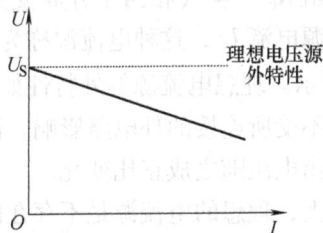

图 1-29 电压源外特性

当电源空载时，$I=0$，电源端电压 $U=U_S$。随着负载（I）的增加，电源内阻 R_0 上的压降增加，因此电源端电压 U 减小。从电压源外特性可以看出，内阻 R_0 越小，输出电流变化时，电源端电压变化越小，输出电压越稳定。

当内阻 $R_0=0$ 时，不管输出电流如何变化，电源的端电压 U 始终和源电压 U_S 相等。这种内阻等于零的电压源称为理想电压源或恒压源，如图 1-28b 所示。其外特性如图 1-29 虚线所示。理想电压源的特点是端电压 U 恒定不变，不受所连接的外电路影响，而电源的输出电流，是由外电路决定的。

实际上，理想的电压源是不存在的。但当实际电压源的内阻远远小于负载电阻时，电压源内阻可以忽略，此时实际电压源可看作理想电压源。

对负载而言，几个电压源串联可用一个电压源等效。等效电压源的源电压为各串联电压源源电压的代数和，即各串联电压源源电压的极性和等效电压源源电压极性相同者取正，相反者取负；而等效电压源的内阻等于各串联电压源内电阻之和。

应当注意：等效电压源输出的电流不允许超过各串联电压源中额定电流最小的电压源的电流。

1.6.2 电流源

实际电源除了可以用电压源模型来表示外，还可以用电流源模型来表示。如图 1-30a 所示，由恒定不变的源电流 I_S 和内阻 R_0 相并联来表示的电源模型即为电流源。

从图 1-30a 不难得出电流源的数学描述，即电流源的输出电流与输出电压的关系式

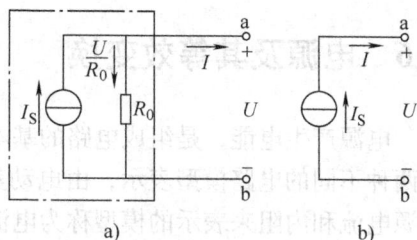

图 1-30 电流源电路
a）电流源 b）理想电流源

$$I = I_S - \frac{U}{R_0} \qquad (1-19)$$

式 (1-19) 中，I_S 和 R_0 是常数，U 与 I 是线性关系，可以用一条直线表示。这条直线称为电流源的外特性，如图 1-31 所示。

当电源空载时，$I=0$，电源端电压 $U=I_S R_0$；短路时，$U=0$，$I=I_S$。只有在电源短路时，源电流 I_S 全部成为输出电流。电流源有载工作时，端电压 U 不等于零，源电流 I_S 只有一部分输送出去，而另一部分则通过内阻 R_0。因此，当外电路电阻增加时，端电压 U 增加，输出电流 I 将随之减少。

当内阻 $R_0=\infty$（相当于并联支路 R_0 断开）时，输出电流 I 始终等于源电流 I_S，这种电流源称为理想电流源或恒流源，如图

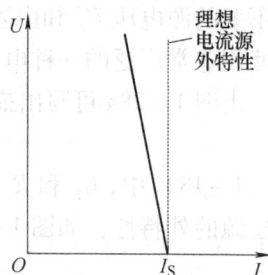

图 1-31 电流源外特性

1-30b 所示。理想电流源的外特性如图 1-31 虚线所示。理想电流源的特点是输出电流 I 恒定不变，不受所连接的外电路影响，而电源两端的电压，是由外电路决定的，外电路电阻变化时，输出电压随之成正比变化。

实际上，理想的电流源是不存在的。但当实际电流源的内阻远远大于负载电阻时，可将实际电流源看作理想电流源。

几个电流源并联可用一个电流源等效。等效电流源的源电流等于各并联电流源源电流的

代数和，即各并联电流源源电流的方向和等效电流源源电流方向相同者取正，相反者取负；而等效电流源的内阻等于各并联电流源内阻并联的等效电阻。

1.6.3　电压源与电流源的等效变换

当用两个电源分别对同一电路或负载供电时，两个电源输出的电流及端电压完全相同，则说明这两个电源作用等效。如果这两个电源分别为电压源和电流源，那么两者之间可以进行互换。

图 1-32 是电压源和电流源分别对负载电阻 R_L 供电的电路，两电路的 R_L 中的电流和端电压相同，因此对负载而言，电压源、电流源这两个二端网络具有相同的伏安特性，是等效的二端网络。

对图 1-32a，应用 KVL，有

$$U = U_S - IR_0 \qquad (1-20)$$

对图 1-32b，应用 KCL，有

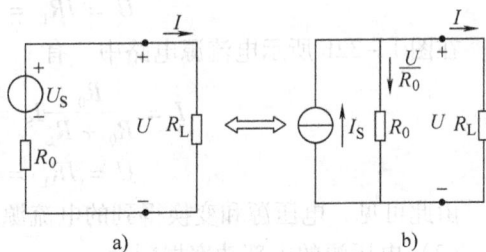

图 1-32　电压源和电流源的等效变换

$$I_S = I + \frac{U}{R_0} \qquad (1-21)$$

令电压源的短路电流 $\frac{U_S}{R_0} = I_S$，即等于电流源的源电流；或令电流源的开路电压 $I_S R_0 = U_S$，即等于电压源的源电压，则式（1-20）与式（1-21）完全相同。

因此，将图 1-32a 与 b 相对照，可以得出电压源和电流源等效变换的关系为

$$I_S = \frac{U_S}{R_0} \quad 或 \quad U_S = I_S R_0 \qquad (1-22)$$

电压源和电流源的内阻相同，仅连接方式不同。对电压源来说，U_S 与 R_0 串联后对负载 R_L 供电；对电流源来说，I_S 与 R_0 并联后对负载 R_L 供电。

为了保持等效变换前后输出端特性一致，源电压 U_S 的方向应与源电流 I_S 的方向相反，即 I_S 的方向是从 U_S 的"-"端指向"+"端。

虽然电压源与电流源之间可以等效互换，但是这种等效互换只对外电路是成立的，对电源内部没有等效的关系。例如图 1-32a 中所示的电压源短路时，内阻 R_0 上的功率损耗最大（$\Delta P_0 = U_S^2/R_0$）；而图 1-32b 中所示的电流源短路时，内阻 R_0 上的功率损耗等于零，所以对电源内部没有等效的关系。

另外由式（1-22）不难发现：理想电压源和理想电流源本身之间没有等效关系。这是因为理想电压源的内阻 $R_0 = 0$，其短路电流 I_S 为无穷大；而理想电流源的内阻 $R_0 = \infty$，其开路电压为无穷大，都不能得到有限数值，所以两者之间不存在等效变换条件，即不能进行等效变换。

例 1-6　已知电压源的 $U_S = 20V$，$R_0 = 5\Omega$，负载电阻 $R_L = 15\Omega$。（1）试求与此电压源等效的电流源，计算负载电阻两端电压 U 和负载中电流 I；（2）计算两种等效电源的内部功率损耗及内阻压降。

解：（1）电压源及其等效的电流源电路如图 1-32 所示。

等效电流源的源电流为

$$I_S = \frac{U_S}{R_0} = \frac{20}{5}A = 4A$$

等效电流源的内阻与电压源内阻数值相同，即 $R_0 = 5\Omega$。

在图 1-32a 所示电压源电路中，有

$$I = \frac{U_S}{R_0 + R_L} = \frac{20}{5 + 15}A = 1A$$

$$U = IR_L = 1 \times 15V = 15V$$

在图 1-32b 所示电流源电路中，有

$$I = \frac{R_0}{R_0 + R_L}I_S = \frac{5}{5 + 15} \times 4A = 1A$$

$$U = IR_L = 1 \times 15V = 15V$$

由此可见，电压源和变换得到的电流源对外电路是等效的。

（2）电压源的内部功率损耗为

$$\Delta P_S = I^2 R_0 = 1^2 \times 5W = 5W$$

电压源的内阻压降为

$$IR_0 = 1 \times 5V = 5V$$

电流源的内部功率损耗为

$$\Delta P'_S = \frac{U^2}{R_0} = \frac{15^2}{5}W = 45W$$

电流源的内阻压降为

$$U = 15V$$

由此可见，电压源和变换得到的电流源对电源内部是不等效的。

1.6.4 受控电源

前面讨论的电压源和电流源，其源电压和源电流不受电路其他部分的电压或电流的影响，是独立的，故称为独立电源。独立电源在电路中起着"激励"作用，因为有了它才能在电路中产生电流和电压。除独立电源外还有一种非独立的受控电源。受控电压源的电压和受控电流源的电流受电路中其他部分的电流或电压控制，简称受控。当控制的电流或电压消失后，受控源的输出也就变为零，即受控源本身不直接起"激励"作用。

根据控制量是电压还是电流，受控量是电压源还是电流源，受控源分为四种，如图 1-33 所示。图 1-33a 为电流控制电流源（CCCS），图 1-33b 为电流控制电压源（CCVS），图 1-33c 为电压控制电流源（VCCS），图 1-33d 为电压控制

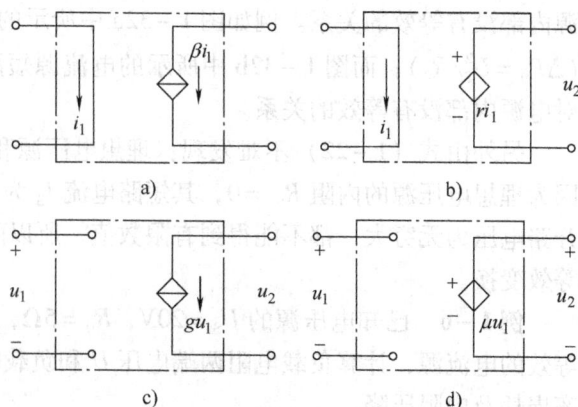

图 1-33 受控电源模型

电压源（VCVS）。受控源采用参考极性的表示方法与独立电源相同，图 1 – 33 中的 β、γ、g 和 μ 都是有关的控制系数。当这些系数为常数时，被控制量与控制量成正比，因此称为线性受控源。

在分析含受控源的线性电路时，受控源与其控制量必须同时出现，因此在对电路做处理或等效变换时必须保留受控源的控制量，在任何情况下都不应该去掉控制量与受控量之间的关系。

例 1 – 7　电路如图 1 – 34a 所示，已知 $R_1 = 2\Omega$，$R_2 = 3\Omega$，$U_S = 10\mathrm{V}$。求 I_2。

解：方法一　分别对上部节点及 U_S、R_1、R_2 回路应用基尔霍夫定律，有

$$\begin{cases} I_1 + 5I_1 = I_2 \\ U_S = I_1 R_1 + I_2 R_2 \end{cases}$$

代入已知数据，可得

$$\begin{cases} I_1 + 5I_1 = I_2 \\ 10 = 2I_1 + 3I_2 \end{cases}$$

因此可求出 $I_2 = 3\mathrm{A}$。

方法二　将受控电流源等效变换为受控电压源，如图 1 – 34b 所示，则

$$U_S = I_1 R_1 + I_1 R_2 + 5I_1 R_2$$

即

$$I_1 = \frac{U_S}{R_1 + 6R_2} = \frac{10}{2 + 6 \times 3}\mathrm{A} = 0.5\mathrm{A}$$

所以

$$I_2 = I_1 + 5I_1 = 6I_1 = 6 \times 0.5\mathrm{A} = 3\mathrm{A}$$

图 1 – 34　例 1 – 7 题图

思考题

1 – 4　求图 1 – 35 所示各电压源的等效电流源。

1 – 5　求图 1 – 36 所示各电流源的等效电压源。

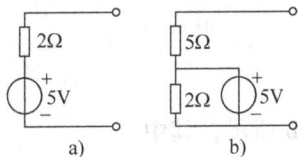

图 1 – 35　思考题 1 – 4 图

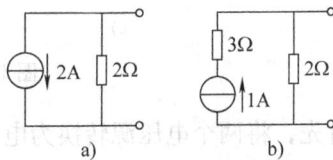

图 1 – 36　思考题 1 – 5 图

1.7　线性网络的分析方法

线性网络是指由线性有源元件和线性无源元件组成的电路。所谓线性元件是指其电压与电流关系能用一次线性方程进行描述的元件。例如，电阻、电容器、电感等为线性无源元件；电压源、电流源为线性有源元件。

对电路的分析通常是已知电路的结构和参数，求解电路中的未知物理量。由于电路的结构形式多种多样，有些电路比较简单，如单网孔的或经电阻的串、并联能等效变换为单网孔

的电路，利用欧姆定律和基尔霍夫定律可直接进行分析计算；而有些电路比较复杂，分析计算相当麻烦，应当根据电路的结构和特点，归纳出分析过程简单、计算快捷的简便方法。本节将介绍线性网络的几种常用的分析方法。

1.7.1 电源等效变换法

根据基尔霍夫定律，串联的理想电压源可以合并，并联的理想电流源也可以合并，因此当电路中存在着多个电源时，可将电压源、电流源进行相应的等效变换，再通过合并的方法简化电路。

使用电源等效变换的方法进行电路分析时，应注意待求支路不得参与变换。另外，与理想电压源直接并联的元件对外电路不起作用，可视作不存在；与理想电流源直接串联的元件对外电路也不起作用，也可视作不存在。因此在计算外电路时，可以将与理想电压源直接并联的元件断开，与理想电流源直接串联的元件短接，但是要注意计算电源内部的各物理量时这些元件不能去掉。

例1-8 电路如图1-37a所示，已知 $U_1 = 12V$，$U_2 = 16V$，$R_1 = 2\Omega$，$R_2 = R_3 = R_4 = 4\Omega$，$R_5 = 5\Omega$，$I_S = 3A$。试利用电压源与电流源的等效变换求电流 I。

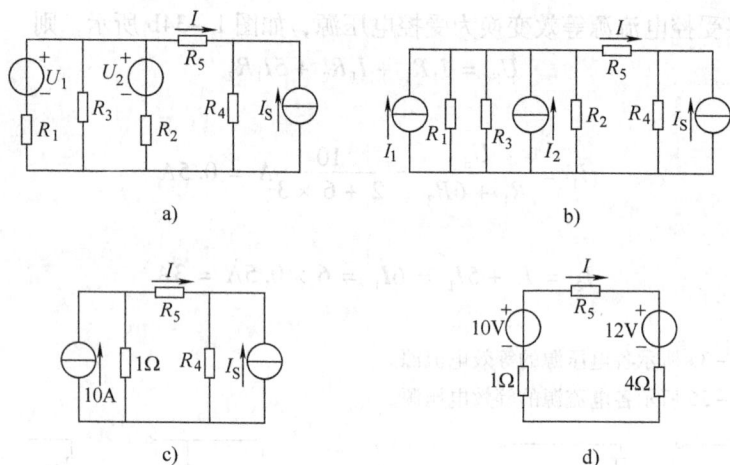

图1-37 例1-8题图

解： 首先，将两个电压源转换为电流源，如图1-37b所示，其中

$$I_1 = \frac{U_1}{R_1} = \frac{12}{2}A = 6A$$

$$I_2 = \frac{U_2}{R_2} = \frac{16}{4}A = 4A$$

然后，将两个理想电流源合并，并将并联的三个电阻 R_1、R_2、R_3 用一个等效电阻代替，结果如图1-37c所示。

最后，再将两个电流源转换为电压源，如图1-37d所示。利用基尔霍夫定律及欧姆定律即可求出电流

$$I = \frac{10 - 12}{1 + 4 + 5}A = -0.2A$$

例1-9 求图1-38a 所示电路中的电流 I。

解： 对理想电流源 I_S 和理想电压源 U_{S2} 来说，待求电流所在的 R_4 支路是外电路。因此，与 I_S 直接串联的 R_1、U_{S1} 对其不起作用，与 U_{S2} 直接并联的 R_3 对其也不起作用，去掉这些元件得到简化的电路，如图1-38b 所示。

将图1-38b 中的电压源等效变换成电流源，如图1-38c 所示。其中

$$I_{S2} = \frac{U_{S2}}{R_2}$$

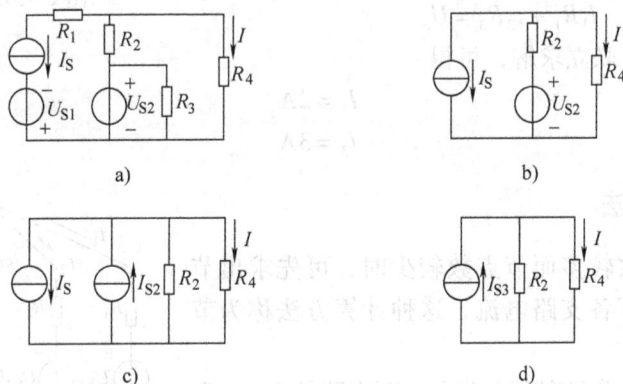

图1-38 例1-9题图

进一步，合并电流源，得到图1-38d。其中

$$I_{S3} = I_{S2} - I_S$$

$$I = I_{S3}\frac{R_2}{R_2 + R_4}$$

1.7.2 支路电流法

支路电流法是以网络中的支路电流作为未知量，应用 KCL 和 KVL 分别对网络的节点和回路列出节点电流方程和回路电压方程，由此分析计算出各支路电流。该方法是分析网络的最基本的方法。

假定线性网络有 m 条支路和 n 个节点，即有 m 个未知电流，则用支路电流法进行分析、计算的步骤如下：

首先，对各支路电流设定参考方向。

其次，应用 KCL 列出 $(n-1)$ 个独立的节点电流方程。所谓独立方程就是后写的方程不能由先列出的方程所导出，也就是新方程要有新的未知量。对于 n 个节点，本可以列出 n 个 KCL 方程，但其中只有 $(n-1)$ 个方程是独立的，这是因为第 n 个节点的 KCL 方程可以由其他 $(n-1)$ 个方程推导出来。

然后，选取回路，应用 KVL 列出 $(m-n+1)$ 个独立的回路电压方程。在有 m 条支路和 n 个节点的平面电路中具有 $(m-n+1)$ 个网孔，因此通常选取网孔作为独立回路来列出 KVL 方程。

最后，联立上述 m 个方程，求解该方程组，即可得到各个支路电流。

例1-10 电路如图1-39 所示，已知 $U_S = 11V$，$I_S = 1A$，$R_1 = 1\Omega$，$R_2 = 2\Omega$，$R_3 = 3\Omega$。

试用支路电流法求各支路电流。

解：各支路电流的参考方向及选取的回路绕行方向如图 1-39 所示。图中有三条支路，其中恒流源支路的电流为已知，即 $I_2 = I_S = 1A$，故只需列出两个独立方程即可求解。

由节点 a，列出 KCL 方程如下：

$$I_1 + I_2 = I_3$$

对左网孔，列出 KVL 方程如下：

$$I_1 R_1 + I_3 R_3 = U_S$$

代入已知数据，联立求解，可得

$$I_1 = 2A$$
$$I_3 = 3A$$

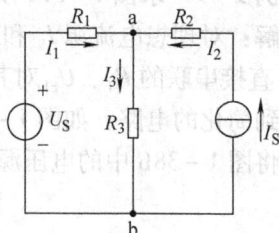

图 1-39 例 1-10 题图

1.7.3 节点电压法

当电路的支路数较多而节点数较少时，可先求出节点电压，然后再计算各支路电流，这种计算方法称为节点电压法。

图 1-40 所示电路只有两个节点，而支路较多。a 和 b 两点之间电压 U_{ab} 称为节点电压。用节点电压法计算这种类型电路比用支路电流法计算要简便得多。

图 1-40 中，对节点 a 应用 KCL，有

$$I_1 - I_2 + I_{S1} - I_{S2} - I_4 = 0$$

图 1-40 具有两个节点的复杂电路

根据欧姆定律和 KVL，将各支路电流用节点电压表示为

$$I_1 = \frac{U_{S1} - U_{ab}}{R_1}$$

$$I_2 = \frac{U_{S2} + U_{ab}}{R_2}$$

$$I_4 = \frac{U_{ab}}{R_4}$$

将 I_1、I_2、I_4 代入节点 a 的 KCL 方程并整理，可以得出

$$U_{ab} = \frac{\dfrac{U_{S1}}{R_1} - \dfrac{U_{S2}}{R_2} + I_{S1} - I_{S2}}{\dfrac{1}{R_1} + \dfrac{1}{R_2} + \dfrac{1}{R_4}} = \frac{\sum \dfrac{U_S}{R} + \sum I_S}{\sum \dfrac{1}{R}} \tag{1-23}$$

在式（1-23）中，分母为各支路等效电阻的倒数之和，各项总为正，注意这里不包括与理想电流源直接串联的电阻；分子为各支路短路电流的代数和，各项可以为正，也可以为负。当源电压的极性与节点电压的极性相同时取正号，相反时取负号，如 U_{S1} 与 U_{ab} 皆上"+"下"-"，极性相同，取正号；而 U_{S2} 与 U_{ab} 极性相反取负号。源电流的方向与节点电压的方向相反时取正号，否则取负号，如 I_{S1} 方向由 b 流向 a，与 U_{ab} 方向相反，取正号；I_{S2} 与 U_{ab} 同向，取负号。

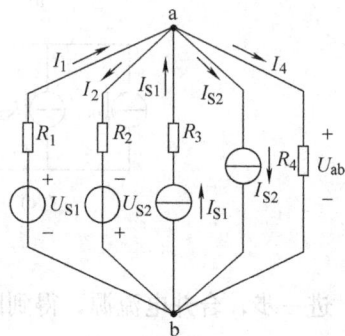

例 1 – 11　电路同例 1 – 10，用节点电压法计算各支路电流。

解：在图 1 – 41 中，恒流源支路的电流为已知，即 $I_2 = I_S$ = 1A。

根据式（1 – 23），计算节点电压 U_{ab}，即

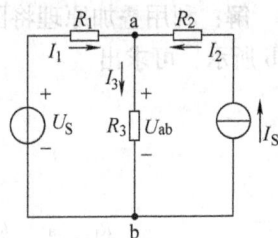

图 1 – 41　例 1 – 11 题图

$$U_{ab} = \frac{\dfrac{U_S}{R_1} + I_S}{\dfrac{1}{R_1} + \dfrac{1}{R_3}} = \frac{\dfrac{11}{1} + 1}{\dfrac{1}{1} + \dfrac{1}{3}} \mathrm{V} = 9\mathrm{V}$$

则各支路电流为

$$I_1 = \frac{U_S - U_{ab}}{R_1} = \frac{11 - 9}{1} \mathrm{A} = 2\mathrm{A}$$

$$I_3 = \frac{U_{ab}}{R_3} = \frac{9}{3} \mathrm{A} = 3\mathrm{A}$$

1.7.4　叠加原理

在线性电路中，各支路中的电流（或电压）是由电路中所有电源共同作用产生的。但是，任何一条支路中的电流（或电压），都可以看成是由电路中各个电源单独作用时，在该支路中所产生的电流（或电压）的代数和。这就是叠加原理。它是线性电路的重要性质之一，也是分析线性电路的普遍原理。

以图 1 – 42 为例进一步说明叠加原理。在图 1 – 42a 中，每个支路电流都是由 U_{S1} 和 U_{S2} 共同作用产生的。图 1 – 42b 是电源 U_{S1} 单独作用的电路，各支路所产生的电流为 I_1'、I_2'、I_3'。图 1 – 42c 是电源 U_{S2} 单独作用的电路，各支路所产生的电流为 I_1''、I_2''、I_3''。

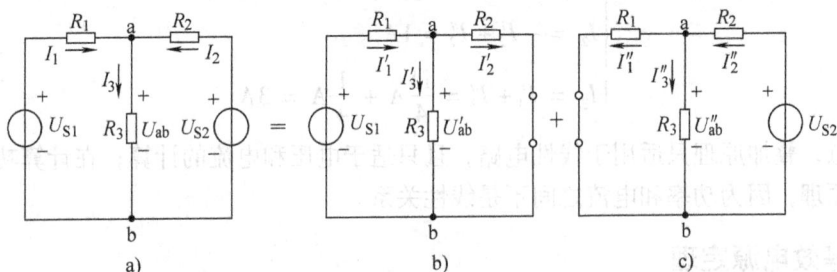

图 1 – 42　叠加原理

所谓电路中只有一个电源单独作用，是指每个电路只保留一个电源，将其他电源做零值处理，即理想电压源短路，理想电流源开路，但所有电源的内阻应保留不变。

在叠加时，待求量（总量）为两部分分量的代数和，这便是叠加原理的含义。

将各分量叠加时，若分量的方向与总量的方向一致则取正号；否则取负号。即在图 1 – 42 中，有

$$\begin{cases} I_1 = I_1' - I_1'' \\ I_2 = -I_2' + I_2'' \\ I_3 = I_3' + I_3'' \end{cases} \tag{1 – 24}$$

例 1 – 12　电路同例 1 – 10，用叠加原理计算各支路电流。

解：利用叠加原理将图 1 – 43a 分解为图 1 – 43b 和 c，则 U_S 单独作用时，电路如图 1 – 43b 所示，可求出

$$I'_1 = I'_3 = \frac{U_S}{R_1 + R_3} = \frac{11}{1 + 3}\mathrm{A} = \frac{11}{4}\mathrm{A}$$

$$I'_2 = 0$$

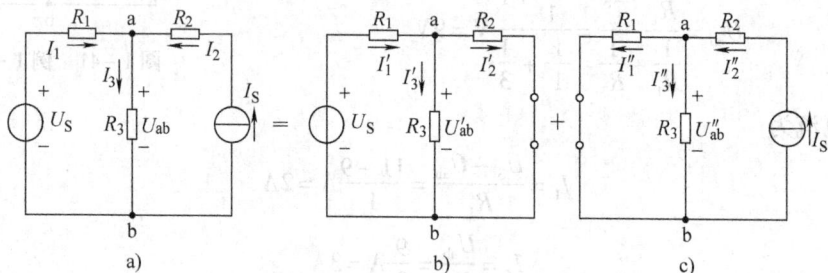

图 1 – 43　例 1 – 12 题图

I_S 单独作用时，电路如图 1 – 43c 所示，可求出

$$I''_1 = I_S \frac{R_3}{R_1 + R_3} = 1 \times \frac{3}{1 + 3}\mathrm{A} = \frac{3}{4}\mathrm{A}$$

$$I''_2 = I_S = 1\mathrm{A}$$

$$I''_3 = I''_2 - I''_1 = 1\mathrm{A} - \frac{3}{4}\mathrm{A} = \frac{1}{4}\mathrm{A}$$

U_S、I_S 共同作用时，有

$$\begin{cases} I_1 = I'_1 - I''_1 = \dfrac{11}{4}\mathrm{A} - \dfrac{3}{4}\mathrm{A} = 2\mathrm{A} \\ I_2 = -I'_2 + I''_2 = 1\mathrm{A} \\ I_3 = I'_3 + I''_3 = \dfrac{11}{4}\mathrm{A} + \dfrac{1}{4}\mathrm{A} = 3\mathrm{A} \end{cases}$$

应注意，叠加原理只适用于线性电路，且只适于电压和电流的计算；在计算功率时不能应用叠加原理，因为功率和电流之间不是线性关系。

1.7.5　等效电源定理

前面已介绍了二端网络的概念，若二端网络内部含有电源，则称为有源二端网络；否则称为无源二端网络。在图 1 – 44 所示电路中，a、b 左侧的含源电路即为一个有源二端网络。

通常情况下，一个无源二端网络可以等效为一个电阻；而在外特性等效的前提下，即保持输出电压和输出电流不变，有源二端网络可以等效为电源，这就是等效电源定理。例如在有些情况下，人们只需要计算复杂电路中某一元件或某一支路的电流、电压和功率，由于余下的含有电源的部分电路与待求的某一支路或某一元件必有两个出线端相连接，因此是线性有源二端网

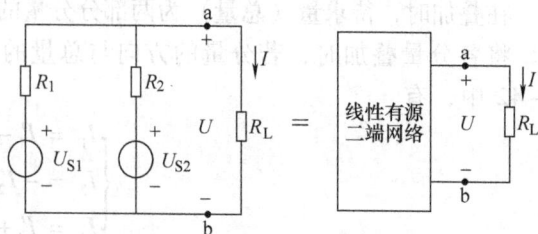

图 1 – 44　线性有源二端网络

络，进而可以通过等效电源定理化简成一个等效电源。

由于电源可以用两种不同的电路模型表示，故线性有源二端网络可以等效成一个电压源，也可以等效成一个电流源，因此有戴维南定理（Thévenin's theorem）和诺顿定理（Norton's theorem）两个等效电源定理，它们是对线性有源二端网络进行化简的重要定理，是分析计算复杂电路的有力工具。

1.7.5.1　戴维南定理

对外电路来说，任何一个线性有源二端网络都可以用一个等效电压源来代替。等效电压源的源电压 U_S 等于有源二端网络的开路电压 U_0；等效电压源的内阻 R_0 等于有源二端网络中所有电源作用等于零（理想电压源短接，其源电压为零；理想电流源开路，其源电流为零）后所得无源二端网络的等效电阻。这就是戴维南定理。

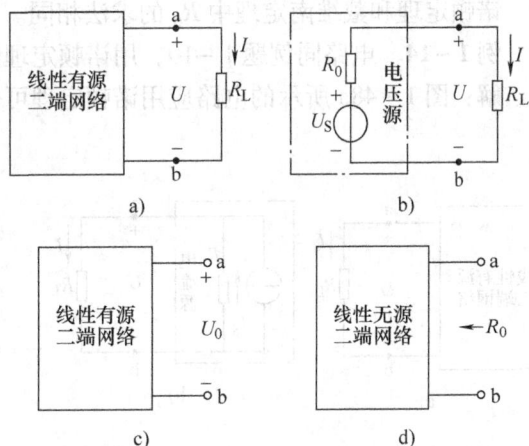

图 1 - 45　戴维南定理

如图 1 - 45 所示，图 1 - 45a 中的线性有源二端网络可以用图 1 - 45b 中的等效电压源来代替。等效电压源的源电压 U_S 等于图 1 - 45c 中的开路电压 U_0，即将负载电阻 R_L 断开后 a、b 两端之间的电压；等效电压源的内阻 R_0 等于图 1 - 45d 中从 a、b 两端看进去的线性无源二端网络的等效电阻。

例 1 - 13　电路同例 1 - 10，用戴维南定理计算电流 I_3。

解： 图 1 - 46a 所示的电路应用戴维南定理可化为图 1 - 46b 所示的等效电路。

由图 1 - 46c，可求出等效电压源的源电压，即断开待求支路后 a、b 间的开路电压 U_0

$$U_0 = I_S R_1 + U_S = 1 \times 1V + 11V = 12V$$

由图 1 - 46d，可求出等效电压源的内阻，即从 a、b 两端看进去的线性无源二端网络的等效电阻 R_0

$$R_0 = R_1 = 1\Omega$$

最后，由图 1 - 46b 所示的等效电路，可求得

$$I_3 = \frac{U_0}{R_0 + R_3} = \frac{12}{1 + 3}A = 3A$$

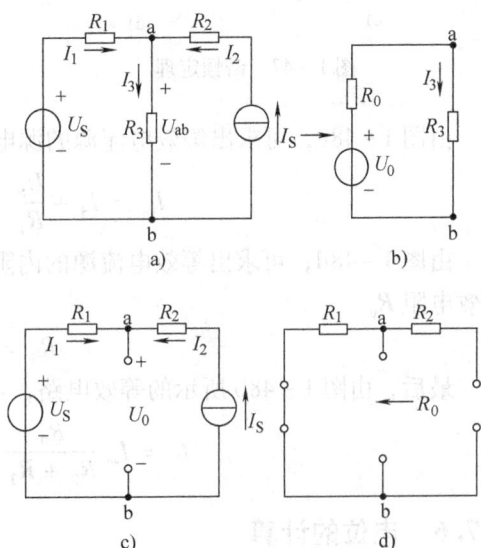

图 1 - 46　例 1 - 13 题图

1.7.5.2　诺顿定理

任何一个线性有源二端网络，对外电路来说都可以用一个等效电流源代替。等效电流源的源电流 I_S 等于有源二端网络的短路电流，等效电流源的内阻 R_0 等于有源二端网络中所有电源不作用（源电压短路，源电流开路）时得到的无源二端网络的等效电阻。这就是诺顿

定理。

如图1-47所示，图1-47a中的线性有源二端网络可以用图1-47b中的等效电流源来代替。等效电流源的源电流I_S等于图1-47c中的短路电流I_{sc}，即将a、b两端短接后其中的电流；等效电流源的内阻R_0等于图1-47d中从a、b两端看进去的线性无源二端网络的等效电阻。

诺顿定理和戴维南定理中R_0的求法相同。

例1-14　电路同例题1-10，用诺顿定理计算电流I_3。

解：图1-48a所示的电路应用诺顿定理可化为图1-48b所示的等效电路。

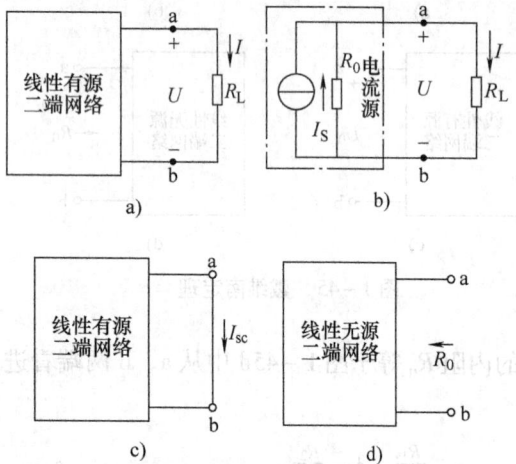

图1-47　诺顿定理

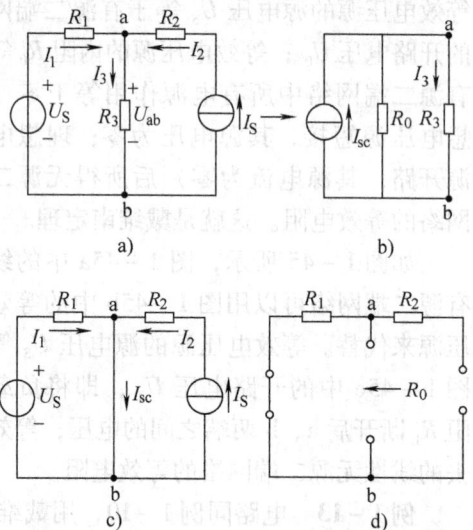

图1-48　例1-14题图

由图1-48c，可求出等效电流源的源电流，即短接待求支路后a、b间的短路电流I_{sc}

$$I_{sc} = I_S + \frac{U_S}{R_1} = 1A + \frac{11}{1}A = 12A$$

由图1-48d，可求出等效电流源的内阻，即从a、b两端看进去的线性无源二端网络的等效电阻R_0

$$R_0 = R_1 = 1\Omega$$

最后，由图1-48b所示的等效电路，可求得

$$I_3 = I_{sc}\frac{R_0}{R_0 + R_3} = 12 \times \frac{1}{1 + 3}A = 3A$$

1.7.6　电位的计算

电位是电路分析中的重要概念。在分析某些复杂电路时，应用电位的概念，可使计算简单方便，或简化电路图的画法。

可取电路中任一点作为参考点（一般情况下，设电路参考点电位为零），参考点确定后，电路中某一点的电位就是指该点与电路参考点间的电压。电路中参考点又称接地点，用符号"⊥"表示。

需要说明的是，电路中参考点确定之后，各点电位是一个定值，若参考点改变，各点电位也随之改变，但任意两点间的电压不变。

例 1-15　电路如图 1-49 所示，分别以 a 点和 b 点为参考点，求 a、b、c、d 各点的电位及电压 U_{cd}。

解： 若取 a 点为参考点，则

$$U_a = 0V$$
$$U_b = U_{ba} = -5 \times 2V = -10V$$
$$U_c = U_{ca} = -1 \times 2V = -2V$$
$$U_d = U_{da} = 6 \times 5V = 30V$$
$$U_{cd} = U_c - U_d = -32V$$

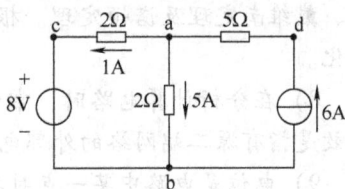

图 1-49　例 1-15 题图

若取 b 点为参考点，则

$$U_b = 0V$$
$$U_a = U_{ab} = 5 \times 2V = 10V$$
$$U_c = U_{cb} = 8V$$
$$U_d = U_{db} = U_{da} + U_{ab} = 6 \times 5V + 10V = 40V$$
$$U_{cd} = U_c - U_d = -32V$$

由此可见，各点电位的高低是相对的，而两点间的电压值却是绝对的。参考点不同，各点电位也不同，但两点间的电压是不变的。

引入电位概念后，有时采用用电位表示的电路来使电路图简化，这一点在电子电路的分析中得以广泛应用。例如，图 1-50a 所示电路与图 1-50b 所示的用电位表示的电路是一样的。

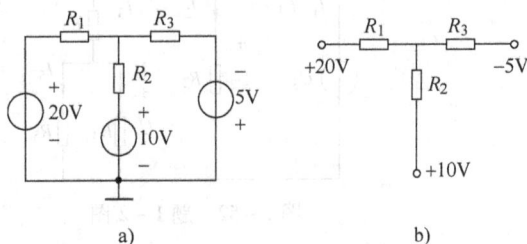

图 1-50　用电位表示的电路

小　　结

1）电路由电源、负载和中间环节组成。用理想电路元件符号代替实物画出的原理电路称为电路模型。

2）在分析计算电路时，为方便起见，往往给电压、电流等物理量假设一个参考方向，即正方向。

3）电路有三种状态：断路、短路与负载状态。电压源不允许处于短路工作状态。

4）欧姆定律和基尔霍夫定律是分析计算电路的理论根据。欧姆定律描述一段电路上电压与电流间的关系，基尔霍夫定律分别描述了节点电流关系和回路电压关系。

5）根据电阻元件的连接特点对其等效变换，有助于简化电路结构。

6）电压源和电流源对外电路而言，存在相互之间的等效变换。受控源是指电压源的电压或电流源的电流受电路中某一电压或电流的控制。

7）线性电路常用的分析方法有：电源等效变换法、支路电流法、节点电压法、叠加原理、戴维南定理及诺顿定理。根据电路的特点选用某种方法，其目的就是使分析计算过程简化。

8）在分析计算电路时，常常将有源二端网络等效变换为电压源和电流源，但应注意：等效是指有源二端网络的外部电路等效，内部电路不存在等效关系。

9）电位是电路中某一点对参考点间的电压，是为分析计算电路简单方便而引入的。实际中电位是对机壳或接地点而言的。

习　题

1-1　在图 1-51 所示电路中，求 U_{ab}。

1-2　电路如图 1-52 所示，$R_1 = 6\Omega$，$R_2 = 4\Omega$，$R_3 = 2\Omega$，$R_4 = 3\Omega$，$R_5 = 6\Omega$。（1）若已知 $U_S = 48V$，求各支路电流；（2）若已知 $U_2 = 8V$，求 U_S；（3）若已知 $U_4 = 3V$，求 U_S。

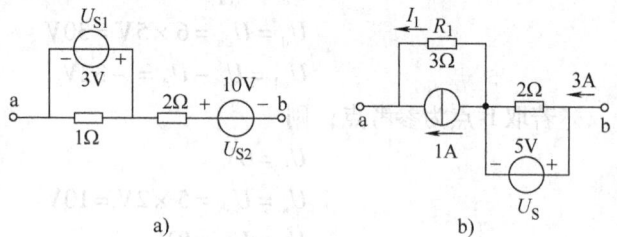

图 1-51　题 1-1 图

1-3　电路如图 1-53 所示。（1）计算各电阻的端电压及其消耗的功率；（2）判断出电路中的电源元件，并计算其发生的功率。

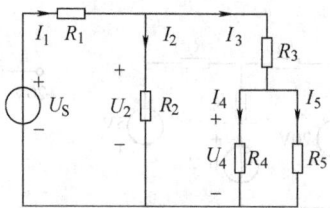

图 1-52　题 1-2 图

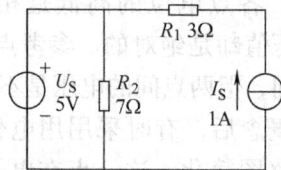

图 1-53　题 1-3 图

1-4　求图 1-54 电路中各有源二端网络的等效电压源和等效电流源。

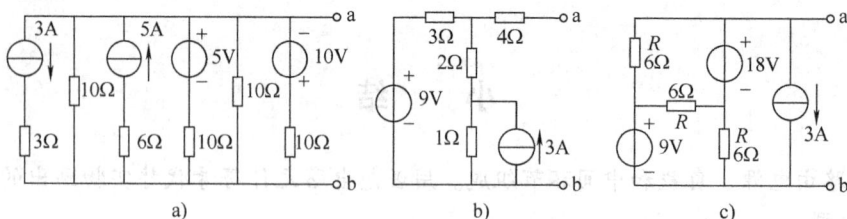

a)　　　　　　　　b)　　　　　　　　c)

图 1-54　题 1-4 图

1-5　利用电源的等效变换，求图 1-55 电路中的电压 U。

1-6　在图 1-56 所示电路中，已知 $U_{S1} = 10V$，$U_{S2} = 20V$，$U_{S3} = 10V$，$R_1 = R_3 = 20\Omega$，$R_2 = 10\Omega$。（1）用支路电流法求各支路中的电流；（2）用节点电压法求电压 U_{ab}。

1-7　电路如图 1-57 所示，已知 $R_1 = 6\Omega$，$R_2 = 3\Omega$，$R_3 = 2\Omega$，$R_4 = 1\Omega$，$U_S = 9V$，$I_S = 3A$。用叠加原理求电流 I_3。

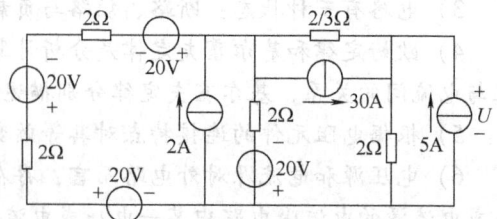

图 1-55　题 1-5 图

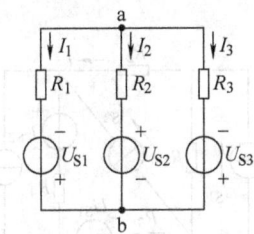

图 1-56　题 1-6 图

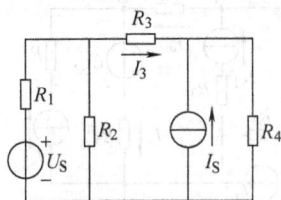

图 1-57　题 1-7 图

1-8　在图 1-58 所示电路中，已知 $U_{S1}=10\text{V}$，$U_{S2}=16\text{V}$，$I_S=6\text{A}$，$R_1=R_3=2\Omega$，$R_2=R_4=4\Omega$，$R_5=8\Omega$。求：（1）电流 I；（2）A 点电位 U_A；（3）理想电压源 U_{S2} 的功率。

1-9　在图 1-59 所示电路中，已知 $R_1=R_2=R_3=R_5=1\Omega$，$R_4=2\Omega$，$I_S=1\text{A}$，$U_S=1\text{V}$。求 A、B、C 点电位。

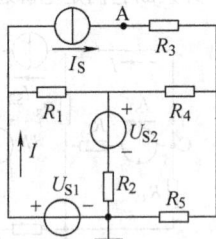

图 1-58　题 1-8 图

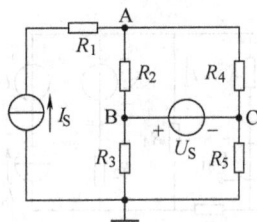

图 1-59　题 1-9 图

1-10　求图 1-60 所示电路中 a、b 两点的电位。

1-11　在图 1-61 所示电路中，已知 $R_1=2\Omega$，$R_2=4\Omega$，$R_3=5\Omega$，$U_{S1}=20\text{V}$，$U_{S2}=4\text{V}$，$I_{S1}=5\text{A}$，$I_{S2}=10\text{A}$。用戴维南定理求电流 I。

1-12　电路如图 1-62 所示，用戴维南定理求电压 U。

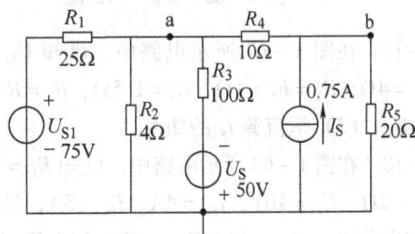

图 1-60　题 1-10 图

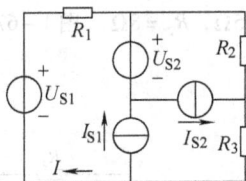

图 1-61　题 1-11 图

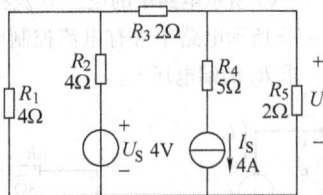

图 1-62　题 1-12 图

1-13　在图 1-63 所示电路中，已知 $R_1=R_2=R_3=R_4=4\Omega$，$R_5=2\Omega$，$R_6=1\Omega$，$I_{S1}=0.5\text{A}$，$I_{S2}=1\text{A}$，$U_{S1}=10\text{V}$，$U_{S2}=8\text{V}$。求：（1）电流 I_2、I_3；（2）电位 U_A、U_B；（3）电流源 I_{S1} 的功率，并判断其是电源还是负载。

1-14　电路如图 1-64 所示，已知 $I_{S1}=8\text{A}$，$I_{S2}=3\text{A}$，$I_{S3}=2\text{A}$，$U_{S1}=5\text{V}$，$U_{S2}=4\text{V}$，$R_1=2\Omega$，$R_2=3\Omega$，$R_3=4\Omega$，$R_4=5\Omega$。求：（1）电流 I；（2）电流源 I_{S2} 的功率，并判断其是电源还是负载。

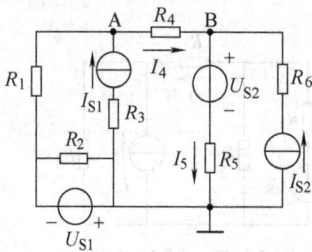

图 1-63 题 1-13 图

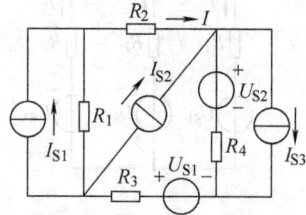

图 1-64 题 1-14 图

1-15 在图 1-65 所示电路中,已知 $I_{S1}=5A$, $I_{S2}=2A$, $I_{S3}=2A$, $U_{S1}=U_{S2}=U_{S3}=10V$, $R_1=10\Omega$, $R_2=R_3=5\Omega$, $R_4=6.25\Omega$。求 R_4 中的电流 I。

1-16 如图 1-66 所示电路,已知 $I_{S1}=2A$, $I_{S2}=4A$, $R_1=3\Omega$, $R_3=6\Omega$, $R_4=5\Omega$, $R_5=7\Omega$。若电压 $U_{CB}=5V$,求:(1) I 和 U_S;(2) 恒流源 I_{S1} 和恒压源 U_S 的功率,并判断它们是电源还是负载。

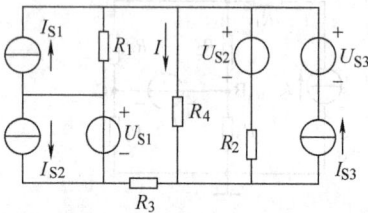

图 1-65 题 1-15 图

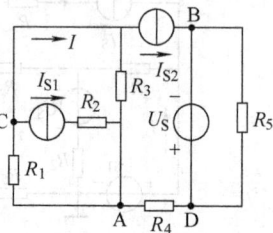

图 1-66 题 1-16 图

1-17 在图 1-67 所示电路中,已知 $U_{S1}=4V$, $U_{S2}=8V$, $U_{S3}=2V$, $I_S=4A$, $R_1=4\Omega$, $R_2=R_6=1\Omega$, $R_3=1.5\Omega$, $R_4=R_5=2\Omega$。求:(1) 电流 I_3;(2) A 点电位 U_A;(3) 恒流源 I_S 的功率。

1-18 在图 1-68 所示电路中,已知 $R_1=3\Omega$, $R_2=2\Omega$, $R_3=6\Omega$, $R_4=1\Omega$, $R_5=R_6=2\Omega$, $U_S=10V$, $I_{S1}=4A$, $I_{S2}=5A$,且已知 $U_C=6V$。求(1) I_6;(2) A、B 点电位 U_A、U_B;(3) B、C 两点间电压 U_{BC};(4) 恒压源 U_S、恒流源 I_{S1}、I_{S2} 的功率,并判别它们是电源还是负载。

1-19 求图 1-69 所示电路中的电压 U 及独立电流源 I_S 的端电压 U_S。

1-20 图 1-70 所示电路中含有电流控制电流源,已知 $R_1=5\Omega$, $R_2=8\Omega$, $R_3=4\Omega$, $I_1=2A$。求 R_2 的端电压 U。

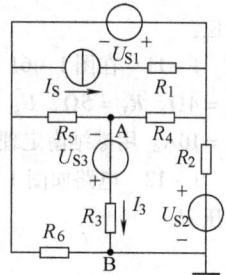

图 1-67 题 1-17 图

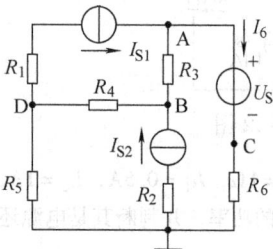

图 1-68 题 1-18 图

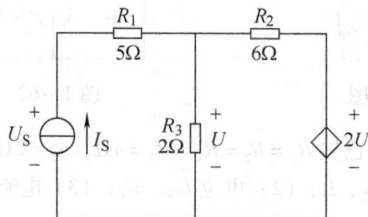

图 1-69 题 1-19 图

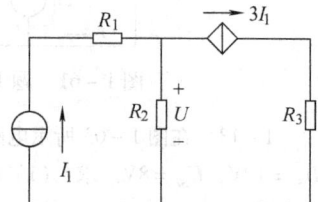

图 1-70 题 1-20 图

第 2 章　线性电路的暂态分析

第 1 章所讨论的电路都是处于稳定的工作状态，电路中的稳态是指电路中的电流和电压在给定的条件下已达到某一稳定的数值。

当电路的条件发生改变时，如电路的结构或参数发生变化，将使电路改变原来的工作状态。对于含有电容或电感等储能元件的电路，这种工作状态的转变需要经历一个过程。

本章主要分析直流电源激励下的 RC 一阶电路和 RL 一阶电路在工作状态转变过程中电压与电流随时间的变化规律。

2.1　储能元件

2.1.1　电容元件

电容元件是由电场储能的物理过程抽象出来的理想元件。如图 2 - 1 所示的线性电容元件，若其两端电压为 u，所储电荷为 q，则电容定义为

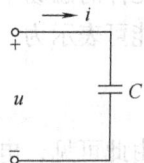

$$C = \frac{q}{u} \qquad (2 - 1)$$

图 2 - 1　电容元件

电容是表征电容元件存储电荷的能力。电容的单位是法拉（F），工程上常采用微法（μF）或皮法（pF）做单位，它们之间的关系为

$$1\mathrm{F} = 10^6 \mu\mathrm{F} = 10^{12} \mathrm{pF}$$

当电容元件的电流 i 和电压 u 取如图 2 - 1 所示的关联参考方向时，其关系为

$$i = \frac{\mathrm{d}q}{\mathrm{d}t} = C\frac{\mathrm{d}u}{\mathrm{d}t} \qquad (2 - 2)$$

式（2 - 2）表明，电容元件的电流与其电压的变化率成正比。若电容元件的两端电压 u 是直流电压时，$\frac{\mathrm{d}u}{\mathrm{d}t}$ 为零，因此电流 i 为零，即电容元件对直流相当于开路。

电容元件是一种储能元件，当其两端电压 u 增大时，电荷 q 将增加，电容充电，将电能储存在元件的电场中；u 减小时，q 将减少，电容放电，将储存的能量释放。任一瞬间，电容元件的储能可表示为

$$W_C = \int_{-\infty}^{t} ui\mathrm{d}t = \int_0^{u(t)} Cu\mathrm{d}u = \frac{1}{2}Cu^2(t) \qquad (2 - 3)$$

由此可见，电容元件在任一时刻的储能，只取决于该时刻电容元件的电压值。电容元件通过其两端电压的变化，进行能量的转换，其本身不消耗所吸收的能量。

2.1.2　电感元件

电感元件是由磁场储能的物理过程抽象出来的理想元件，如忽略电阻、电容参数的线圈

的理想化模型就是电感元件。如图 2-2 所示的线性电感元件，若其通
过电流为 i，磁通链为 ψ，则电感定义为

$$L = \frac{\psi}{i} \tag{2-4}$$

图 2-2 电感元件

电感是表征电感元件产生磁通的能力。电感的单位是亨利（H）或
毫亨（mH）。

当电感元件中的电流 i 发生变化时，产生的磁通也相应变化，根据电磁感应定律，在其
两端将有感应电动势 e_L 产生，感应电动势的方向与电流的方向一致。

当电感元件的电流 i 和电压 u 取如图 2-2 所示的关联参考方向时，其关系为

$$u = -e_L = \frac{d\psi}{dt} = L\frac{di}{dt} \tag{2-5}$$

式（2-5）表明，电感元件的两端电压与其通过电流的变化率成正比。若电感元件中
通过的电流 i 是直流时，$\frac{di}{dt}$ 为零，因此电压 u 为零，即电感元件对直流相当于短路。

电感元件也是一种储能元件，当通过电感的电流 i 增大时，电感将电能变为磁场能量储
存在元件的磁场中；i 减小时，电感将储存的磁场能量变为电能释放。任一瞬间，电感元件
的储能可表示为

$$W_L = \int_{-\infty}^{t} uidt = \int_{0}^{i(t)} Lidi = \frac{1}{2}Li^2(t) \tag{2-6}$$

由此可见，电感元件在任一时刻的储能，只取决于该时刻电感元件的电流值。电感元件
通过其中电流的变化，进行电能与磁场能量的转换，其本身不消耗所吸收的能量。

2.2 电路的暂态过程及换路定律

2.2.1 暂态过程

如果电路的条件改变，可能使电路中的电压及电流发生变化。对于纯电阻电路，电路会
在瞬间从一种稳定状态转变到另一种稳定状态。但对于含有电容或电感等储能元件的电路，
电路从原来的一种稳定状态到另一种新的稳定状态的变化往往不能瞬间完成，要经历一定的
时间。

如图 2-3a 所示，开关 S 处于位置 b 时，电容电压 $u_C = 0$。将开关 S 扳到位置 a 时，RC
串联电路与直流电源 U_S 接通，U_S 经电阻 R 给电容 C 充电，电容电压 u_C 逐渐增大，直到 $u_C = U_S$，充电结束；充电过程中充电电流 i_C 由大逐渐减小到零。在图 2-3b 中将开关从位置 a
扳向位置 b 时，电容 C 通过电阻 R 放电，其电压 u_C 由原来的 U_S 逐渐减小到零，放电结束，
放电过程中放电电流 i_C 也由大逐渐减小到零。由此可见，电容的充电或放电都要经历一个
过渡过程。电路的这种过渡过程往往为时短暂，因此又称为暂态过程。

2.2.2 换路定律

电路的接通、切断、短路、电路元件参数的改变等所有电路条件的改变统称为换路。
换路破坏了电路原有的稳定状态，迫使电路中各部分的电压、电流发生变化，以求达到

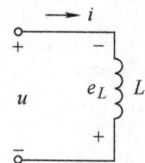

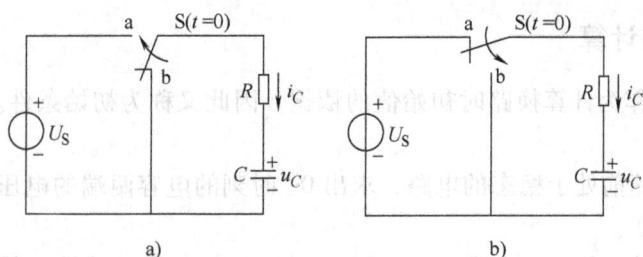

图 2-3 RC 电路的充电、放电

新的稳定状态。换路时电路中储能元件的能量的储存和释放需要一定的时间，不能跃变，否则功率 $p = \dfrac{dW}{dt}$ 将为无限大，这显然是不可能的。因为电源只能提供有限的功率，所以储能元件的能量不能发生跃变。由上述分析可知，电路产生暂态过程必须具备以下两个条件：电路发生换路；电路中存在储能元件。

电容元件上储存的电场能为 $W_C = \dfrac{1}{2}Cu_C^2$，由于 W_C 不能跃变，故电容两端电压 u_C 就不能跃变；电感元件上储存的磁场能为 $W_L = \dfrac{1}{2}Li_L^2$，由于 W_L 不能跃变，故电感中电流 i_L 就不能跃变。这也可从另一个角度理解，对电容元件，其充电、放电电流 $i_C = C\dfrac{du_C}{dt}$ 不能无限大，所以电容电压 u_C 不能跃变；对电感元件，其两端电压 $u_L = L\dfrac{di_L}{dt}$ 不能无限大，所以电感电流 i_L 不能跃变。

设 $t=0$ 时刻为换路瞬间，用 $t=0_-$ 表示换路前的瞬间，即换路前的终了时刻，$t=0_+$ 表示换路后的瞬间，即换路后的初始时刻，$t \geqslant 0$ 表示换路后暂态过程时间，$t = \infty$ 表示换路后达到新的稳态时间。这里 0_- 和 0_+ 在数值上都等于零，但 0_- 时刻对应的电路为换路之前的电路，而 0_+ 时刻对应的电路为换路之后的电路，换路所经历的时间为 0_- 到 0_+。换路定律的内容描述为：在换路前后的瞬间，电容两端的电压和电感中的电流不能跃变。换路定律还可用数学表达式具体表示为：在 0_- 时刻到 0_+ 时刻的瞬间，有

$$\begin{cases} u_C(0_+) = u_C(0_-) \\ i_L(0_+) = i_L(0_-) \end{cases} \tag{2-7}$$

式（2-7）仅适用于换路瞬间，说明了换路后的瞬间，电容电压 u_C 和电感电流 i_L 都应保持换路前的瞬间具有的数值而不能跃变。

2.3 初始值及稳态值的计算

电路的暂态过程是由换路后瞬间（$t=0_+$）开始到电路达到新的稳定状态（$t=\infty$）时结束。$t=0_+$ 时电路中各电压和电流值称为暂态过程的初始值，而 $t=\infty$ 时的值称为稳态值。换路后电路中各电压及电流将由初始值逐渐变化到稳态值，因此，确定初始值 $f(0_+)$ 和稳态值 $f(\infty)$ 是暂态分析非常关键的一步。

2.3.1 初始值的计算

式（2-7）可作为计算换路时初始值的依据，因此又称为初始条件。初始值的求解步骤如下：

首先，根据换路前处于稳态的电路，求出 0_- 时刻的电容两端的电压和电感中的电流，即 $u_C(0_-)$ 和 $i_L(0_-)$。

其次，根据换路定律，即由式（2-7），确定电容电压和电感电流的初始值 $u_C(0_+)$ 和 $i_L(0_+)$。

最后，根据 0_+ 时刻的等效电路，利用欧姆定律、基尔霍夫定律来计算其他各个电流和电压的初始值。所谓 0_+ 时刻等效电路，即若换路前储能元件储有能量，则将电容元件用电压为 $u_C(0_+)$ 的理想电压源代替，将电感元件用电流为 $i_L(0_+)$ 的理想电流源代替；若换路前储能元件没有储能，$u_C(0_+) = 0$，$i_L(0_+) = 0$，则将电容元件短路、电感元件开路。

例 2-1 在图 2-4a 所示电路中，开关断开前电路已处于稳态，已知 $U_S = 5V$，$I_S = 6A$，$R_1 = R_2 = R_3 = 2\Omega$，$C = 100\mu F$，$L = 9H$。求换路后 i_1、i_L、i_3、i_C、u_1、u_2、u_3、u_L 和 u_C 的初始值。

解： 换路前 $t = 0_-$ 时刻的电路如图 2-4b 所示，此时电路处于稳态，电容元件 C 可视为开路、电感元件 L 可视为短路。由此电路可求出

$$i_L(0_-) = \frac{I_S}{3} = \frac{6}{3}A = 2A$$

$$u_C(0_-) = U_S + i_L(0_-)R_2 = 5V + 2 \times 2V = 9V$$

根据换路定律，可知

$$u_C(0_+) = u_C(0_-) = 9V$$

$$i_L(0_+) = i_L(0_-) = 2A$$

换路后 $t = 0_+$ 时刻的等效电路如图 2-4c 所示，此时电容元件用理想电压源代替，数值为 $u_C(0_+) = 9V$；电感元件用理想电流源代替，数值为 $i_L(0_+) = 2A$，方向如图所示。由该电路可求得其他各电量的初始值如下：

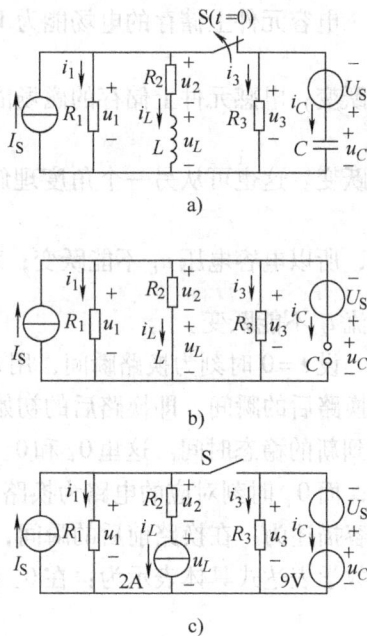

图 2-4 例 2-1 题图

$$i_1(0_+) = I_S - i_L(0_+) = 6A - 2A = 4A$$

$$i_3(0_+) = \frac{u_C(0_+) - U_S}{R_3} = \frac{9 - 5}{2}A = 2A$$

$$i_C(0_+) = -i_3(0_+) = -2A$$

$$u_1(0_+) = i_1(0_+)R_1 = 4 \times 2V = 8V$$

$$u_2(0_+) = i_L(0_+)R_2 = 2 \times 2V = 4V$$

$$u_3(0_+) = i_3(0_+)R_3 = 2 \times 2V = 4V$$

$$u_L(0_+) = u_1(0_+) - u_2(0_+) = 8V - 4V = 4V$$

2.3.2　稳态值的计算

在直流电路中，当电路达到稳定状态时，电容元件 C 可视为开路、电感元件 L 可视为短路。对换路前的稳态电路通常要计算 $t = 0_-$ 时刻的电容电压 $u_C(0_-)$ 或电感电流 $i_L(0_-)$；而根据换路后电路处于新的稳态时（$t = \infty$）的等效电路可求得各电压和电流的稳态值 $f(\infty)$。

例 2 - 2　计算例 2 - 1 中电路开关 S 断开后 u_C 和 i_L 的稳态值。

解：开关 S 断开后，电路达到新的稳定状态（即 $t = \infty$）时，C 相当于开路、L 相当于短路，等效电路如图 2 - 5 所示。

由此电路可求出

$$u_C(\infty) = U_S = 5\text{V}$$

$$i_L(\infty) = I_S \frac{R_1}{R_1 + R_2} = 3\text{A}$$

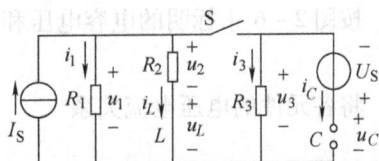

图 2 - 5　例 2 - 2 题图

2.4　RC 一阶电路的暂态分析

RC 一阶电路是指电路中只含有一个电容或可以简化为一个电容的 RC 电路。

当电源或信号源作用于电路时，称为对电路的激励。电路在电源、信号源或储能元件所存储能量的作用下所产生的电流、电压，或引起电流、电压的变化，称为电路的响应。例如，用源电压为 24V 的直流电源对某一负载供电，产生 0.5A 的电流时，称激励是 24V，响应为 0.5A。

对暂态过程中电压与电流随时间的变化规律的研究，称为电路的暂态分析。

本节采用经典法分析 RC 一阶电路的暂态过程。所谓经典法，是根据电路的基本定律列出以时间为自变量的微分方程，然后利用已知的初始条件求解微分方程以得出电路的响应的一种暂态分析方法。

2.4.1　RC 一阶电路的零输入响应

零输入响应是指换路后的电路中没有电源激励，即输入信号为零时，由储能元件的初始储能引起的电路响应。

如图 2 - 6 所示电路，换路前开关 S 合在 "1" 端，电路处于稳态，电容元件已充电，其两端电压记作 U_0，则 $U_0 = u_C(0_-) = U_S$；在 $t = 0$ 时，开关 S 切换到 "2" 端的位置，电路发生换路，电容与电源断开，电容元件通过电阻放电。这里电容元件放电过程中电路相应的响应即为零输入响应。

当 $t > 0$ 时，电荷越放越少，电容电压 u_C 越来越低，电流 i 也越来越小。从能量的角度考虑，电场能量转化为热能在电阻中消耗掉，最后能量耗尽，u_C 和 i

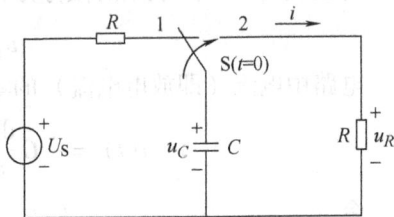

图 2 - 6　RC 一阶电路的零输入响应

都衰减到零，即 $u_C(\infty) = 0$，$i(\infty) = 0$。

下面通过求解电路的微分方程来分析 $t \geqslant 0$ 时电压 u_C 和电流 i 的具体变化规律。根据换路定律可知

$$u_C(0_+) = u_C(0_-) = U_0 = U_S$$

又根据欧姆定律可得

$$i(0_+) = \frac{u_C(0_+)}{R} = \frac{U_0}{R} = \frac{U_S}{R}$$

按图 2 - 6 中标明的电容电压和电流的参考方向，可列写出换路后的 KVL 方程如下：

$$u_C - u_R = 0$$

将各元件的电压电流关系

$$i = -C \frac{\mathrm{d}u_C}{\mathrm{d}t}, u_R = iR$$

代入上述 KVL 方程，可得

$$RC \frac{\mathrm{d}u_C}{\mathrm{d}t} + u_C = 0 \qquad\qquad (2-8)$$

在电流关系式 $i = -C \dfrac{\mathrm{d}u_C}{\mathrm{d}t}$ 中出现的负号是因为 i 与 u_C 方向不一致。式（2 - 8）是一阶常系数线性齐次微分方程，此方程的通解为

$$u_C(t) = Ae^{pt}$$

式中，A 为积分常数；p 为特征根。

将上式代入式（2 - 8），得到微分方程的特征方程如下：

$$RCp + 1 = 0$$

其特征根为

$$p = -\frac{1}{RC}$$

因此，式（2 - 8）的通解为

$$u_C(t) = Ae^{-\frac{t}{RC}} \qquad\qquad (2-9)$$

将电路的初始条件 $u_C(0_+) = u_C(0_-) = U_0$ 代入式（2 - 9），有

$$u_C(0) = Ae^{-0} = U_0$$

即可确定积分常数 $A = U_0$。

所以式（2 - 8）表示的微分方程的解，也就是电容电压的零输入响应为

$$u_C(t) = U_0 e^{-\frac{t}{RC}} (t \geqslant 0) \qquad\qquad (2-10)$$

电路中电流（即放电电流）的零输入响应为

$$i(t) = -C \frac{\mathrm{d}u_C}{\mathrm{d}t} = -CU_0 \left(-\frac{1}{RC}\right) e^{-\frac{t}{RC}} = \frac{U_0}{R} e^{-\frac{t}{RC}} \qquad\qquad (2-11)$$

令

$$\tau = RC \qquad\qquad (2-12)$$

则 τ 的单位为

$$[\tau] = \Omega \cdot F = \Omega \frac{C}{V} = \Omega \frac{A \cdot s}{V} = s$$

τ 具有时间的量纲，所以把 τ 称为时间常数，它由电路内部参数决定。

$u_C(t)$、$i(t)$ 随时间的变化曲线如图 2-7 所示。从图 2-7 中可以看出，电容电压 $u_C(t)$ 与放电电流 $i(t)$ 都是从初始值开始，随着时间的增长按指数规律逐渐衰减到零。从式（2-10）、式（2-11）中还可以看出，$u_C(t)$ 和 $i(t)$ 衰减的快慢与初始值的大小无关，只由时间常数 τ 决定。

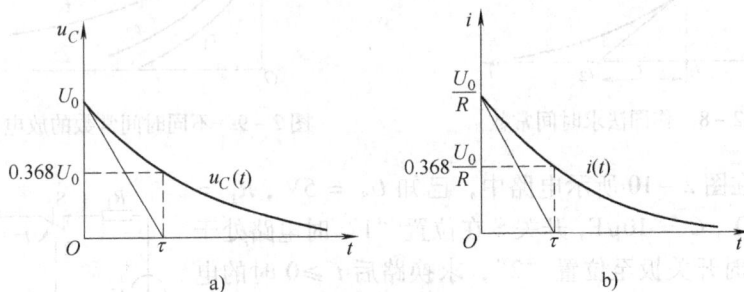

图 2-7 零输入响应曲线
a) 电容电压曲线 b) 放电电流曲线

在图 2-7a 中，当 $t = \tau$ 时

$$u_C = U_0 e^{-1} = \frac{1}{2.718} U_0 = 0.368 U_0$$

可见，时间常数 τ 为电容电压从初始值 U_0 衰减到 36.8% U_0 所需要的时间。

时间常数还可以根据电容电压的指数衰减曲线用几何作图法求得，如图 2-8 中所示，在任意时刻 $t = t_1$，电容电压 $u_C(t)$ 的变化率为

$$\left. \frac{\mathrm{d}u_C}{\mathrm{d}t} \right|_{t=t_1} = \left. \frac{\mathrm{d}}{\mathrm{d}t}(U_0 e^{-\frac{t}{\tau}}) \right|_{t=t_1} = -\frac{U_0}{\tau} e^{-\frac{t_1}{\tau}} = -\frac{u_C(t_1)}{\tau}$$

若按此变化率从 $t = t_1$ 进行衰减时，到 $t = t_2 = t_1 + \tau$ 电容电压就将衰减到零。所以在图 2-8 中，在电容电压响应曲线上过对应 t_1 时刻的 A 点作切线与横轴交于 t_2，就可以得到 A 点的次切距长度 $t_2 - t_1$，它等于电路的时间常数 τ。过初始点的切线与横轴也相交于 τ，如图 2-7 所示。

放电过程中不同时间电容电压 u_C 的衰减情况见表 2-1。

表 2-1 放电电压与 τ 的关系

t	0	τ	2τ	3τ	4τ	5τ	...	∞
$U_0 e^{-\frac{t}{\tau}}$	U_0	$0.368U_0$	$0.135U_0$	$0.05U_0$	$0.018U_0$	$0.007U_0$	...	0

由表 2-1 可以看出，电容电压在理论上要经过无限长的时间才能衰减到零，但实际上当经过 $4\tau \sim 5\tau$ 的时间，电容电压将衰减至初始值 U_0 的 1.8% ~ 0.7%，从而可以认为放电过程基本结束。

时间常数 τ 的大小，反映了一阶电路暂态过程进展的快慢。图 2-9 给出了不同时间常

数的放电曲线，从中可以看出，时间常数越大，电容电压衰减越慢，这是由于电容量 C 越大，则储存的电荷越多；电阻值 R 越大，则放电电流越小，这都促使放电过程变慢。因此在实际应用中可根据电路要求改变 RC 参数，调节放电过程的快慢。

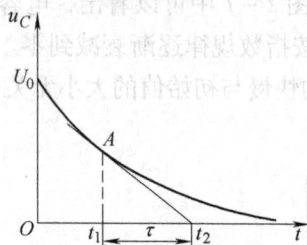

图 2-8 作图法求时间常数

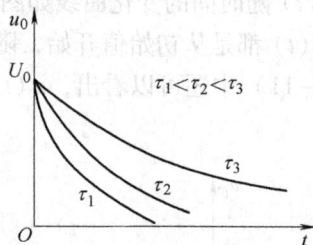

图 2-9 不同时间常数的放电曲线

例 2-3 在图 2-10 所示电路中，已知 $U_S = 5V$，$R_1 = 1k\Omega$，$R_2 = 4k\Omega$，$C = 10\mu F$ 开关 S 在位置"1"时电路处于稳态。在 $t = 0$ 时开关扳至位置"2"，求换路后 $t \geq 0$ 时的电压 u_C 和电流 i。

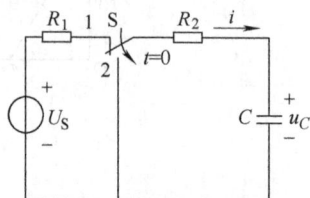

图 2-10 例 2-3 题图

解：先求电容电压的初始值 U_0，由换路定律可知

$$U_0 = u_C(0_+) = u_C(0_-) = U_S = 5V$$

换路后，时间常数

$$\tau = R_2 C = 4 \times 10^3 \times 10 \times 10^{-6}s = 0.04s$$

根据式 (2-9)，可得电路换路后电容电压的零输入响应为

$$u_C(t) = U_0 e^{-\frac{t}{\tau}} = 5e^{-25t}V$$

由于电流 i 与 u_C 方向一致，因此

$$i(t) = C\frac{du_C}{dt} = 10 \times 10^{-6} \times 5 \times (-25)e^{-25t}A = -1.25 \times 10^{-3}e^{-25t}A = -1.25e^{-25t}mA$$

2.4.2 RC 一阶电路的零状态响应

零状态响应是指储能元件在换路前未存储能量，即电容初始电压或电感初始电流为零，换路后，电路接通电源，由电源激励引起的电路响应。

如图 2-11 所示电路，开关 S 闭合前，电路处于稳态，电容电压等于零，即电路处于零状态。在 $t = 0$ 时，合上开关 S，电路与电源接通，电源 U_S 经电阻 R 向电容 C 充电。这里，电容元件充电过程中电路对于输入激励的响应即为零状态响应。

在图 2-11 所示的电路中，开关闭合后，由换路定律知 $u_C(0_+) = u_C(0_-) = 0$，充电电流初始值 $i(0_+) = \frac{U_S - u_C(0_+)}{R} = \frac{U_S}{R}$，随着电容电压的增加，充电电流逐渐减小，当电容电压与 U_S 相等时，$i = 0$，电路将达到新的稳态，过渡过程结束。

下面对暂态过程中电压 u_C 和电流 i 的具体变化规律进行分

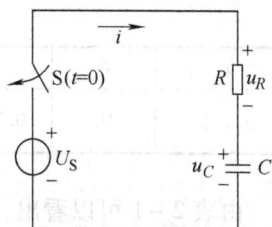

图 2-11 RC 一阶电路的零状态响应

析。根据 KVL，可列出 $t \geqslant 0$ 时电路中的回路电压方程

$$u_C + u_R = U_S$$

将各元件的电压电流关系

$$i = C\frac{\mathrm{d}u_C}{\mathrm{d}t}, u_R = iR$$

代入上述 KVL 方程，可得

$$RC\frac{\mathrm{d}u_C}{\mathrm{d}t} + u_C = U_S \qquad (2-13)$$

式（2-13）是一个一阶常系数线性非齐次微分方程，它的解由特解 u'_C 和通解 u''_C 两部分构成，即

$$u_C = u'_C + u''_C \qquad (2-14)$$

微分方程的特解 u'_C 与外加输入激励的形式相同，即 $u'_C = K$，代入式（2-13），可得 $K = U_S$，因此

$$u'_C = U_S$$

由上式可知，特解 u'_C 就是 $t = \infty$ 时的稳态值，它反映了电路的稳态特性，所以又称为稳态响应。

u''_C 为相应的齐次微分方程的通解，对应的齐次微分方程为

$$RC\frac{\mathrm{d}u''_C}{\mathrm{d}t} + u''_C = 0$$

其通解形式与式（2-9）相同，即

$$u''_C = Ae^{-\frac{t}{RC}}$$

u''_C 是一个按指数规律衰减的物理量，仅存在于暂态过程中，所以又称为暂态响应。

因此，式（2-14）又可理解为

$$零状态响应 = 稳态响应 + 暂态响应$$

式（2-13）的解，即电容电压为

$$u_C = u'_C + u''_C = U_S + Ae^{-\frac{t}{RC}} \qquad (2-15)$$

式中，积分常数 A 可由初始条件来确定。

将 $u_C(0_+) = 0$ 代入式（2-15），可得

$$A = -U_S$$

则非齐次微分方程的解，即电容电压的零状态响应为

$$u_C(t) = U_S - U_S e^{-\frac{t}{RC}} = U_S(1 - e^{-\frac{t}{RC}}) = U_S(1 - e^{-\frac{t}{\tau}}) \qquad (2-16)$$

充电电流为

$$i = C\frac{\mathrm{d}u_C}{\mathrm{d}t} = C\frac{\mathrm{d}}{\mathrm{d}t}(U_S - U_S e^{-\frac{t}{RC}}) = C\left(-\frac{1}{RC}\right)(-U_S e^{-\frac{t}{RC}}) = \frac{U_S}{R}e^{-\frac{t}{RC}} \qquad (2-17)$$

电阻电压为

$$u_R = iR = U_S e^{-\frac{t}{RC}} = U_S e^{-\frac{t}{\tau}} \qquad (2-18)$$

电容电压 $u_C(t)$ 随时间的变化曲线如图 2-12a 所示，它由两个分量 u'_C 和 u''_C 叠加而成。充电电流 $i(t)$ 与电阻电压 $u_R(t)$ 的变化规律一致，曲线如图 2-12b 所示。

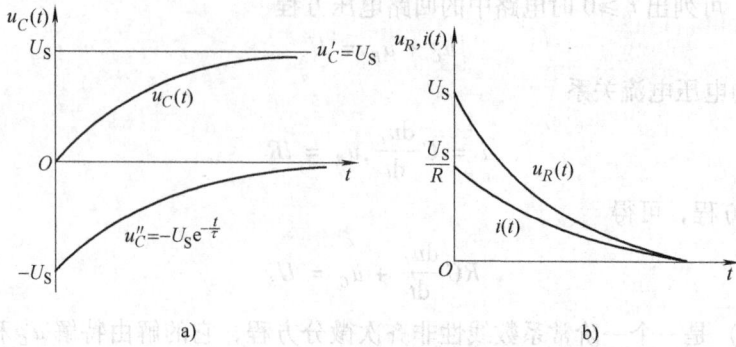

图 2-12 零状态响应曲线

a) 电容电压曲线　b) 充电电流及电阻电压曲线

RC 电路充电过程的快慢决定于电路的时间常数 $\tau = RC$。同 RC 电路的零输入响应一样，经过 5τ 左右的时间，就可认为电路达到稳定状态，电容充电过程基本结束。

例 2-4 图 2-13a 所示电路中，已知 $U_S = 5\text{V}$，$R_1 = 1\text{k}\Omega$，$R_2 = 4\text{k}\Omega$，$C = 10\mu\text{F}$，开关 S 闭合前 $u_C(0_-) = 0$。在 $t = 0$ 时开关 S 闭合，求开关闭合后的电压 u_C 和 u_R。

解： 电容电压初始值 $u_C(0_+) = u_C(0_-) = 0$。

开关闭合后，对电容支路，应用戴维南定理将其余二端网络等效变换为一个电压源，如图 2-13b 所示。电压源的源电压，即 a、b 间开路电压为

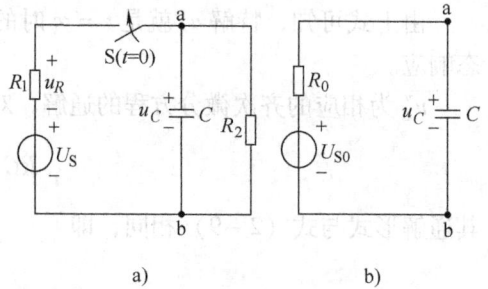

图 2-13　例 2-4 题图

$$U_{S0} = \frac{R_2}{R_1 + R_2} U_S = \frac{4}{1 + 4} \times 5\text{V} = 4\text{V}$$

电压源的内阻为

$$R_0 = R_1 /\!/ R_2 = \frac{R_1 R_2}{R_1 + R_2} = \frac{1 \times 4}{1 + 4}\text{k}\Omega = 0.8\text{k}\Omega$$

时间常数

$$\tau = R_0 C = 0.8 \times 10^3 \times 10 \times 10^{-6}\text{s} = 0.008\text{s}$$

根据式（2-16），可得电路换路后电容电压的零状态响应为

$$u_C(t) = U_{S0}(1 - e^{-\frac{t}{\tau}}) = 4(1 - e^{-125t})\text{V}$$

根据图 2-13a 所示电路，可知

$$u_R(t) = u_C(t) - U_S = 4(1 - e^{-125t})\text{V} - 5\text{V} = (-1 - 4e^{-125t})\text{V}$$

2.4.3　RC 一阶电路的全响应

所谓全响应，是指电路换路后电源激励和储能元件的初始存储能量均不为零时的响应。零输入响应与零状态响应都属于全响应的特殊情况。

如图 2-14 所示电路，换路前开关 S 合在 a 端，电容已被充电，电容电压为 $u_C(0_-) =$

U_0，即非零状态。$t = 0$ 时开关由 a 端切换到 b 端后，电路中的响应是由激励电源 U_S 和电容初始储能 $u_C(0_+)$ 两部分共同作用产生的，这时的响应即为 RC 一阶电路的全响应。

现仍采用经典法分析全响应。$t \geqslant 0$ 时，根据 KVL 和元件电压电流关系，列出微分方程式为

$$U_S = iR + u_C = RC \frac{\mathrm{d}u_C}{\mathrm{d}t} + u_C$$

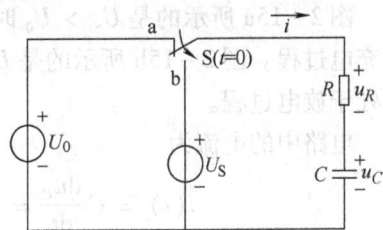

图 2-14　RC 一阶电路的全响应

其通解与式（2-15）相同，即

$$u_C(t) = u_C' + u_C'' = U_S + A\mathrm{e}^{-\frac{t}{RC}}$$

代入初始条件 $u_C(0_+) = u_C(0_-) = U_0$，可求出积分常数 $A = U_0 - U_S$。所以电容电压的全响应为

$$
\begin{aligned}
u_C(t) &= U_S + (U_0 - U_S)\mathrm{e}^{-\frac{t}{RC}} \\
&= U_S + (U_0 - U_S)\mathrm{e}^{-\frac{t}{\tau}}
\end{aligned} \tag{2-19}
$$

其中，稳态响应为

$$u_C' = U_S$$

而暂态响应为

$$u_C'' = (U_0 - U_S)\mathrm{e}^{-\frac{t}{\tau}}$$

所以全响应可以表示为

全响应 = 稳态响应 + 暂态响应

式（2-19）还可以改写成

$$u_C(t) = u_{cf} + u_{cc} = U_0\mathrm{e}^{-\frac{t}{\tau}} + U_S(1 - \mathrm{e}^{-\frac{t}{\tau}}) \tag{2-20}$$

其中，$u_{cf} = U_0\mathrm{e}^{-\frac{t}{\tau}}$ 为零输入响应，而 $u_{cc} = U_S(1 - \mathrm{e}^{-\frac{t}{\tau}})$ 为零状态响应。因此，全响应又可以表示成

全响应 = 零输入响应 + 零状态响应

根据式（2-19），由稳态响应和暂态响应相加而成的 $u_C(t)$ 全响应随时间变化的曲线如图 2-15 所示。

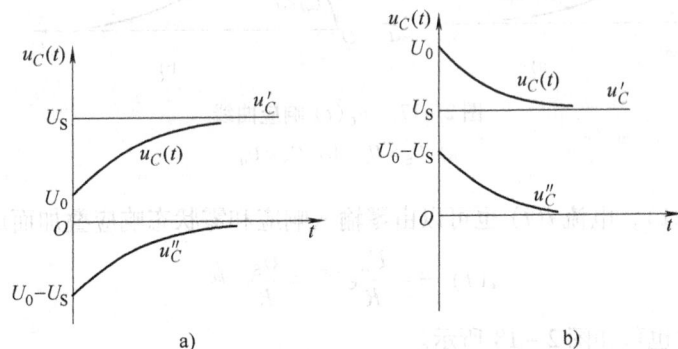

图 2-15　$u_C(t)$ 响应曲线

a）$U_S > U_0$　b）$U_S < U_0$

图 2-15a 所示的是 $U_s > U_0$ 时，$u_C(t)$ 由初始值 U_0 增长到稳态值 U_s，电容元件处于继续充电过程。图 2-15b 所示的是 $U_s < U_0$ 时，$u_C(t)$ 由初始值 U_0 衰减到稳态值 U_s，电容元件处于放电过程。

电路中的电流为

$$i(t) = C\frac{\mathrm{d}u_C}{\mathrm{d}t} = C(U_0 - U_s)\left(-\frac{1}{RC}\right)\mathrm{e}^{-\frac{t}{RC}} = \frac{U_s - U_0}{R}\mathrm{e}^{-\frac{t}{RC}} \tag{2-21}$$

$i(t)$ 随时间变化曲线如图 2-16 所示，当 $U_s > U_0$ 时，$i(t)$ 是充电电流，当 $U_s < U_0$ 时，$i(t)$ 是放电电流。无论电容充电还是放电，达到稳态时，电容相当于开路，电流 $i(t)$ 都将趋于零。

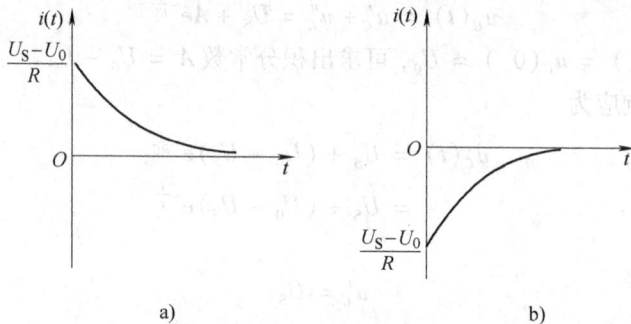

图 2-16 $i(t)$ 变化曲线
a) $U_s > U_0$ b) $U_s < U_0$

根据式 (2-20)，全响应可由零输入响应和零状态响应叠加而成，因此 $u_C(t)$ 随时间变化曲线又可如图 2-17 所示。

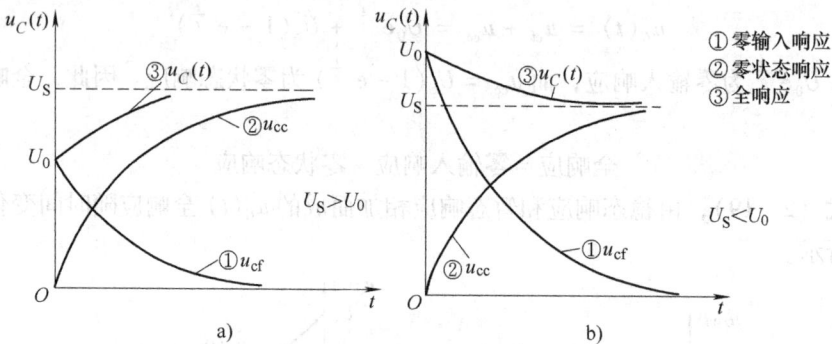

图 2-17 $u_C(t)$ 响应曲线
a) $U_s > U_0$ b) $U_s < U_0$

根据式 (2-21)，电流 $i(t)$ 也可以由零输入响应和零状态响应叠加而成

$$i(t) = -\frac{U_0}{R}\mathrm{e}^{-\frac{t}{RC}} + \frac{U_s}{R}\mathrm{e}^{-\frac{t}{RC}} \tag{2-22}$$

其随时间变化曲线也可如图 2-18 所示。

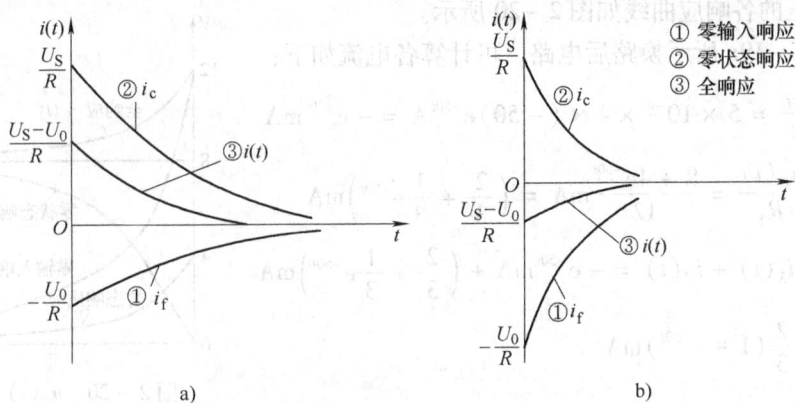

图 2 - 18　$i(t)$ 变化曲线

a）$U_S > U_0$　b）$U_S < U_0$

例 2 - 5　电路如图 2 - 19a 所示，换路前电路处于稳态，$t = 0$ 时开关闭合，已知 $U_S = 12\text{V}$，$R_1 = 6\text{k}\Omega$，$R_2 = 12\text{k}\Omega$，$C = 5\mu\text{F}$。求 $t \geqslant 0$ 时的 u_C、i_C、i_1 和 i_2。

解： 电容电压初始值 $U_0 = u_C(0_+) = u_C(0_-) = U_S = 12\text{V}$。

开关闭合后，应用戴维南定理将除电容支路外的其余二端网络等效变换为一个电压源，如图 2 - 19b 所示。

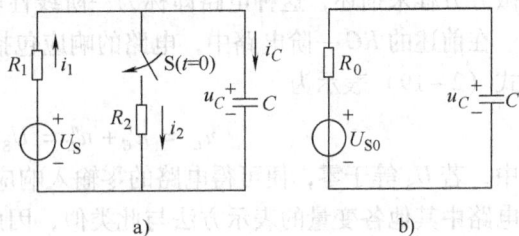

图 2 - 19　例 2 - 5 题图

电压源的源电压为

$$U_{S0} = \frac{R_2}{R_1 + R_2} U_S = \frac{12}{6 + 12} \times 12\text{V} = 8\text{V}$$

电压源的内阻为

$$R_0 = R_1 /\!/ R_2 = \frac{R_1 R_2}{R_1 + R_2} = \frac{6 \times 12}{6 + 12}\text{k}\Omega = 4\text{k}\Omega$$

时间常数为

$$\tau = R_0 C = 4 \times 10^3 \times 5 \times 10^{-6}\text{s} = 0.02\text{s}$$

根据式（2 - 19），可得电路换路后电容电压的全响应为

$$\begin{aligned} u_C(t) &= u_C' + u_C'' \\ &= U_{S0} + (U_0 - U_{S0})\text{e}^{-\frac{t}{\tau}} \\ &= (8 + 4\text{e}^{-50t})\text{V} \end{aligned}$$

其中，稳态响应 $u_C' = 8\text{V}$，暂态响应 $u_C'' = 4\text{e}^{-50t}\text{V}$。

根据式（2 - 20），电容电压的全响应还可表示为

$$\begin{aligned} u_C(t) &= u_{cf} + u_{cc} \\ &= U_0\text{e}^{-\frac{t}{\tau}} + U_{S0}(1 - \text{e}^{-\frac{t}{\tau}}) \\ &= 12\text{e}^{-50t}\text{V} + 8(1 - \text{e}^{-50t})\text{V} = (8\text{V} + 4\text{e}^{-50t})\text{V} \end{aligned}$$

其中，零输入响应 $u_{cf} = 12\text{e}^{-50t}\text{V}$，零状态响应 $u_{cc} = 8(1 - \text{e}^{-50t})\text{V}$。

电容电压的各响应曲线如图 2 -20 所示。

根据图 2 -19a 所示换路后电路，可计算各电流如下：

$$i_C(t) = C\frac{du_C}{dt} = 5 \times 10^{-6} \times 4 \times (-50)e^{-50t}A = -e^{-50t}mA$$

$$i_2(t) = \frac{u_C(t)}{R_2} = \frac{8 + 4e^{-50t}}{12}mA = \left(\frac{2}{3} + \frac{1}{3}e^{-50t}\right)mA$$

$$i_1(t) = i_2(t) + i_C(t) = -e^{-50t}mA + \left(\frac{2}{3} + \frac{1}{3}e^{-50t}\right)mA$$

$$= \frac{2}{3}(1 - e^{-50t})mA$$

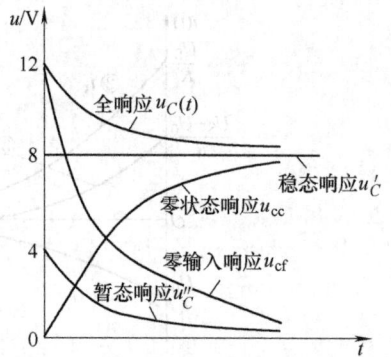

图 2 - 20 $u_C(t)$ 响应曲线

2.5   一阶线性电路暂态分析的三要素法

对于只含有一个储能元件或可等效为只含一个储能元件的线性电路，可用一阶常系数线性微分方程来描述，这种电路即称为一阶线性电路。

在前述的 RC 一阶电路中，电路的响应包括稳态响应和暂态响应两部分，如电容电压可由式（2 -19）表示为

$$u_C = u_C' + u_C'' = U_S + (U_0 - U_S)e^{-\frac{t}{\tau}}$$

其中，若 U_S 等于零，便可得电路的零输入响应；如 U_0 等于零，即可得电路的零状态响应。而电路中其他各变量的表示方法与此类似，因此一阶线性电路中各个物理变量的响应一般可表示成

$$f(t) = f(\infty) + [f(0_+) - f(\infty)]e^{-\frac{t}{\tau}} \qquad (2-23)$$

式中，$f(\infty)$ 为换路后电压或电流的稳态值；$f(0_+)$ 为换路后电压或电流的初始值；τ 为换路后一阶线性电路的时间常数。

由式（2 -23）可以看出，暂态过程中电压和电流都是按指数规律变化的，当 $f(0_+)$、$f(\infty)$ 和 τ 确定后，一阶线性电路响应的表达式也就被唯一地确定了。因此，称 $f(0_+)$、$f(\infty)$ 和 τ 为三要素，利用三要素求解一阶线性电路暂态过程的方法就称为暂态分析的三要素法。该方法只要求出电路中的三个要素，即可根据式（2 -23）直接写出电路响应的表示式，而不必再建立电路微分方程逐步求解。三要素法求解电路的具体步骤如下：

1）计算初始值 $f(0_+)$。初始值的计算方法如 2.3.1 节所述。

2）计算稳态值 $f(\infty)$。稳态值是换路后电路处于新的稳定状态时的电压、电流值，计算方法如 2.3.2 节所述。

3）计算时间常数 τ。在 RC 一阶电路中，$\tau = R_0 C$，R_0 为换路后的电路中从电容元件 C 两端看进去的无源二端网络（将理想电压源短路，理想电流源开路）的等效电阻。

4）将上述三要素代入式（2 -23）中，即可求得电路的响应。

例 2 -6   用三要素法计算例 2 -5 的电压 $u_C(t)$。

解：电路如图 2 -19a 所示。

（1）初始值

$$u_C(0_+) = u_C(0_-) = U_S = 12V$$

（2）稳态值

$$u_C(\infty) = \frac{U_S}{R_1 + R_2}R_2 = \frac{12}{6+12} \times 12V = 8V$$

（3）时间常数：换路后电路中，从 C 两端看进去的无源二端网络（理想电压源 U_S 短路）的等效电阻为

$$R_0 = R_1 /\!/ R_2 = \frac{R_1 R_2}{R_1 + R_2} = \frac{6 \times 12}{6+12}k\Omega = 4k\Omega$$

则

$$\tau = R_0 C = 4 \times 10^3 \times 5 \times 10^{-6}s = 0.02s$$

（4）将三要素代入式（2-23），得

$$u_C(t) = u_C(\infty) + [u_C(0_+) - u_C(\infty)]e^{-\frac{t}{\tau}}$$
$$= 8V + (12-8)e^{-\frac{t}{0.02}}V$$
$$= (8 + 4e^{-50t})V$$

例2-7　电路如图2-21a所示，已知 $U_S = 5V, I_S = 1mA, R_1 = R_2 = 10k\Omega, C = 10\mu F$，换路前电路处于稳态，$t=0$ 时，同时将开关 S_1 闭合、S_2 断开。求换路后的电压 $u_C(t)$ 和电流 $i(t)$ 的全响应表达式。

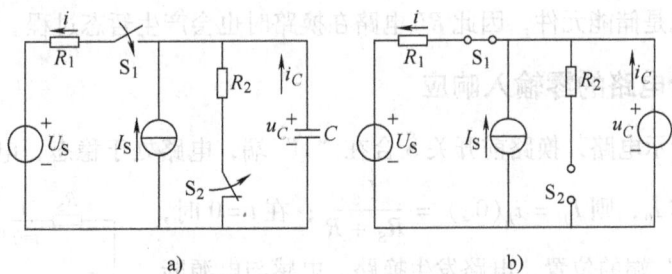

图2-21　例2-7题图

解：方法一　用三要素法求电压 $u_C(t)$ 和电流 $i(t)$ 的全响应。

（1）确定初始值：由换路定律可知

$$u_C(0_+) = u_C(0_-) = I_S R_2 = 10V$$

根据图2-21b所示 0_+ 等效电路，有

$$i(0_+) = \frac{u_C(0_+) - U_S}{R_1} = \frac{10-5}{10}mA = 0.5mA$$

（2）确定稳态值

$$u_C(\infty) = I_S R_1 + U_S = 15V$$
$$i(\infty) = I_S = 1mA$$

（3）确定时间常数：换路后电路中，从 C 两端看进去的无源二端网络（理想电压源 U_S 短路，理想电流源 I_S 开路）的等效电阻为

$$R_0 = R_1 = 10k\Omega$$

则

$$\tau = R_0 C = 10 \times 10^3 \times 10 \times 10^{-6}s = 0.1s$$

（4）将三要素代入式（2-23），可得 $u_C(t)$ 及 $i(t)$ 的全响应为

$$u_C(t) = u_C(\infty) + [u_C(0_+) - u_C(\infty)]e^{-\frac{t}{\tau}} = 15V + (10-15)e^{-\frac{t}{0.1}}V = (15-5e^{-10t})V$$

$$i(t) = i(\infty) + [i(0_+) - i(\infty)]e^{-\frac{t}{\tau}} = 1mA + (0.5-1)e^{-\frac{t}{0.1}}mA = (1-0.5e^{-10t})mA$$

方法二　先用三要素法求电压 $u_C(t)$ 的全响应

$$u_C(t) = u_C(\infty) + [u_C(0_+) - u_C(\infty)]e^{-\frac{t}{\tau}} = 15V + (10-15)e^{-\frac{t}{0.1}}V = (15-5e^{-10t})V$$

对换路后的电路，根据 KVL 及欧姆定律，可得电流 $i(t)$ 的全响应表达式为

$$i(t) = \frac{u_C(t) - U_S}{R_1} = \frac{15 - 5e^{-10t} - 5}{10}mA = (1 - 0.5e^{-10t})mA$$

电流 $i(t)$ 的全响应也可通过下式计算：

$$i(t) = I_S + i_C = I_S - C\frac{du_C}{dt} = (1 - 0.5e^{-10t})mA$$

必须指出的是，三要素法同样适用于 RL 一阶电路的计算，具体应用将在下一节 RL 电路的暂态分析中介绍。

2.6　RL 一阶电路的暂态分析

电感元件 L 也是储能元件，因此 RL 电路在换路时也会产生暂态过程。

2.6.1　RL 一阶电路的零输入响应

如图 2-22 所示电路，换路前开关 S 合在"1"端，电路处于稳态，电感元件已储有能量，其中电流记作 I_0，则 $I_0 = i_L(0_-) = \dfrac{U_S}{R_S + R}$；在 $t = 0$ 时，开关 S 切换到"2"端的位置，电路发生换路，电感与电源断开，电感元件上存储的磁场能量通过电阻释放，电路相应的响应即为零输入响应。达到稳态时，电感电流 $i_L(\infty) = 0$。下面分析 $t \geqslant 0$ 时电流 i_L 和电压 u_L、u_R 的变化规律。

$t \geqslant 0$ 时，根据 KVL 和元件电压电流关系，列出微分方程式为

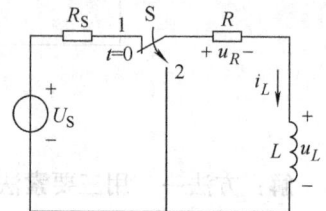

图 2-22　RL 一阶电路的零输入响应

$$u_L + u_R = L\frac{di_L}{dt} + Ri_L = 0$$

这也是一个一阶常系数齐次微分方程，其特征方程为

$$Lp + R = 0$$

故特征根为

$$p = -\frac{R}{L}$$

微分方程的通解为

$$i_L = Ae^{-\frac{R}{L}t}$$

积分常数 A 由初始条件决定

$$i_L(0_+) = i_L(0_-) = I_0 = A$$

因此电感电流的零输入响应为

$$i_L = I_0 e^{-\frac{R}{L}t} = I_0 e^{-\frac{t}{\tau}} \qquad (2-24)$$

由式（2-24）可以看出，零输入响应是电感电流由初始值 I_0 逐渐衰减至零。式中

$$\tau = \frac{L}{R}$$

则 τ 的单位为

$$[\tau] = \frac{H}{\Omega} = \frac{\Omega \cdot s}{\Omega} = s$$

它也具有时间的量纲，所以 τ 也是决定电流衰减快慢的时间常数，其意义与 RC 一阶电路的相同。τ 增大，过渡过程的时间增长；τ 变小，过渡过程就缩短。

电感电压为

$$u_L = L\frac{di_L}{dt} = -RI_0 e^{-\frac{R}{L}t} \qquad (2-25)$$

电阻电压为

$$u_R = Ri_L = RI_0 e^{-\frac{R}{L}t} \qquad (2-26)$$

电流 i_L、电压 u_L 和 u_R 随时间变化曲线如图 2-23 所示。

在图 2-22 所示的 RL 一阶电路中，已求出了电感电流的初始值 $i_L(0_+) = I_0$，稳态值 $i_L(\infty) = 0$，时间常数 $\tau = \frac{L}{R}$，代入三要素法的一般表达式（2-23）中，可得

$$i_L(t) = i_L(\infty) + [i_L(0_+) - i_L(\infty)]e^{-\frac{t}{\tau}}$$
$$= 0 + (I_0 - 0)e^{-\frac{R}{L}t} = I_0 e^{-\frac{R}{L}t}$$

可以看出，用三要素法求得的响应与用经典法分析得到的式（2-24）相同。因此 RL 一阶电路的响应也可以用三要素法求解。

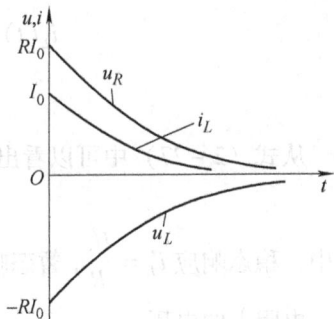

图 2-23 RL 一阶电路的
零输入响应曲线

在 RL 一阶电路中，时间常数 $\tau = \frac{L}{R_0}$，其中 R_0 是换路后的电路中从电感元件 L 两端看进去的无源二端网络（将理想电压源短路，理想电流源开路）的等效电阻。

例 2-8 在图 2-24 所示电路中，电路已达到稳态，已知 $U_S = 10V$，$R_1 = 2\Omega$，$R_2 = 5\Omega$，$L = 100mH$。$t = 0$ 时，将开关 S 打开，试求 $t \geqslant 0$ 时的电流 $i_L(t)$ 及电压 $u_L(t)$。

解：电感电流的初始值为

$$I_0 = i_L(0_+) = i_L(0_-) = \frac{U_S}{R_1} = \frac{10}{2}A = 5A$$

时间常数为

$$\tau = \frac{L}{R_0} = \frac{L}{R_2} = \frac{100 \times 10^{-3}}{5}s = 0.02s$$

所以由式（2-24）可得 $t \geqslant 0$ 时的电感电流为

$$i_L(t) = I_0 e^{-\frac{t}{\tau}} = 5e^{-50t}A$$

电感电压为

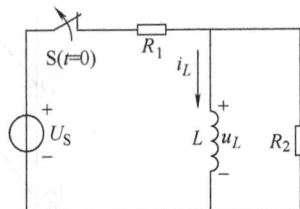

图 2-24 例 2-8 题图

$$u_L(t) = L\frac{\mathrm{d}i_L}{\mathrm{d}t} = 100 \times 10^{-3} \times 5 \times (-50)\mathrm{e}^{-50t}\mathrm{V} = -25\mathrm{e}^{-50t}\mathrm{V}$$

2.6.2 RL 一阶电路的零状态响应

图 2-25 所示电路中，开关 S 闭合前电感没有初始储能，即电感电流 $i_L(0_-) = 0$，电路处于零状态。$t = 0$ 时，开关 S 闭合，电路中产生的响应为零状态响应。

由于电感电流的初始值为

$$i_L(0_+) = i_L(0_-) = 0$$

开关 S 闭合后电路达到新的稳态时，电感相当于短路，因此电感电流的稳态值为

$$i_L(\infty) = \frac{U_S}{R} = I$$

由换路后的电路，可知电路的时间常数为

$$\tau = L/R$$

根据三要素法的一般表达式（2-23），可得出 RL 一阶电路的零状态响应为

$$i_L(t) = i_L(\infty) + [i_L(0_+) - i_L(\infty)]\mathrm{e}^{-\frac{t}{\tau}}$$

$$= I(1 - \mathrm{e}^{-\frac{t}{\tau}}) = \frac{U_S}{R}(1 - \mathrm{e}^{-\frac{R}{L}t}) \tag{2-27}$$

从式（2-27）中可以看出，i_L 也是由稳态响应和暂态响应两部分构成，即

$$i_L(t) = i_L' + i_L''$$

其中，稳态响应 $i_L' = \frac{U_S}{R}$，暂态响应 $i_L'' = -\frac{U_S}{R}\mathrm{e}^{-\frac{t}{\tau}}$。

电阻上的电压

$$u_R(t) = Ri_L = U_S(1 - \mathrm{e}^{-\frac{R}{L}t}) \tag{2-28}$$

电感上的电压

$$u_L(t) = L\frac{\mathrm{d}i_L}{\mathrm{d}t} = L\left(-\frac{U_S}{R}\right)\left(-\frac{R}{L}\right)\mathrm{e}^{-\frac{R}{L}t} = U_S\mathrm{e}^{-\frac{R}{L}t} \tag{2-29}$$

i_L、u_R 和 u_L 随时间变化的曲线如图 2-26 所示。

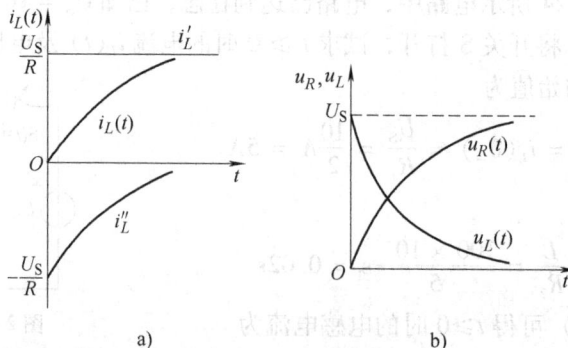

图 2-25 RL 一阶电路的零状态响应

图 2-26 RL 一阶电路的零状态响应曲线
a) i_L 变化曲线 b) u_R 和 u_L 变化曲线

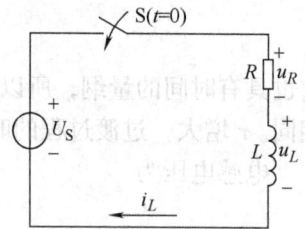

从图 2 - 26 中可以看出，在换路瞬间 $i_L = 0$，电感电压 $L \dfrac{\mathrm{d}i_L}{\mathrm{d}t} = U_S$，电阻上的电压 $u_R = 0$。随着时间增加，电流逐渐上升，电感电压按指数规律下降，电阻电压随之上升。达到稳态时，电感电流 $i_L(\infty) = \dfrac{U_S}{R}$，电感电压 $u_L = 0$，即电感元件对直流激励作用相当于短路，电源电压 U_S 就会全部降在电阻 R 上。

例 2 - 9　在图 2 - 27 所示电路中，电路已达到稳态，已知 $R_1 = 3\Omega, R_2 = 2\Omega, R_3 = 6\Omega, U_S = 12\mathrm{V}, L = 100\mathrm{mH}$。$t = 0$ 时开关闭合，试求 $t \geqslant 0$ 时的电感电流 $i_L(t)$。

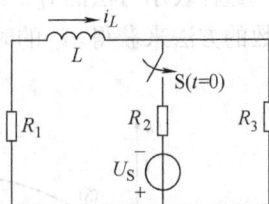

解：电感电流的初始值 $i_L(0_+) = i_L(0_-) = 0$。

开关闭合后电路达到新的稳态时，电感电流的稳态值为

$$i_L(\infty) = \frac{U_S}{R_2 + R_1 /\!/ R_3} \cdot \frac{R_3}{R_1 + R_3} = \frac{12}{2 + 3 /\!/ 6} \times \frac{6}{3 + 6}\mathrm{A} = 2\mathrm{A}$$

图 2 - 27　例 2 - 9 题图

根据换路后电路，可知从电感元件 L 两端看进去的无源二端网络（U_S 短路）的等效电阻为

$$R_0 = R_1 + R_2 /\!/ R_3 = 3\Omega + 2 /\!/ 6\Omega = 4.5\Omega$$

则电路的时间常数为

$$\tau = \frac{L}{R_0} = \frac{100 \times 10^{-3}}{4.5}\mathrm{s} = \frac{1}{45}\mathrm{s}$$

因此电感电流的零状态响应为

$$i_L(t) = i_L(\infty)\left(1 - \mathrm{e}^{-\frac{t}{\tau}}\right) = 2\left(1 - \mathrm{e}^{-45t}\right)\mathrm{A}$$

2.6.3　RL 一阶电路的全响应

图 2 - 28 所示 RL 一阶电路，在开关 S 闭合前电路处于稳态。电感元件具有初始储能，$t = 0$ 时，开关 S 闭合，电路中的响应是由激励电源 U_S 和电感初始储能 $i_L(0_+)$ 两部分共同作用产生的，这时的响应即为 RL 一阶电路的全响应。

电感电流的初始值为

$$i_L(0_+) = i_L(0_-) = I_0 = \frac{U_S}{R_1 + R}$$

图 2 - 28　RL 一阶电路的全响应

电路达到新的稳态时，电感电流的稳态值为

$$i_L(\infty) = I = \frac{U_S}{R}$$

求 $t \geqslant 0$ 时的电感电流 i_L 的全响应可利用零输入响应和零状态响应叠加的方法，即

全响应 = 零输入响应 + 零状态响应

因此由式（2 - 24）及式（2 - 27），可得电感电流 i_L 的全响应为

$$i_L = I_0\mathrm{e}^{-\frac{t}{\tau}} + I\left(1 - \mathrm{e}^{-\frac{t}{\tau}}\right) \tag{2 - 30}$$

其中，零输入响应 $i_{Lf} = I_0\mathrm{e}^{-\frac{t}{\tau}}$，零状态响应 $i_{Lc} = I\left(1 - \mathrm{e}^{-\frac{t}{\tau}}\right)$。

电流 i_L 的时间变化曲线如图 2 - 29 所示。

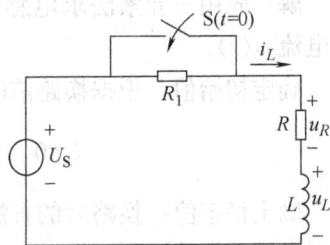

由于图 2-28 所示电路中的具体情况是 $I > I_0$，故全响应的时间曲线是上升的。从 I_0 开始增长，最后趋近于稳态值 I。

式（2-30）又可写成

$$i_L = I + (I_0 - I)e^{-\frac{t}{\tau}} = i'_L + i''_L \tag{2-31}$$

式中，$i'_L = I$ 为电路的稳态响应；$i''_L = (I_0 - I)e^{-\frac{t}{\tau}}$ 为电路的暂态响应。

这种表示方法的 i_L，也可通过经典法，利用微分方程式的通解，并由初始条件定积分常数的方法来获得。i_L 的时间曲线还可如图 2-30 所示。

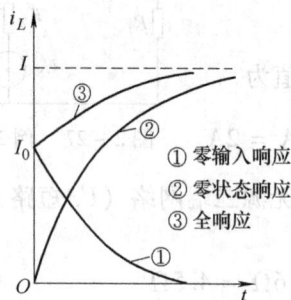

图 2-29　$i_L(t)$ 的响应曲线

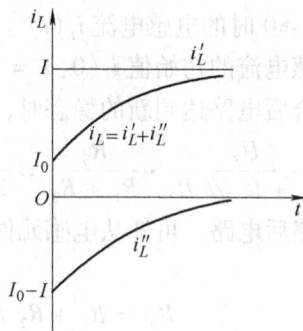

图 2-30　$i_L(t)$ 的响应曲线

例 2-10　电路如图 2-31 所示，换路前电路已处于稳态，已知 $R_1 = R_2 = 5\Omega, U_S = 20V, I_S = 2A, L = 10\text{mH}$。$t = 0$ 时开关 S 闭合，求 S 闭合后电感电流 $i_L(t)$ 及电阻 R_2 中的电流 $i_2(t)$。

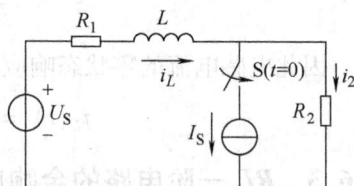

图 2-31　例 2-10 题图

解： 先用三要素法求电感电流 $i_L(t)$，然后再求 R_2 中的电流 $i_2(t)$。

确定初始值： 根据换路前的直流电路，可求得电感电流初始值为

$$i_L(0_+) = i_L(0_-) = \frac{U_S}{R_1 + R_2} = \frac{20}{5 + 5}\text{A} = 2\text{A}$$

确定稳态值： 换路后的直流稳态电路中，利用电源等效变换将电流源等效变换为电压源进行电路的化简，则

$$i_L(\infty) = \frac{U_S + I_S R_2}{R_1 + R_2} = \frac{20 + 2 \times 5}{5 + 5}\text{A} = 3\text{A}$$

确定时间常数： 换路后的电路中，从电感元件 L 两端看进去的无源二端网络（U_S 短路，I_S 开路）的等效电阻为

$$R_0 = R_1 + R_2 = 5\Omega + 5\Omega = 10\Omega$$

$$\tau = \frac{L}{R_0} = \frac{10 \times 10^{-3}}{10}\text{s} = 10^{-3}\text{s}$$

用三要素法可求出 S 闭合后电感中电流的全响应为

$$i_L(t) = i_L(\infty) + [i_L(0_+) - i_L(\infty)]e^{-\frac{t}{\tau}}$$

$$= 3\text{A} + (2 - 3)e^{-\frac{t}{10^{-3}}}\text{A} = (3 - e^{-1000t})\text{A}$$

其中，稳态响应 $i'_L = 3A$，暂态响应 $i''_L = -e^{-1000t}A$，零输入响应 $i_{Lf} = 2e^{-1000t}A$，零状态响应 $i_{Lc} = 3(1 - e^{-1000t})A$。

最后，在换路后的电路中，由 KCL，可得 R_2 中电流为

$$i_2(t) = i_L(t) - I_S = (3 - e^{-1000t})A - 2A = (1 - e^{-1000t})A$$

2.7 暂态过程的应用

在电子技术中，存在着很多利用电路中的暂态实现应用要求的实用电路。例如用 RC 一阶电路组成的微分电路或积分电路，就是利用 RC 一阶电路的暂态过程，获得输入电压和输出电压的特定关系。

2.7.1 微分电路

图 2 - 32 所示是 RC 一阶电路，电路的时间常数 $\tau = RC$。在电路的输入端 u_i 加上如图 2 - 33a 所示的矩形脉冲，脉冲宽度为 t_p，周期为 T，幅值为 U。电阻两端的电压作为输出电压 u_o。

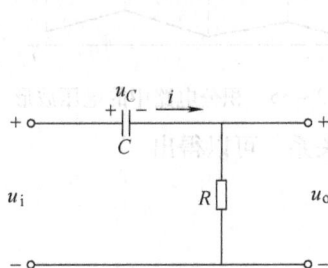

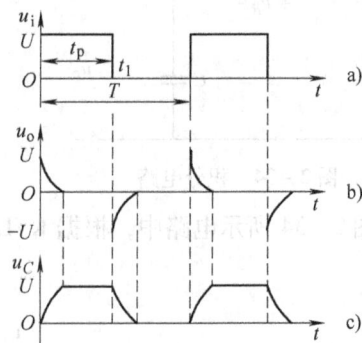

图 2 - 32　微分电路　　　　　图 2 - 33　微分电路中的电压波形

若适当地选择电路参数，使电容元件的充放电时间常数与输入信号 u_i 的脉冲宽度相比满足 $\tau \ll t_p$，则电路的暂态过程非常短。

在 $t = 0$ 时，u_i 从零跃变到 $+U$，此时 u_C 初始值为 0，而 u_o 初始值为 U，电路中产生零状态响应，即电容元件 C 开始充电。由于电路的暂态过程很短，故 u_C 很快充电到 $+U$，而 u_o 很快衰减到零。如图 2 - 33b、c 所示，输出电压 u_o 是一个正尖脉冲。

在 $t = t_1$ 时，$u_i = 0$，可将输入端视为短路，此时 u_C 初始值为 $+U$，而 u_o 初始值为 $-U$，电路中产生零输入响应，即电容元件 C 开始放电。u_C 很快衰减到零，而输出电压 u_o 也很快变到零，如图 2 - 33 所示，输出电压 u_o 是一个负尖脉冲。

在图 2 - 32 所示电路中，根据 KVL 和元件电压电流关系，可以得出

$$u_o + u_C = u_i$$

$$RC \frac{du_C}{dt} + u_C = u_i$$

在 $\tau \ll t_p$ 条件下，$u_o \ll u_C$，因而 $u_C \approx u_i$。于是可得

$$u_o = iR = RC \frac{du_C}{dt} \approx RC \frac{du_i}{dt}$$

上式表明，输出电压 u_o 与输入电压 u_i 近似满足微分关系，故称为微分电路。

在脉冲电路中，常常用微分电路把矩形脉冲变换为尖脉冲，作为触发信号。

必须指出，如果不满足 $\tau \ll t_p$ 条件，尽管 RC 电路形式一样，但输出电压不是尖脉冲，电路则成为一般的阻容电路。

2.7.2　积分电路

如果将图 2 - 32 电路中电阻元件 R 和电容元件 C 位置交换一下，便构成另一个应用十分广泛的电路，即如图 2 - 34 所示的积分电路。输入电压 u_i 仍然是矩形波，如图 2 - 35a 所示，电容两端电压作为输出电压 u_o，并且适当地选择电路参数，使电路的时间常数 $\tau \gg t_p$。

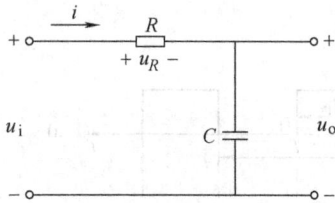

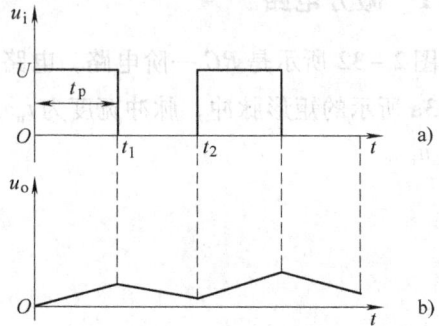

图 2 - 34　积分电路　　　　图 2 - 35　积分电路中的电压波形

在图 2 - 34 所示电路中，根据 KVL 和元件电压电流关系，可以得出

$$u_i = u_R + u_o$$

$$u_i = RC \frac{du_o}{dt} + u_o$$

由于 $\tau \gg t_p$，电容元件的充放电进行得很慢，如图 2 - 35b 所示。在第一个脉冲作用期间，电容电压也就是输出电压 u_o 很小，故 $u_i \approx u_R$。于是可得

$$u_i \approx iR = RC \frac{du_o}{dt}$$

从而

$$u_o \approx \frac{1}{RC} \int u_i dt$$

上式表明，输出电压 u_o 与输入电压 u_i 近似满足积分关系，故称为积分电路。经过几个周期后，充电时电压的初始值和放电时电压的初始值基本稳定，输出端输出一个幅值很小的三角波电压。时间常数 τ 越大，积分关系越准确，三角波电压的线性就越好。

小　　结

1）电路的状态及参数改变都称为换路。

2）电路中产生暂态过程的原因是换路时储能元件的能量不能发生跃变。

3）在换路瞬间（$t=0$），电容两端的电压和电感中的电流不能跃变，这就是换路定律。即

$$u_C(0_+) = u_C(0_-)$$
$$i_L(0_+) = i_L(0_-)$$

4）电路中的暂态过程是指从换路后瞬间（$t=0_+$）开始到新的稳定状态（$t=\infty$）时结束。

根据换路定律确定电容电压和电感电流的初始值，由 0_+ 时刻等效电路计算其他电量的初始值。0_+ 时刻等效电路中电容相当于理想电压源，电压为 $u_C(0_+)$，电感相当于理想电流源，电流为 $i_L(0_+)$。

稳态等效电路中电容相当于开路，电感相当于短路，从中可计算稳态值。

5）输入激励信号为零时的响应叫做零输入响应；储能元件初始储能为零时的响应叫做零状态响应；既有输入激励信号又非零初始条件的响应叫做全响应。

任一变量的全响应都可分解为零输入响应和零状态响应。

6）用经典法求解一阶线性电路暂态过程的步骤如下：

① 列出微分方程式；

② 求出微分方程的特解和通解；

③ 由初始条件确定积分系数，写出暂态过程的全解。

7）三要素法是分析一阶线性电路暂态过程的简便方法：求出换路后的初始值 $f(0_+)$、稳态值 $f(\infty)$ 及时间常数 τ，直接写出全响应表达式

$$f(t) = f(\infty) + [f(0_+) - f(\infty)]e^{-\frac{t}{\tau}}$$

8）RC 一阶电路构成微分电路的条件是从电阻 R 两端取输出电压，电路时间常数 $\tau \ll t_\mathrm{p}$（一般 $\tau < \frac{1}{5}t_\mathrm{p}$），$t_\mathrm{p}$ 为输入信号的脉冲宽度；RC 一阶电路构成积分电路的条件是从电容 C 两端取输出电压，电路时间常数 $\tau \gg t_\mathrm{p}$（一般 $\tau > 5t_\mathrm{p}$）。

习　题

2-1　在图 2-36 所示电路中，已知 $U_\mathrm{S} = 10\mathrm{V}$，$R_1 = R_2 = 10\mathrm{k}\Omega$，$L = 2\mathrm{H}$，$C = 0.5\mu\mathrm{F}$，开关原合在 a 端。求：（1）开关由 a 端切换到 b 端后，i_1、i_2、u_{R1}、u_{R2}、u_L、u_C 的初始值和稳态值；（2）当电路达到稳态后再将开关由 b 端切换到 c 端，试求上述各量的数值。

2-2　在图 2-37 所示电路中，电路已处于稳定状态。$t=0$ 时，将开关 S 断开，试求 $t \geq 0$ 后电容电压 $u_C(t)$ 及电流 $i_{R2}(t)$。

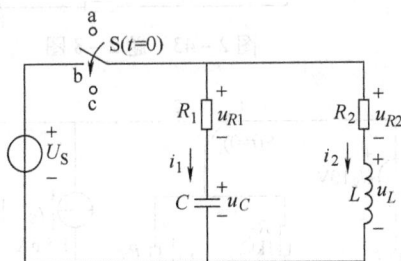

图 2-36　题 2-1 图

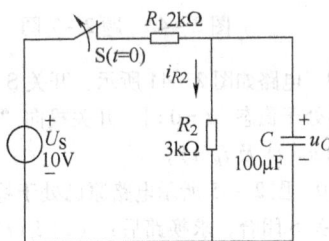

图 2-37　题 2-2 图

2-3　在图 2-38 所示电路中，电路已达到稳态，已知 $U_\mathrm{S} = 30\mathrm{V}$，$R_1 = 10\mathrm{k}\Omega$，$R_2 = 10\mathrm{k}\Omega$，$R_3 = 5\mathrm{k}\Omega$，

$C = 2\mu F$。开关闭合后（$t \geqslant 0$），求：(1) 电容两端电压 u_C；(2) 电路中的电流 i_C、i_{R2} 和 i。

2-4 在图 2-39 所示电路中，开关未打开前，电路已处于稳态，已知 $U_S = 10V$，$R_1 = 2k\Omega$，$R_2 = R_3 = 4k\Omega$，$L = 200mH$。$t = 0$ 时，断开开关 S，试求：(1) 电感中电流 $i_L(t)$；(2) 电感两端电压 $u_L(t)$。

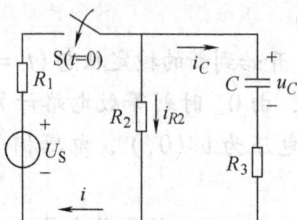
图 2-38 题 2-3 图

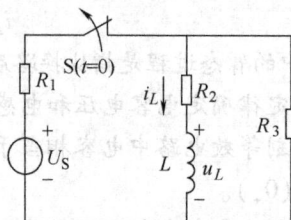
图 2-39 题 2-4 图

2-5 在图 2-40 所示的电路中，开关 S 闭合前电路已处于稳态。在 $t = 0$ 时，合上开关 S，求：(1) 电路电流 $i(t)$；(2) $t = 4ms$ 时的电流 i。

2-6 电路如图 2-41 所示，开关 S 闭合前已处于稳态，已知 $U_{S1} = 15V$，$U_{S2} = 30V$，$R_1 = R_2 = R_3 = 20k\Omega$，$C = 0.01\mu F$。试求 S 闭合后：(1) 电容电压 $u_C(t)$ 及电流 $i(t)$ 的表达式；(2) 画出 $u_C(t)$ 的零输入响应、零状态响应以及全响应曲线。

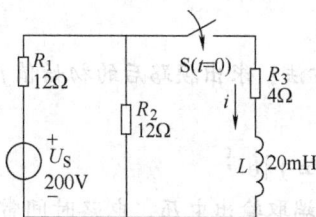
图 2-40 题 2-5 图

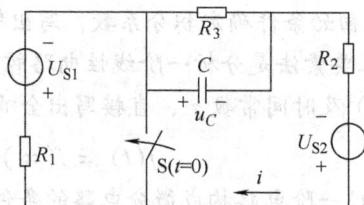
图 2-41 题 2-6 图

2-7 在图 2-42 所示电路在换路前已处于稳定状态，试求换路后 $u_C(t)$ 及 $i(t)$ 的全响应表达式。

2-8 在图 2-43 所示电路中，换路前电路已处于稳态，求换路后电路中的电流 $i_C(t)$、$i_{R1}(t)$ 和 $i_{R2}(t)$。

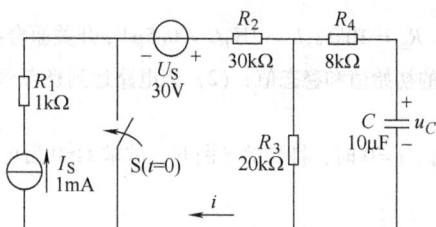
图 2-42 题 2-7 图

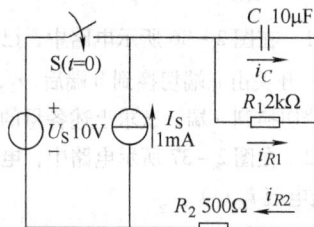
图 2-43 题 2-8 图

2-9 电路如图 2-44 所示，开关 S 合在 "1" 端时，电路处于稳态。$t = 0$ 时，开关投向 "2" 端处，求 $t \geqslant 0$ 时的 $u_C(t)$ 及 $i_R(t)$。

2-10 图 2-45 所示电路原已处于稳定状态。$t = 0$ 时将开关 S 闭合，求换路后：(1) $i_L(t)$，并画出其零输入响应、零状态响应以及全响应曲线；(2) $u_{ab}(t)$；(3) $i_{R3}(t)$。

2-11 电路如图 2-46 所示，已知 $I_S = 5mA$，U_S

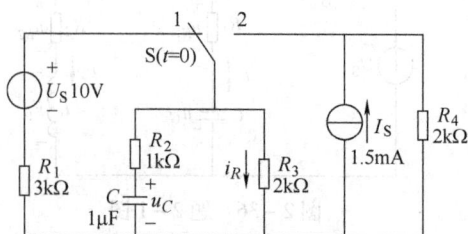
图 2-44 题 2-9 图

$= 20\text{V}, R_1 = R_2 = R_3 = R_4 = R_5 = 5\text{k}\Omega, C = 0.01\mu\text{F}, L = 1\text{H}$。开关 S 断开前电路已处于稳态，$t = 0$ 时将开关 S 断开。求 S 断开后：（1）电容电压 $u_C(t)$ 及电流 $i_{R2}(t)$；（2）电感电流 $i_L(t)$。

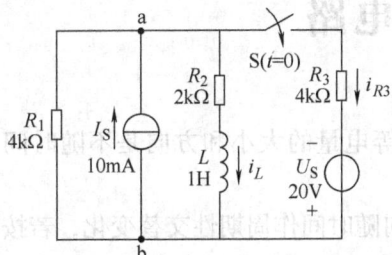

图 2-45　题 2-10 图　　　　　　图 2-46　题 2-11 图

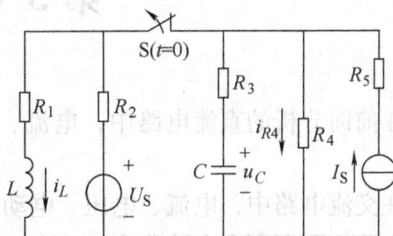

2-12　电路如图 2-47 所示，开关 S 闭合于 a 端，电路已处于稳态，在 $t = 0$ 时，将开关切换到 b 端。求电容两端电压 $u_C(t)$ 和电感中电流 $i_L(t)$。

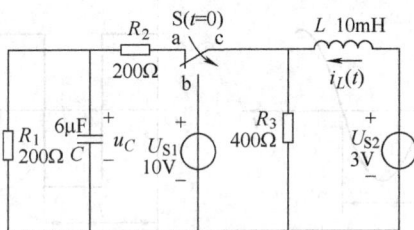

图 2-47　题 2-12 图

第 3 章 交流电路

在前面分析的直流电路中，电流、电压、电动势等电量的大小和方向是不随时间而变化的。

在交流电路中，电流、电压、电动势的大小与方向随时间作周期性交替变化，若按正弦规律变化，则所研究电路称为正弦交流电路。例如，图 3-1 所示电流都是交流电流，随时间以周期 T 改变大小和方向，但图 3-1a 中的电流波形是正弦波，所以是正弦电流，图 3-1b 中的电流波形是矩形波，是一种非正弦交流电流。

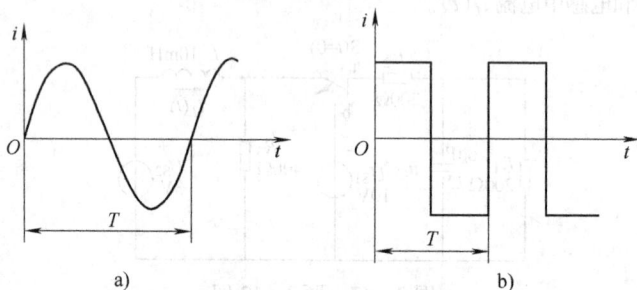

图 3-1 交流电流

一般所说的交流电，都是指正弦交流电，其在工农业生产及日常生活中得到了最为广泛的应用。正弦交流电容易产生，传输经济，使用方便，是目前供电和用电的主要形式。例如，在一些需要直流电的场合，可通过整流的方法将交流电变换成直流电；在电子技术中，可将一些非正弦周期信号通过分解为不同频率的正弦量来进行分析等。由于正弦交流电应用十分广泛，所以它是电工技术中的重要研究内容。

本章首先介绍正弦交流电的基本概念和表示方法，然后从单一参数电路出发，讨论电路中电压、电流之间的关系及功率、能量交换的基本理论，从而得出正弦交流电路的基本分析方法，最后简要介绍非正弦周期信号电路的谐波分析方法。

3.1 正弦交流电的基本概念

电路中随时间按正弦规律变化的电流、电压、电动势等物理量，称为正弦量。

3.1.1 正弦量的三要素

以正弦交流电压为例，正弦量的波形图（正弦曲线）如图 3-2 所示。正弦量还可以用时间 t 的正弦函数来表示，其数学表达式为

$$u(t) = U_m \sin(\omega t + \psi) \tag{3-1}$$

式中，$u(t)$ 为正弦电压随时间变化的瞬时值；U_m 称为幅值或者最大值；ω 为正弦电压的角频率；ψ 为正弦电压在 $t=0$ 时的相位，称为初相位。

U_m、ω 和 ψ 分别用来表示一个正弦量的大小、变化速度和初始状态。对任一正弦量，当其幅值、角频率和初相位确定以后，该正弦量就可完全确定下来。因此幅值、角频率和初相位是区别不同正弦量的依据，称为正弦量的三要素。

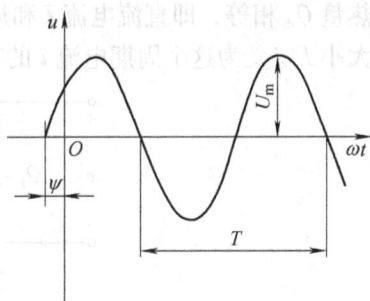

图 3 - 2　正弦交流电的波形图

3.1.1.1　周期、频率和角频率

正弦量变化一周所需的时间称为周期，用 T 表示，单位为 s（秒）。每秒正弦量变化的次数称为频率，用 f 表示，单位是 Hz（赫兹）。频率和周期互为倒数，即

$$f = \frac{1}{T} \text{或} T = \frac{1}{f} \tag{3-2}$$

正弦量表达式中的 ω 表示每经过单位时间，瞬时相位所增加的角度，称为角频率。因为正弦量每经过一个周期的时间，相应的相位增加 $2\pi \text{rad}$（弧度），所以角频率为

$$\omega = \frac{2\pi}{T} = 2\pi f \tag{3-3}$$

其单位为 rad/s（弧度每秒）。

周期、频率和角频率都是反映正弦量变化快慢的量。T 越小，f 越大，ω 越大，正弦量循环变化越快；反之变化越慢。

通常，我国电力工业标准频率是 50Hz，称为工频。世界有些国家（如美、日等国）采用 60Hz 作为电力标准频率。

在其他不同的技术领域内使用着各种不同的频率，千赫（kHz）和兆赫（MHz）是在高频下常用的频率单位。例如，航空工业用的交流电频率是 400Hz；在电加热方面用的中频炉，使用的频率是 500 ~ 8000Hz；高频炉的频率是 200 ~ 300kHz；无线电工程的频率高达 500kHz ~ 3×10^5 MHz。

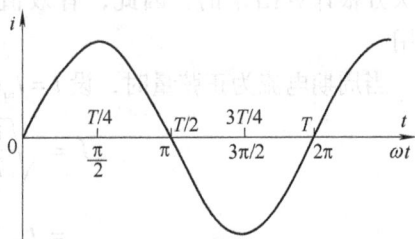

图 3 - 3　正弦量波形图的不同横坐标

在画正弦量的波形图时，横坐标既可用时间 t 表示，也可用弧度 ωt 表示。时间和弧度的对应关系，如图 3 - 3 所示。

3.1.1.2　瞬时值、幅值（最大值）和有效值

正弦量在任一瞬间的值称为瞬时值，用小写字母表示，如 u、i、e 分别表示电压、电流和电动势的瞬时值。它们是时间的函数，大小随时间按正弦规律变化。瞬时值中最大的值称为幅值或最大值，用带下标 m 的大写字母来表示，如 U_m、I_m、E_m 分别表示电压、电流和电动势的最大值。

正弦量的大小一般不用瞬时值，也不用幅值计量，而是用有效值来衡量。有效值用大写字母来表示，如 U、I、E 分别表示电压、电流和电动势的有效值。有效值是从热效应相当的观点来定义的。

如图 3 - 4 所示，有效值的规定是：假设一个周期性电流 i 通过一个电阻 R 时，在一个周期内产生的热量 Q_a，和一个恒定的直流电流 I 通过这个电阻 R 时，在相同的时间内产生

的热量 Q_d 相等，即直流电流 I 和周期电流 i 产生的热效应是等效的，则把该直流电流的数值大小 I 定义为这个周期电流 i 的有效值。

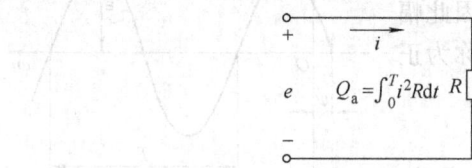

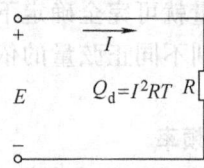

图 3-4 有效值的规定

根据焦耳-楞次定律，周期电流 i 通过电阻 R，在一个周期 T 内所产生的热量为

$$Q_a = \int_0^T i^2 R dt$$

恒定的直流电流 I 通过相同电阻 R，在相同时间内产生的热量为

$$Q_d = I^2 R T$$

根据有效值的规定，令 $Q_d = Q_a$，即

$$I^2 R T = \int_0^T i^2 R dt$$

由此，可得出周期电流 i 的有效值为

$$I = \sqrt{\frac{1}{T} \int_0^T i^2 dt} \tag{3-4}$$

由式（3-4）可知，有效值是由周期电流瞬时值的二次方在一个周期内的平均值再取二次方根计算出来的，因此，有效值又称方均根值，该定义对正弦量和非正弦周期量都适用。

当周期电流为正弦量时，设 $i = I_m \sin(\omega t + \psi)$，代入式（3-4），可得

$$I = \sqrt{\frac{1}{T} \int_0^T [I_m \sin(\omega t + \psi)]^2 dt}$$

$$= I_m \sqrt{\frac{1}{T} \int_0^T \frac{[1 - \cos(2\omega t + 2\psi)] dt}{2}}$$

$$= I_m \sqrt{\frac{1}{2T} \left[t - \frac{\sin(2\omega t + 2\psi)}{2\omega} \right]_0^T} = \frac{I_m}{\sqrt{2}}$$

同理，对于正弦电压和正弦电动势，也有类似的结论。因此，正弦交流电的电流、电压和电动势的有效值为

$$\begin{cases} I = \dfrac{I_m}{\sqrt{2}} \text{ 或 } I_m = \sqrt{2} I \\ U = \dfrac{U_m}{\sqrt{2}} \text{ 或 } U_m = \sqrt{2} U \\ E = \dfrac{E_m}{\sqrt{2}} \text{ 或 } E_m = \sqrt{2} E \end{cases} \tag{3-5}$$

必须注意，只有周期量为正弦函数时，式（3-5）的关系才成立，即对于正弦量而言，最大值是有效值的 $\sqrt{2}$ 倍。

在工程上，如不加说明，正弦电流、电压和电动势的大小一般皆指其有效值。如通常所说的交流电源电压是 220V，交流电动机的额定电流是 15A 等都是指有效值。一般交流电压表和电流表的读数，常按正弦量的有效值刻度，即表的读数就是被测物理量的有效值。

3.1.1.3　相位、初相位和相位差

设正弦量

$$i = I_m \sin(\omega t + \psi)$$

式中，随时间连续变化的角度 $\omega t + \psi$ 称为正弦量的相位角，简称相位，它反映出正弦量变化的进程。时间 t 不同，相位角 $\omega t + \psi$ 不同，瞬时值 i 也不同。ψ 为 $t = 0$ 时正弦量的相位，称为初相位，它反映了正弦量在 $t = 0$ 时的状态。初相位不同，正弦量的初始值也不同。

相位和初相位的单位为弧度（rad）或度（°）。画波形图时，一般横坐标用弧度表示。初相位的取值范围通常为 $|\psi| \le \pi$，图 3 - 5 给出了不同初相位的正弦电流 $i = I_m \sin(\omega t + \psi)$ 的波形图。

若规定正弦量由负到正的零点为其变化起点，$t = 0$ 的时刻为计时起点，则初相位 ψ 就是变化起点到计时起点的角度。图 3 - 5a 中，变化起点与计时起点重合，则 ψ 等于零；图 3 - 5b 中，变化起点在计时起点的左边，则 ψ 为正；图 3 - 5c 中，变化起点在计时起点的右边，则 ψ 为负。

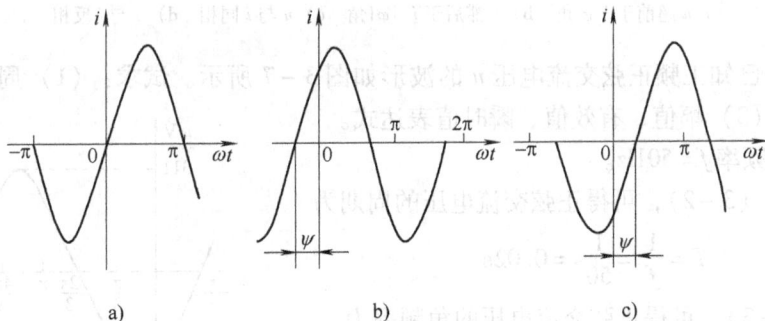

图 3 - 5　正弦量的初相位

a) $\psi = 0$　b) $\psi > 0$　c) $\psi < 0$

两个同频率正弦量的相位之差，称为相位差，用 φ 表示。例如两个同频率的正弦量 u、i 分别为

$$u = U_m \sin(\omega t + \psi_u)$$

$$i = I_m \sin(\omega t + \psi_i)$$

则 u 和 i 之间的相位差为

$$\varphi = (\omega t + \psi_u) - (\omega t + \psi_i) = \psi_u - \psi_i$$

因此，两个同频率正弦量的相位差也就是它们的初相位之差。

相位差与时间无关，用来描述两个同频率正弦量的超前、滞后关系，如图 3 - 6 所示。

当 $\psi_u > \psi_i$ 时，$\varphi = \psi_u - \psi_i > 0$，则称 u 超前于 i φ 角，意为 u 比 i 先达到正最大值，如图 3 - 6a 所示。

当 $\psi_u < \psi_i$ 时，$\varphi = \psi_u - \psi_i < 0$，则称 u 滞后于 i $|\varphi|$ 角，即 u 比 i 后达到正最大值，如图 3 - 6b 所示。

如果 $\psi_u = \psi_i$，$\varphi = \psi_u - \psi_i = 0$，则称 u 和 i 同相位（简称同相），如图3-6c所示。

如果 $\varphi = \psi_u - \psi_i = \pm\pi$，则称 u 和 i 反相位（简称反相），如图3-6d所示。

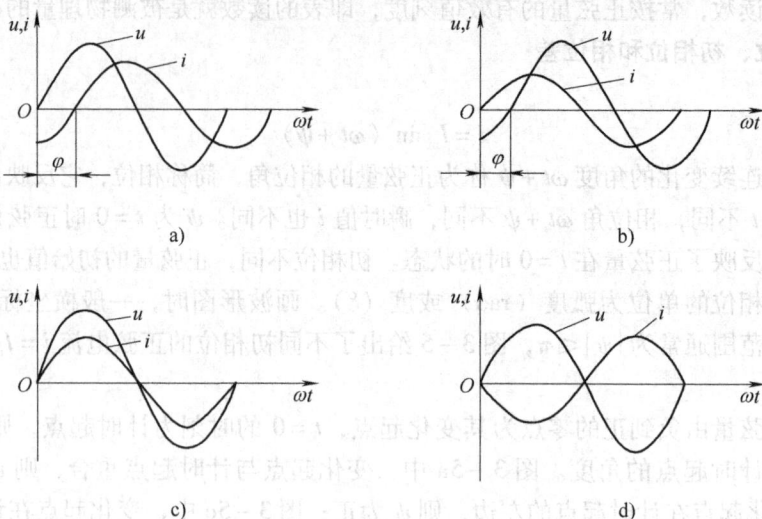

图3-6　正弦量的相位差

a）u 超前于 i φ 角　b）u 滞后于 i $|\varphi|$ 角　c）u 与 i 同相　d）u 与 i 反相

例3-1　已知工频正弦交流电压 u 的波形如图3-7所示。试求：（1）周期、角频率；（2）初相位；（3）幅值、有效值、瞬时值表达式。

解： 已知频率 $f = 50\text{Hz}$。

（1）由式（3-2），可得正弦交流电压的周期为

$$T = \frac{1}{f} = \frac{1}{50}\text{s} = 0.02\text{s}$$

由式（3-3），可得正弦交流电压的角频率为

$$\omega = 2\pi f = 2\pi \times 50 \text{rad/s} = 314\text{rad/s}$$

（2）由于图3-7所示正弦电压的变化起点在计时起点的右边，所以初相位为负，其值为

$$\psi = -\frac{2\pi}{3}\text{rad}$$

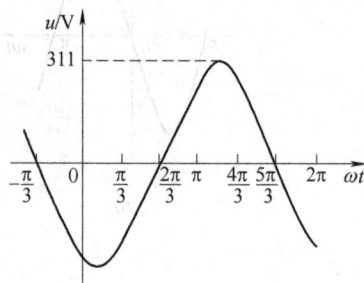

图3-7　例3-1题图

（3）由波形图可知，幅值 $U_\text{m} = 311\text{V}$，根据式（3-5），可得有效值为

$$U = \frac{U_\text{m}}{\sqrt{2}} = \frac{311}{\sqrt{2}}\text{V} = 220\text{V}$$

因为已经求出了正弦电压的三要素，所以瞬时值表达式为

$$u = U_\text{m}\sin(\omega t + \psi) = 311\sin\left(314t - \frac{2\pi}{3}\right)\text{V}$$

例3-2　已知 $u = 220\sqrt{2}\sin(314t - 30°)$ V，$i = 22\sqrt{2}\sin(314t + 60°)$ A，求 u 和 i 之间的相位差。

解： u 和 i 之间的相位差为

$$\varphi = \psi_u - \psi_i = -30° - 60° = -90°$$

即电压滞后电流 90°，或者说电流超前电压 90°。

3.1.2 正弦量的表示方法

线性交流电路中，如果电源激励都是同频率的正弦量，则电路中电压、电流的全部稳态响应也都将是同频率的正弦量，因此，确定正弦量的三要素中的频率这个要素可以作为不变的已知量，只需根据幅值和初相位两个要素来确定一个正弦量。

如前所述，正弦交流量可以通过三角函数解析式（瞬时值表达式）和波形图来描述，这两种表示方法比较直观，但当用其来分析和计算正弦交流电路时，则很不方便。为使电路的分析、计算得以简化，本节将介绍在电工技术里常用的正弦量的旋转矢量表示法和相量表示法。

3.1.2.1 正弦量的旋转矢量表示法

一个正弦量可以用最大值、初相位和角频率三要素来确定某一时刻的瞬时值，而在平面直角坐标系中的一个有向线段（旋转矢量）也可以完整地表示出正弦量的三要素，所以可以用旋转矢量来表示正弦交流量。

用旋转矢量表示正弦量的方法如下：

令旋转矢量的长度等于正弦量的最大值（幅值）；在 $t=0$ 时旋转矢量与横坐标之间夹角等于正弦量的初相位；旋转矢量绕坐标原点沿逆时针方向旋转的角速度等于正弦量的角频率，则这个旋转矢量任意时刻在纵坐标上的投影，就是这个旋转矢量所代表的正弦量在同一时刻的瞬时值。

例如用旋转矢量 $\dot{I}_m$ 表示正弦电流 $i=I_m\sin(\omega t+\psi)$，如图 3-8 所示，矢量的长度为 I_m，尾端位于直角坐标平面的原点；初始位置与横轴之间夹角为 ψ；矢量以 ω 角速度逆时针方向旋转，则该旋转矢量在纵轴上的投影就是正弦函数 $i=I_m\sin(\omega t+\psi)$。

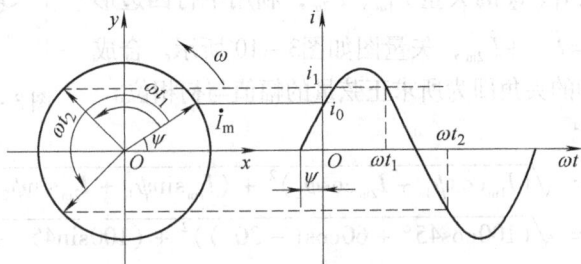

图 3-8 正弦量的旋转矢量表示法

在图 3-8 中，当 $t=0$ 时，旋转矢量 $\dot{I}_m$ 在纵轴上的投影

$$i=i_0=I_m\sin\psi$$

就是 $\omega t=0$ 时正弦量的瞬时值。当 $t=t_1$ 时，旋转矢量与横轴之间夹角为 $(\omega t_1+\psi)$，它在纵轴上的投影

$$i=i_1=I_m\sin(\omega t_1+\psi)$$

即正弦量在 $\omega t=\omega t_1$ 时的瞬时值。

由此可见，任何一个正弦量都可以用一个相应的旋转矢量来表示。

由于旋转矢量的角速度等于正弦量的角频率，其值不变，使用时只画出它的初始位置，不再标明角速度，并简称为矢量。如矢量 $\dot{I}_\mathrm{m}$ 可表示为图 3-9a。在实际问题中常常使用正弦量的有效值，为了方便起见，常使矢量长度等于有效值，如图 3-9b 所示的 $\dot{I}$。显然，这时它在纵轴上的投影已不能代表正弦量的瞬时值了。

正弦量的矢量是一个时间矢量，不同于力、电场强度等空间矢量；只有正弦周期量才能用矢量表示，非正弦周期量是不能用矢量表示的。

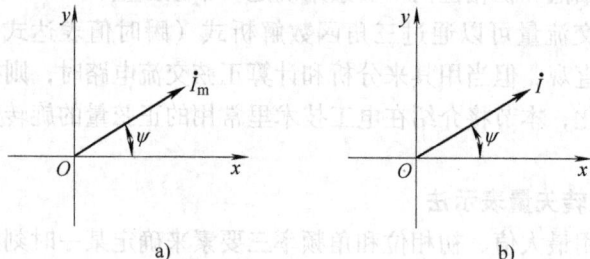

图 3-9 矢量表示方式

将同频率的正弦量用矢量表示方法画在同一直角坐标系中的图称为矢量图。矢量图可以简单明确地表示同一电路中各正弦量（电压、电流）的相位和大小。用平行四边形法则，可以方便地进行矢量的加减运算。

例 3-3 已知两个同频率正弦电流 $i_1 = 100\sin(314t + 45°)$ A，$i_2 = 60\sin(314t - 30°)$ A，试用矢量法求两个电流之和 $i = i_1 + i_2$。

解： 两个同频率正弦量的和是一个新的同频率的正弦量，因此只要求出此新正弦量的幅值和初相位即可。

已知，$I_{1\mathrm{m}} = 100$A，$\psi_1 = 45°$，$I_{2\mathrm{m}} = 60$A，$\psi_2 = -30°$，在直角坐标平面上，画出代表 i_1、i_2 的矢量 $\dot{I}_{1\mathrm{m}}$、$\dot{I}_{2\mathrm{m}}$，利用平行四边形法则求出合成矢量 $\dot{I}_\mathrm{m} = \dot{I}_{1\mathrm{m}} + \dot{I}_{2\mathrm{m}}$，矢量图如图 3-10 所示。合成矢量的长度及其与横轴的夹角即为所求正弦量的幅值与初相位。

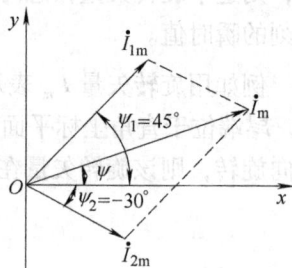

图 3-10 例 3-3 矢量图

由矢量图可以得出

$$I_\mathrm{m} = \sqrt{(I_{1\mathrm{m}}\cos\psi_1 + I_{2\mathrm{m}}\cos\psi_2)^2 + (I_{1\mathrm{m}}\sin\psi_1 + I_{2\mathrm{m}}\sin\psi_2)^2}$$

$$= \sqrt{(100\cos45° + 60\cos(-30°))^2 + (100\sin45° + 60\sin(-30°))^2}\,\mathrm{A}$$

$$= \sqrt{(70.7 + 52)^2 + (70.7 - 30)^2}\,\mathrm{A} = 129\mathrm{A}$$

$$\psi = \arctan\frac{I_{1\mathrm{m}}\sin\psi_1 + I_{2\mathrm{m}}\sin\psi_2}{I_{1\mathrm{m}}\cos\psi_1 + I_{2\mathrm{m}}\cos\psi_2}$$

$$= \arctan\frac{70.7 - 30}{70.7 + 52} = 18.35°$$

所以，所求电流为

$$i = 129\sin(314t + 18.35°)\ \mathrm{A}$$

例 3-4 已知两个同频率正弦电压 u_1 和 u_2，有效值 $U_1 = U_2 = 220$V，且 u_1 超前 u_2 120°，若 $u = u_1 - u_2$，试求 u 的有效值。

解： 以 $\dot{U}_1$ 为参考矢量，即设其初相位为 0°，则根据题意，可画出 $\dot{U}_1$、$\dot{U}_2$ 及 $\dot{U}$ 的矢量

图如图 3 - 11 所示。

由矢量图可直接得出 u 的有效值为

$$U = 2U_1\cos30° = 2 \times 220 \times \frac{\sqrt{3}}{2}\text{V} = 380\text{V}$$

虽然矢量的初相位与正弦量计时起点的选择有关,但是矢量图中各矢量间的相位差是固定的。从上述例题可以看出,有时为了方便,可选择其中某一矢量作为参考矢量,把它的初相位定为 $0°$,画在水平方向上,其余各矢量根据它们对参考矢量的相位关系画出来,而横、纵坐标轴可以省去不画。

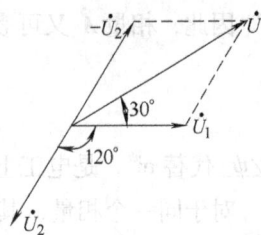

图 3 - 11 例 3 - 4 矢量图

3.1.2.2 正弦量的相量表示法

正弦量用矢量表示,优点是画图方便,但矢量图只能进行正弦量的加、减运算。而在复杂电路中,往往还要进行正弦量的乘、除运算。为简化正弦交流电路的计算,可采用正弦量的相量表示法。同矢量法一样,只有同频率的正弦量才能用相量法进行运算。

相量表示法的基础是复数,下面首先介绍复数的基本形式和四则运算,然后讨论如何用复数分析计算正弦交流电路。

根据数学中的知识可知,复数 A 可以用由实轴和虚轴构成的复平面上的一条有向线段 $\dot{A}$ 来表示,如图 3 - 12 所示。有向线段 $\dot{A}$ 在复平面上称为相量,以区别于其在直角坐标系中的矢量叫法。

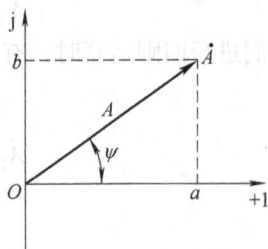

相量 $\dot{A}$ 的长度 A 称为复数的模;$\dot{A}$ 与实轴的夹角 ψ 称为复数的辐角。相量 $\dot{A}$ 在虚轴上的投影为 a,在虚轴上的投影为 b,a 与 b 分别称为复数的实部与虚部。

图 3 - 12 复平面及相量表示法

于是,相量 $\dot{A}$ 有下述复数表达形式:

$$\dot{A} = a + jb \cdots \cdots \text{复数的代数式}$$

式中,$j = \sqrt{-1}$ 为虚数单位。在电工技术中用 j 表示虚部,是为了避免与电流 i 相混淆。

由图 3 - 12 可得出复数的模、辐角与实部、虚部之间的关系为

$$A = \sqrt{a^2 + b^2} \tag{3 - 6}$$

$$\psi = \arctan\frac{b}{a} \tag{3 - 7}$$

或

$$a = A\cos\psi, \quad b = A\sin\psi \tag{3 - 8}$$

所以,相量 $\dot{A}$ 还可表示为

$$\dot{A} = A\cos\psi + jA\sin\psi \cdots \cdots \text{复数的三角函数式}$$

根据欧拉公式

$$\cos\psi = \frac{e^{j\psi} + e^{-j\psi}}{2}, \quad \sin\psi = \frac{e^{j\psi} - e^{-j\psi}}{2j}$$

有

$$e^{j\psi} = \cos\psi + j\sin\psi$$

因此，相量 $\dot{A}$ 又可表示为

$$\dot{A} = Ae^{j\psi} \cdots\cdots \text{复数的指数式}$$
$$= A\angle\psi \cdots\cdots \text{复数的极坐标式}$$

用 $\angle\psi$ 代替 $e^{j\psi}$，是电工上的习惯用法。

对于同一个相量，其复数的几种表达形式可以进行互相转换，究竟采用哪种表示法，视具体运算方便而定。

由于

$$j = \cos90° + j\sin90° = e^{j90°} = 1\angle90°$$
$$-j = \cos90° - j\sin90° = e^{-j90°} = 1\angle-90°$$

任一相量乘以 j 时，其模不变，辐角增大 90°，即向前（逆时针）旋转 90°；乘以 $-j$ 时，模不变，辐角减小 90°，即向后（顺时针）旋转 90°，因此把 j 称为旋转 90° 算子。

复数进行四则运算时，一般加、减运算采用代数式进行，分别把实部与实部相加减，虚部与虚部相加减；乘、除运算一般采用极坐标形式（或指数式）进行，相乘时，模和模相乘，辐角相加；相除时，模和模相除，辐角相减。若有两个复数

$$\dot{A}_1 = a_1 + jb_1 = A_1e^{j\psi_1}, \quad \dot{A}_2 = a_2 + jb_2 = A_2e^{j\psi_2}$$

则它们进行四则运算时，有

$$\dot{A}_1 \pm \dot{A}_2 = (a_1 \pm a_2) + j(b_1 \pm b_2)$$
$$\dot{A}_1\dot{A}_2 = A_1A_2e^{j(\psi_1+\psi_2)} = A_1A_2\angle(\psi_1 + \psi_2)$$
$$\frac{\dot{A}_1}{\dot{A}_2} = \frac{A_1}{A_2}e^{j(\psi_1-\psi_2)} = \frac{A_1}{A_2}\angle(\psi_1 - \psi_2)$$

由图 3-12 可看出，若用复数的模表示正弦量的大小（幅值或有效值），用复数的辐角表示正弦量的初相位，则这个复数就可用来表示正弦量。表示正弦量的复数即称为相量。相量用大写字母上面加 "·" 来表示，如 $\dot{U}_m$、$\dot{I}_m$、$\dot{E}_m$ 分别表示电压、电流和电动势的最大值相量；$\dot{U}$、$\dot{I}$、$\dot{E}$ 分别表示电压、电流和电动势的有效值相量。

将同频率的正弦量用相量表示方法画在同一复平面中的图称为相量图。相量图可明确表示同一电路中各正弦量（电压、电流）的相位和大小关系。用平行四边形法则，同样可以方便地进行相量的加减运算。

以正弦电流 $i = I_m\sin(\omega t + \psi) = \sqrt{2}I\sin(\omega t + \psi)$ 为例，其用复数表示的最大值相量表达式为

$$\dot{I}_m = I_me^{j\psi} = I_m\angle\psi = I_m(\cos\psi + j\sin\psi)$$

有效值相量表达式为

$$\dot{I} = Ie^{j\psi} = I\angle\psi = I(\cos\psi + j\sin\psi)$$

相量图如图 3-13 所示。

比较图 3-9 和图 3-13 可知，在隐去坐标情况下相量图和矢量图完全相同。

例 3-5 已知频率为 50Hz 的正弦电流相量的复数表达式为 $\dot{I} = (-3 + j4)$ A，求其瞬时值表达式。

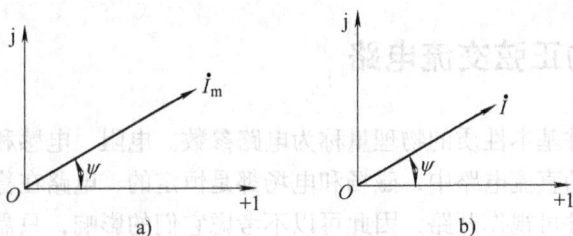

图 3-13 相量图

解：角频率

$$\omega = 2\pi f = 2\pi \times 50\,\text{rad/s} = 314\,\text{rad/s}$$

根据式（3-6）、式（3-7），可得：

有效值

$$I = \sqrt{(-3)^2 + 4^2}\,\text{A} = 5\text{A}$$

初相位

$$\psi = \arctan\frac{4}{-3} = 126.9°$$

所以，瞬时值表达式为

$$i = 5\sqrt{2}\sin(314t + 126.9°)\ \text{A}$$

例 3-6　用相量法求解例 3-3，并画出相量图。

解：电流 i_1、i_2 的最大值相量分别为

$$\dot{I}_{1m} = 100\angle 45°\ \text{A},\quad \dot{I}_{2m} = 60\angle -30°\ \text{A}$$

则

$$\begin{aligned}
\dot{I}_m = \dot{I}_{1m} + \dot{I}_{2m} &= (100\angle 45° + 60\angle -30°)\ \text{A}\\
&= (100\cos45° + \text{j}100\sin45°)\ \text{A} + [60\cos(-30°) + \text{j}60\sin(-30°)]\ \text{A}\\
&= (70.7 + \text{j}70.7)\ \text{A} + (52 - \text{j}30)\ \text{A}\\
&= (122.7 + \text{j}40.7)\ \text{A}\\
&= 129\angle 18.35°\ \text{A}
\end{aligned}$$

所以，所求电流为

$$i = 129\sin(314t + 18.35°)\ \text{A}$$

相量图如图 3-14 所示。

对比例 3-3 与例 3-6，可见相量法可利用复数的四则运算，使正弦量的计算更简捷。

需要指出的是：①只有同频率正弦量才能用相量表示，并一起参与运算；②基尔霍夫定律对正弦量的瞬时值和相量形式仍成立。因此在正弦交流电路图中标注正弦量时，一般使用瞬时值或相量符号。③矢量图和相量图一般不画坐标，两者并无本质区别，以后将统称为相量图。

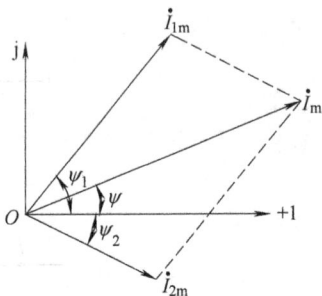

图 3-14　例 3-6 相量图

3.2　单一参数的正弦交流电路

用来表征电路元件基本性质的物理量称为电路参数。电阻、电感和电容是交流电路的三个基本参数。在恒定的直流电路中，磁场和电场都是恒定的，电路在稳定状态下，电感元件可视作短路，电容元件可视作开路，因此可以不考虑它们的影响，只需考虑电路中电阻元件的作用。但在交流电路中，因电压和电流是不断交变的，磁场和电场总在变化，这就必须考虑电感元件和电容元件对电路所起的作用。

只具有一种电路参数的电路称为单一参数电路。实际的电路总是同时存在电阻、电感和电容效应的，但当电路中只有一种电路参数起主要作用，而其余电路参数可以忽略不计时，就可以把这个电路看成是单一参数电路。

对交流电路进行分析、计算时，同样首先要规定电压、电流和电动势等电量的正方向（参考方向）。由于交流电压、电流和电动势周期性地改变方向和大小，为正确地表示其瞬时方向，通常在电路图上标出其正半周的方向，作为正方向。如图 3 - 15 中设定的交流电压、电流的正方向。

图 3 - 15　交流电的正方向

如果实际方向在某一瞬间与假设的正方向一致，则在这一瞬间电压和电流值为正，表示 u、i 在正半周；若实际方向在某一瞬间与假设的正方向相反，则在这一瞬间电压和电流值为负，表示 u、i 在负半周。只有选定了正方向才能说明任一瞬间电流、电压的正负。

分析交流电路的目的在于确定电路中电压与电流之间的大小和相位关系，并讨论电路中能量的转换和功率问题。掌握单一参数交流电路的分析方法和基本规律，是分析复杂交流电路的基础。

3.2.1　电阻电路

3.2.1.1　电压和电流之间的关系

电阻元件与正弦交流电源相接组成的电阻电路如图 3 - 16a 所示。

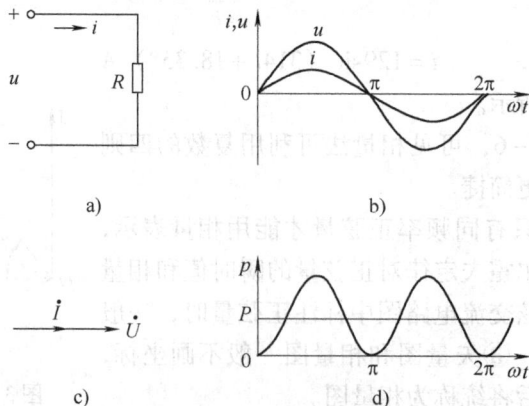

图 3 - 16　电阻电路及其电压、电流和功率

设正弦交流电源电压 u 为

$$u = U_m \sin\omega t$$

欧姆定律对交流瞬时值也成立，即有

$$i = \frac{u}{R} = \frac{U_m}{R}\sin\omega t = I_m \sin\omega t \qquad (3-9)$$

可以看出，电阻元件上的电压和电流为同频率的正弦量，并且电流 i 和电压 u 同相位，即 u 和 i 之间的相位差 $\varphi = 0$。电压和电流的波形图如图 3 - 16b 所示。

由式（3 - 9）可知

$$I_m = \frac{U_m}{R} \text{或} I = \frac{U}{R} \qquad (3-10)$$

这说明电阻元件上正弦量的最大值和有效值都满足欧姆定律。

如果用复数表示正弦量，则电阻元件上电压和电流的有效值相量表示为

$$\dot{U} = Ue^{j0°} = U\angle 0°$$

$$\dot{I} = Ie^{j0°} = \frac{U}{R}e^{j0°} = \frac{U}{R}\angle 0°$$

相量图如图 3 - 16c 所示。因此有

$$\dot{U} = \dot{I}R \qquad (3-11)$$

通常将式（3 - 11）称为欧姆定律的相量表示法，即电阻元件上正弦电压和电流的相量关系也满足欧姆定律。

3.2.1.2　功率

在任意瞬间，电压瞬时值 u 和电流瞬时值 i 的乘积，称为瞬时功率（instantaneous power），用小写字母 p 表示，即

$$p = ui \qquad (3-12)$$

电阻元件的瞬时功率为

$$\begin{aligned}
p &= ui \\
&= U_m \sin\omega t \cdot I_m \sin\omega t \\
&= U_m I_m \sin^2 \omega t \\
&= U_m I_m \frac{1 - \cos 2\omega t}{2} \\
&= UI - UI\cos 2\omega t \qquad (3-13a)
\end{aligned}$$

其波形图如图 3 - 16d 所示。

由式（3 - 13a）可知，瞬时功率 p 由一个常量 UI 和一个两倍于电源频率的周期交变量 $UI\cos 2\omega t$ 两部分组成，且在任意时刻，$p \geq 0$。这说明无论交流电压、电流的大小和方向如何变化，电阻总是要消耗电能。

瞬时功率也可以写成

$$p = i^2 R \text{ 或 } p = \frac{u^2}{R} \qquad (3-13b)$$

在实际应用中，更常用的是平均功率。平均功率是电路在一个周期内消耗电能的平均速率，即瞬时功率在一个周期内的平均值，用大写字母 P 表示，单位是 W 或 kW。

电阻元件的平均功率为

$$P = \frac{1}{T}\int_0^T p\,\mathrm{d}t = \frac{1}{T}\int_0^T UI(1 - \cos 2\omega t)\,\mathrm{d}t$$

$$= UI = I^2 R = \frac{U^2}{R} \tag{3-14}$$

平均功率又称有功功率（active power），反映了电阻负载实际消耗了电能。通常所说的功率，就是指平均功率。如一只标有"220V、100W"的灯泡，就是指灯泡接 220V 额定电压时，平均功率为 100W。

3.2.2 电感电路

3.2.2.1 电压和电流之间的关系

电感元件与正弦交流电源相接组成的电感电路如图 3 – 17a 所示。

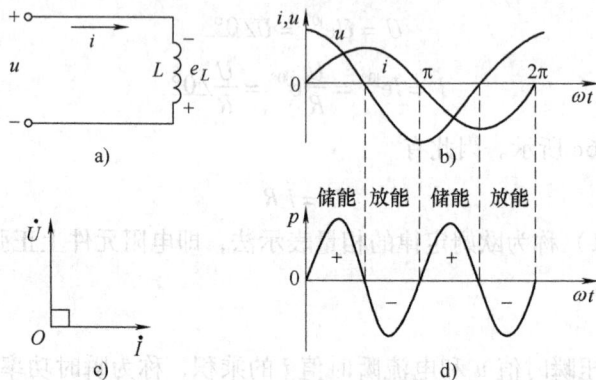

图 3 – 17 电感电路及其电压、电流和功率

在图 3 – 17a 所示的电压 u、电流 i 和感应电动势 e_L 的正方向下，有

$$u = -e_L = L\frac{\mathrm{d}i}{\mathrm{d}t}$$

设电感元件中通过的正弦交流电流 i 为

$$i = I_m \sin\omega t$$

则有

$$u = L\frac{\mathrm{d}i}{\mathrm{d}t}$$

$$= L\frac{\mathrm{d}}{\mathrm{d}t}(I_m \sin\omega t)$$

$$= \omega L I_m \cos\omega t$$

$$= U_m \sin(\omega t + 90°) \tag{3-15}$$

可见，电感元件上的电压和电流为同频率的正弦量，且电压 u 超前于电流 i 90°，即 u 和 i 之间的相位差 $\varphi = 90°$。

电压和电流的波形图如图 3 – 17b 所示。

由式（3 – 15）可以得出

$$U_m = I_m \omega L = I_m X_L$$

其中

$$X_L = \omega L = 2\pi f L \qquad (3-16)$$

则电感元件上电压和电流的有效值之间的关系为

$$U = IX_L \qquad (3-17)$$

式（3-17）与欧姆定律形式相同。式中，X_L 称为感抗，它体现了电感元件阻碍交流电流的性质。显然 X_L 与频率 f 成正比，频率越高，感抗越大；在直流电路中，$f=0$，故 $X_L=0$，因此电感对直流可视为短路。当频率 f 单位为 Hz（赫兹），电感 L 单位为 H（亨利）时，感抗 X_L 的单位为 Ω（欧姆）。

如果用复数表示正弦量，则电感元件上电压和电流的有效值相量表示为

$$\dot{I} = I\angle 0°$$

$$\dot{U} = U\angle 90° = IX_L\angle 90°$$

相量图如图 3-17c 所示。因此电压和电流的有效值相量之间的关系表达式为

$$\dot{U} = \mathrm{j}X_L\dot{I} \quad 或 \quad \dot{I} = \frac{\dot{U}}{\mathrm{j}X_L} = -\mathrm{j}\frac{\dot{U}}{X_L} \qquad (3-18)$$

式中，$\mathrm{j}X_L$ 为感抗的复数形式。

当电流 $\dot{I}$ 的初相位不为零，或以电压 $\dot{U}$ 为参考相量时的相量图如图 3-18 所示。

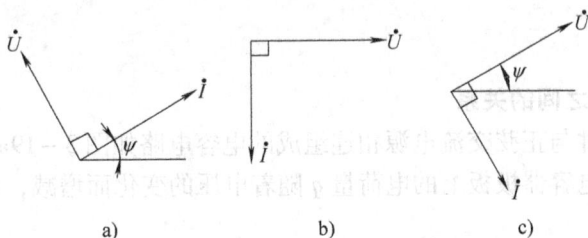

图 3-18　电感电路的电压、电流相量图

a) $\dot{I} = I\angle\psi$　b) $\dot{U} = U\angle 0°$　c) $\dot{U} = U\angle\psi$

3.2.2.2　功率

瞬时功率

$$
\begin{aligned}
p &= ui \\
&= U_m\sin(\omega t + 90°) \cdot I_m\sin\omega t \\
&= U_m I_m\cos\omega t \cdot \sin\omega t \\
&= \frac{U_m I_m}{2}\sin 2\omega t \\
&= UI\sin 2\omega t \qquad (3-19)
\end{aligned}
$$

即电感元件的瞬时功率是一个幅值为 UI、角频率为 2ω 的正弦量，如图 3-17d 所示。当 $p>0$ 时，电感从电源取用能量转化为磁能，储存在磁场中；当 $p<0$ 时，电感将磁场中储存的能量释放给电源，即电感以两倍于电源频率的速度不断地与电源进行能量的交换。

平均功率（有功功率）

$$P = \frac{1}{T}\int_0^T p\mathrm{d}t = \frac{1}{T}\int_0^T UI\sin 2\omega t\,\mathrm{d}t = 0 \qquad (3-20)$$

即在电感电路中，没有能量的消耗，只有电感和电源之间能量的互相交换。

瞬时功率的幅值反映了能量交换规模的大小，称为无功功率（reactive power），用大写字母 Q 表示。电感电路的无功功率又称为感性无功功率，记作 Q_L，由式（3 – 19）可知，它在数值上等于电压、电流有效值的乘积，即

$$Q_L = UI = I^2 X_L = \frac{U^2}{X_L} \tag{3-21}$$

为了与有功功率相区别，无功功率的单位用"乏"（var）或"千乏"（kvar）表示。

例3 – 7　将 $L = 0.1\text{H}$ 的电感线圈（设其电阻为 0）接在 $U = 100\text{V}$ 的工频电源上，电源电压的初相位为 30°。求电流的瞬时值和无功功率。

解：感抗

$$X_L = 2\pi f L = 2 \times 3.14 \times 50 \times 0.1\Omega = 31.4\Omega$$

$$\dot{I} = \frac{\dot{U}}{jX_L} = \frac{100\angle 30°}{j31.4}\text{A} = \frac{100\angle 30°}{31.4\angle 90°}\text{A} = 3.18\angle -60°\text{ A}$$

因此，电流的瞬时值为

$$i = 3.18\sqrt{2}\sin(314t - 60°)\text{ A}$$

无功功率为

$$Q_L = UI = 100 \times 3.18\text{var} = 318\text{var}$$

3.2.3　电容电路

3.2.3.1　电压和电流之间的关系

一个线性电容元件与正弦交流电源相连组成的电容电路如图 3 – 19a 所示。

在交流电路中，电容器极板上的电荷量 q 随着电压的变化而增减，从而形成连接线上的电流 i。即

$$i = \frac{dq}{dt} = \frac{d(Cu)}{dt} = C\frac{du}{dt}$$

设正弦交流电源电压 u 为

$$u = U_m\sin\omega t$$

则

$$\begin{aligned}
i &= C\frac{du}{dt} \\
&= C\frac{d(U_m\sin\omega t)}{dt} \\
&= U_m\omega C\cos\omega t \\
&= I_m\sin(\omega t + 90°)
\end{aligned} \tag{3-22}$$

可见，电容元件上的电压和电流也为同频率的正弦量，且电流 i 超前于电压 u 90°，或者说电压 u 滞后于电流 i 90°，即 u 和 i 之间的相位差 $\varphi = -90°$。电压和电流的波形图如图 3 – 19b 所示。

由式（3 – 22）可以得出

$$I_m = U_m\omega C = \frac{U_m}{X_C}$$

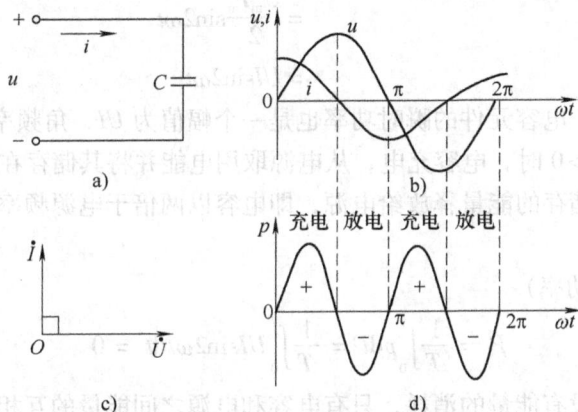

图 3-19 电容电路及其电压、电流和功率

式中

$$X_C = \frac{1}{\omega C} = \frac{1}{2\pi f C} \qquad (3-23)$$

则电容元件上电压和电流的有效值之间的关系为

$$I = \frac{U}{X_C} \qquad (3-24)$$

可见，式 (3-24) 也与欧姆定律形式相同。式中，X_C 称为容抗。显然 X_C 与频率 f 成反比，频率越低，容抗越大，在直流电路中，$X_C = \infty$，表明电容对直流可视为开路；相反，频率越高，容抗越小，因此电容具有"隔直传交"的作用。当频率 f 单位为 Hz（赫兹），电容 C 单位为 F（法拉）时，容抗 X_C 的单位为 Ω（欧姆）。

如果用复数表示正弦量，则电容元件上电压和电流的有效值相量表示为

$$\dot{U} = U\angle 0°$$

$$\dot{I} = I\angle 90° = \frac{U}{X_C}\angle 90°$$

相量图如图 3-19c 所示。因此电压和电流的有效值相量之间的关系表达式为

$$\dot{I} = \frac{\dot{U}}{-jX_C} = j\frac{\dot{U}}{X_C} \text{或} \dot{U} = -jX_C\dot{I} \qquad (3-25)$$

式中，$-jX_C$ 为容抗的复数形式。

当电压 $\dot{U}$ 的初相位为任意角度，或以电流 $\dot{I}$ 为参考相量时的相量图，读者可自行分析画出，以加深理解。

3.2.3.2 功率

瞬时功率

$$\begin{aligned}
p &= ui \\
&= U_m\sin\omega t \cdot I_m\sin(\omega t + 90°) \\
&= U_m I_m\cos\omega t \cdot \sin\omega t
\end{aligned}$$

$$= \frac{U_m I_m}{2} \sin 2\omega t$$

$$= UI \sin 2\omega t \qquad (3-26)$$

同电感元件一样，电容元件的瞬时功率也是一个幅值为 UI、角频率为 2ω 的正弦量，如图 3 – 19d 所示。当 $p > 0$ 时，电容充电，从电源取用电能并将其储存在电场中；当 $p < 0$ 时，电容放电，将电场中储存的能量释放给电源，即电容以两倍于电源频率的速度不断地与电源进行能量的交换。

平均功率（有功功率）

$$P = \frac{1}{T}\int_0^T p \mathrm{d}t = \frac{1}{T}\int_0^T UI \sin 2\omega t \mathrm{d}t = 0 \qquad (3-27)$$

说明电容电路中，也没有能量的消耗，只有电容和电源之间能量的互相交换。

电容电路能量交换的规模，用容性无功功率 Q_C 来衡量，数值上仍等于瞬时功率的最大值。由式（3 – 26）可知，它也是电压、电流有效值的乘积。为与感性无功功率 Q_L 相区别，Q_C 取负值，即

$$Q_C = -UI = -I^2 X_C = -\frac{U^2}{X_C} \qquad (3-28)$$

Q_C 的单位也为"乏"（var）或"千乏"（kvar）。

例 3 – 8 将 $C = 16\mu\mathrm{F}$ 的电容器接在 220V 的工频电源上，求电路中的电流和无功功率。

解： 电容器的容抗为

$$X_C = \frac{1}{2\pi f C} = \frac{1}{2 \times 3.14 \times 50 \times 16 \times 10^{-6}}\Omega \approx 20\Omega$$

电路中的电流为

$$I = \frac{U}{X_C} = \frac{220}{20}\mathrm{A} = 11\mathrm{A}$$

无功功率为

$$Q_C = -UI = -220 \times 11\mathrm{var} = -2420\mathrm{var} = -2.42\mathrm{kvar}$$

以上分别对 R、L、C 单一参数的电路作了分析，现将对各电路基本情况的归纳总结列于表 3 – 1 中。

表 3 – 1 单一参数电路比较

分类　　电路名称	电阻电路	电感电路	电容电路
电路符号	u_R $\quad$ i $\quad$ R	u_L $\quad$ i $\quad$ L	u_C $\quad$ i $\quad$ C
电路参数	R	$X_L = 2\pi f L$	$X_C = \dfrac{1}{2\pi f C}$

（续）

分类	电路名称	电阻电路	电感电路	电容电路
电压与电流之间的关系	瞬时值	$u_R = iR$	$u_L = L\dfrac{\mathrm{d}i}{\mathrm{d}t}$	$i = C\dfrac{\mathrm{d}u_C}{\mathrm{d}t}$ 或 $u_C = \dfrac{1}{C}\displaystyle\int i\mathrm{d}t$
	有效值	$U_R = IR$	$U_L = IX_L$	$U_C = IX_C$
	最大值	$U_{Rm} = I_m R$	$U_{Lm} = I_m X_L$	$U_{Cm} = I_m X_C$
	相位关系	$\dot I$ 与 $\dot U_R$ 同相	$\dot I$ 滞后 $\dot U_L$ 90°	$\dot I$ 超前 $\dot U_C$ 90°
	相量式	$\dot U_R = R\dot I$	$\dot U_L = \mathrm{j}X_L \dot I$	$\dot U_C = -\mathrm{j}X_C \dot I$
	相量图			
功率	有功功率	$P_R = U_R I = I^2 R$	$P_L = 0$	$P_C = 0$
	无功功率	$Q_R = 0$	$Q_L = U_L I = I^2 X_L$	$Q_C = -U_C I = -I^2 X_C$

3.3 简单正弦交流电路的分析

实际电路中，R、L、C 几种电路参数往往可能同时存在，各电路元件的连接关系可能是串联，也可能是并联，还可能是串并联构成的混联。同分析直流电路一样，分析交流电路的基本依据依然是基尔霍夫定律。对正弦交流电路来说，电压、电流的瞬时值和相量形式都满足基尔霍夫定律。

本节将在单一参数电路的基础上，研究由一个正弦交流电源供电的简单交流电路。

3.3.1 RLC 串联交流电路

电阻、电感和电容相串联的交流电路如图 3 - 20 所示，其中各电压、电流分别用瞬时值符号及相量符号来标注。

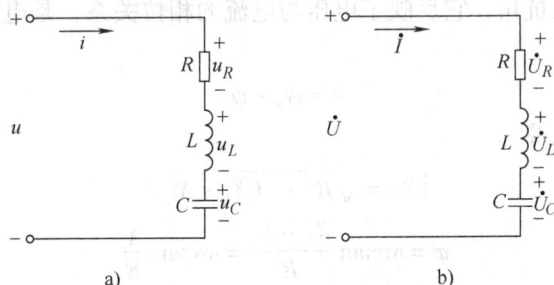

图 3 - 20 *RLC* 串联交流电路

3.3.1.1 电压与电流之间的关系

串联电路的特点是各元件流过同一电流。为方便起见，设电路中电流为

$$i = I_m \sin\omega t$$

在图 3-20a 中，根据 KVL 列出回路电压方程，并将单一参数电路中电压、电流的关系代入，可得 RLC 串联电路的电压、电流瞬时值关系式为

$$
\begin{aligned}
u &= u_R + u_L + u_C \\
&= iR + L\frac{di}{dt} + \frac{1}{C}\int i dt \\
&= I_m R \sin\omega t + I_m X_L \sin(\omega t + 90°) + I_m X_C \sin(\omega t - 90°)
\end{aligned}
\tag{3-29}
$$

同理，在图 3-20b 中，可得电压、电流的相量关系式为

$$
\begin{aligned}
\dot{U} &= \dot{U}_R + \dot{U}_L + \dot{U}_C \\
&= \dot{I}R + jX_L\dot{I} - jX_C\dot{I} \\
&= \dot{I}\left[R + j(X_L - X_C)\right]
\end{aligned}
\tag{3-30}
$$

令

$$Z = R + j(X_L - X_C) \tag{3-31}$$

则

$$\dot{U} = \dot{I}Z \quad 或 \quad Z = \frac{\dot{U}}{\dot{I}} \tag{3-32}$$

式（3-32）与欧姆定律的相量表示法形式相同。式中 Z 称为复阻抗（complex impedance），其实部为电阻 R，虚部为感抗与容抗的差 $X_L - X_C = X$，X 称为电抗。应注意，复阻抗不是正弦量的复数表示，而只是复数计算量，所以书写时，字母 Z 上边不加点。电抗、复阻抗的单位都为 Ω（欧姆）。

复阻抗体现了 RLC 串联交流电路的性质，表示了电路电压相量与电流相量之间的关系。由式（3-32），可知

$$Z = \frac{U}{I}\angle(\psi_u - \psi_i) = |Z|\angle\varphi$$

式中，复数 Z 的模 |Z| 称为电路的阻抗，它反映了电压和电流的大小关系，其值是电压与电流的有效值之比，即

$$|Z| = \frac{U}{I} \tag{3-33}$$

复数 Z 的辐角 φ 称为阻抗角，它反映了电压与电流的相位关系，是电压超前于电流的角度，即电压与电流的相位差

$$\varphi = \psi_u - \psi_i$$

由式（3-31），可得

$$|Z| = \sqrt{R^2 + (X_L - X_C)^2} \tag{3-34}$$

$$\varphi = \arctan\frac{X_L - X_C}{R} = \arctan\frac{X}{R} \tag{3-35}$$

由此可见，阻抗单位仍为 Ω（欧姆），并且电阻 R、电抗 X（$X = X_L - X_C$）和阻抗 |Z| 的大小

满足一个直角三角形的三边关系，如图 3-21 所示，将此直角三角形称为阻抗三角形。

在频率 f 一定时，阻抗角 φ 的大小和正负是由电路参数决定的。即 $X_L > X_C$ 时，$\varphi > 0$，电压超前电流 φ 角，电路为感性的；$X_L < X_C$ 时，$\varphi < 0$，电流超前电压 φ 角，电路为容性的；$X_L = X_C$ 时，$\varphi = 0$，电压与电流同相位，电路为电阻性的。因此，根据阻抗角的正、负，就可以判断电路的性质。

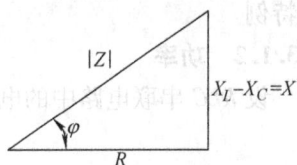

图 3-21 阻抗三角形

画串联电路的相量图时，以电流 $\dot{I} = I\angle 0°$ 为参考相量，则电阻上的电压 $\dot{U}_R$ 与电流 $\dot{I}$ 同相；电感上的电压 $\dot{U}_L$ 超前于电流 $\dot{I}$ 90°；电容上的电压 $\dot{U}_C$ 滞后于电流 $\dot{I}$ 90°。假定 $U_L > U_C$，利用平行四边形法则将 $\dot{U}_R$、$\dot{U}_L$、$\dot{U}_C$ 相加，其合成相量即为 RLC 串联电路的总电压 $\dot{U}$。相量图如图 3-22 所示。电压 $\dot{U}$ 与电流 $\dot{I}$ 的夹角即为相位差 φ。

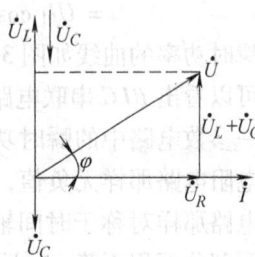

图 3-22 RLC 串联电路相量图

由相量图可知，电压相量 $\dot{U}$、$\dot{U}_R$ 及 $(\dot{U}_L + \dot{U}_C)$ 构成了一个直角三角形，称为电压三角形，如图 3-23 所示。

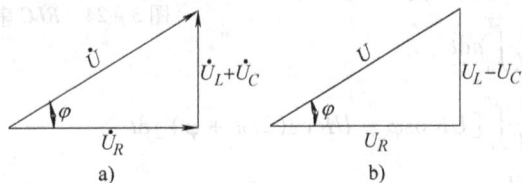

图 3-23 电压三角形

利用电压三角形，可得出 RLC 串联电路的电压、电流有效值关系式为

$$
\begin{aligned}
U &= \sqrt{U_R^2 + (U_L - U_C)^2} \\
&= \sqrt{(IR)^2 + (IX_L - IX_C)^2} \\
&= I\sqrt{R^2 + (X_L - X_C)^2} \\
&= I|Z|
\end{aligned}
\tag{3-36}
$$

可见，与式（3-33）结论相同。

将电压三角形中各部分电压除以电流，也可得到图 3-21 所示的阻抗三角形，所以，RLC 串联电路中的阻抗三角形与电压三角形相似。

由复阻抗的定义式（式（3-31））可知：

当 $X_C = 0$ 时，$Z = R + jX_L$，为 RL 串联电路；

当 $X_L = 0$ 时，$Z = R - jX_C$，为 RC 串联电路；

当 $X_L = X_C = 0$ 时，$Z = R$，为电阻电路；

当 $R = X_C = 0$ 时，$Z = jX_L$，为电感电路；

当 $R = X_L = 0$ 时，$Z = -jX_C$，为电容电路。

所以说，RLC 串联电路是一个典型电路，而 RL 串联、RC 串联和单一参数电路，都是它的特例。

3.3.1.2 功率

设 RLC 串联电路中的电流、端电压分别为

$$i = I_m \sin\omega t$$

$$u = U_m \sin(\omega t + \varphi)$$

则瞬时功率

$$p = ui = U_m \sin(\omega t + \varphi) \cdot I_m \sin\omega t = 2UI\sin(\omega t + \varphi) \cdot \sin\omega t$$
$$= UI[\cos\varphi - \cos(2\omega t + \varphi)] = UI\cos\varphi - UI\cos(2\omega t + \varphi)$$

瞬时功率的曲线如图 3-24 所示。

可以看出 RLC 串联电路的瞬时功率曲线与三
个单一参数电路中的瞬时功率曲线都不同,不再
像纯电阻电路那样无负值,也不再像纯电感和纯
电容电路那样对称于时间轴,而是有正有负,且
正负两部分面积不等。说明 RLC 串联电路中既有
电阻消耗能量,同时也有储能元件与电源之间进
行能量的相互转换。

有功功率,也就是平均功率为

$$P = \frac{1}{T}\int_0^T p\,\mathrm{d}t$$

$$= \frac{1}{T}\int_0^T [UI\cos\varphi - UI\cos(2\omega t + \varphi)]\,\mathrm{d}t$$

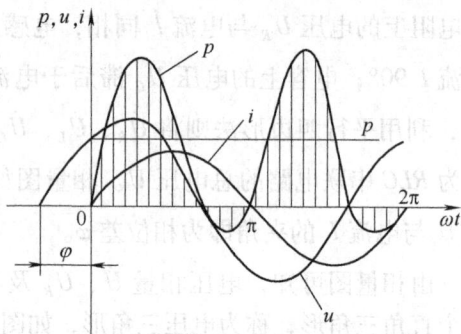

图 3-24 RLC 串联电路中的 u、i 与 p

$$= UI\cos\varphi \qquad\qquad (3-37)$$

式中,$\cos\varphi$ 称为功率因数,φ 角又称功率因数角,φ 角也是 $\dot{U}$ 与 $\dot{I}$ 的相位差,还是电路的
阻抗角。

可见,交流电路的有功功率不仅与电压、电流有效值的乘积有关,而且还受功率因数大
小的影响。功率因数大小由电路参数决定。

由图 3-23 所示的电压三角形,有

$$\cos\varphi = \frac{U_R}{U}$$

代入式(3-37),有

$$P = UI\cos\varphi = IU_R = I^2R \qquad\qquad (3-38)$$

即交流电路的有功功率就是电阻上的功率,反映了电路中电阻消耗电能。

由图 3-22 所示的 RLC 串联电路的相量图可知,$\dot{U}_R$ 与 $\dot{I}$ 同相位,所以把 $\dot{U}_R$ 叫做电压 $\dot{U}$
的有功分量,而把垂直于 $\dot{I}$ 的 $(\dot{U}_L + \dot{U}_C)$ 叫做电压 $\dot{U}$ 的无功分量。因为在数值上 $(\dot{U}_L + \dot{U}_C)$
的大小为 $(U_L - U_C)$,且由电压三角形可知 $U_L - U_C = U\sin\varphi$,所以无功功率为

$$Q = UI\sin\varphi = (U_L - U_C)I$$

$$= U_L I - U_C I$$

$$= I^2 X_L - I^2 X_C$$

$$= Q_L + Q_C \qquad\qquad (3-39)$$

即交流电路的无功功率 Q 是感性无功功率 Q_L 和容性无功功率 Q_C 的代数和，说明 Q_L 和 Q_C 在电路中是互相补偿的。与有功功率不同，无功功率是有正负的，对于感性电路，Q 为正值；对于容性电路，Q 为负值。

在电工电子技术中，将正弦交流电路的端电压的有效值 U 和端电流的有效值 I 的乘积称为视在功率（apparent power），或表观功率，用大写字母 S 表示，即

$$S = UI = I^2|Z| \qquad\qquad (3-40)$$

视在功率的单位为 V·A（伏安）或 kV·A（千伏安）。

视在功率用于表示一些交流电气设备的容量。有些电气设备的容量是不能用有功功率来表示的，如某些发电机和变压器，因为它们所带负载的功率因数是未知的，所以用视在功率来表示容量。视在功率表示最大可能输出的功率。例如，额定电压为 U_N，额定电流为 I_N 的电源设备的额定容量为 $S_N = U_N I_N$。

显然，有功功率、无功功率和视在功率满足

$$\begin{cases} P = S\cos\varphi \\ Q = S\sin\varphi \\ S = \sqrt{P^2 + Q^2} \end{cases} \qquad\qquad (3-41)$$

这种关系也可以用图 3-25a 所示的功率三角形来描述。其中

$$\varphi = \arctan\frac{Q}{P} = \arctan\frac{U_L - U_C}{U_R} = \arctan\frac{X_L - X_C}{R}$$

可见功率三角形、电压三角形、阻抗三角形是三个相似三角形，如图 3-25b 所示。

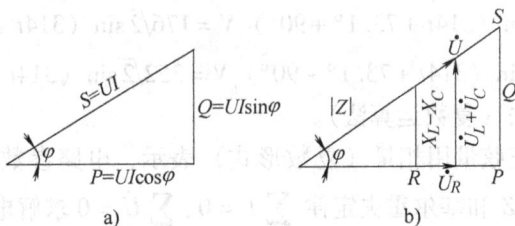

图 3-25　功率三角形及其与电压三角形、阻抗三角形的相似性
a）功率三角形　b）三个相似三角形

例 3-9　在由电阻、电感和电容元件串联所组成的电路中，已知 $R = 30\Omega$，$L = 127\text{mH}$，$C = 40\mu\text{F}$，电源电压 $u = 220\sqrt{2}\sin(314t + 20°)$ V。求：（1）电流的有效值与瞬时值表达式；（2）各元件上电压的有效值与瞬时值表达式；（3）各电压、电流的相量图；（4）电路的有功功率和无功功率。

解：方法一　相量图解法。

要画出正弦量的相量图，必须知道正弦量的有效值及其初相位。相量图解法，是将电路参数用阻抗表示，先求出电路中各正弦量的有效值，再利用 R、L 和 C 上电压、电流的相位关系确定各正弦量的初相位，进而由相量图再求出正弦量的其他形式。

感抗

$$X_L = \omega L = 314 \times 0.127\Omega \approx 40\Omega$$

容抗

$$X_C = \frac{1}{\omega C} = \frac{1}{314 \times 40 \times 10^{-6}} \Omega \approx 80\Omega$$

阻抗

$$|Z| = \sqrt{R^2 + (X_L - X_C)^2} = \sqrt{30^2 + (40 - 80)^2} \Omega = 50\Omega$$

（1）电流有效值

$$I = \frac{U}{|Z|} = \frac{220}{50}A = 4.4A$$

阻抗角，即 u、i 相位差

$$\varphi = \arctan \frac{X_L - X_C}{R} = \arctan \frac{40 - 80}{30} = -53.1°$$

所以，i 超前 u 53.1°，则

$$i = 4.4\sqrt{2}\sin(314t + 20° + 53.1°)A = 4.4\sqrt{2}\sin(314t + 73.1°)A$$

（2）各元件上电压的有效值为

$$U_R = IR = 4.4 \times 30V = 132V$$
$$U_L = IX_L = 4.4 \times 40V = 176V$$
$$U_C = IX_C = 4.4 \times 80V = 352V$$

由于电阻元件上 u、i 同相位，电感元件上 u 超前 i 90°，电容元件上 u 滞后 i 90°，因此，有

$$u_R = 132\sqrt{2}\sin (314t + 73.1°) \text{ V}$$
$$u_L = 176\sqrt{2}\sin (314t + 73.1° + 90°) \text{ V} = 176\sqrt{2}\sin (314t + 163.1°) \text{ V}$$
$$u_C = 352\sqrt{2}\sin (314t + 73.1° - 90°) \text{ V} = 352\sqrt{2}\sin (314t - 16.9°) \text{ V}$$

方法二　相量解析法（复数运算法）。

相量解析法，是将正弦量用相量（复数形式）表示，电路参数用复阻抗表示，利用相量形式的欧姆定律 $\dot{U} = \dot{I} Z$ 和基尔霍夫定律 $\sum \dot{I} = 0$、$\sum \dot{U} = 0$ 求解电路，其中的运算为复数运算。

电路的复阻抗为

$$Z = R + j (X_L - X_C) = [30 + j (40 - 80)] \Omega = 50\angle -53.1° \Omega$$

（1）电流有效值相量

$$\dot{I} = \frac{\dot{U}}{Z} = \frac{220\angle 20°}{50\angle -53.1°}A = 4.4\angle 73.1° A$$

所以，电流的有效值 $I = 4.4A$；瞬时值 $i = 4.4\sqrt{2}\sin (314t + 73.1°)$ A。

（2）各元件上电压的有效值相量为

$$\dot{U}_R = \dot{I} R = 4.4\angle 73.1° \times 30V = 132\angle 73.1° V$$
$$\dot{U}_L = \dot{I} (jX_L) = 4.4\angle 73.1° \times 40\angle 90° V = 176\angle 163.1° V$$
$$\dot{U}_C = \dot{I} (-jX_C) = 4.4\angle 73.1° \times 80\angle -90° V = 352\angle -16.9° V$$

所以，各元件上电压的有效值、瞬时值分别为

$$U_R = 132\text{V}, \quad u_R = 132\sqrt{2}\sin\ (314t + 73.1°)\ \text{V}$$

$$U_L = 176\text{V}, \quad u_L = 176\sqrt{2}\sin\ (314t + 163.1°)\ \text{V}$$

$$U_C = 352\text{V}, \quad u_C = 352\sqrt{2}\sin\ (314t - 16.9°)\ \text{V}$$

（3）相量图如图 3-26 所示。

（4）有功功率

$$P = UI\cos\varphi = 220 \times 4.4 \times \cos\ (-53.1°)\ \text{W} = 581\text{W}$$

无功功率

$$Q = UI\sin\varphi = 220 \times 4.4 \times \sin\ (-53.1°)\ \text{var} = -774\text{var}$$

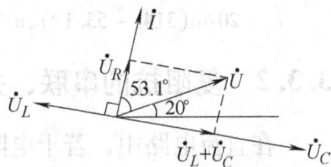

或

$$P = I^2 R = 4.4^2 \times 30\text{W} = 581\text{W}$$

$$Q = I^2\ (X_L - X_C)\ = 4.4^2 \times\ (40 - 80)\ \text{var} = -774\text{var}$$

图 3-26　例 3-9 相量图

例 3-10　如图 3-27 所示的 RC 串联电路，已知电源频率 $f = 995\text{Hz}$，$R = 16\text{k}\Omega$，$C = 0.01\mu\text{F}$。试求 $\dot{U}$ 与 $\dot{U}_R$ 的相位差。

解：RC 串联电路是 RLC 串联电路的特例。

容抗

$$X_C = \frac{1}{2\pi f C} = \frac{1}{2 \times 3.14 \times 995 \times 0.01 \times 10^{-6}}\Omega \approx 16\text{k}\Omega$$

电路的阻抗角，也是 $\dot{U}$ 与 $\dot{I}$ 的相位差为

$$\varphi = \psi_u - \psi_i = \arctan\frac{-X_C}{R} = \arctan\frac{-16}{16} = -45°$$

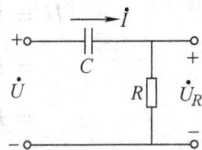

图 3-27　例 3-10 题图

由于电阻 R 上电压 $\dot{U}_R$ 与电流 $\dot{I}$ 同相位，因此 $\dot{U}$ 与 $\dot{I}$ 的相位差即是所求的 $\dot{U}$ 与 $\dot{U}_R$ 的相位差。

思考题

3-1　在 RLC 串联电路中，下述表达式哪些是对的，哪些是错的？

$$\dot{U} = \dot{I}\ |\ Z\ |\ , i = \frac{u}{|\ Z\ |}, Z = \frac{\dot{U}}{\dot{I}}, U = IZ$$

$$u = iZ, u = u_R + u_L + u_C, U = U_R + U_L + U_C$$

$$\dot{U} = \dot{U}_R + \dot{U}_L + \dot{U}_C, Z = R + \text{j}(X_C - X_L), |\ Z\ | = R + \text{j}(X_L - X_C)$$

$$|\ Z\ | = \sqrt{R^2 + (X_L - X_C)^2}, Z = R + \text{j}(X_L - X_C), U = I\ |\ Z\ |$$

$$u = iR + L\frac{\text{d}i}{\text{d}t} + \frac{1}{C}\int i\text{d}t, U_R = IR, U_L = IX_L$$

$$u_R = iR, u_C = iX_C, U = \sqrt{U_R^2 + (U_L - U_C)^2}$$

$$u = U_{Rm}\sin\omega t + U_{Lm}\sin(\omega t + 90°) + U_{Cm}\sin(\omega t - 90°)$$

$$\dot{U} = \dot{I}R + \text{j}X_L\dot{I} - \text{j}X_C\dot{I}, \dot{U} = \dot{I}R + \dot{I}X_L - \dot{I}X_C$$

$$u = Ue^{\text{j}\varphi}, i = \frac{U_R}{R}, i = \frac{U}{R + \text{j}(X_L - X_C)}$$

$$|\ Z\ | = \frac{Z}{\angle\varphi}, Z = \sqrt{R^2 + (X_L - X_C)^2}\ e^{\text{jarctan}\left(\frac{X_L - X_C}{R}\right)}$$

$$\varphi = \arctan \frac{X_L - X_C}{R}, \varphi = \frac{\dot{U}}{\dot{I}}, \varphi = \arctan \frac{X_C - X_L}{R}$$

$$u = \dot{I}Z = U\angle\varphi, i = \frac{220\angle 0°}{10\angle 30°} = 22\angle -30°$$

$$\dot{I} = 20\sin(314t - 53.1°), u = U\sin(314t + 30°)$$

3.3.2 复阻抗的串联、并联与混联

在直流电路中，若干电阻的串联、并联或混联都可等效变换为一个电阻。在正弦交流电路中，由 R、L、C 构成的无源网络也可以用一个复阻抗等效。

3.3.2.1 复阻抗的串联

由若干个复阻抗串联的电路，如图 3 – 28 所示。注意电路中 Z_1、Z_2、…、Z_n 表示复阻抗，而不是电阻。

根据欧姆定律和 KVL 的相量形式，有

$$
\begin{aligned}
\dot{U} &= \dot{U}_1 + \dot{U}_2 + \cdots + \dot{U}_n \\
&= \dot{I}Z_1 + \dot{I}Z_2 + \cdots + \dot{I}Z_n \\
&= \dot{I}(Z_1 + Z_2 + \cdots + Z_n) \\
&= \dot{I}Z
\end{aligned}
\tag{3-42}
$$

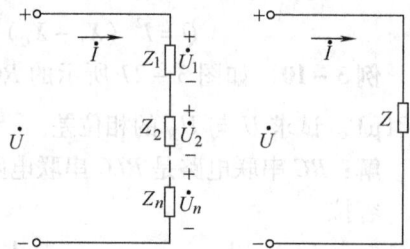

图 3 – 28 复阻抗的串联及其等效复阻抗

由此可见，若干个串联的复阻抗可用一个等效复阻抗来代替，等效复阻抗等于串联的各复阻抗之和，即

$$
\begin{aligned}
Z &= Z_1 + Z_2 + \cdots + Z_n \\
&= R_1 + j(X_{L1} - X_{C1}) + R_2 + j(X_{L2} - X_{C2}) + \cdots + R_n + j(X_{Ln} - X_{Cn}) \\
&= \sum R + j \sum (X_L - X_C)
\end{aligned}
\tag{3-43}
$$

等效复阻抗的阻抗值、阻抗角分别为

$$|Z| = \sqrt{\left(\sum R\right)^2 + \left[\sum (X_L - X_C)\right]^2}$$

$$\varphi = \arctan \frac{\sum (X_L - X_C)}{\sum R} \tag{3-44}$$

各电压与电流的有效值大小关系分别为

$$U = I|Z|, \quad U_k = I|Z_k| \quad (k = 1, 2, \cdots, n) \tag{3-45}$$

注意，一般来讲

$$|Z| \neq |Z_1| + |Z_2| + \cdots + |Z_n|$$

复阻抗 Z_k （$k = 1, 2, \cdots, n$）上的电压相量为

$$\dot{U}_k = \frac{Z_k}{Z_1 + Z_2 + \cdots + Z_n} \dot{U} \tag{3-46}$$

式（3 – 46）为相量形式的串联电路分压公式。

在正弦交流电路中，有功功率和无功功率满足功率的可加性，电路中总的有功功率等于电路中各部分的有功功率之和，总的无功功率等于电路中各部分的无功功率之和，但在一般

情况下，视在功率不满足可加性。

对于复阻抗串联电路来说，总有功功率为串联的各复阻抗有功功率的算术和，总无功功率为串联的各复阻抗无功功率的代数和。即

$$\begin{cases} P = UI\cos\varphi = P_1 + P_2 + \cdots + P_n \\ Q = UI\sin\varphi = Q_1 + Q_2 + \cdots + Q_n \\ S = UI = \sqrt{P^2 + Q^2} \end{cases} \quad (3-47)$$

注意一般情况下

$$S \neq S + S_2 + \cdots + S_n$$

例 3 - 11　两个复阻抗串联 $Z_1 = j20\Omega$，$Z_2 = (10 - j10)\ \Omega$，接入 $\dot{U} = 100\angle 60°$ V 的电源上。求：（1）电路中的电流；（2）各复阻抗上的电压；（3）有功功率、无功功率和视在功率。

解：复阻抗

$$Z_1 = j20\Omega = 20\angle 90°\ \Omega$$

$$Z_2 = (10 - j10)\ \Omega = 10\sqrt{2}\angle -45°\ \Omega$$

等效复阻抗

$$Z = Z_1 + Z_2 = (j20 + 10 - j10)\ \Omega = (10 + j10)\ \Omega = 10\sqrt{2}\angle 45°\ \Omega$$

（1）电流

$$\dot{I} = \frac{\dot{U}}{Z} = \frac{100\angle 60°}{10\sqrt{2}\angle 45°}A = 5\sqrt{2}\angle 15°\ A$$

（2）电压

$$\dot{U}_1 = \dot{I}\,Z_1 = 5\sqrt{2}\angle 15° \times 20\angle 90°\ V = 100\sqrt{2}\angle 105°\ V$$

$$\dot{U}_2 = \dot{I}\,Z_2 = 5\sqrt{2}\angle 15° \times 10\sqrt{2}\angle -45°\ V = 100\angle -30°\ V$$

（3）有功功率

$$P = UI\cos\varphi = 100 \times 5\sqrt{2}\cos45°W = 500W$$

无功功率

$$Q = UI\sin\varphi = 100 \times 5\sqrt{2}\sin45°\,var = 500var$$

视在功率

$$S = UI = 100 \times 5\sqrt{2}\,V\cdot A = 500\sqrt{2}\,V\cdot A$$

或者

$$P = P_1 + P_2 = I^2R_1 + I^2R_2 = (5\sqrt{2})^2 \times 0W + (5\sqrt{2})^2 \times 10W = 500W$$

$$Q = Q_1 + Q_2 = I^2X_L + (-I^2X_C) = (5\sqrt{2})^2 \times 20var - (5\sqrt{2})^2 \times 10var = 500var$$

$$S = \sqrt{P^2 + Q^2} = \sqrt{500^2 + 500^2}\,V\cdot A = 500\sqrt{2}\,V\cdot A$$

还可以用以下方法求功率 P_1、P_2、Q_1、Q_2：

$$P_1 = U_1I\cos\varphi_1 = 100\sqrt{2} \times 5\sqrt{2}\cos90°W = 0W$$

$$P_2 = U_2I\cos\varphi_2 = 100 \times 5\sqrt{2}\cos(-45°)\ W = 500W$$

$$Q_1 = U_1I\sin\varphi_1 = 100\sqrt{2} \times 5\sqrt{2}\sin90°\,var = 1000var$$

$$Q_2 = U_2 I \sin\varphi_2 = 100 \times 5\sqrt{2} \sin(-45°) \text{ var} = -500 \text{var}$$

3.3.2.2 复阻抗的并联

由若干个复阻抗并联的电路如图 3-29 所示。

根据欧姆定律和 KCL 的相量形式，显然有

$$\dot{I} = \dot{I}_1 + \dot{I}_2 + \cdots + \dot{I}_n$$

$$= \frac{\dot{U}}{Z_1} + \frac{\dot{U}}{Z_2} + \cdots + \frac{\dot{U}}{Z_n}$$

$$= \frac{\dot{U}}{Z} \tag{3-48}$$

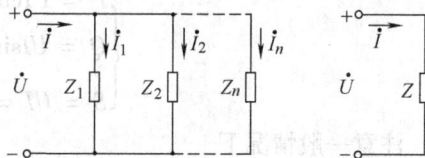

图 3-29 复阻抗的并联及其等效复阻抗

由此可见，若干个并联的复阻抗可用一个等效阻抗来代替，等效复阻抗的值满足

$$\frac{1}{Z} = \frac{1}{Z_1} + \frac{1}{Z_2} + \cdots + \frac{1}{Z_n} \tag{3-49}$$

复阻抗并联电路功率的计算方法和复阻抗串联电路功率的计算方法相同，具体参见式（3-47）。

复阻抗并联电路的相量图常常以电压 $\dot{U}$ 为参考相量，画出各支路电流，再合成总电流。例如，图 3-30 所示的是三个复阻抗并联的电路中各电流初相位不同情况下的相量图。

例 3-12 在图 3-31a 所示的 RLC 并联电路中，已知 $R = 10\Omega$，$X_L = 15\Omega$，$X_C = 8\Omega$，电路端电压 $\dot{U} = 220\angle -30°$ V。求电流 $\dot{I}_R$、$\dot{I}_L$、$\dot{I}_C$ 和 $\dot{I}$，并画出电压、电流的相量图。

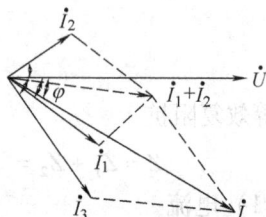

图 3-30 复阻抗并联电路相量图

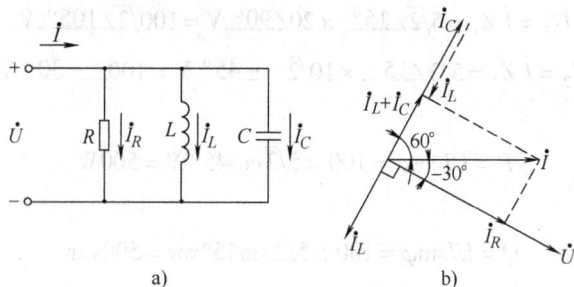

图 3-31 例 3-12 题图

解： 三个并联的复阻抗分别为

$$Z_1 = R = 10\Omega$$

$$Z_2 = jX_L = 15\angle 90° \ \Omega$$

$$Z_3 = -jX_C = 8\angle -90° \ \Omega$$

各支路电流为

$$\dot{I}_R = \frac{\dot{U}}{Z_1} = \frac{220\angle -30°}{10} \text{A} = 22\angle -30° \text{ A}$$

$$\dot{I}_L = \frac{\dot{U}}{Z_2} = \frac{220\angle -30°}{15\angle 90°} \text{A} = 14.7\angle -120° \text{ A}$$

$$\dot{I}_C = \frac{\dot{U}}{Z_3} = \frac{220\angle -30°}{8\angle -90°}\text{A} = 27.5\angle 60°\text{ A}$$

则总电流为

$$\dot{I} = \dot{I}_R + \dot{I}_L + \dot{I}_C = 22\angle -30°\text{ A} + 14.7\angle -120°\text{ A} + 27.5\angle 60°\text{ A}$$
$$= (19 - j11)\text{ A} + (-7.35 - j12.8)\text{ A} + (13.75 + j23.8)\text{ A}$$
$$= (25.4 + j0)\text{ A} = 25.4\angle 0°\text{ A}$$

电压、电流的相量图如图 3-31b 所示。

例 3-13 电路如图 3-32 所示,已知 $R_1 = 3\Omega$, $R_2 = 8\Omega$, $X_L = 4\Omega$, $X_C = 6\Omega$, $u = 220\sqrt{2}\sin(314t - 30°)$ V。求:(1) 电流 i;(2) A、B 两点间电压 u_{AB};(3) 电路的有功功率、无功功率和视在功率。

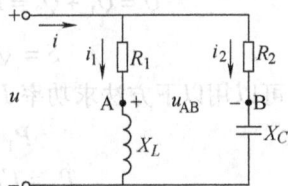

解: 并联支路的复阻抗分别为

$$Z_1 = R_1 + jX_L = (3 + j4)\ \Omega = 5\angle 53.1°\ \Omega$$
$$Z_2 = R_2 - jX_C = (8 - j6)\ \Omega = 10\angle -36.9°\ \Omega$$

图 3-32 例 3-13 题图

(1) 电流相量 $\dot{I}$ 可通过以下两种方法求解。

解法一 等效复阻抗

$$Z = \frac{Z_1 Z_2}{Z_1 + Z_2} = \frac{5\angle 53.1° \times 10\angle -36.9°}{3 + j4 + 8 - j6}\Omega = \frac{50\angle 16.2°}{11.18\angle -10.3°}\Omega = 4.46\angle 26.5°\ \Omega$$

$$\dot{I} = \frac{\dot{U}}{Z} = \frac{220\angle -30°}{4.47\angle 26.5°}\text{A} = 49.2\angle -56.5°\text{ A}$$

解法二

$$\dot{I}_1 = \frac{\dot{U}}{Z_1} = \frac{220\angle -30°}{5\angle 53.1°}\text{A} = 44\angle -83.1°\text{ A} = (5.29 - j43.68)\text{ A}$$

$$\dot{I}_2 = \frac{\dot{U}}{Z_2} = \frac{220\angle -30°}{10\angle -36.9°}\text{A} = 22\angle 6.9°\text{ A} = (21.84 + j2.64)\text{ A}$$

$$\dot{I} = \dot{I}_1 + \dot{I}_2 = (5.29 - j43.68 + 21.84 + j2.64)\text{ A}$$
$$= (27.13 - j41.04)\text{ A} = 49.2\angle -56.5°\text{ A}$$

所以

$$i = 49.2\sqrt{2}\sin(314t - 56.5°)\text{ A}$$

(2) A、B 两点间电压

$$\dot{U}_{AB} = -\dot{I}_1 R_1 + \dot{I}_2 R_2$$
$$= -44\angle -83.1° \times 3\text{V} + 22\angle 6.9° \times 8\text{V}$$
$$= -132\left[\cos(-83.1°) + j\sin(-83.1°)\right]\text{V} + 176\left[\cos 6.9° + j\sin 6.9°\right]\text{ V}$$
$$= (158.85 + j152.16)\text{ V} = 220\angle 43.77°\text{ V}$$

故

$$u_{AB} = 220\sqrt{2}\sin(314t + 43.77°)\text{ V}$$

(3) 有功功率

$$P = UI\cos\varphi = 220 \times 49.\,2\cos 26.\,5°\text{W} = 9.\,68\text{kW}$$

无功功率

$$Q = UI\sin\varphi = 220 \times 49.\,2\sin 26.\,5°\text{var} = 4.\,84\text{kvar}$$

视在功率

$$S = UI = 220 \times 49.\,2\text{V} \cdot \text{A} = 10.\,8\text{kV} \cdot \text{A}$$

或者

$$P = P_1 + P_2 = I_1^2 R_1 + I_2^2 R_2 = (44)^2 \times 3\text{W} + (22)^2 \times 8\text{W} = 9.\,68\text{kW}$$

$$Q = Q_1 + Q_2 = I_1^2 X_L - I_2^2 X_C = (44)^2 \times 4\text{var} - (22)^2 \times 6\text{var} = 4.\,84\text{kvar}$$

$$S = \sqrt{P^2 + Q^2} = \sqrt{9.\,68^2 + 4.\,84^2}\,\text{kVA} = 10.\,8\text{kV} \cdot \text{A}$$

还可以用以下方法求功率 P_1、P_2、Q_1、Q_2：

$$P_1 = UI_1\cos\varphi_1 = 220 \times 44\cos 53.\,1°\text{W} = 5.\,81\text{kW}$$

$$P_2 = UI_2\cos\varphi_2 = 220 \times 22\cos(-36.\,9°)\,\text{W} = 3.\,87\text{kW}$$

$$Q_1 = UI_1\sin\varphi_1 = 220 \times 44\sin 53.\,1°\text{var} = 7.\,74\text{kvar}$$

$$Q_2 = UI_2\sin\varphi_2 = 220 \times 22\sin(-36.\,9°)\,\text{var} = -2.\,9\text{kvar}$$

3.3.2.3 复阻抗的混联

所谓复阻抗的混联是指复阻抗既有串联也有并联的电路。求解复阻抗混联电路的方法就是利用复阻抗串联、并联的关系，合理地应用 KVL 和 KCL，列出相量方程求解。

复阻抗混联的典型结构如图 3-33 所示，根据欧姆定律和基尔霍夫定律的相量形式，可以得出此混联电路中各部分电压、电流之间的关系，而功率的计算方法和复阻抗串联、并联电路功率的计算方法相同。

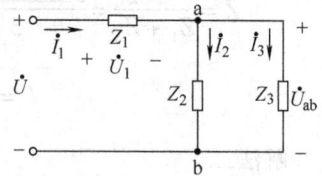
图 3-33 复阻抗混联

在图 3-33 所示电路中，混联的复阻抗也可以用一个等效复阻抗来代替，等效复阻抗为

$$Z = Z_1 + \frac{Z_2 Z_3}{Z_2 + Z_3} = |Z| \underline{/\varphi}$$

各支路电流关系满足 KCL，即

$$\dot{I}_1 = \dot{I}_2 + \dot{I}_3$$

各部分电压关系满足 KVL，即

$$\dot{U} = \dot{U}_1 + \dot{U}_{\text{ab}}$$

根据欧姆定律，可得出各复阻抗上电压、电流之间的关系分别为

$$\dot{U} = \dot{I}_1 Z, \quad \dot{U}_1 = \dot{I}_1 Z_1, \quad \dot{U}_{\text{ab}} = \dot{I}_2 Z_2 = \dot{I}_3 Z_3$$

有功功率、无功功率及视在功率分别为

$$P = UI_1\cos\varphi$$
$$= P_1 + P_2 + P_3 = U_1 I_1\cos\varphi_1 + U_{\text{ab}} I_2\cos\varphi_2 + U_{\text{ab}} I_3\cos\varphi_3$$
$$Q = UI_1\sin\varphi$$
$$= Q_1 + Q_2 + Q_3 = U_1 I_1\sin\varphi_1 + U_{\text{ab}} I_2\sin\varphi_2 + U_{\text{ab}} I_3\sin\varphi_3$$
$$S = UI_1 = \sqrt{P^2 + Q^2}$$

需要说明的是，上述表达式中的 φ 既是等效复阻抗 Z 的阻抗角，也是 $\dot{U}$、$\dot{I}_1$ 的相位差，

还是电路的功率因数角,而 φ_1、φ_2、φ_3 分别是三个复阻抗的阻抗角。

例 3-14 复阻抗混联电路如图 3-34a 所示,已知 $R_1 = R_2 = X_L = X_{C1} = X_{C2} = 1\Omega$,$\dot{I}_1 = 2\angle 0° A$。求:(1) 电流 $\dot{I}_2$、$\dot{I}$ 和电压 $\dot{U}$;(2) 相量图;(3) 有功功率、无功功率和视在功率。

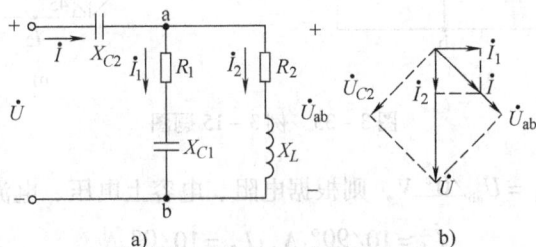

图 3-34 例 3-14 题图

解: (1) 复阻抗并联部分的两端电压为

$$\dot{U}_{ab} = \dot{I}_1 (R_1 - jX_{C1}) = 2\angle 0° \times (1-j) \text{ V} = 2\sqrt{2}\angle -45° \text{ V}$$

支路电流

$$\dot{I}_2 = \frac{\dot{U}_{ab}}{R_2 + jX_L} = \frac{2\sqrt{2}\angle -45°}{1+j} \text{A} = 2\angle -90° \text{ A}$$

总电流

$$\dot{I} = \dot{I}_1 + \dot{I}_2 = 2\angle 0° \text{ A} + 2\angle -90° \text{ A} = (2-j2) \text{ A} = 2\sqrt{2}\angle -45° \text{ A}$$

设 X_{C2} 上的电压、电流参考方向为关联参考方向,则有

$$\dot{U}_{C2} = \dot{I} (-jX_{C2}) = 2\sqrt{2}\angle -45° \times 1\angle -90° \text{ V} = 2\sqrt{2}\angle -135° \text{ V}$$

电路端电压

$$\dot{U} = \dot{U}_{C2} + \dot{U}_{ab} = 2\sqrt{2}\angle -135° \text{ V} + 2\sqrt{2}\angle -45° \text{ V} = 4\angle -90° \text{ V}$$

(2) 相量图如图 3-34b 所示。

(3) $\dot{U}$、$\dot{I}$ 的相位差 $\varphi = \psi_u - \psi_i = -90° - (-45°) = -45°$,则

有功功率

$$P = UI\cos\varphi = 4 \times 2\sqrt{2} \cos (-45°) \text{ W} = 8\text{W}$$

无功功率

$$Q = UI\sin\varphi = 4 \times 2\sqrt{2} \sin (-45°) \text{ var} = -8\text{var}$$

视在功率

$$S = UI = 4 \times 2\sqrt{2} \text{ V} \cdot \text{A} = 8\sqrt{2}\text{V} \cdot \text{A}$$

各种功率还可由下式计算:

$$P = P_1 + P_2 = I_1^2 R_1 + I_2^2 R_2 = (2)^2 \times 1\text{W} + (2)^2 \times 1\text{W} = 8\text{W}$$

$$Q = Q_1 + Q_2 + Q_3 = -I_1^2 X_{C1} + I_2^2 X_L - I^2 X_{C2}$$

$$= -(2)^2 \times 1\text{var} + (2)^2 \times 1\text{var} - (2\sqrt{2})^2 \times 1\text{var} = -8\text{var}$$

$$S = \sqrt{P^2 + Q^2} = \sqrt{8^2 + (-8)^2} \text{V} \cdot \text{A} = 8\sqrt{2}\text{V} \cdot \text{A}$$

例 3-15 在图 3-35a 所示电路中,已知 $I_1 = I_2 = 10\text{A}$,$U = 100\text{V}$,且 u 与 i 同相。求 I、

R、X_C 及 X_L。

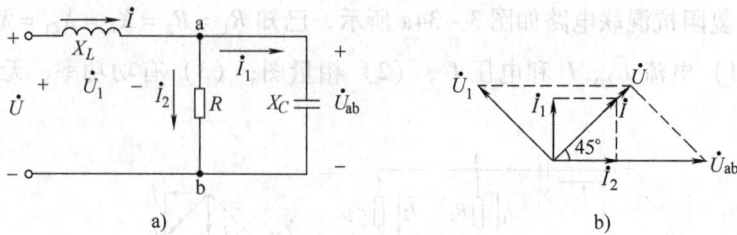

图 3 – 35 例 3 – 15 题图

解： 设参考相量 $\dot{U}_{ab} = U_{ab} \angle 0° \text{ V}$，则根据电阻、电容上电压、电流的相位关系，可知

$$\dot{I}_1 = 10 \angle 90° \text{ A}, \quad \dot{I}_2 = 10 \angle 0° \text{ A}$$

利用 KCL，可得

$$\dot{I} = \dot{I}_1 + \dot{I}_2 = 10 \angle 90° \text{ A} + 10 \angle 0° \text{ A} = 10\sqrt{2} \angle 45° \text{ A}$$

所以

$$I = 10\sqrt{2} \text{ A}$$

根据题意，$\dot{U}$ 与 $\dot{I}$ 同相，则 $\dot{U} = 100 \angle 45° \text{ V}$。

电感元件上 $\dot{U}_1$ 超前 $\dot{I}$ 90°，且利用 KVL，有 $\dot{U} = \dot{U}_1 + \dot{U}_{ab}$，因此可画出相量图如图 3 – 35b 所示。

由相量图可得

$$\dot{U}_1 = 100 \angle 135° \text{ V}, \quad \dot{U}_{ab} = 100\sqrt{2} \angle 0° \text{ V}$$

因此，可得

$$R = \frac{U_{ab}}{I_2} = \frac{100\sqrt{2}}{10} \Omega = 10\sqrt{2} \ \Omega$$

$$X_C = \frac{U_{ab}}{I_1} = \frac{100\sqrt{2}}{10} \Omega = 10\sqrt{2} \ \Omega$$

$$X_L = \frac{U_1}{I} = \frac{100}{10\sqrt{2}} \Omega = 5\sqrt{2} \ \Omega$$

3.3.3 功率因数的提高

在正弦交流电路中，有功功率与视在功率的比值为功率因数，即

$$\frac{P}{S} = \cos\varphi$$

功率因数是正弦交流电路中一个非常重要的物理量，其大小决定于负载的性质。功率因数的提高在实际应用中有着非常重要的经济意义。

3.3.3.1 提高功率因数的意义

首先，提高功率因数，可以提高电源设备的利用率。

因为用视在功率表示的电源设备的容量 S_N 是一定的，由 $P = S\cos\varphi$ 可知，电源能够输出的有功功率 P 与功率因数 $\cos\varphi$ 成正比。例如一台发电机的容量 $S_N = 75000 \text{kV} \cdot \text{A}$，若功率因

数 $\cos\varphi = 1$，则发电机输出有功功率为 75000kW；若功率因数 $\cos\varphi = 0.6$，则发电机只能输出有功功率 45000kW，即电源的利用率只有 60%，这说明由于 $\cos\varphi$ 低，发电机不能输出最大功率。若采取措施提高功率因数，则同一电源设备可向更多负载供电。

其次，提高功率因数，还可以减少发电机绕组和输电线路上的功率损耗和电压损失。

因为 $I = \dfrac{P}{U\cos\varphi}$，当输电线路的电压 U 和传输的有功功率 P 一定时，输电线上的电流 I 与功率因数 $\cos\varphi$ 成反比。$\cos\varphi$ 越高，电流 I 越小，电流通过输电线产生的功率损耗和电压损失也减小。设发电机绕组和线路电阻为 r，则功率损耗为 $I^2 r$，电压损失 ΔU 为 Ir。

由此可见，提高功率因数，对国民经济的发展具有十分重要的意义。

在供电系统电路中，大量使用的是感性负载，如交流电动机、感应炉、荧光灯等，功率因数都较低。例如，作为动力的交流异步电动机，满载时功率因数约为 $0.7 \sim 0.85$，轻载时只有 $0.4 \sim 0.5$，空载时甚至只有 0.2；荧光灯电路的功率因数为 $0.3 \sim 0.5$；感应炉的功率因数也小于 1。这是造成实际电路中功率因数不高的主要原因。

作为工业上很重要的技术经济指标的功率因数，一般要求在 $0.85 \sim 0.9$。因此，在保证负载正常工作的前提下，提高功率因数是必须要解决的问题。应注意的是，这里所说的提高功率因数是指提高线路的功率因数，而不是提高某一感性负载的功率因数。

3.3.3.2 提高功率因数的方法

提高功率因数，首先要改善负载本身的工作状态，设计要合理，安排使用要恰当。例如，在选择异步电动机时，尽量使其在满载下工作，减少轻载和空载工作，即要避免"大马拉小车"现象。

对于感性负载，通常采用在其两端并联电容的方法来补偿无功功率，使功率因数提高，该电容称为补偿电容。电路图和相量图如图 3 - 36 所示。图中 R、L 为感性负载的等效电阻和电感；C 为补偿电容，通常采用的是电力电容器。

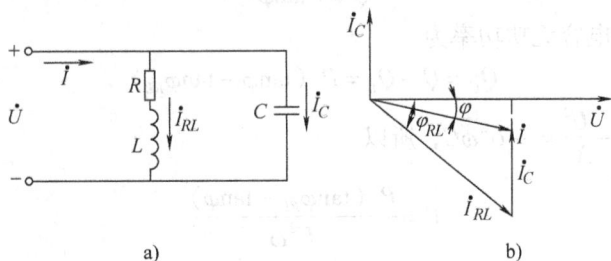

图 3 - 36 感性负载并联电容提高功率因数
a) 电路图 b) 相量图

由图 3 - 36b 所示相量图可知，并联电容以前，线路的阻抗角为负载的阻抗角 φ_{RL}，线路的功率因数即为负载的功率因数 $\cos\varphi_{RL}$（较低），线路中的电流为负载的电流 I_{RL}（较大）；并联电容以后，$\dot{I}_{RL}$ 不变，线路中的电流 $\dot{I} = \dot{I}_{RL} + \dot{I}_C$，由于电容上的电流 $\dot{I}_C$ 超前于电压 $\dot{U}$ $90°$，抵消掉了部分感性负载电流的无功分量，使得线路的总电流 I 减小，$\dot{I}$ 滞后于 $\dot{U}$ 的 φ 角也减小，故 $\cos\varphi > \cos\varphi_{RL}$，线路的功率因数得以提高。

由于电容是并联在感性负载两端的，负载的两端电压不变，负载的工作状况也不会发生变化，即 $I_{RL} = \dfrac{U}{\sqrt{R^2 + X_L^2}}$，$\cos\varphi_{RL} = \dfrac{R}{\sqrt{R^2 + X_L^2}}$ 都不变，所以并联电容来提高功率因数不影响负载正常工作。

从能量角度来说，在感性负载两端并联了电容以后，感性负载的部分无功功率与电容的无功功率相互补偿，减少了电源与负载之间的无功能量交换。

还应该指出，由于电容是不消耗能量的，所以并联电容前后，电路的有功功率不变。即有

$$P = I_{RL} U \cos\varphi_{RL} = IU\cos\varphi$$

从相量图上也可以看出 $I_{RL}\cos\varphi_{RL} = I\cos\varphi$。

已知电路的有功功率 P 和电压 U，把功率因数由 $\cos\varphi_{RL}$ 提高到 $\cos\varphi$ 所需并联的补偿电容 C 的计算方法如下：

方法一 利用相量图求解。

由图 3 – 36b 所示相量图可知

$$I_C = I_{RL}\sin\varphi_{RL} - I\sin\varphi \tag{3-50}$$

由于 $I_{RL} = \dfrac{P}{U\cos\varphi_{RL}}$，$I = \dfrac{P}{U\cos\varphi}$，则

$$C = \frac{1}{\omega X_C} = \frac{1}{\omega \dfrac{U}{I_C}} = \frac{I_C}{\omega U} \tag{3-51}$$

方法二 通过无功功率求解。

感性负载的无功功率为

$$Q_L = P\tan\varphi_{RL}$$

并联电容后电路总无功功率为

$$Q = P\tan\varphi$$

所以，需补偿的电容无功功率为

$$Q_C = Q - Q_L = P\,(\tan\varphi - \tan\varphi_{RL})$$

又 $Q_C = -UI_C = -\dfrac{U^2}{X_C} = -U^2\omega C$，所以

$$C = \frac{P\,(\tan\varphi_{RL} - \tan\varphi)}{U^2\omega} \tag{3-52}$$

例 3 – 16 有一感性负载，$P = 10\text{kW}$，$\cos\varphi_{RL} = 0.6$，接到 $U = 220\text{V}$，$f = 50\text{Hz}$ 的正弦交流电源上。（1）若将功率因数提高到 0.9，求需并联多大的电容，并比较并联电容前后线路中总电流的大小；（2）若要求将功率因数从 0.9 进一步提高到 1，求还需并联多大电容；若并联的电容继续增加，功率因数将会如何变化？

解：（1）$\cos\varphi_{RL} = 0.6$ 时，$\varphi_{RL} = 53.1°$；$\cos\varphi = 0.9$ 时，$\varphi = 25.8°$。由式（3 – 52），可得

$$C = \frac{P}{\omega U^2}\,(\tan\varphi_{RL} - \tan\varphi) = \frac{10\times10^3}{2\pi\times50\times220^2}\,(\tan53.1° - \tan25.8°)\ \text{F} = 558.3\mu\text{F}$$

并联电容前的线路电流，即负载电流为

$$I_{RL} = \frac{P}{U\cos\varphi_{RL}} = \frac{10\times10^3}{220\times0.6}\text{A} = 75.76\text{A}$$

并联电容后的线路总电流为

$$I = \frac{P}{U\cos\varphi} = \frac{10 \times 10^3}{220 \times 0.9}\text{A} = 50.51\text{A}$$

即并联电容后线路的总电流减小了。

（2）功率因数从 0.9 提高到 1，需再增加的电容值为

$$C = \frac{10 \times 10^3}{2\pi \times 50 \times 220^2}（\tan 25.8° - \tan 0°）\text{F} = 292.9\mu\text{F}$$

通过并联电容提高功率因数，在理论上可以达到以下三种情况：

并联电容后的电路仍为感性，$\cos\varphi < 1$，称为欠补偿。本例中可以看出，欠补偿时，电容越大，功率因数越高。

功率因数提高到 1 时，电路呈电阻性，称为全补偿。

并联的电容再继续增加，电路将呈容性，$\cos\varphi < 1$，称为过补偿。过补偿时，随电容的增加，功率因数将降低。

3.4 复杂交流电路的分析

如前所述，若正弦量用相量表示，电路参数用复阻抗表示，则直流电路中介绍的基本定律、分析方法在正弦交流电路中同样适用。

和计算复杂直流电路一样，复杂交流电路也可以应用线性电路的分析方法，如支路电流法、戴维南定理、叠加原理等来分析与计算。

下面通过例题具体说明复杂交流电路的分析与计算。

例 3 - 17 电路如图 3 - 37 所示，已知 $\dot{E}_1 = \dot{E}_2 = 220\angle 0° \text{V}$，$R = X_L = X_C = 22\Omega$。求各支路电流。

解：方法一 支路电流法。

根据基尔霍夫定律列节点电流方程和回路电压方程，即

$$\begin{cases} \dot{I}_1 + \dot{I}_2 + \dot{I}_3 = 0 \\ \dot{E}_1 - \dot{E}_2 - \dot{I}_2 R + \dot{I}_1 jX_L = 0 \\ \dot{E}_2 = -\dot{I}_2 R + \dot{I}_3（-jX_C） \end{cases}$$

代入已知数据，有

$$\begin{cases} \dot{I}_1 + \dot{I}_2 + \dot{I}_3 = 0 \\ -22\dot{I}_2 + j22\dot{I}_1 = 0 \\ 220\angle 0° = -22\dot{I}_2 + \dot{I}_3（-j22） \end{cases}$$

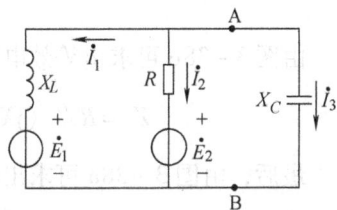

图 3 - 37 例 3 - 17 题图

解此方程组，可得

$$\dot{I}_1 = 10\angle -180°\text{A}, \quad \dot{I}_2 = 10\angle -90°\text{A}, \quad \dot{I}_3 = 10\sqrt{2}\angle 45°\text{A}$$

方法二 节点电压法。

A、B 间节点电压为

$$\dot{U}_{AB} = \frac{\frac{\dot{E}_1}{jX_L} + \frac{\dot{E}_2}{R}}{\frac{1}{jX_L} + \frac{1}{R} + \frac{1}{-jX_C}} = \frac{\frac{220\angle0°}{j22} + \frac{220\angle0°}{22}}{\frac{1}{j22} + \frac{1}{22} + \frac{1}{-j22}} V = 220\sqrt{2}\angle-45° \text{ V}$$

则电路中各支路电流为

$$\dot{I}_1 = \frac{\dot{U}_{AB} - \dot{E}_1}{jX_L} = \frac{220\sqrt{2}\angle-45° - 220\angle0°}{22\angle90°} A = 10\angle-180° \text{ A}$$

$$\dot{I}_2 = \frac{\dot{U}_{AB} - \dot{E}_2}{R} = \frac{220\sqrt{2}\angle-45° - 220\angle0°}{22} A = 10\angle-90° \text{ A}$$

$$\dot{I}_1 = \frac{\dot{U}_{AB}}{-jX_C} = \frac{220\sqrt{2}\angle-45°}{22\angle-90°} A = 10\sqrt{2}\angle45° \text{ A}$$

例3-18 用戴维南定理计算例3-17中电流 $\dot{I}_3$。

解： 图3-37所示的电路应用戴维南定理可化为图3-38a所示的等效电路。

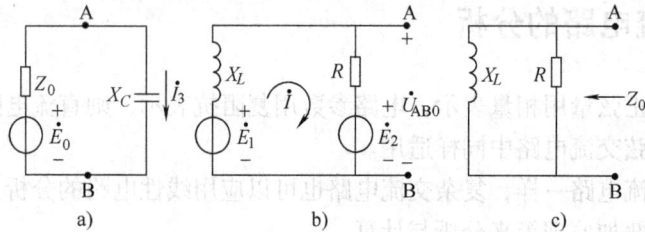

图3-38 例3-18题图

由图3-38b，可求出回路电流

$$\dot{I} = \frac{\dot{E}_1 - \dot{E}_2}{jX_L + R} = \frac{220\angle0° - 220\angle0°}{22j + 22} A = 0A$$

因此，等效电源的电动势为

$$\dot{E}_0 = \dot{U}_{AB0} = \dot{E}_2 = 220\angle0° \text{ V}$$

由图3-38c可求出等效电源的复阻抗为

$$Z_0 = R //(jX_L) = \frac{R \cdot jX_L}{jX_L + R} = \frac{22 \times 22\angle90°}{22j + 22}\Omega = 11\sqrt{2}\angle45° \text{ }\Omega$$

最后，由图3-38a可求出电流

$$\dot{I}_3 = \frac{\dot{E}_0}{-jX_C + Z_0} = \frac{220\angle0°}{-j22 + 11\sqrt{2}\angle45°} A = 10\sqrt{2}\angle45° \text{ A}$$

例3-19 电路如图3-39a所示，已知 $R = X_L = X_C = 22\Omega$，$e_1 = 220\sqrt{2}\sin314t$V，$E_2 = 220$V，试求各支路电流。

解： 图3-39a所示电路为交直流电源并存的复杂电路，应用叠加原理求解。

交流电源 e_1 单独作用时，电路如图3-39b所示，各电流相量为

$$\dot{I}_1' = \frac{\dot{E}_1}{jX_L + \frac{R(-jX_C)}{R - jX_C}} = \frac{220\angle0°}{j22 + \frac{22 \times (-j22)}{22 - j22}} A = 10\sqrt{2}\angle-45° \text{ A}$$

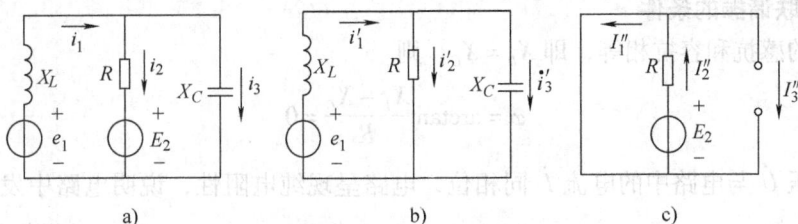

图 3-39 例 3-19 题图

$$\dot{I}_2' = \dot{I}_1' \frac{-jX_C}{R - jX_C} = \frac{10\sqrt{2}\angle -45° \times 22\angle -90°}{22 - j22}A = 10\angle -90° \, A$$

$$\dot{I}_3' = \dot{I}_1' - \dot{I}_2' = 10\sqrt{2}\angle -45° \, A - 10\angle -90° \, A = 10A$$

直流电源 E_2 单独作用时，电路如图 3-39c 所示，各电流为

$$I_1'' = I_2'' = \frac{E_2}{R} = \frac{220}{22}A = 10A, \quad I_3'' = 0A$$

交流电源 $\dot{E}_1$ 和直流电源 E_2 共同作用时，各支路电流为

$$i_1 = i_1' - I_1'' = \sqrt{2} \times 10\sqrt{2}\sin(314t - 45°) \, A - 10A = -10A + 20\sin(314t - 45°) \, A$$

$$i_2 = i_2' - I_2'' = 10\sqrt{2}\sin(314t - 90°) \, A - 10A = -10A + 10\sqrt{2}\sin(314t - 90°) \, A$$

$$i_1 = i_3' + I_3'' = 10\sqrt{2}\sin314tA + 0A = 10\sqrt{2}\sin314tA$$

3.5 交流电路中的谐振

由电阻、电感、电容三种基本元件组成的交流电路，可能呈现感性或容性，还可能呈电阻性。如果调节电路参数或电源频率，使电感和电容的作用互相抵消，电路显示纯电阻性，即此时电路的端电压与端电流同相，这种现象叫做电路的谐振。根据电路的连接方式不同，谐振分串联谐振（电压谐振）和并联谐振（电流谐振）两种。

3.5.1 串联谐振

在图 3-40a 所示的 RLC 串联电路中，电路的等效复阻抗为

$$Z = R + j(X_L - X_C)$$

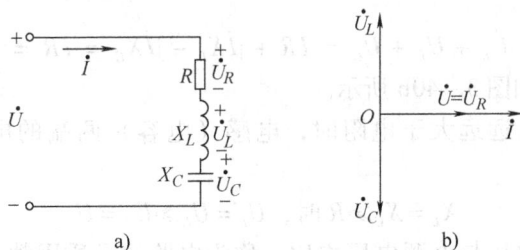

图 3-40 RLC 串联电路及谐振相量图

3.5.1.1 串联谐振的条件

若电路的感抗和容抗相等，即 $X_L = X_C$，则

$$\varphi = \arctan \frac{X_L - X_C}{R} = 0$$

此时电源电压 $\dot{U}$ 与电路中的电流 $\dot{I}$ 同相位，电路呈现纯电阻性，说明电路中发生串联谐振现象。

由此，可得串联谐振条件 $X_L = X_C$，即

$$\omega_0 L = \frac{1}{\omega_0 C} \tag{3-53}$$

谐振角频率和谐振频率分别为

$$\omega_0 = \frac{1}{\sqrt{LC}}, f_0 = \frac{1}{2\pi\sqrt{LC}} \tag{3-54}$$

可见，当电源频率和电路参数 L 和 C 满足以上关系时，电路发生串联谐振。

由式（3-54）可知，谐振频率 f_0 的大小，完全是由电路本身的参数决定的，是电路本身的固有性质，称为谐振电路的固有频率。每一个 RLC 串联电路都对应一个谐振频率。当电源频率一定时，改变电路的参数 L 或 C，使 $\omega L = \frac{1}{\omega C}$，即可使电路发生谐振；当电路参数一定时，改变电源频率，使之与电路的固有频率相等，也可使电路产生谐振，这个过程称为调谐。

3.5.1.2 串联谐振的特征

串联谐振具有以下特征：

1）电路的阻抗 $|Z_0|$ 最小。电源电压 U 一定时，电流 I_0 最大。即

$$|Z_0| = \sqrt{R^2 + (X_L - X_C)^2} = R$$

$$I = I_0 = \frac{U}{|Z_0|} = \frac{U}{R}$$

所以，R 越小，谐振电流越大。

2）电源电压 $\dot{U}$ 等于电阻电压 $\dot{U}_R$。由于 $X_L = X_C$，所以电感电压与电容电压大小相等，相位相反，即

$$\dot{U}_L = j\dot{I}_0 X_L, \dot{U}_C = -j\dot{I}_0 X_C$$

因此，根据 KVL，有

$$\dot{U} = \dot{U}_R + \dot{U}_L + \dot{U}_C = \dot{I}R + j\dot{I}X_L - j\dot{I}X_C = \dot{I}R = \dot{U}_R$$

电压与电流相量图如图 3-40b 所示。

3）当感抗（容抗）远远大于电阻时，电感（电容）两端的电压将比电源电压大很多。即

$$X_L = X_C \gg R \text{ 时}，U_L = U_C \gg U_R = U$$

将电感或电容上的电压与电源电压之比，称为电路的品质因数，用 Q 表示，即串联谐振时

$$Q = \frac{U_L}{U} = \frac{U_C}{U} = \frac{X_L}{R} = \frac{X_C}{R} = \frac{\omega_0 L}{R} = \frac{1}{\omega_0 CR} \tag{3-55}$$

由于串联谐振能在电感和电容上产生高于电源很多倍的电压,因此,串联谐振又叫电压谐振。

4) 电源电压 $\dot{U}$ 与电流 $\dot{I}$ 同相,电路对电源呈电阻性;电源供给的能量全部被电阻所消耗。

串联谐振时,电路的有功功率、无功功率分别为

$$P = UI\cos\varphi = UI = I^2R$$

$$Q = UI\sin\varphi = Q_L + Q_C = 0$$

这表明,串联谐振时,电源不向电路输送无功功率。而电感中的无功功率与电容中的无功功率,大小相等,互相补偿。磁场能量与电场能量进行互换。

3.5.1.3 电路参数、电流、电压与频率的关系曲线

在 RLC 串联电路中,当改变电源频率时,电路中的电路参数、电流和电压等各量都将随频率而变。

电路参数与频率的关系曲线如图 3-41 所示,其中:

感抗 $X_L = \omega L$;容抗 $X_C = \dfrac{1}{\omega C}$;电抗 $X = X_L - X_C$。

阻抗 $|Z| = \sqrt{R^2 + (X_L - X_C)^2} = \sqrt{R^2 + \left(\omega L - \dfrac{1}{\omega C}\right)^2}$。

可看出,$\omega = \omega_0$ 时,即电路发生串联谐振时,$X_L = X_C$,$X = 0$,$|Z|$ 有一个最小值 R。

电路中电流为

$$I = \frac{U}{|Z|} = \frac{U}{\sqrt{R^2 + \left(\omega L - \dfrac{1}{\omega C}\right)^2}}$$

因此,在电源电压 U 和电路参数 R、L、C 一定的条件下,电流随频率变化的曲线如图 3-42 所示。

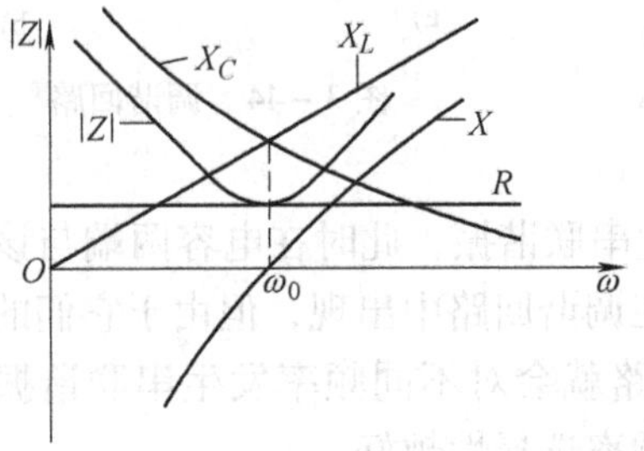

图 3-41 电路参数与频率的关系曲线

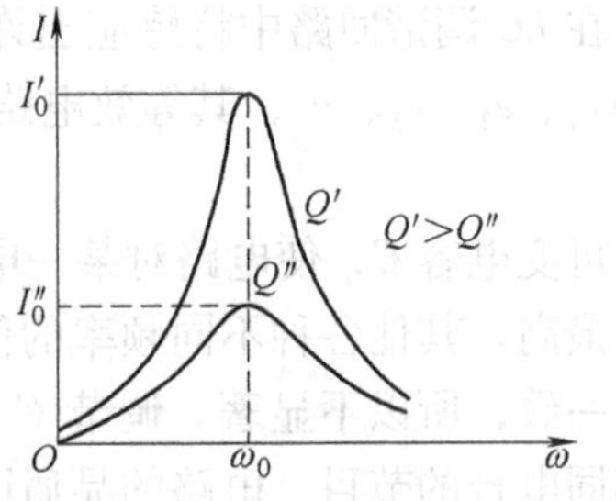

图 3-42 电流与频率的关系曲线

可以看出,在 $\omega = \omega_0$ 时,由于阻抗 $|Z| = R$ 最小,因而电流最大。

品质因数 Q 值越大,图 3-42 所示的谐振曲线就越尖锐;而 Q 值越小,电流 I 的峰值 I_0 就越小。

电路中电感电压 U_L 和电容电压 U_C 与频率之间的关系可表示为

$$U_L = \frac{\omega L U}{\sqrt{R^2 + \left(\omega L - \dfrac{1}{\omega C}\right)^2}}, \quad U_C = \frac{U}{\omega C \sqrt{R^2 + \left(\omega L - \dfrac{1}{\omega C}\right)^2}}$$

所以，U_L 与 U_C 随频率变化的曲线如图 3-43 所示。

对于电感电压 U_L 来说，$\omega = 0$ 时，$U_L = 0$；当 ω 增加时，感抗 X_L 和电流 I 都在增大，因此 U_L 也增大；$\omega = \omega_0$ 时，$U_L = QU$；当 $\omega > \omega_0$ 时，电流 I 过了最大值开始下降，但开始下降的速度不是很快，而 U_L 随着 X_L 线性增大，在某一 ω' 处，U_L 有一个最大值；此后 I 的下降多于 X_L 的增长，U_L 减小；$\omega = \infty$ 时，$U_L = U$。

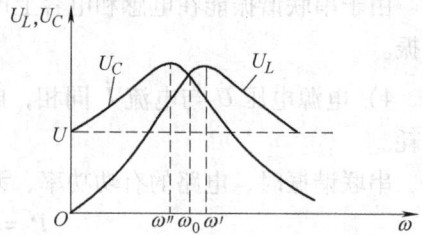

图 3-43　电压与频率的关系曲线

对于电容电压 U_C 来说，$\omega = 0$ 时，$U_C = U$；当 ω 开始增加时，容抗 X_C 的减小不如电流 I 增大得快，总的结果是 U_C 增大；在某一 ω'' 处（$\omega'' < \omega_0$），U_C 有一个最大值；此后随着 ω 的增加，U_C 开始下降；$\omega = \omega_0$ 时，$U_C = QU$；直到 $\omega = \infty$ 时，$U_C = 0$。

要注意，谐振点 $\omega = \omega_0$ 处 U_L 与 U_C 两条曲线相交，此时 U_L、U_C 较大，但并不是 U_C 和 U_L 的最大值。

3.5.1.4　串联谐振的应用

如前所述，串联谐振时，在电感元件和电容元件上可能产生高电压。若电压 U_L 或 U_C 过高，可能将线圈或电容器的绝缘击穿，产生事故，所以在电力系统中，必须注意避免谐振。但在无线电工程中，常利用串联谐振的这个特点，在某个频率上获得高电压。

在无线电接收设备中，常利用串联谐振来选择电台信号，即从各种微弱的信号电压中，获得较强的某一频率的信号。例如，收音机的调谐回路如图 3-44a 所示，它由电感线圈 L 和可变电容 C 组成，L_1 为天线线圈。由于每一个电台都有自己的广播频率，不同电台发射出不同的电磁波信号，在收音机的天线回路中就产生各自的感应电动势。由于天线回路与 LC 调谐回路之间的互感作用，在 LC 调谐回路中将感应出许多频率不同的电动势 e_1、e_2、e_3、…，其等效电路如图 3-44b 所示。

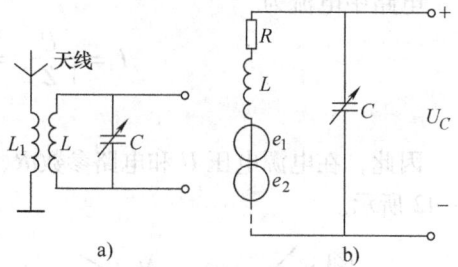

图 3-44　调谐回路

调节可变电容 C，使电路对某一电台频率发生串联谐振，此时在电容两端与该电台同频率的电压最高。其他各种不同频率的信号，虽然在调谐回路中出现，但由于它们的频率与谐振频率不一致，所以不显著。调节 C 值，调谐回路就会对不同频率发生串联谐振，于是就可收到不同电台的节目。电路的品质因数越大，频率选择性越好。

3.5.2　并联谐振

图 3-45a 所示为一个具有电阻 R 和电感 L 的线圈与电容器 C 组成的并联电路。

3.5.2.1　并联谐振的条件

图 3-45a 所示电路的等效复阻抗为

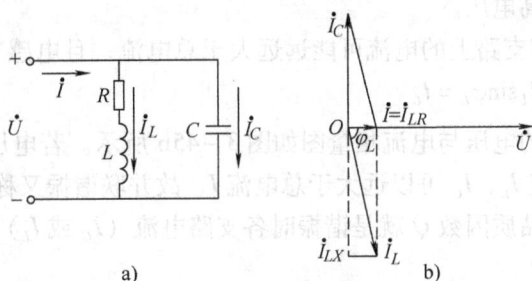

图 3-45 并联电路及其相量图

$$Z = \frac{(R + j\omega L)\frac{1}{j\omega C}}{R + j\omega L + \frac{1}{j\omega C}} = \frac{1}{\frac{R}{R^2 + (\omega L)^2} + j\left[\omega C - \frac{\omega L}{R^2 + (\omega L)^2}\right]} \qquad (3-56)$$

电路发生谐振时，其电压 $\dot{U}$ 与电流 $\dot{I}$ 同相位，阻抗角为零，则式（3-56）中的虚部分量必等于零，即

$$\omega_0 C - \frac{\omega_0 L}{R^2 + (\omega_0 L)^2} = 0$$

由此可解出

$$\omega_0 = \frac{1}{\sqrt{LC}}\sqrt{1 - \frac{CR^2}{L}}, \quad f_0 = \frac{1}{2\pi}\frac{1}{\sqrt{LC}}\sqrt{1 - \frac{CR^2}{L}}$$

通常，线圈的电阻很小，若忽略不计，则并联谐振角频率和谐振频率分别为

$$\omega_0 = \frac{1}{\sqrt{LC}}, \quad f_0 = \frac{1}{2\pi}\frac{1}{\sqrt{LC}} \qquad (3-57)$$

当电源频率与电路参数 L 和 C 之间满足上述关系式时，电路发生谐振。由此可见，调节 f 或 L 或 C 都能使电路发生并联谐振。

3.5.2.2 并联谐振的特征

并联谐振具有以下特征：

1）电路的阻抗 Z_0 最大，电源电压一定时，总电流最小。

根据式（3-56）及式（3-57），并联谐振时电路的总阻抗 Z_0 为

$$Z_0 = \frac{R^2 + \omega_0^2 L^2}{R} = \frac{L}{RC} \qquad (3-58)$$

在 $R \ll \omega_0 L$ 条件下，其值接近于最大，并相当于一个纯电阻。当 $R = 0$ 时，Z_0 趋近于无穷大。

电路总电流为

$$\dot{I}_0 = \frac{\dot{U}}{Z_0} = \frac{\dot{U}}{\dfrac{L}{RC}}$$

若电压 $\dot{U}$ 一定，则总电流很小。

如果图 3-45 并联电路改用恒流源供电，当在某一频率下发生并联谐振时，电路阻抗很

大，则电路两端将呈现高电压。

2）电感支路和电容支路上的电流可能远远大于总电流，且电感支路电流的无功分量与电容支路电流相等，即 $I_L \sin\varphi_L = I_C$。

并联谐振时，电路的电压与电流相量图如图 3-45b 所示。若电压 $\dot{U}$ 一定，在谐振情况下 $R \ll \omega_0 L$ 时，支路电流 I_L、I_C 可以远大于总电流 I，故并联谐振又称电流谐振。

并联谐振时电路的品质因数 Q 就是谐振时各支路电流（I_C 或 I_L）比总电流 I_0 大的倍数，即

$$Q = \frac{I_C}{I_0} = \frac{U\omega_0 C}{\dfrac{U}{\dfrac{L}{RC}}} = \frac{\omega_0 L}{R} = \frac{1}{\omega_0 CR} \tag{3-59}$$

3）电源电压 $\dot{U}$ 与电流 $\dot{I}$ 同相，电路对电源呈电阻性；电源供给的能量全部被电阻所消耗。

并联谐振时，总阻抗相当于一个纯电阻。电源只向电路提供有功功率，电感与电容互换无功功率。

3.5.2.3 电路阻抗、电流与频率的关系曲线

并联谐振曲线如图 3-46 所示。电路阻抗 $|Z|$ 随频率变化的特性曲线与串联谐振时相反，在谐振点 $\omega = \omega_0$ 处，$|Z| = Z_0$ 最大（$R \ll \omega_0 L$ 时）。当电压一定时，电流 I 与阻抗 $|Z|$ 成反比。

3.5.2.4 并联谐振的应用

并联谐振时，电感、电容支路上的电流可能远远大于总电流。谐振的大电流可能给电气设备造成损坏，所以在电力系统中，应尽量避免谐振。但也可以利用这个特点，进行频率选择。

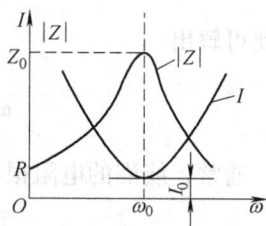

图 3-46 并联谐振曲线

在某些无线电接收设备中，常利用并联谐振选择有用的信号，消除杂波干扰。图 3-47 所示为超外差收音机的中频（465kHz）放大器并联选频电路。放大器相当于受控电流源，对该中频信号，LC 电路产生并联谐振，在 L（C）两端获得较大的信号电压，通过互感输出给下一级放大器。

图 3-48 所示的滤波电路中，LC 组成并联谐振电路，调整电容 C，使其对某频率谐振，则在该频率下 LC 部分的电路阻抗最大，即满足谐振频率的信号主要降落在 LC 上，而在负载电阻 R 上降落较少，起到滤波作用。

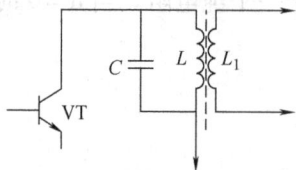

图 3-47 并联选频电路

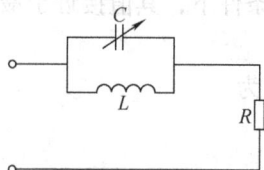

图 3-48 滤波电路

在电子技术中，串联、并联谐振有着广泛的应用。

3.6　非正弦周期信号的交流电路

在生产和科研中所用的电源主要是正弦交流电。但在实际应用的交流电路中，除了正弦交流信号外，还常常会遇到非正弦周期性变化的电压和电流信号。图 3 - 49a 所示为整流电路中的全波整流电压波形；图 3 - 49b 所示为示波器中的锯齿波电压波形；图 3 - 49c 所示为三角波；图 3 - 49d 所示为矩形波，等等。这些信号都是周期性变化的，统称为非正弦周期信号。因此，有必要了解非正弦周期信号的交流电路的分析方法。

在线性电路中，一般利用傅里叶级数展开的方法，将非正弦的周期信号分解为直流分量和一系列不同频率的正弦信号分量之和，然后利用叠加原理，分析研究各分量单独对线性电路的作用，这种方法称为谐波分析法。

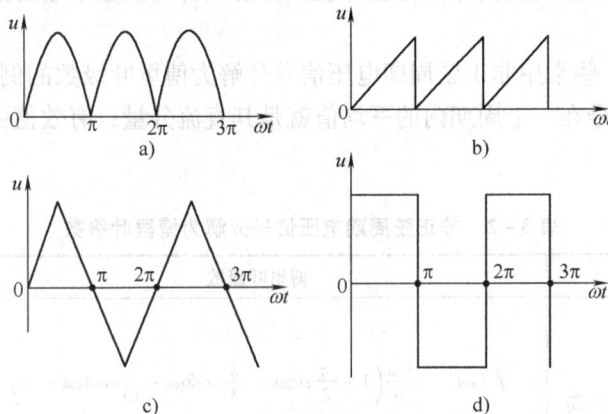

图 3 - 49　几种非正弦周期信号的波形

3.6.1　非正弦周期信号的分解

在数学的分析中已经指出：一切满足狄里赫利条件（即周期函数在一个周期内只含有有限个极值点及有限个第一类不连续点）的周期函数都可以分解为傅里叶级数。在电工技术中的非正弦周期信号，不论电动势、电压或电流，通常都满足这个条件，因此，只要知道其数学解析式或波形，都可以展开成傅里叶级数形式。

如角频率为 ω 的非正弦周期电压 u，可分解为

$$u = U_0 + U_{1m}\sin(\omega t + \psi_1) + U_{2m}\sin(2\omega t + \psi_2) + \cdots + U_{Km}\sin(K\omega t + \psi_K) + \cdots$$

$$= U_0 + \sum_{K=1}^{\infty} U_{Km}\sin(K\omega t + \psi_K) \tag{3-60}$$

式中，U_0 称为直流分量或恒定分量；$U_{1m}\sin(\omega t + \psi_1)$ 称为基波或一次谐波；$U_{Km}\sin(K\omega t + \psi_K)$ 称为 K 次谐波。

除了直流分量和基波外，其余的各次谐波都被称为高次谐波。由于傅里叶级数的收敛性，谐波的次数越高，其幅值越小，所以次数很高的谐波一般可忽略。

利用三角变换可将式（3 - 60）化成下列形式：

$$u = U_0 + \sum_{K=1}^{\infty} (A_{Km}\cos K\omega t + B_{Km}\sin K\omega t) \tag{3-61}$$

式中

$$A_{Km} = U_{Km}\sin\psi_K, B_{Km} = U_{Km}\cos\psi_K \qquad (3-62)$$

将一非正弦周期信号展开成式（3-61）形式的傅里叶级数，关键在于求出傅里叶系数 U_0、A_{Km}、B_{Km}。可以证明，U_0、A_{Km}、B_{Km} 可由下式确定：

$$\begin{cases} U_0 = \dfrac{1}{T}\displaystyle\int_0^T u\,\mathrm{d}t \\[2mm] A_{Km} = \dfrac{2}{T}\displaystyle\int_0^T u\cos K\omega t\,\mathrm{d}t \\[2mm] B_{Km} = \dfrac{2}{T}\displaystyle\int_0^T u\sin K\omega t\,\mathrm{d}t \end{cases} \qquad (3-63)$$

当然傅里叶级数展开过程较复杂，还需要其他数学知识，但重要的是了解方法。大多数电工技术中常用的非正弦周期信号的傅里叶级数分解式都可从数学手册上查到，可以直接拿来应用。

表 3-2 列出了一些常用非正弦周期电压信号分解为傅里叶级数的例子，供使用时参考。其中，非正弦周期信号在一个周期内的平均值就是其直流分量；有效值由定义式，即方均根值计算可得。

表 3-2 非正弦周期电压信号分解为傅里叶级数

名称	波形	傅里叶级数	有效值	平均值
单相半波整流		$f(\omega t) = \dfrac{U_m}{\pi}\left(1 + \dfrac{\pi}{2}\sin\omega t - \dfrac{2}{3}\cos 2\omega t - \dfrac{2}{15}\cos 4\omega t - \cdots\right)$	$\dfrac{U_m}{2}$	$\dfrac{U_m}{\pi}$
单相全波整流		$f(\omega t) = \dfrac{2U_m}{\pi}\left(1 - \dfrac{2}{3}\cos 2\omega t - \dfrac{2}{15}\cos 4\omega t - \dfrac{2}{35}\cos 6\omega t - \cdots\right)$	$\dfrac{U_m}{\sqrt{2}}$	$\dfrac{2U_m}{\pi}$
锯齿波		$f(\omega t) = U_m\left[\dfrac{1}{2} - \dfrac{1}{\pi}\left(\sin\omega t + \dfrac{1}{2}\sin 2\omega t + \dfrac{1}{3}\sin 3\omega t + \cdots\right)\right]$	$\dfrac{U_m}{\sqrt{3}}$	$\dfrac{U_m}{2}$
三角波		$f(\omega t) = \dfrac{8U_m}{\pi^2}\left(\sin\omega t - \dfrac{1}{9}\sin 3\omega t + \dfrac{1}{25}\sin 5\omega t - \cdots\right)$	$\dfrac{U_m}{\sqrt{3}}$	$\dfrac{U_m}{2}$
矩形波		$f(\omega t) = \dfrac{4U_m}{\pi}\left(\sin\omega t + \dfrac{1}{3}\sin 3\omega t + \dfrac{1}{5}\sin 5\omega t + \cdots\right)$	U_m	U_m

3.6.2 用谐波分析法计算非正弦周期信号线性电路

应用谐波分析法，分析、求解非正弦周期信号线性电路的步骤如下：

1）首先将电路中给定的非正弦周期信号分解为傅里叶级数，可利用查表方法求得。傅里叶级数为无穷级数，高次谐波取到哪一项为止，要看所需精度而定。

2）分别计算信号直流分量和若干不同频率谐波分量对电路单独作用时的响应。

由于各次谐波频率不同，计算感抗和容抗时应注意频率变化：

直流分量作用时，电路中的电容视为开路，电感视为短路；

基波作用时，感抗为 $X_{L1} = \omega L$，容抗为 $X_{C1} = \dfrac{1}{\omega C}$，（$\omega$ 为基波频率）；

K 次谐波作用时，$X_{LK} = K\omega L = K X_{L1}$，$X_{CK} = \dfrac{1}{K\omega C} = \dfrac{1}{K} X_{C1}$。

3）利用叠加原理求出叠加后的总响应。叠加时应注意，不同频率的正弦谐波分量是不能用相量图或复数式相加减的，只能用瞬时值表达式或正弦波形图来进行。

例 3 - 20 电路如图 3 - 50a 所示，输入电压是单相工频全波整流的电压波形，如图 3 - 50b 所示，已知 $U_m = 220\sqrt{2}$ V，$R = 200\Omega$，$C = 50\mu$F。求输出电压 u_o。

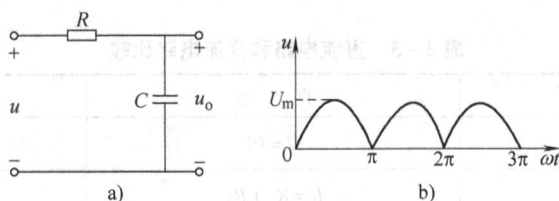

图 3 - 50 例 3 - 20 题图

解： $\omega = 2\pi f = 100\pi\,\text{rad/s}$。查表 3 - 2 可知，单相全波整流电压 u 的傅里叶级数展开式为

$$u = \frac{2U_m}{\pi}\Big[1 - \frac{2}{3}\cos 2\omega t - \frac{2}{15}\cos 4\omega t - \cdots\Big]$$

$$= \frac{2 \times 220\sqrt{2}}{\pi}\Big[1 - \frac{2}{3}\sin\,(200\pi t + 90°) - \frac{2}{15}\sin\,(400\pi t + 90°) - \cdots\Big]\text{V}$$

$$= \big[198 - 132\sin\,(200\pi t + 90°) - 26.4\sin\,(400\pi t + 90°) - \cdots\big]\text{ V}$$

应用谐波分析法，为简便起见，只计算到二次谐波，即直流分量 $U_0 = 198$V，二次谐波 $u_2 = -132\sin\,(200\pi t + 90°)$ V $= 132\sin\,(200\pi t - 90°)$ V，则：

U_0 单独作用时，电容视为开路，输出电压为

$$u_{o0} = U_0 = 198\text{V}$$

u_2 单独作用时，$X_{C2} = \dfrac{1}{2\omega C} = \dfrac{1}{200\pi \times 50 \times 10^{-6}} = 32\Omega$，输出电压为

$$\dot{U}_{o2m} = \dot{U}_{2m}\frac{-jX_{C2}}{R - jX_{C2}}$$

$$= 132\underline{/-90°} \times \frac{32\underline{/-90°}}{200 - j32}\text{V} = 20.85\underline{/-171°}\text{ V}$$

根据叠加原理，可得

$$u_o = u_{o0} + u_{o2}$$
$$= 198V + 20.85\sin(200\pi t - 171°) \ V$$

小 结

1）正弦交流电的大小和方向随时间按正弦规律变化。正弦交流电的最大值（或有效值）、角频率（ω）和初相角（φ）是确定正弦量的三要素。

2）正弦交流电的表示法有正弦曲线、三角函数式（瞬时值表达式）、旋转矢量法和相量（复数）法。

3）具有相位差的两个以上同频率的正弦量：①在三角函数式里 ψ 角为正者超前，ψ 角为负者滞后；②在波形图里先出现正的最大值或零值（由负到正的零点）者超前，后出现者滞后；③在相量图里，相量沿逆时针旋转，转在前面的超前，转在后面的滞后。

超前、滞后表示正弦量之间相对的相位关系。

4）正弦交流电路的分析方法有两种：相量图（图解）法；相量解析（复数运算）法。

采用相量法时，直流电路里常用的基本定律和公式都可用来表示交流电的对应关系，但注意是瞬时成立。现将常用公式列于表3-3。

表 3-3 直流电路和交流电路比较

公式名称	直　流	交　流
欧姆定律	$U = IR$	$\dot{U} = \dot{I}\,Z$
两个负载串联	$R = R_1 + R_2$	$Z = Z_1 + Z_2$
两个负载并联	$R = \dfrac{R_1 R_2}{R_1 + R_2}$	$Z = \dfrac{Z_1 Z_2}{Z_1 + Z_2}$
串联电压分配	$U_1 = U\dfrac{R_1}{R_1 + R_2}$ $U_2 = U\dfrac{R_2}{R_1 + R_2}$	$\dot{U}_1 = \dot{U}\dfrac{Z_1}{Z_1 + Z_2}$ $\dot{U}_2 = \dot{U}\dfrac{Z_2}{Z_1 + Z_2}$
并联电流分配	$I_1 = I\dfrac{R_2}{R_1 + R_2}$ $I_2 = I\dfrac{R_1}{R_1 + R_2}$	$\dot{I}_1 = \dot{I}\dfrac{Z_2}{Z_1 + Z_2}$ $\dot{I}_2 = \dot{I}\dfrac{Z_1}{Z_1 + Z_2}$
基尔霍夫电流定律（KCL）	$\sum I = 0$	$\sum \dot{I} = 0$
基尔霍夫电压定律（KVL）	$\sum E = \sum IR, \sum U = 0$	$\sum \dot{E} = \sum \dot{I}Z, \sum \dot{U} = 0$

5）R、L、C 三个单一参数电路中的基本规律是分析交流串联、并联电路和复杂电路的基础，必须深刻理解和熟练掌握。

6）交流电路中的功率有：

瞬时功率：$p = ui$，单位为 W；

视在功率：$S = UI$，单位为 V·A；

无功功率：$Q = UI\sin\varphi$，单位为 var；

有功功率：$P = UI\cos\varphi$，单位为 W。

其中，功率因数 $\cos\varphi = \dfrac{P}{S} = \dfrac{R}{|Z|}$，由负载参数决定。

7) 提高功率因数对国民经济有重要意义。对感性负载提高功率因数的方法是并联适当的电容器。

8) 串联谐振和并联谐振是交流电路中特有的物理现象。发生谐振的主要标志是电路的端电压和端电流同相，功率因数为 1。

9) 非正弦周期量的分析和计算方法比较复杂，要了解傅里叶级数的展开方法，理解谐波分析法求解步骤，加深对叠加原理的理解。

习　题

3-1　已知正弦电流 $i = 5\sqrt{2}\sin(314t - 60°)$ A，求：最大值、有效值、角频率、周期、初相角及该正弦量的相量表达式，并画出波形图。

3-2　正弦交流电压和电流的相量图如图 3-51 所示，已知 $U = 220V$，$I_1 = 10A$，$I_2 = 10A$，$\omega = 314\text{rad/s}$。试分别用复数式、三角函数式及波形图表示。

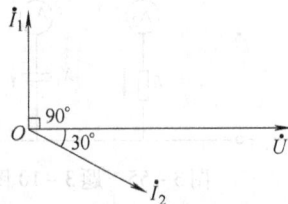

3-3　已知 $u_1 = 8\sin(\omega t + 60°)$ V，$u_2 = 6\sin(\omega t - 30°)$ V，$i_1 = 10\sqrt{2}\sin(\omega t + 60°)$ A，$i_2 = 10\sqrt{2}\sin(\omega t - 60°)$ A。试用相量法计算：(1) $u = u_1 + u_2$；(2) $i = i_1 - i_2$；(3) u_1、i_2 之间的相位差。

图 3-51　题 3-2 图

3-4　单一电容电路中，已知 $C = 4\mu F$，$f = 50Hz$。(1) $u_C = 220\sqrt{2}\sin\omega t$V 时，求电容中电流 i_C；(2) $\dot{I}_C = 1\angle -30°$ A 时，计算电容两端电压 $\dot{U}_C$，并画相量图。

3-5　一线圈接到 48V 直流电源时，其中电流为 8A。若将其改接于 120V、50Hz 的正弦交流电源上，电流为 12A，求此线圈的电阻和电感。

3-6　图 3-52 所示电路可用来测定电感线圈的参数。若已知电源频率为 50Hz，电压表读数为 110V，电流表读数为 5A，功率表读数为 400W，试计算线圈的 R 及 L。

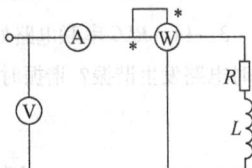

图 3-52　题 3-6 图

3-7　图 3-53 所示电路中，试画出各电压、电流相量图，并计算电路中各电压表、电流表的读数。

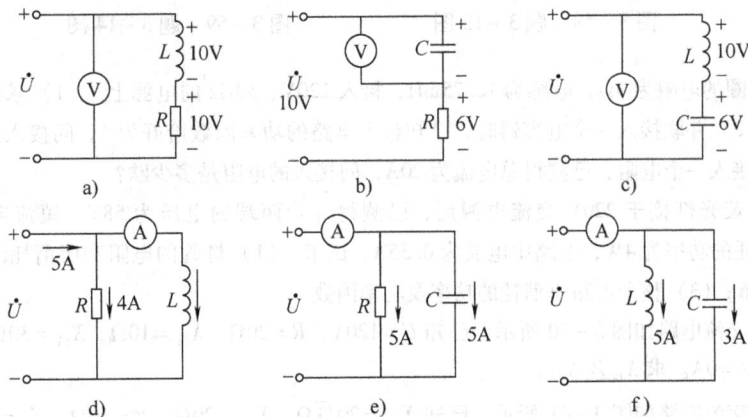

图 3-53　题 3-7 图

3-8 电路如图 3-54 所示，已知 $I_1 = 3A$，$I_2 = 4A$。（1）若 $Z_1 = R$，$Z_2 = -jX_C$，则 I 为多少？（2）若 $Z_1 = R$，问 Z_2 为何参数，才能使 I 最大？此时 I 为何值（3）若 $Z_1 = jX_L$，问 Z_2 为何值时，I 最小？此时 I 为何值？

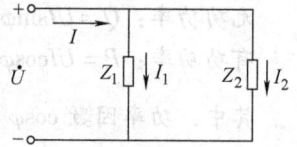

3-9 已知一线圈的电阻为 6Ω，感抗为 8Ω，该线圈与电容器串联接到正弦交流电压源。如果外接电压源电压的有效值恰好等于线圈电压的有效值，求容抗。

图 3-54 题 3-8 图

3-10 电路如图 3-55 所示，已知 $R = X_L = X_C$，电流表 A_1 的读数为 10A。画出相量图并求其他各电流表读数。

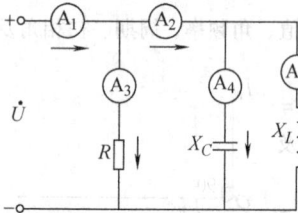

3-11 在图 3-56 所示电路中，荧光灯和白炽灯并联接在 220V、50Hz 的电源上。荧光灯是 220V、40W 的，功率因数为 0.5；白炽灯是 220V，100W 的，功率因数为 1。求 i_1、i_2、i 及相量图。

3-12 电路如图 3-57 所示，已知 $I_1 = 10A$，$I_2 = 10\sqrt{2}A$，$U = 200V$，$R = 5\Omega$，$R_2 = X_L$。试求 I、X_C、X_L 及 R_2。

图 3-55 题 3-10 图   图 3-56 题 3-11 图   图 3-57 题 3-12 图

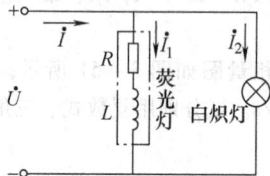

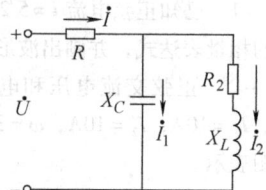

3-13 复杂交流电路如图 3-58 所示，应用戴维南定理求电流 $\dot{I}$。

3-14 RLC 串联电路如图 3-59 所示。已知 $u = 10\sqrt{2}\sin 2000\pi t V$，$R = 5\Omega$，$L = 0.01H$。问电容 C 为多少时电路发生谐振？谐振时各部分电压如何？

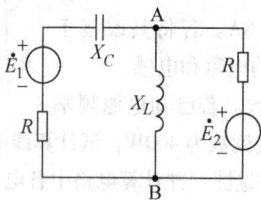

图 3-58 题 3-13 图   图 3-59 题 3-14 图

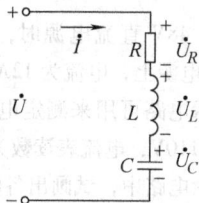

3-15 一线圈的电阻为 3Ω，电感为 12.75mH，接入 120V、50Hz 的电源上。（1）求线圈中的电流和所消耗的功率；（2）并联接入一个电容器时，已知整个电路的功率因数恰好为 1，问接入的电容是多少微法？（3）再并联接入一个电阻，已测得总电流为 20A，问接入的电阻是多少欧？

3-16 将一荧光灯接于 220V 交流电源后，已测得灯管两端的电压为 58V，镇流器两端的电压为 205V，镇流器消耗的功率为 4W，电路中电流为 0.35A。试求：（1）灯管的电阻和所消耗的功率；（2）镇流器的电阻和电感；（3）整个电路所消耗的功率及功率因数。

3-17 正弦交流电路如图 3-60 所示，已知 $U = 120V$，$R = 20\Omega$，$X_{L1} = 10\Omega$，$X_{C1} = 30\Omega$。当 S 断开时，$I = 6A$；S 合上时 $I = 0A$。求 X_{L2} 及 X_{C2}。

3-18 正弦交流电路如图 3-61 所示，已知 $X_{C1} = 20\sqrt{3}\Omega$，$X_{C2} = 20\Omega$，$R = 10\Omega$，$X_L = 10\Omega$，电路消耗的有功功率为 $P = 500W$。试求：（1）电压 $\dot{U}$；（2）电流 $\dot{I}_1$、$\dot{I}_2$、$\dot{I}_3$；（3）画出全部电压、电流的相量图。

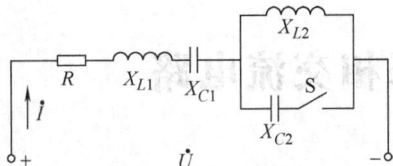

图 3-60 题 3-17 图

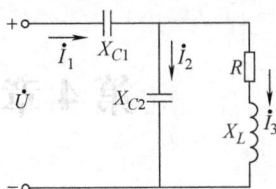

图 3-61 题 3-18 图

3-19 工频正弦交流电路如图 3-62a 所示, 已知 $R = 10\Omega$, $L = 31.8\text{mH}$, $C = 318\mu\text{F}$, 电压 u 的波形图如图 3-62b 所示。试求: (1) 电流 i_1、i_2、i; (2) 画出 u、i、i_1、i_2 的相量图; (3) 电路的有功功率 P、无功功率 Q、视在功率 S 和功率因数 $\cos\varphi$。

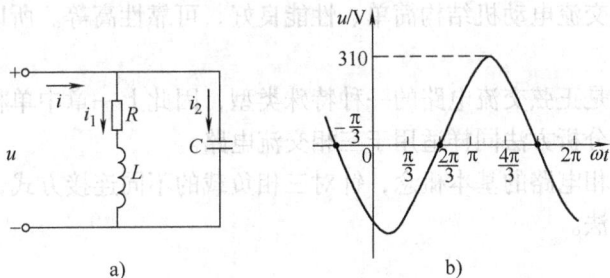

图 3-62 题 3-19 图

3-20 在图 3-63 所示正弦交流电路中, 已知 $u_{ab} = 100\sqrt{2}\sin\omega t \text{V}$, $R = 10\Omega$, $X_C = 10\Omega$, $X_L = 20\Omega$。试求: (1) i_1、i_2、i 和 u; (2) 画出全部电压和电流的相量图。

3-21 求图 3-64 所示各电压波形的平均值和有效值。

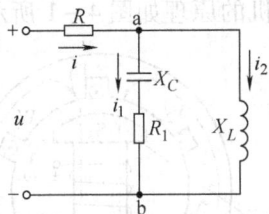

图 3-63 题 3-20 图

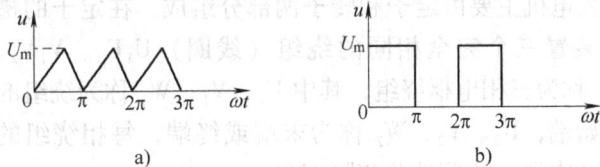

图 3-64 题 3-21 图

3-22 在图 3-65 所示电路中, 已知 $u = (60 + 100\sin\omega t + 30\sqrt{2}\sin2\omega t)$ V, $R = 30\Omega$, $X_L = 30\Omega$。试求: (1) 电流 i; (2) 电流的平均值和有效值。

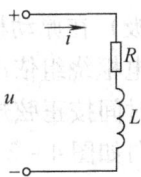

图 3-65 题 3-22 图

第4章 三相交流电路

上一章介绍了正弦交流电，其中单相交流电路是由一个交流电源供电的电路。在现代电力系统中，电能的产生、传输和供电方式绝大多数采用三相制。三相制系统具有许多优点，例如，三相交流电易于获得；三相交流发电机比同功率的单相交流发电机体积小、成本低；在传输距离、电压、功率均相同的情况下，三相输电比单相输电节省材料，更经济；广泛应用于电力拖动的三相交流电动机结构简单、性能良好、可靠性高等。所以，三相交流电路得以广泛应用。

三相电路实际上是正弦交流电路的一种特殊类型，因此上一章中单相交流电路的基本规律及正弦交流电路的分析方法同样适用于三相交流电路。

本章主要介绍三相电路的基本概念，针对三相负载的不同连接方式，着重讨论三相交流电路的分析与计算方法。

4.1 三相交流电源

4.1.1 对称三相电动势的产生

三相交流电源是由三相交流发电机产生的。三相交流发电机的原理如图 4 - 1 所示。三相交流发电机主要由定子和转子两部分组成。在定子的槽中对称装置三个完全相同的绕组（线圈）U_1U_2、V_1V_2、W_1W_2，称为三相电枢绕组，其中 U_1、V_1、W_1 称为绕组的首端或始端，U_2、V_2、W_2 称为末端或终端，每相绕组的首端（或末端）之间彼此相隔 120°。

发电机转子铁心上绕有励磁绕组，在绕组中通入直流电流时，便产生两个磁极的磁场。选择合适的极面形状和励磁绕组的安装位置，可使定子与转子之间空气隙中的磁感应强度按正弦规律分布。当转子（磁极）在原动机的拖动下以角速度 ω 匀速旋转时，每相定子电枢绕组依次被磁力线切割，在三相电枢绕组中感应出随时间按正弦规律变化的交流电动势。三相电动势的参考方向如图 4 - 2 所示，均由末端指向首端，其中 e_1、e_2、e_3 分别为绕组 U_1U_2、V_1V_2、W_1W_2 中的感应电动势。由于三个绕组完全相同，只是在空间位置上彼此相隔 120°，因此这三个感应电动势的频率相同，幅值相等，相位上彼此相差 120°。

三相电动势的三角函数式表示为

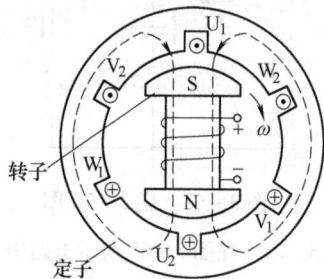

图 4 - 1 三相交流发电机的原理

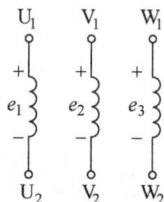

图 4 - 2 三相电枢绕
组中的感应电动势

$$\begin{cases} e_1 = E_{\mathrm{m}}\sin\omega t \\ e_2 = E_{\mathrm{m}}\sin(\omega t - 120°) \\ e_3 = E_{\mathrm{m}}\sin(\omega t - 240°) = E_{\mathrm{m}}\sin(\omega t + 120°) \end{cases} \tag{4-1}$$

也可用相量式表示为

$$\begin{cases} \dot{E}_1 = E\angle 0° = E \\ \dot{E}_2 = E\angle -120° = E\left(-\dfrac{1}{2} - \mathrm{j}\dfrac{\sqrt{3}}{2}\right) \\ \dot{E}_3 = E\angle 120° = E\left(-\dfrac{1}{2} + \mathrm{j}\dfrac{\sqrt{3}}{2}\right) \end{cases} \tag{4-2}$$

三相电动势的波形图和相量图如图 4-3 所示。

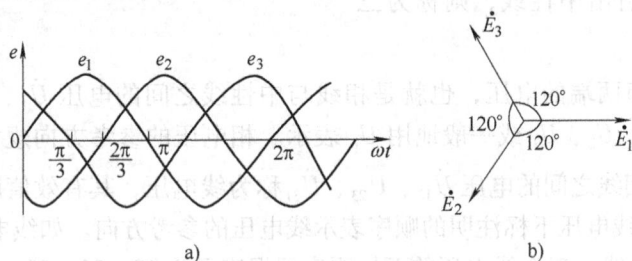

图 4-3 三相电动势的波形图和相量图
a) 波形图 b) 相量图

上述的三个正弦电动势，频率相同，幅值相等，在相位上彼此互差 120°，这样的一组电动势，称为对称三相电动势。

由对称三相电动势组成的三相交流电源，向负载提供三相正弦交流电能。

三相正弦交流电到达正向幅值的先后次序称为相序。图 4-3 所示的三相电动势的相序是 e_1—e_2—e_3，称为正（顺）序。反之，若相序是 e_3—e_2—e_1，则称为负（逆）序。在以后的分析中，如无特殊说明，三相电源的相序均指正序。

由式（4-1）、式（4-2）及图 4-3 很容易得出，任何瞬间三相对称电动势的瞬时值之和及相量之和都等于零，即

$$\begin{cases} e_1 + e_2 + e_3 = 0 \\ \dot{E}_1 + \dot{E}_2 + \dot{E}_3 = 0 \end{cases} \tag{4-3}$$

这是一个非常重要的结论：对于三个频率、幅值都相等，但彼此间相位互差 120° 的正弦量（电动势或电压、电流），即对称的三相正弦量（电动势或电压、电流），它们的瞬时值之和或相量之和必为零。

4.1.2 电源三相绕组的连接方式

三相交流发电机产生的三相电源相当于三个独立的正弦交流电源，但在实际应用中，三相发电机的三相电枢绕组要连接成一个整体后再对外供电。电源三相绕组的连接方式通常有两种，即星形联结（简称 Y 联结）和三角形联结（简称 △ 联结）。

4.1.2.1 电源三相绕组的星形联结

如果把三相发电机三个定子绕组的末端 U_2、V_2、W_2 接在一起，成为一个公共点 N，由绕组首端 U_1、V_1、W_1 引出三根连接线，这种连接方式称为星形联结，如图 4-4 所示。星形联结时，公共点 N 称为中性点，若中性点接地，则称为零点。从中性点引出的连接线称为中性线或零线，从绕组首端 U_1、V_1、W_1 引出的三根线称为相线，俗称火线，分别用 L_1 线、L_2 线、L_3 线来表示。这种具有中性线的三相供电线路称为三相四线制。若不引出中性线，则称为三相三线制。

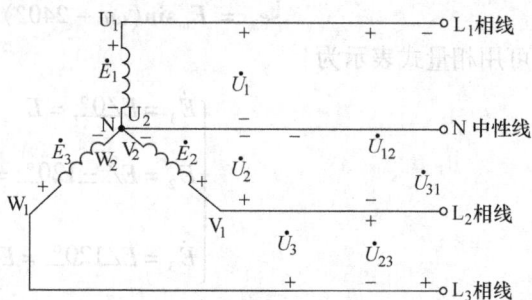

图 4-4 电源三相绕组的星形联结

发电机每相绕组两端的电压，也就是相线与中性线之间的电压 $\dot{U}_1$、$\dot{U}_2$、$\dot{U}_3$ 称为相电压，其有效值用 U_1、U_2、U_3 或一般地用 U_p 表示。相电压的参考方向规定为从相线到中性线的方向。任意两相线之间的电压 $\dot{U}_{12}$、$\dot{U}_{23}$、$\dot{U}_{31}$ 称为线电压，其有效值用 U_{12}、U_{23}、U_{31} 或一般地用 U_l 表示。线电压下标注明的顺序表示线电压的参考方向。如线电压 U_{12}，其参考方向是从 L_1 线指向 L_2 线。三个线电压的下标顺序习惯表示为 12、23、31。各电压的参考方向如图 4-4 所示。

在图 4-4 中，电源绕组为星形联结，线电压与相电压之间的关系可根据 KVL 确定，即

$$\begin{cases} \dot{U}_{12} = \dot{U}_1 - \dot{U}_2 \\ \dot{U}_{23} = \dot{U}_2 - \dot{U}_3 \\ \dot{U}_{31} = \dot{U}_3 - \dot{U}_1 \end{cases} \tag{4-4}$$

若忽略内阻抗压降，则三相交流电源的相电压等于三相电动势，因此相电压也是对称的。若以相电压 $\dot{U}_1$ 为参考相量，设三个对称的相电压相量为

$$\dot{U}_1 = U_p\angle 0°, \quad \dot{U}_2 = U_p\angle -120°, \quad \dot{U}_3 = U_p\angle 120°$$

则三个线电压相量分别为

$$\begin{cases} \dot{U}_{12} = \dot{U}_1 - \dot{U}_2 = U_p\left(1 + \frac{1}{2} + j\frac{\sqrt{3}}{2}\right) = \sqrt{3}\,U_p\angle 30° \\ \dot{U}_{23} = \dot{U}_2 - \dot{U}_3 = U_p\left(-\frac{1}{2} - j\frac{\sqrt{3}}{2} + \frac{1}{2} - j\frac{\sqrt{3}}{2}\right) = \sqrt{3}\,U_p\angle -90° \\ \dot{U}_{31} = \dot{U}_3 - \dot{U}_1 = U_p\left(-\frac{1}{2} + j\frac{\sqrt{3}}{2} - 1\right) = \sqrt{3}\,U_p\angle 150° \end{cases} \tag{4-5}$$

由式（4-5）可知，线电压也是对称的。表示线电压与相电压有效值大小的一般关系式为

$$U_l = \sqrt{3}\,U_p \tag{4-6}$$

式中，U_l、U_p 分别代表线电压、相电压的有效值，即星形联结时线电压有效值等于相电压有效值的 $\sqrt{3}$ 倍。

上述关系也可以由相量图来求出。先作出 $\dot{U}_1$、$\dot{U}_2$、$\dot{U}_3$ 相量，而后根据式（4-4）分别作出线电压 $\dot{U}_{12}$、$\dot{U}_{23}$、$\dot{U}_{31}$ 相量，如图 4-5 所示。

由图 4-5 所示相量图可得到

$$\begin{cases} \dot{U}_{12} = \sqrt{3}\,\dot{U}_1 \angle 30° \\ \dot{U}_{23} = \sqrt{3}\,\dot{U}_2 \angle 30° \\ \dot{U}_{31} = \sqrt{3}\,\dot{U}_3 \angle 30° \end{cases} \qquad (4-7)$$

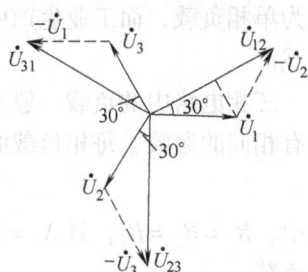

图 4-5　电源绕组星形联结
时的电压相量图

由式（4-7）或相量图可见，三个线电压对称，并且在相位上分别超前于各自对应的相电压 30°，即 $\dot{U}_{12}$ 超前 $\dot{U}_1$ 30°，$\dot{U}_{23}$ 超前 $\dot{U}_2$ 30°，$\dot{U}_{31}$ 超前 $\dot{U}_3$ 30°。

由上面分析可知，当发电机（或变压器）的绕组连接成星形并构成三相四线制供电线路时，可以为负载提供两种电压：相电压和线电压。例如通常低压配电系统中的相电压为 220V、线电压为 380V。若相电压为 380V，则线电压为 660V（660V≈$\sqrt{3}$×380V）。在我国，相电压为 220V、线电压为 380V 的三相四线制供电线路用得最为普遍。

4.1.2.2　电源三相绕组的三角形联结

如果将一个绕组的末端与另一个绕组的首端依次相连接，即 U_2 接 V_1，V_2 接 W_1，W_2 接 U_1，则三个定子绕组形成一个闭合回路，再从三个连接点引出三根导线 L_1、L_2、L_3，这种连接方式称为三角形联结，如图 4-6 所示。三角形联结没有中性点，对外只有三个连接端子，所以这种三相供电线路是三相三线制。

由图 4-6 显然可见，相线之间的线电压就是电源每相绕组的相电压，即

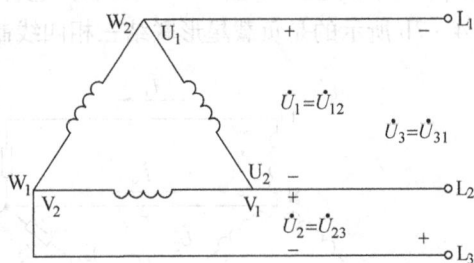

图 4-6　电源三相绕组的三角形联结

$$\dot{U}_{12} = \dot{U}_1, \quad \dot{U}_{23} = \dot{U}_2, \quad \dot{U}_{31} = \dot{U}_3$$

写成一般式为

$$U_l = U_p \qquad (4-8)$$

三相电源作三角形联结时，必须把三个绕组的首、末端依次正确连接，这样在电源三角形回路内，由于三相电压对称，回路电压相量之和为零，即 $\dot{U}_1 + \dot{U}_2 + \dot{U}_3 = 0$，因而在不接负载的状态下电源回路中无电流通过，否则电源内部就有很大的环行电流，从而有烧毁电源的危险。实际电源的三相电动势很难是理想的对称三相电动势，它们之和并不绝对等于零，这就是发电机的三相绕组一般不接成三角形，而接成星形的原因之一。

4.2　三相电路中负载的连接方式

负载有单相和三相之分，电灯、家用电器、单相电动机等只需单相电源供电即可工作，

均为单相负载，而工业生产中的动力负载（如三相异步电动机）、三相电阻炉等均属于三相负载。

三相电路中的负载一般又可分为两类。一类是对称负载，其特征是各相负载完全相同，具有相同的参数，每相负载的复阻抗相等（阻抗值相等，阻抗角相等），即

$$Z_1 = Z_2 = Z_3 = |Z| \angle \varphi \qquad (4-9)$$

其中，$R_1 = R_2 = R_3$，且 $X_1 = X_2 = X_3$（性质相同）。三相异步电动机、三相电阻炉等均属于对称负载。

另一类是非对称负载，为了使三相电源供电均衡，通常将电灯、家用电器等单相负载大致平均分配到三相电源的三个相上，各相负载的复阻抗一般不相等。

三相电路中的负载也可以连接成星形或三角形。每相负载首、末两端之间的电压，称为负载的相电压，任意两相负载首端之间的电压，称为负载的线电压。

4.2.1　负载的星形联结

4.2.1.1　三相四线制

如果把三个负载 Z_1、Z_2、Z_3 的一端连在一起，成为一个公共点 N′，该点称为负载的中性点，将该点与三相电源的中性点 N 连接，而各相负载的另一端分别连接在三相电源的相线 L_1、L_2、L_3 上，如图 4-7a 所示，这种连接方式就是负载星形联结的三相四线制电路。图 4-7b 所示的是负载星形联结三相四线制电路的另一种常见画法。

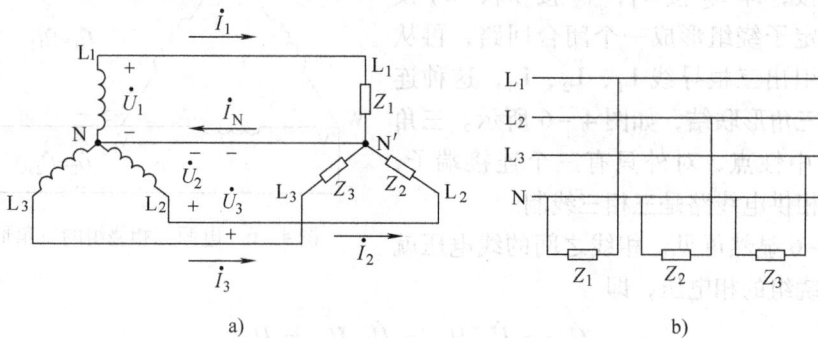

图 4-7　负载星形联结的三相四线制电路

当忽略连接导线阻抗时，负载中性点的电位等于电源中性点电位，负载的线电压就是电源的线电压，而每相负载的相电压也就等于电源的相电压。因此对于星形联结的负载，不论负载对称与否，负载上总能得到对称的相电压。

三相电路中，各相线中的电流称为线电流，如图 4-7 中的 $\dot{I}_1$、$\dot{I}_2$、$\dot{I}_3$。线电流的正方向规定为从电源流向负载。各相负载中的电流称为相电流，相电流的正方向可根据相电压的极性定出，一般与相电压的正方向一致。流过中性线的电流称为中性线电流，用 $\dot{I}_N$ 表示，并规定其正方向为从负载中性点到电源中性点。

从图 4-7 可看出，负载为星形联结时，相电流等于相应的线电流，一般用 I_l 表示线电流，I_p 表示相电流，则

$$I_l = I_p \qquad (4-10)$$

在三相四线制电路中，计算每相负载中电流的方法与单相电路一样，即相电流为

$$\dot{I}_1 = \frac{\dot{U}_1}{Z_1}, \quad \dot{I}_2 = \frac{\dot{U}_2}{Z_2}, \quad \dot{I}_3 = \frac{\dot{U}_3}{Z_3} \tag{4-11}$$

各相电流的有效值分别为

$$I_1 = \frac{U_1}{|Z_1|}, \quad I_2 = \frac{U_2}{|Z_2|}, \quad I_3 = \frac{U_3}{|Z_3|} \tag{4-12}$$

各相负载的电压与电流之间的相位差分别为

$$\varphi_1 = \arctan\frac{X_1}{R_1}, \quad \varphi_2 = \arctan\frac{X_2}{R_2}, \quad \varphi_3 = \arctan\frac{X_3}{R_3} \tag{4-13}$$

中性线电流等于各相电流的相量和，即

$$\dot{I}_N = \dot{I}_1 + \dot{I}_2 + \dot{I}_3 \tag{4-14}$$

如果三相电路的负载为对称负载，由于电源电压对称，则由式（4-12）、式（4-13）可知：三个相电流的有效值相等，各相电压与电流之间相位差也相同，即

$$I_1 = I_2 = I_3$$
$$\varphi_1 = \varphi_2 = \varphi_3$$

故三个相电流也是对称的，其电压和电流相量图如图4-8所示（假设负载为感性负载）。

此时，中性线电流为零，即 $\dot{I}_N = \dot{I}_1 + \dot{I}_2 + \dot{I}_3 = 0$，中性线不再起作用，可以省去。

因此，从上述分析可知，计算对称负载的星形联结电路时，由于三相电源和负载的对称性，各相电压、电流都是对称的。只要计算出某一相的电压、电流，其他两相就可以根据对称关系直接写出。即三相对称电路的计算可归结为一相来计算。

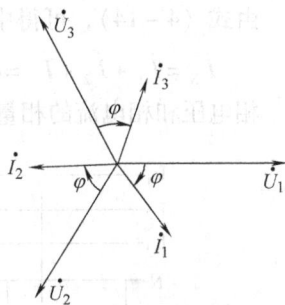

图4-8 星形联结对称负载的电压和电流相量图

一般情况下负载是不对称的，但由于有中性线，使负载的相电压与相应的电源相电压相等，因此负载的相电压仍然对称，但因负载不对称，所以相电流是不对称的，因此中性线电流也不再为零，可利用式（4-11）、式（4-14）分别计算各相电流和中性线电流。

例4-1 三相四线制电路中，已知电源线电压为380V，对称三相负载星形联结，每相负载的电阻为30Ω，感抗为40Ω。求各相电流。

解： 因负载对称，故只计算一相（例如 L_1 相）即可。

电源相电压

$$U_P = \frac{U_l}{\sqrt{3}} = \frac{380}{\sqrt{3}}V = 220V$$

若设 $\dot{U}_1$ 为参考相量，即 $\dot{U}_1 = 220\angle 0° V$，则

$$\dot{I}_1 = \frac{\dot{U}_1}{Z_1} = \frac{220\angle 0°}{30 + j40}A = 4.4\angle -53.1° A$$

利用对称性，可直接写出

$$\dot{I}_2 = 4.4\underline{/(-53.1° - 120°)}\ \text{A} = 4.4\underline{/-173.1°}\ \text{A}$$

$$\dot{I}_3 = 4.4\underline{/(-53.1° + 120°)}\ \text{A} = 4.4\underline{/66.9°}\ \text{A}$$

相电压和相电流的相量图如图 4-8 所示。

例 4-2 三相四线制照明负载（纯电阻）电路如图 4-9 所示，已知电源相电压为 220V，各相负载 $R_1 = 50\Omega$，$R_2 = 100\Omega$，$R_3 = 200\Omega$。试计算各相电流和中性线电流。

解： 电源电压对称，设 $\dot{U}_1$ 为参考相量，则

$$\dot{U}_1 = 220\underline{/0°}\ \text{V}, \quad \dot{U}_2 = 220\underline{/-120°}\ \text{V}, \quad \dot{U}_3 = 220\underline{/120°}\ \text{V}$$

负载不对称，根据式（4-11）计算各相电流为

$$\dot{I}_1 = \frac{\dot{U}_1}{Z_1} = \frac{220\underline{/0°}}{50}\text{A} = 4.4\underline{/0°}\ \text{A}$$

$$\dot{I}_2 = \frac{\dot{U}_2}{Z_2} = \frac{220\underline{/-120°}}{100}\text{A} = 2.2\underline{/-120°}\ \text{A}$$

$$\dot{I}_3 = \frac{\dot{U}_3}{Z_3} = \frac{220\underline{/120°}}{200}\text{A} = 1.1\underline{/120°}\ \text{A}$$

由式（4-14），可得中性线电流为

$$\dot{I}_N = \dot{I}_1 + \dot{I}_2 + \dot{I}_3 = 4.4\underline{/0°}\ \text{A} + 2.2\underline{/-120°}\ \text{A} + 1.1\underline{/120°}\ \text{A} = 2.9\underline{/-19.1°}\ \text{A}$$

相电压和相电流的相量图如图 4-10 所示。

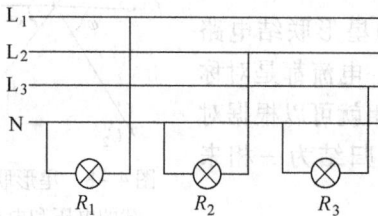

图 4-9 例 4-2 题图

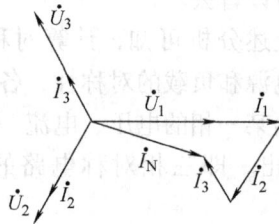

图 4-10 例 4-2 相量图

4.2.1.2 三相三线制

三相四线制电源去掉中性线后便成为三相三线制电源，这种供电方式称为三相三线制，如图 4-11 所示。

如果三相电路的负载为对称负载，由前面分析已知，对称负载作三相四线制星形联结时，其中性线电流为零，中性线上实际没有电流通过，所以中性线可以除去，构成三相三线制连接方式。这时电源中性点和负载中性点电位仍相同，每相负载相电压仍等于电源相电压，因此无论有无中性线都不影响三相对称负载正常工作。计算此类电路时，方法与三相四线制完全相同，即可归结为一相来计算，其他两相根据对称关系直接写出。

工农业生产中常用的三相异步电动机是三

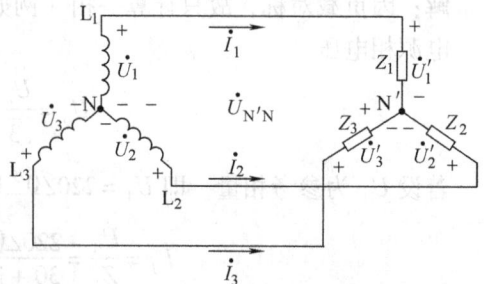

图 4-11 负载星形联结的三相三线制电路

相对称负载，因此三相三线制供电线路在动力用电中得到广泛应用。

图4-11所示三相三线制电路中，当负载不对称时，电源中性点和负载中性点的电位不再相等，即 N 点和 N′点之间将出现电位差，因而各相负载的相电压也不再保持对称关系。这势必引起有的负载两端的相电压高于负载额定电压，有的负载两端的相电压低于负载额定电压，致使负载不能正常工作甚至被损坏。下面以图4-12所示的照明灯泡情况为例加以说明。

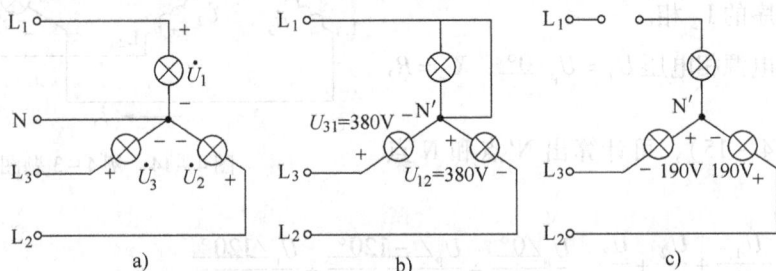

图4-12 负载不同连接方式时的电压分配情况

图4-12所示电路中，若已知三相对称电源的线电压为380V，各灯泡的额定电压为220V，功率为100W，则在图4-12a中，因为是三相四线制，各灯泡两端的电压为电源相电压220V，等于其额定电压，所以灯泡正常工作；在图4-12b中，因为是三相三线制，且 L_1 相负载短路，因此 L_2 相、L_3 相灯泡两端所加的电压为电源线电压380V，超过了额定电压而烧坏；在图4-12c中，仍然是三相三线制，但 L_1 相断路，因此 L_2 相、L_3 相灯泡串联接在电源的线电压上，此时每只灯泡的电压为190V，低于额定电压而亮度变暗。

图4-11所示电路实际上是一个复杂的交流电路，但它只有两个节点，因此采用节点电压法进行分析、计算最为方便。先求出 N′点和 N 点之间的电压，即

$$\dot{U}_{N'N} = \frac{\dfrac{\dot{U}_1}{Z_1} + \dfrac{\dot{U}_2}{Z_2} + \dfrac{\dot{U}_3}{Z_3}}{\dfrac{1}{Z_1} + \dfrac{1}{Z_2} + \dfrac{1}{Z_3}} \tag{4-15}$$

然后根据 KVL 求出负载各相电压，即

$$\dot{U}'_1 = \dot{U}_1 - \dot{U}_{N'N}, \quad \dot{U}'_2 = \dot{U}_2 - \dot{U}_{N'N}, \quad \dot{U}'_3 = \dot{U}_3 - \dot{U}_{N'N} \tag{4-16}$$

则负载各相电流为

$$\dot{I}_1 = \frac{\dot{U}'_1}{Z_1}, \quad \dot{I}_2 = \frac{\dot{U}'_2}{Z_2}, \quad \dot{I}_3 = \frac{\dot{U}'_3}{Z_3} \tag{4-17}$$

因为负载不对称，所以即使电源电压是对称的，式（4-15）中的电压也不可能等于零，如图4-13所示，中性点 N′和 N 的位置不重合，一般把这种现象叫中性点电位的位移。

由以上分析可看出，当三相负载不对称时，中性线绝对不能去掉，否则负载上的相电压会出现不对称现象。所以，中性线的作用就是保证星形联结的不对称负载的相电压对称。例如照明负载，必须采用三相四线制供电，为了保证不对称负载上的各相电压是对称的，实际应用中不允许中性线上接入开关和

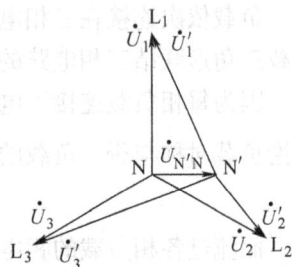

图4-13 中点电位位移

熔断器，以免断开。

例 4 – 3 图 4 – 14 所示电路可用来测定电源相序，称为相序指示器电路。一个电容器和两个灯泡接成星形联结，电容容抗与灯泡电阻相等。若设电容接在 L_1 相，试证：灯光较亮的灯泡接的是正序的 L_2 相。

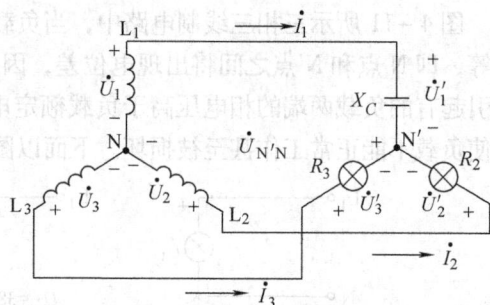

图 4 – 14 例 4 – 3 题图

证明： 设电源相电压 $\dot{U}_1 = U_p \angle 0°$，$X_C = R_2 = R_3 = R$。

根据式（4 – 15），可计算出 N′ 点和 N 点之间的电压为

$$\dot{U}_{N'N} = \frac{\dfrac{\dot{U}_1}{-jX_C} + \dfrac{\dot{U}_2}{R_2} + \dfrac{\dot{U}_3}{R_3}}{\dfrac{1}{-jX_C} + \dfrac{1}{R_2} + \dfrac{1}{R_3}} = \frac{\dfrac{U_p \angle 0°}{-jR} + \dfrac{U_p \angle -120°}{R} + \dfrac{U_p \angle 120°}{R}}{\dfrac{1}{-jR} + \dfrac{1}{R} + \dfrac{1}{R}} = (-0.2 + j0.6) U_p$$

各相负载的相电压为

$$\dot{U}'_1 = \dot{U}_1 - \dot{U}_{N'N} = U_p - (-0.2 + j0.6) U_p = 1.34 U_p \angle -26.6°$$

$$\dot{U}'_2 = \dot{U}_2 - \dot{U}_{N'N} = U_p \left(-\frac{1}{2} - j\frac{\sqrt{3}}{2} \right) - (-0.2 + j0.6) U_p = 1.49 U_p \angle -101.6°$$

$$\dot{U}'_3 = \dot{U}_3 - \dot{U}_{N'N} = U_p \left(-\frac{1}{2} + j\frac{\sqrt{3}}{2} \right) - (-0.2 + j0.6) U_p = 0.4 U_p \angle 138.4°$$

明显地，负载的相电压不再对称，因而各相电流不同，灯的亮度也不同。

负载各相电流的有效值分别为

$$I_1 = \frac{U'_1}{X_C} = \frac{1.34 U_p}{R}$$

$$I_2 = \frac{U'_2}{R_2} = \frac{1.49 U_p}{R}$$

$$I_3 = \frac{U'_3}{R_3} = \frac{0.4 U_p}{R}$$

由于 $I_2 > I_3$，所以 L_2 相灯较亮。

4.2.2 负载的三角形联结

负载依次连接在三相电源的两根相线之间，称为负载的三角形联结，如图 4 – 15a 所示。负载三角形联结三相电路的另一种常见画法如图 4 – 15b 所示。

因为每相负载连接于电源的两根相线之间，所以各相负载的相电压就是电源的线电压。无论负载对称与否，负载的相电压 $\dot{U}'_p$ 总是对称的，即

$$U'_p = U_l$$

而流过各相负载的相电流为 $\dot{I}_{12}$、$\dot{I}_{23}$、$\dot{I}_{31}$，规定相电流的正方向与相电压的极性一致，即 1 到 2，2 到 3，3 到 1，各相线中的线电流为 $\dot{I}_1$、$\dot{I}_2$、$\dot{I}_3$，其正方向仍规定从电源到负

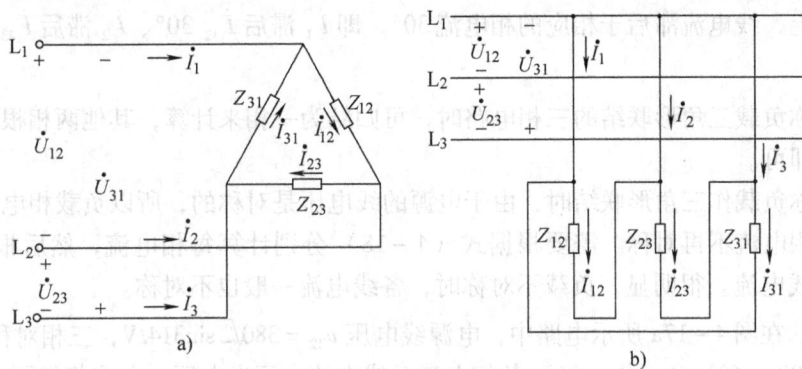

图 4-15　负载的三角形联结

载，如图 4-15 所示。

计算负载相电流的方法与单相电路一样，即相电流为

$$\dot{I}_{12} = \frac{\dot{U}_{12}}{Z_{12}}, \quad \dot{I}_{23} = \frac{\dot{U}_{23}}{Z_{23}}, \quad \dot{I}_{31} = \frac{\dot{U}_{31}}{Z_{31}} \tag{4-18}$$

各相电流的有效值分别为

$$I_{12} = \frac{U_{12}}{|Z_{12}|}, \quad I_{23} = \frac{U_{23}}{|Z_{23}|}, \quad I_{31} = \frac{U_{31}}{|Z_{31}|} \tag{4-19}$$

各相负载的电压与电流之间的相位差分别为

$$\varphi_{12} = \arctan \frac{X_{12}}{R_{12}}, \quad \varphi_{23} = \arctan \frac{X_{23}}{R_{23}}, \quad \varphi_{31} = \arctan \frac{X_{31}}{R_{31}} \tag{4-20}$$

如图 4-15 所示，根据 KCL，可知电路中的线电流为

$$\begin{cases} \dot{I}_1 = \dot{I}_{12} - \dot{I}_{31} \\ \dot{I}_2 = \dot{I}_{23} - \dot{I}_{12} \\ \dot{I}_3 = \dot{I}_{31} - \dot{I}_{23} \end{cases} \tag{4-21}$$

如果三角形联结的负载为对称负载，由于电源电压对称，则由式（4-18）可知相电流必然是对称的。设负载为感性负载，阻抗角为 φ，根据式（4-18）、式（4-21）可作出负载相电压（即电源线电压）、相电流、线电流的相量图，如图 4-16 所示。

由此相量图中，可以得到

$$\dot{I}_1 = \sqrt{3} \dot{I}_{12} \angle -30°$$

$$\dot{I}_2 = \sqrt{3} \dot{I}_{23} \angle -30°$$

$$\dot{I}_3 = \sqrt{3} \dot{I}_{31} \angle -30°$$

因此，对称负载三角形联结时，线电流也是对称的，且线电流的有效值等于相电流的 $\sqrt{3}$ 倍，即

$$I_l = \sqrt{3} I_p \tag{4-22}$$

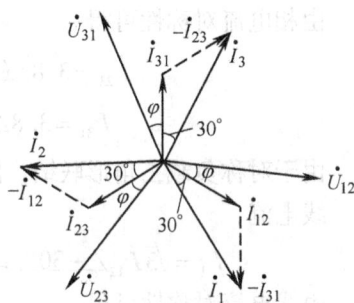

图 4-16　三角形联结对称
负载的电压和电流相量图

在相位上，线电流滞后于相应的相电流$30°$，即$\dot{I}_1$滞后$\dot{I}_{12}$ $30°$、$\dot{I}_2$滞后$\dot{I}_{23}$ $30°$、$\dot{I}_3$滞后$\dot{I}_{31}$ $30°$。

计算对称负载三角形联结的三相电路时，可归结为一相来计算，其他两相根据对称关系直接推算出即可。

当不对称负载作三角形联结时，由于电源的线电压是对称的，所以负载相电压总是对称的，但此时相电流不再对称。需要根据式（4-18）分别计算每相电流，然后根据式（4-21）计算各线电流。很明显，负载不对称时，各线电流一般也不对称。

例4-4 在图4-17a所示电路中，电源线电压$u_{12} = 380\sqrt{2}\sin 314t\,\mathrm{V}$，三相对称负载$Z_{12} = Z_{23} = Z_{31} = (80 + j60)\,\Omega$。求：（1）各相电流及线电流，画出电压、电流相量图；（2）负载Z_{31}断开时的各相电流及线电流，画出电压、电流相量图。

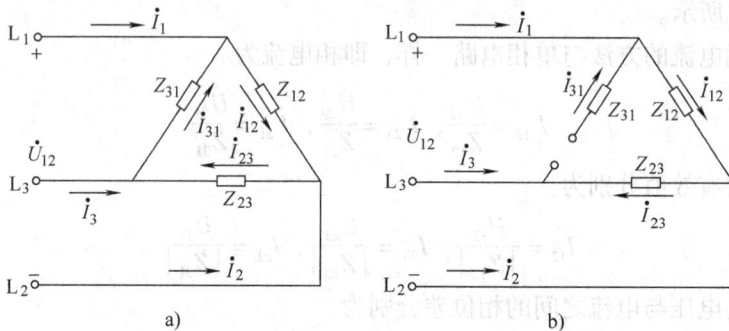

图4-17 例4-4题图

解：（1）图4-17a所示电路中，由于负载对称，因此只需计算一相电流即可，其余各相电流、线电流可由对称性及相电流、线电流的关系直接推出。

相电流

$$\dot{I}_{12} = \frac{\dot{U}_{12}}{Z_{12}} = \frac{380\angle 0°}{80 + j60}\mathrm{A} = \frac{380\angle 0°}{100\angle 36.9°}\mathrm{A} = 3.8\angle -36.9°\,\mathrm{A}$$

由相电流对称性可得

$$\dot{I}_{23} = 3.8\angle(-36.9° - 120°)\,\mathrm{A} = 3.8\angle -156.9°\,\mathrm{A}$$

$$\dot{I}_{31} = 3.8\angle(-36.9° + 120°)\,\mathrm{A} = 3.8\angle 83.1°\,\mathrm{A}$$

由于对称负载三角形联结，因此线电流$I_l = \sqrt{3}I_p$，且相位上滞后相应的相电流$30°$，则：

线电流

$$\dot{I}_1 = \sqrt{3}\dot{I}_{12}\angle -30° = 3.8\sqrt{3}\angle(-36.9° - 30°)\,\mathrm{A} = 6.58\angle -66.9°\,\mathrm{A}$$

由线电流对称性可得

$$\dot{I}_2 = 6.58\angle(-66.9° - 120°)\,\mathrm{A} = 6.58\angle -186.9°\,\mathrm{A} = 6.58\angle 173.1°\,\mathrm{A}$$

$$\dot{I}_3 = 6.58\angle(-66.9° + 120°)\,\mathrm{A} = 6.58\angle 53.1°\,\mathrm{A}$$

电压、电流相量图如图4-18a所示。

（2）负载Z_{31}断开时，电路如图4-17b所示，此时负载不对称。

负载Z_{31}上电流为零，而负载Z_{12}、负载Z_{23}上电流没有改变，即

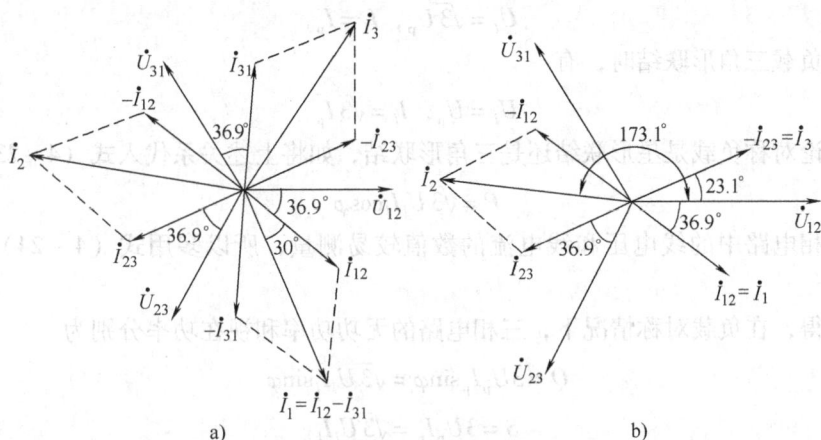

a)　　　　　　　　　　　b)

图 4 - 18　电压、电流相量图

$$\dot{I}_{12} = 3.8\angle -36.9° \text{ A}$$

$$\dot{I}_{23} = 3.8\angle -156.9° \text{ A}$$

$$\dot{I}_{31} = 0 \text{A}$$

根据式（4 - 21），可得各线电流为

$$\dot{I}_1 = \dot{I}_{12} - \dot{I}_{31} = 3.8\angle -36.9° \text{ A}$$

$$\dot{I}_2 = \dot{I}_{23} - \dot{I}_{12} = 3.8\angle -156.9° \text{ A} - 3.8\angle -36.9° \text{ A} = 6.58\angle 173.1° \text{ A}$$

$$\dot{I}_3 = \dot{I}_{31} - \dot{I}_{23} = -3.8\angle -156.9° \text{ A} = 3.8\angle 23.1° \text{ A}$$

电压、电流相量图如图 4 - 18b 所示。

综上所述，三相负载既可以连接成星形也可以连接成三角形，究竟如何连接，应根据负载的额定电压和电源电压的数值而定，务使每相负载所承受的电压等于其额定电压。

4.3　三相电路的功率

单相电路中计算有功功率的公式为

$$P = UI\cos\varphi$$

三相电路中，三相负载所吸收的总有功功率应等于各相负载所吸收的有功功率之和。

负载星形联结时

$$P = P_1 + P_2 + P_3 = U_1 I_1 \cos\varphi_1 + U_2 I_2 \cos\varphi_2 + U_3 I_3 \cos\varphi_3$$

负载三角形联结时

$$P = P_{12} + P_{23} + P_{31} = U_{12} I_{12} \cos\varphi_{12} + U_{23} I_{23} \cos\varphi_{23} + U_{31} I_{31} \cos\varphi_{31}$$

当三相负载对称时，不论负载星形联结还是三角形联结，各相负载的电压相等、电流相等，相电压与相电流的相位差也相同，故各相负载所吸收的功率必相等。因此，三相电路的功率等于 3 倍的单相功率，即

$$P = 3P_p = 3U_p I_p \cos\varphi \tag{4 - 23}$$

当对称负载星形联结时，有

$$U_l = \sqrt{3}\, U_p, \ I_l = I_p$$

当对称负载三角形联结时，有

$$U_l = U_p, \ I_l = \sqrt{3}\, I_p$$

因此不论对称负载是星形联结还是三角形联结，如将上述关系代入式（4-23），均有

$$P = \sqrt{3}\, U_l I_l \cos\varphi \qquad\qquad (4-24)$$

通常三相电路中的线电压和线电流的数值较易测量，所以多用式（4-24）计算三相功率。

同理可得，在负载对称情况下，三相电路的无功功率和视在功率分别为

$$Q = 3U_p I_p \sin\varphi = \sqrt{3}\, U_l I_l \sin\varphi \qquad\qquad (4-25)$$

$$S = 3U_p I_p = \sqrt{3}\, U_l I_l \qquad\qquad (4-26)$$

使用式（4-24）～式（4-26）计算三相对称电路功率时，应注意式中的 U_l、I_l 是线电压、线电流的有效值，而 φ 则是相电压与相电流的相位差，即每相负载的阻抗角。

当三相负载不对称时，不能使用以上几个公式来计算功率，而应分别计算各相功率，三相的总功率等于三个单相功率之和，即

$$\begin{cases} P = P_1 + P_2 + P_3 \\ Q = Q_1 + Q_2 + Q_3 \\ S = \sqrt{P^2 + Q^2} \end{cases} \qquad\qquad (4-27)$$

式（4-27）中，各有功功率都是正值，而无功功率对感性负载为正值，对容性负载为负值。必须注意，三相总视在功率在一般情况下不等于各相视在功率之和。

例 4-5　三相对称负载接入线电压为 380V 的三相电源，每相负载的电阻 $R = 6\Omega$，感抗 $X_L = 8\Omega$。求负载在星形联结和三角形联结两种情况下，电路的有功功率。

解： 三相电源线电压 U_l 为 380V，则相电压 U_p 为 220V。

每相负载阻抗为

$$|Z| = \sqrt{R^2 + X_L^2} = \sqrt{6^2 + 8^2}\,\Omega = 10\Omega$$

负载的功率因数为

$$\cos\varphi = \frac{R}{|Z|} = \frac{6}{10} = 0.6$$

负载星形联结时，线电流等于相电流，即

$$I_l = I_p = \frac{U_p}{|Z|} = \frac{220}{10}A = 22A$$

三相总有功功率为

$$P = \sqrt{3}\, U_l I_l \cos\varphi = \sqrt{3} \times 380 \times 22 \times 0.6\,W = 8.7kW$$

负载三角形联结时，负载相电压为电源线电压，即 $U_p' = U_l = 380V$，此时线电流为

$$I_l = \sqrt{3}\, I_p = \sqrt{3}\,\frac{U_p'}{|Z|} = \sqrt{3} \times \frac{380}{10}A = 66A$$

三相总有功功率为

$$P = \sqrt{3}\, U_l I_l \cos\varphi = \sqrt{3} \times 380 \times 66 \times 0.6\,W = 26kW$$

上述结果表明，当三相电源的线电压不变，负载阻抗不变的条件下，负载三角形联结时的相电压为星形联结时相电压的 $\sqrt{3}$ 倍，而三角形联结时所消耗的功率为星形联结时的 3 倍。所以，若本应连接成星形的负载误接成三角形，则负载会因功率和电流过大而烧坏。

小　结

1）对称的三相电动势的瞬时值之和或相量之和为零，此结论也适用于对称的三相电流、对称的三相电压。

2）三相四线制电源可以为负载提供两种电压，即相电压和线电压，线电压是相电压的 $\sqrt{3}$ 倍。

3）对称负载是指各相负载的复阻抗相等。三相对称负载电路的计算可归结为一相来计算，其他两相可根据对称关系确定。

4）三相四线制电路中的中性线可以保证负载的相电压等于电源的相电压。在不对称负载情况下，中性线不可去掉，并且不能接入熔断器或开关，以免发生事故。

5）对称负载，不论是星形联结还是三角形联结，三相有功功率均可按下式计算：

$$P = \sqrt{3}\,U_l I_l \cos\varphi$$

6）三相负载不同连接方式下常用的计算公式见表 4-1。

表 4-1　三相电路计算公式

项　目		电路类型	三相负载星形联结	三相负载三角形联结
对称负载		U_l 与 U_p 关系	$U_l = \sqrt{3}\,U_p$	$U_l = U_p$
		I_l 与 I_p 关系	$I_l = I_p,(I_N = 0)$	$I_l = \sqrt{3}\,I_p$
		$P(\mathrm{W,kW})$	$P = \sqrt{3}\,U_l I_l \cos\varphi$	$P = \sqrt{3}\,U_l I_l \cos\varphi$
		$Q(\mathrm{var,kvar})$	$Q = \sqrt{3}\,U_l I_l \sin\varphi$	$Q = \sqrt{3}\,U_l I_l \sin\varphi$
		$S(\mathrm{V\cdot A,kV\cdot A})$	$S = \sqrt{3}\,U_l I_l$	$S = \sqrt{3}\,U_l I_l$
不对称负载	三相四线制	U_l 与 U_p 关系	$U_l = \sqrt{3}\,U_p$	
		I_p 计算公式	$\dot{I}_1 = \dfrac{\dot{U}_1}{Z_1},\dot{I}_2 = \dfrac{\dot{U}_2}{Z_2},\dot{I}_3 = \dfrac{\dot{U}_3}{Z_3}$	
		I_l 与 I_p 关系	$I_l = I_p$	
		I_N 计算公式	$\dot{I}_N = \dot{I}_1 + \dot{I}_2 + \dot{I}_3 \neq 0$	

（续）

项 目		电路类型	三相负载星形联结	三相负载三角形联结
不对称负载	三相三线制	负载相电压 U'_p	三相负载的相电压 U'_p 不对称	三相负载的相电压对称 $U_l = U'_p$
		中性点电压计算公式	$\dot{U}_{N'N} = \dfrac{\dfrac{\dot{U}_1}{Z_1} + \dfrac{\dot{U}_2}{Z_2} + \dfrac{\dot{U}_3}{Z_3}}{\dfrac{1}{Z_1} + \dfrac{1}{Z_2} + \dfrac{1}{Z_3}}$	
		I_p 计算公式	$\dot{I}_1 = \dfrac{\dot{U}_1 - \dot{U}_{N'N}}{Z_1}, \dot{I}_2 = \dfrac{\dot{U}_2 - \dot{U}_{N'N}}{Z_2}$ $\dot{I}_3 = \dfrac{\dot{U}_3 - \dot{U}_{N'N}}{Z_3}$	$\dot{I}_{12} = \dfrac{\dot{U}_{12}}{Z_{12}}, \dot{I}_{23} = \dfrac{\dot{U}_{23}}{Z_{23}}$ $\dot{I}_{31} = \dfrac{\dot{U}_{31}}{Z_{31}}$
		I_l 与 I_p 关系	$I_l = I_p$	$\dot{I}_1 = \dot{I}_{12} - \dot{I}_{31}, \dot{I}_2 = \dot{I}_{23} - \dot{I}_{12}$ $\dot{I}_3 = \dot{I}_{31} - \dot{I}_{23}$

习 题

4-1 图 4-19 所示三相电路中，已知电源线电压 $U_l = 380$V，$R = X_L = X_C = 22\Omega$。（1）三相负载是否为对称负载？（2）求各相电流及中性线电流；（3）画出相量图；（4）如果中性线电流方向选得与图上相反，则结果有何不同？用相量图说明。

4-2 图 4-20 所示三相电路中，已知电源线电压 $U_l = 380$V，$R_1 = R_2 = R_3 = R = 22\Omega$，$X_C = 38\Omega$。（1）求各线电流；（2）画相量图。

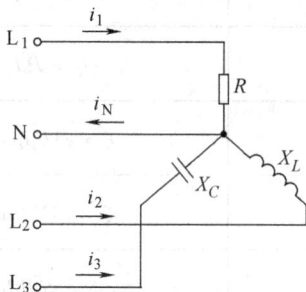

图 4-19 题 4-1 图

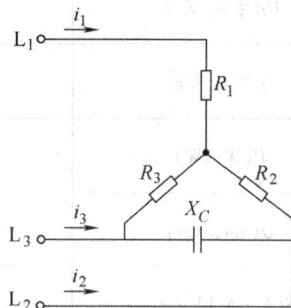

图 4-20 题 4-2 图

4-3 图 4-21 所示三相电路中，已知 $R_1 = 20\Omega$，$R_2 = R_3 = 16\Omega$，$X_L = X_C = 12\Omega$。现接于线电压为 380V 的三相四线制电源上。（1）求各线电流、中性线电流、电路总的有功功率及无功功率；（2）若 L_1 线断开，求各线电流及中性线电流；（3）若 L_3 线断开，求各线电流及中性线电流；（4）若 L_1 线及中性线均断开，求各线电流；（5）若中性线断开，求各线电流。

4-4 图 4-22 所示三相电路中，电路参数同 4-3 题，已知 $u_{12} = 380\sqrt{2}\sin(324t + 30°)$ V。求：（1）各相电流及线电流；（2）电路总的有功功率、无功功率及视在功率。

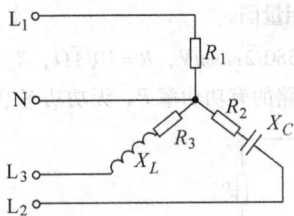

图 4-21 题 4-3 图

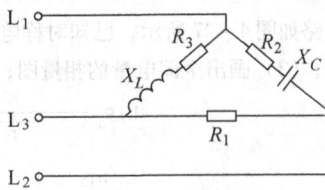

图 4-22 题 4-4 图

4-5 图 4-23 所示电路为对称负载三角形联结，三个电流表读数均为 38A。求：（1）L_1 线断时，各表读数；（2）L_1、L_2 相断时，各表读数；（3）若正常工作时测得三相总功率 $P = 21.66kW$，电源线电压为 380V，求每相电阻及电抗值。

4-6 图 4-24 为三相对称负载，测得 $U = 380V$，$I = 22A$，又知三相总功率 $P = 7260W$。试求：（1）每相负载的电阻、电抗、阻抗和功率因数；（2）如果 L_1 相负载被短路，此时电流表的读数和三相总功率将变为多少？对负载有何影响？

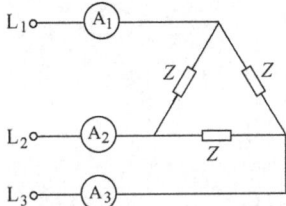

图 4-23 题 4-5 图

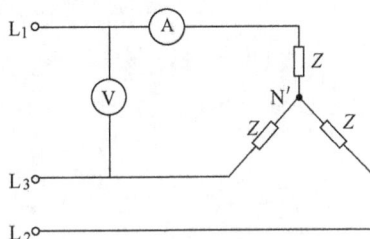

图 4-24 题 4-6 图

4-7 图 4-25 所示三相电路参数如下：$u_{12} = 380\sqrt{2}\sin\omega t V$，$R = X_L = X_C = 38\Omega$。求：（1）线电流 i_1、i_2、i_3 的瞬时值表达式；（2）画出各电压、电流的相量图。

4-8 图 4-26 所示为一个三相对称电路，已知三相对称电源 $\dot{U}_{12} = 380\angle 0° V$，一组为纯电阻负载，$R = 10\Omega$；另一组为感性负载，其总有功功率为 $P_{2组} = 5.69kW$，$\cos\varphi_p = 0.866$。试求：（1）线电流 $\dot{I}_l$ 的值；（2）画全部电压与电流的相量图。

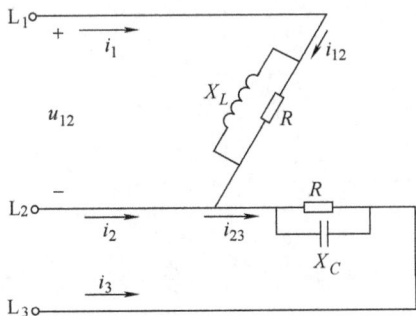

图 4-25 题 4-7 图

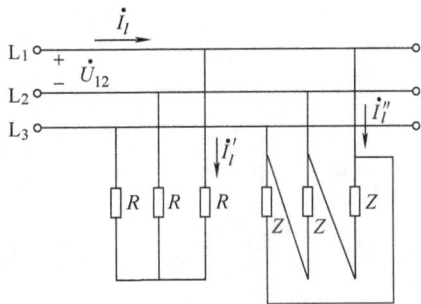

图 4-26 题 4-8 图

4-9 若要在一个线电压为 380V 的三相四线制电源上同时接照明负载和动力负载，已知照明负载是白炽灯共 30 盏，每盏灯的额定电压为 220V，额定功率为 100W；动力负载是一台星形联结的电动机，其额定电压为 380V，输出机械功率为 7.5kW，效率（输出机械功率与输入电功率之比）为 0.833，功率因数为 0.855；另一个动力负载是三角形联结的三相电阻炉，额定电压为 380V，其功率为 6kW。（1）画出接线图；（2）分别算出三种负载从电源取用的电流；（3）算出电源供给的总有功功率、总无功功率及总视在功率；

（4）求出电源供给的总电流；（5）画出全部电压、电流的相量图。

4-10 三相电路如图4-27所示，已知对称电源 $u_{12} = 380\sqrt{2}\sin\omega t\text{V}$，$R = 10\sqrt{3}\,\Omega$，$X_L = X_C = 10\Omega$。试求：（1）电流 i_1、i_2、i_3；（2）画出全部电量的相量图；（3）电路的有功功率 P、无功功率 Q 及视在功率 S。

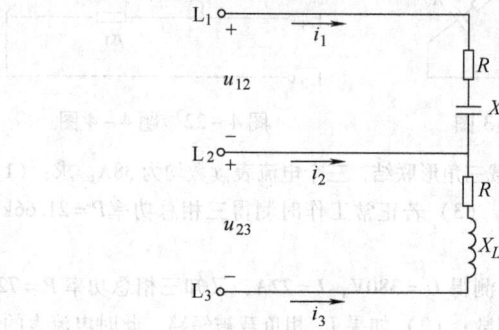

图 4-27 题 4-10 图

第5章 磁路和变压器

在工农业生产和科学实验中常用的一些电工设备或检测装置，如变压器、电动机、电磁铁、磁电或电磁系仪表等，它们的工作基础都是电磁感应，是利用电与磁的相互作用来实现能量的传输和转换的。在这些电气设备中既有电流流经的电路，也有磁通穿过的磁路，二者之间存在联系，因此这类电气设备的工作原理依托电路和磁路的基本理论。

本章首先介绍磁路的基本概念和基本定律，并进行简单磁路的分析与计算，然后再分析变压器的工作原理和运行特性，最后简要介绍一些特殊变压器。

5.1 磁路及其基本定律

5.1.1 磁路的基本概念

所谓磁路（magnetic circuit），就是集中磁通的闭合路径。如图 5-1 所示，为了在电磁设备中产生较强的磁场并把磁场集中在一定的路径内，往往把产生磁场的电流线圈套在由铁磁材料（例如硅钢片）构成的铁心（iron core）上，铁心形成闭合回路（包含一些窄的气隙），由于它具有高导磁性，能使磁场大大加强，且把绝大部分磁感应线集中到铁心内，这样的路径即为磁路。

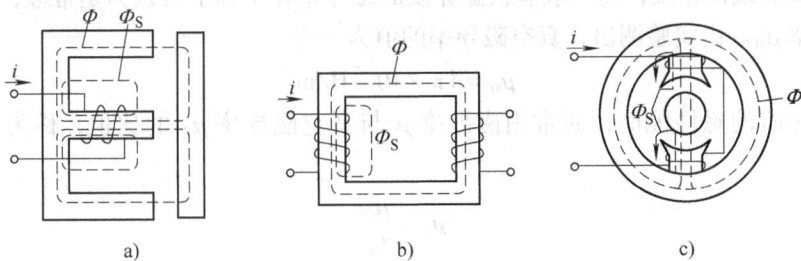

图 5-1 磁路
a）电磁铁　b）变压器　c）电机

图 5-1 中，套在铁心柱外的是线圈（coil）。线圈是电路，铁心是磁路。线圈中通入电流就能激励出磁场，磁场中的磁感应线主要集中在铁心所构成的磁路内。磁路以外只有很少量的漏磁感应线。

5.1.2 磁路中的基本物理量

因为磁路也可以说是封闭在一定范围里的磁场，所以描述磁场的物理量也适用于磁路。

5.1.2.1 磁感应强度

由物理学得知：表示磁场中某点的磁场强弱和方向的物理量是磁感应强度，它是一个矢量，用符号 **B** 表示。磁感应强度的方向与产生磁场的电流（称为励磁电流）的方向有关，可用右手螺旋定则来确定。

如果磁场内各点的磁感应强度大小相等，方向相同，则这样的磁场称为均匀磁场。

在国际单位制中，磁感应强度的单位为特斯拉（T）；在工程应用中，有时采用电磁单位制，则磁感应强度的单位为高斯（Gs）。两种单位制的对应单位之间的换算关系如下：

$$1\,\text{T} = 10^4\,\text{Gs}$$

5.1.2.2 磁通

在均匀磁场中，磁感应强度 B 与垂直于磁场方向的面积 S 的乘积，称为通过该面积的磁通，用符号 $\varPhi$ 表示，即

$$\varPhi = BS \quad \text{或} \quad B = \frac{\varPhi}{S} \tag{5-1}$$

如果不是均匀磁场，为计算方便起见，通常磁感应强度 B 取平均值。

在国际单位制中，当 B 的单位为 T、S 的单位为 m^2 时，磁通的单位是韦伯（Wb）。工程中，由于韦伯等单位太大，有时仍采用电磁单位制，即磁通 $\varPhi$ 的单位为麦克斯韦（Mx）。两种单位制的对应单位之间的换算关系如下：

$$1\,\text{Wb} = 10^8\,\text{Mx}$$

由式（5-1）可见，磁感应强度在数值上可以看成是与磁场方向相垂直的单位面积所通过的磁通，因此磁感应强度又称为磁通密度，其单位 T 也可记作 Wb/m^2。

5.1.2.3 磁导率

磁导率 μ 是表征磁场媒介的磁性的一个物理量，用来衡量物质的导磁性能。磁导率的单位是亨每米（H/m）。

不同介质的磁导率相差很大。磁导率 μ 为常量的介质称为线性介质。铁磁物质的磁导率不是常量，属非线性介质；而一般非铁磁介质的磁导率在工程上可认为是常数，它近似等于真空的磁导率 μ_0。由实验测出，真空磁导率的值为

$$\mu_0 = 4\pi \times 10^{-7}\,\text{H/m}$$

在说明介质的磁性能时，通常用磁导率 μ 与真空磁导率 μ_0 的比值，称为相对磁导率 μ_{r}，即

$$\mu_{\text{r}} = \frac{\mu}{\mu_0} \tag{5-2}$$

5.1.2.4 磁场强度

磁场强度是进行磁场计算时引入的一个物理量，也是一个矢量，用符号 $\boldsymbol{H}$ 表示，它与磁感应强度之间的关系为

$$H = \frac{B}{\mu} \quad \text{或} \quad B = \mu H \tag{5-3}$$

在磁场中，磁场强度和电流的关系遵循安培环路定律（又称全电流定律），即磁场中磁场强度矢量 $\boldsymbol{H}$ 沿任何闭合曲线 l 的线积分，等于穿过该闭合曲线所包围曲面的电流代数和，其数学表达式为

$$\oint \boldsymbol{H}\,\mathrm{d}l = \sum I \tag{5-4}$$

式（5-4）中右项电流正方向与闭合曲线的绕行方向符合右手螺旋法则时为正；反之则取负号。

如果穿过闭合曲线所包面积是 N 匝线圈，如图 5-2 所示，则取磁感应线作为闭合回线，其方向作为回线的绕行方向时，安培环路定律变为

$$\oint H \mathrm{d}l = NI \qquad (5-5)$$

对于图 5-2 所示的环形螺线管磁路，其中线圈均匀密绕，线圈内磁介质性质均匀，于是有

$$\oint H \mathrm{d}l = Hl$$

式中，l 为磁路的平均长度，$l = 2\pi r$。

因此安培环路定律可表示为

$$Hl = NI \qquad (5-6)$$

图 5-2　环形螺线管磁路

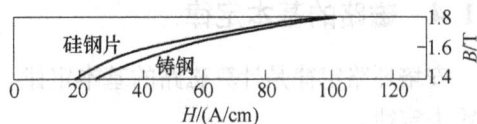

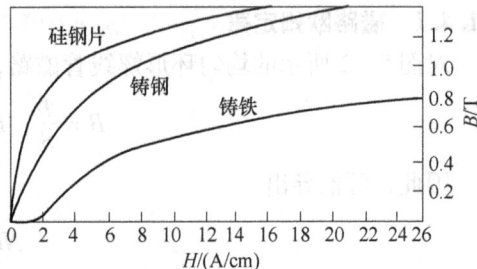

线圈匝数 N 与电流 I 的乘积称为磁动势 F_m，即 $F_\mathrm{m} = NI$，磁通就是由它产生的，则磁场强度可表示为

$$H = \frac{NI}{l} = \frac{F_\mathrm{m}}{l} \qquad (5-7)$$

在国际单位制中，磁场强度的单位为安每米（A/m）；在电磁单位制中，磁场强度的单位是奥斯特（Oe）。以上两种单位制的对应单位之间的换算关系如下：

$$1\mathrm{A/m} = 4\pi \times 10^{-3} \mathrm{Oe}$$

5.1.3　铁磁材料的磁性能

为产生较高的磁感应强度并使磁场主要集中在规定的路径内，需要用导磁性能较好的材料来制作磁路。铁、镍、钴及其合金以及铁氧体等材料的磁导率很高，导磁性能好，因此被称为铁磁材料，是电工设备中构成磁路的主要材料。

5.1.3.1　磁饱和性及磁化曲线

铁磁材料具有强磁化性，即把铁磁材料放在磁场强度为 H 的磁场内时，铁磁材料会被磁化，铁磁物质内部产生了一个与外磁场同方向的很强的磁化磁场。铁磁材料的这一性能被广泛地应用于电工设备中，如电动机、变压器中的线圈都绕在用铁磁材料做成的铁心上，当线圈中通入不大的励磁电流时，铁心中就会产生具有足够大磁通和磁感应强度的磁场。

铁磁材料由于磁化所产生的磁化磁场不会随外磁场的增加而无限增强。当外磁场 H（或励磁电流）增大到一定值时，磁化磁场的磁感应强度 B 达到饱和。

铁磁材料的 B、H 之间关系没有准确的数学表达式，只能用 B—H 曲线来描述，这条曲线称为磁化曲线。图 5-3 是用实验方法在铁磁材料反复磁化的情况下得到的曲线，称为基本磁化曲线，它表明了铁磁材料在磁化时有磁饱和现象。

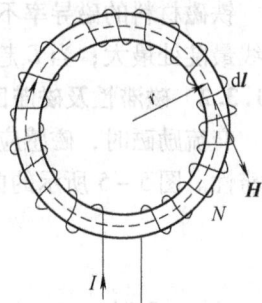

图 5-3　磁化曲线

铁磁材料的磁导率不是常数，μ 与 H 的关系如图 5-4 所示。μ 的值开始很小；在 B—H 曲线最陡处最大；当 B 趋于饱和时 μ 又变小。

5.1.3.2 磁滞性及磁滞回线

交流励磁时，磁感应强度 B 总是滞后于磁场强度 H 的变化，这种现象称为磁性材料的磁滞性。图 5-5 所示的曲线描述了这种特性，称为磁滞回线。

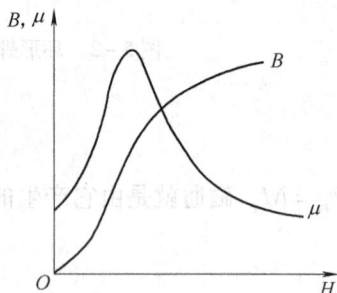

图 5-4 μ—H 曲线和 B—H 曲线　　　　图 5-5 磁滞回线

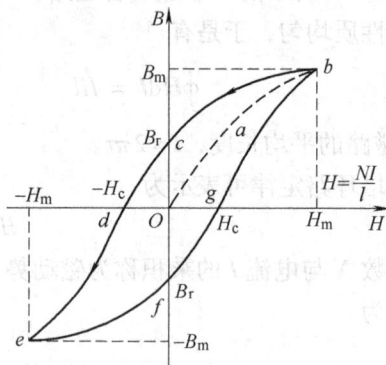

实验证明，当铁磁材料中的 B 和 H 做周期性的往复变化时，B 和 H 的关系不是如图 5-3 所示的单值变化关系，而是如图 5-5 所示的多值变化关系。当磁场强度由 H_m 减小到零时，磁感应强度并不减小到零，而是等于 B_r，B_r 称为剩余磁感应强度，简称剩磁。若要去掉剩磁，使 $B=0$，就必须在相反方向上加外磁场，即施加反向磁场强度 H_c，H_c 称为矫顽力。继续增加反向 H 达到 $-H_m$ 时，B 才等于 $-B_m$。如此往复变化，这种 B 滞后于 H 变化的现象即为磁滞现象，而 $B-H$ 曲线所围成的回线即为磁滞回线。

根据磁滞性的不同，铁磁材料可分为软磁材料和永磁材料两类。软磁材料的磁滞回线较窄，剩磁和矫顽力都较小。例如，硅钢、铸钢及坡莫合金等都属于软磁材料，是制造电动机和变压器等电工设备铁心的良好材料。永磁材料的特点是磁滞回线较宽，剩磁和矫顽力都较大，需要较强的外磁场才能被磁化，但去掉外磁场后磁性不易消失。例如，碳钢、钴钢及铝镍钴合金等都属于永磁性材料，适用于制造永久磁铁等永磁器件。

5.1.4 磁路的基本定律

安培环路定律是计算磁路的基本定律。根据安培环路定律可以导出磁路的欧姆定律和基尔霍夫定律。

5.1.4.1 磁路欧姆定律

对图 5-2 所示的均匀环形螺线管磁路，由式（5-1）、式（5-3）、式（5-6）可知

$$B = \frac{\Phi}{S}, \ H = \frac{B}{\mu}, \ Hl = NI$$

因此，可推导出

$$NI = \Phi \frac{l}{\mu S}$$

令 $R_m = l/\mu S$，而 $F_m = NI$，则

$$\Phi = \frac{F_m}{R_m} \qquad (5-8)$$

式（5-8）与电路欧姆定律的形式相同，因此称为磁路欧姆定律。式中，F_m 为磁动势，而 R_m 称为磁阻，表示磁路的材料对磁通的阻碍作用。

由于一般电气设备的磁路都是由铁磁材料制成的，而铁磁材料的磁导率不是常数，所以磁阻 R_m 是非线性的。因此磁路欧姆定律一般只适用于对磁路进行定性分析，而不能像电路欧姆定律那样能够进行定量计算。

5.1.4.2 磁路的基尔霍夫第一定律

图 5-6 所示电磁铁结构是一个典型的有分支磁路。图中，中间的铁心截面积 S_1 较大，通电流的线圈（又称励磁线圈）匝数为 N，套在中间铁心柱上。两边为磁分路，截面积为 S_2。上部铁心不能移动，称为静铁心（定铁心）。下部为可移动的动铁心（衔铁），其截面积为 S_3，与静铁心之间的距离为 δ。

忽略漏磁，根据磁通连续性原理，在磁路分支处应满足

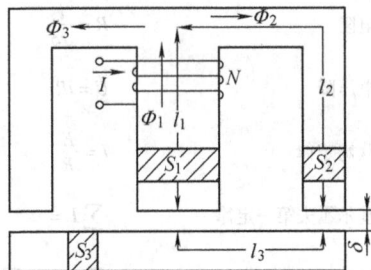

图 5-6 有分支磁路

$$\Phi_1 = \Phi_2 + \Phi_3$$

其一般化公式为

$$\sum \Phi = 0 \qquad (5-9)$$

式（5-9）所表示的磁路中磁通的关系称为磁路的基尔霍夫第一定律。它表明在磁路的任一分支处的磁通的代数和恒等于零。

5.1.4.3 磁路的基尔霍夫第二定律

图 5-6 所示磁路的右边回路中，磁路由几段组成，每段的平均长度为 l_1、l_2、l_3 和 l_0，其中 $l_0 = 2\delta$ 为气隙磁路平均长度。在工程计算时，常略去漏磁通不计，认为磁通全部在铁心和气隙组成的磁路内闭合，各段磁通的值不变，截面积不变，故 B 和 H 也不变，它们分别为：B_1、B_2、B_3 和 B_0；H_1、H_2、H_3 和 H_0。对此回路应用安培环路定律，可得

$$H_1 l_1 + H_2 l_2 + H_3 l_3 + H_0 l_0 = NI$$

上式等号左边为磁路内各段磁压降之和，而等号右边则为磁动势。其一般表达式可写成

$$\sum (Hl) = \sum (NI) \qquad (5-10)$$

式（5-10）就是磁路的基尔霍夫第二定律。它表明在闭合的磁回路内各磁压降的代数和等于磁动势的代数和。在式（5-10）中，顺着回路方向的磁压降取正号，反之取负号；与回路绕行方向成右手螺旋关系的磁动势取正号，反之取负号。

5.1.5 简单磁路的计算

5.1.5.1 磁路与电路的对偶关系

磁路与电路一样，也可分为直流磁路和交流磁路。励磁线圈中通入直流电流的磁路为直流磁路，通入交流电流的磁路为交流磁路。磁路和电路的物理量及其基本定律有相似之处，可以用类比方法列出电路和磁路的对偶关系，见表 5-1。

表 5 - 1　磁路与电路的对比

电　路		磁　路	
电流	I	磁通	Φ
电动势	E	磁动势	$F_m = NI$
电导率	σ	磁导率	μ
电阻	$R = \dfrac{l}{\sigma S}$	磁阻	$R_m = \dfrac{1}{\mu S}$
电压降	$U = IR$	磁压降	$Hl = \Phi R_m$
欧姆定律	$I = \dfrac{E}{R}$	磁路欧姆定律	$\Phi = \dfrac{F_m}{R_m}$
基尔霍夫第一定律	$\sum I = 0$	基尔霍夫第一定律	$\sum \Phi = 0$
基尔霍夫第二定律	$\sum IR = \sum E$	基尔霍夫第二定律	$\sum Hl = \sum NI$

　　应该指出，磁路虽然与电路具有对偶关系，但绝不意味着两者的物理本质相同。例如电路如果开路，虽有电动势也不会有电流，而在磁路中，即使存在着空气隙，只要有磁动势必然有磁通。在电路中直流电流通过电阻时要消耗能量，而在磁路中，恒定磁通通过磁阻时并不消耗能量。

5.1.5.2　简单磁路计算步骤

　　磁路的计算和电路计算有所不同。在电路中电阻是常数，而在磁路中，磁阻不是常数。因此磁路欧姆定律一般不能直接用于磁路的定量计算，只能用于定性分析。在进行磁路计算时，例如计算图 5 - 6 所示的简单磁路，可以应用磁路的基尔霍夫第二定律，即式（5 - 10），并配合 B—H 磁化曲线，才能完成计算工作。

　　当磁路尺寸和磁化曲线已定时，若已知磁通 Φ，需要求出磁动势 $F_m = NI$，则可按下述步骤去进行：

　　1）根据磁通 Φ 和截面积 S 计算各段磁感应强度
$$B_1 = \Phi/S_1, \ B_2 = \Phi/S_2, \ B_0 = \Phi/S_0$$
　　2）根据 B—H 磁化曲线，用 B_1 和 B_2 查出对应的磁场强度 H_1 和 H_2；对于气隙或非铁磁材料磁路部分，可依公式 $H_0 = B_0/\mu_0$，计算出 H_0。

　　3）计算各段磁路的磁压降 Hl。

　　4）应用公式 $\sum Hl = NI$，求出磁动势 $F_m = NI$ 和励磁电流 I。

　　如果这个磁路的计算问题是给定磁动势 $F_m = NI$，需要求出磁通 Φ，则计算工作比较复杂。因为根据式（5 - 10），一个方程式解不出几个未知磁场强度 H。一般采用试探法。先假定一个磁通 Φ'（不要使 B 过小或过饱和），依前面所述的步骤算出一个 F'_m；如 $F'_m < F_m$，则可根据情况再假定大些的磁通 Φ''，再算出 F''_m；经过几次试探之后，便可以算出接近给定的 F_m。

例 5 – 1 图 5 – 7 所示磁路具有励磁线圈 1000 匝；上部静铁心由硅钢片叠成，截面积 $S_1 = 25\,\text{cm}^2$，平均长度 $l_1 = 40\,\text{cm}$；下部动铁心由铸钢制成，截面积 $S_2 = 22.7\,\text{cm}^2$，平均长度 $l_2 = 10\,\text{cm}$；气隙 $\delta_0 = 0.1\,\text{cm}$，考虑气隙磁场分布的边缘效应，取 $S_0 = 26\,\text{cm}^2$。要求在磁路中建立 $\Phi = 0.0025\,\text{Wb}$ 的磁通，求所需励磁电流。

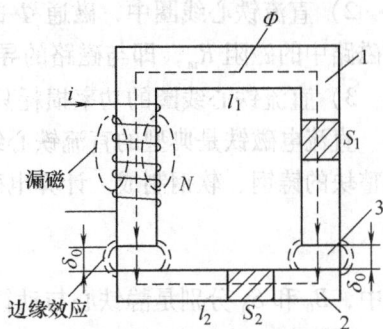

图 5 – 7 例 5 – 1 题图

解：此题磁路中各段磁通相同。

（1）由式（5 – 1），计算各段磁感应强度

$$B_1 = \frac{\Phi}{S_1} = \frac{0.0025}{25 \times 10^{-4}}\text{T} = 1\,\text{T},$$

$$B_2 = \frac{\Phi}{S_2} = \frac{0.0025}{22.7 \times 10^{-4}}\text{T} = 1.1\,\text{T}$$

$$B_0 = \frac{\Phi}{S_0} = \frac{0.0025}{26 \times 10^{-4}}\text{T} = 0.96\,\text{T}$$

（2）根据图 5 – 3 所示 B—H 磁化曲线，查出各段磁场强度：

硅钢片：$B_1 = 1\,\text{T}$，查出 $H_1 = 3.5\,\text{A/cm}$；

铸钢：$B_2 = 1.1\,\text{T}$，查出 $H_2 = 10\,\text{A/cm}$。

根据式（5 – 3）直接计算气隙磁场为

$$H_0 = \frac{B_0}{\mu_0} = \frac{0.96}{4\pi \times 10^{-7}}\text{A/m} = 7.6 \times 10^5\,\text{A/m} = 7.6 \times 10^3\,\text{A/cm}$$

（3）应用磁路的基尔霍夫第二定律计算磁动势

$$F_m = NI = H_1 l_1 + H_2 l_2 + H_0 l_0$$
$$= 3.5 \times 40\,\text{A} + 10 \times 10\,\text{A} + 7.6 \times 10^3 \times 2 \times 0.1\,\text{A} = 1780\,\text{A}$$

需要注意的是，磁动势的单位虽然为"安（A）"，但它并不是线圈中的电流。

线圈中的励磁电流为

$$I = \frac{NI}{N} = \frac{1780}{1000}\text{A} = 1.78\,\text{A}$$

5.2 铁心线圈电路

将线圈绕制在铁心上便构成了铁心线圈。根据线圈励磁电源的不同，铁心线圈分为两种，即直流铁心线圈和交流铁心线圈，它们的磁路分别为直流磁路和交流磁路。

5.2.1 直流铁心线圈电路

铁心线圈中通入直流电流，则磁路中产生的磁通是恒定的，因此在线圈和铁心中不会产生感应电动势。

直流铁心线圈电路的特点如下：

1）在一定外加电压 U 的作用下，线圈中的电流 I 只和线圈本身的电阻 R 有关，与磁路的特性无关，即励磁电流 $I = U/R$。

2）直流铁心线圈中，磁通 Φ 的大小不仅与线圈中的电流 I 及磁动势 NI 有关，还取决于磁路中的磁阻 R_m，即与磁路的导磁材料有关。

3）直流铁心线圈的功率损耗只有 I^2R，由线圈中的电流和线圈的电阻决定。

直流电磁铁是典型的直流铁心线圈，由于磁路中磁通恒定，因而其静铁心和动铁心可以用整块的铸钢、软钢制成。计算电磁铁的电磁吸力的公式为

$$F = \frac{10^7}{8\pi}B_0^2 S_0 \tag{5-11}$$

式中，B_0 和 S_0 分别是静铁心与动铁心之间气隙处的磁感应强度和截面积。

直流电磁铁的线圈通电后，在动铁心吸合过程中，气隙逐渐减小，因而磁路中的磁阻不断减小。因为线圈电流不变，即磁动势不变，根据磁路的欧姆定律，铁心中的磁通和磁感应强度将会不断增大，因此，动铁心吸合过程中的电磁吸力是不断增强的。

5.2.2 交流铁心线圈电路

铁心线圈中通入交流励磁电流，这时在线圈和铁心中将产生感应电动势。交流铁心线圈中的电磁关系、电压和电流关系以及功率损耗等几个方面，都与直流铁心线圈不同。

5.2.2.1 电压、电流与磁通的关系

交流铁心线圈电路如图 5-8 所示。当铁心线圈外加交流电压 u，线圈中产生交流励磁电流 i 时，磁动势 Ni 就会在线圈中产生交变的磁通，其中通过铁心磁路而闭合的绝大部分磁通，称为主磁通 Φ；只有很少的一部分是通过空气闭合的，称为漏磁通 Φ_S。

根据电磁感应定律，交变磁通 Φ 和 Φ_S 要在线圈中分别产生感应电动势，即主磁感应电动势 e 和漏磁感应电动势 e_S。图中，设电动势 e 和 e_S 的参考方向与磁通 Φ 和 Φ_S 的参考方向符合右手螺旋法则，则有

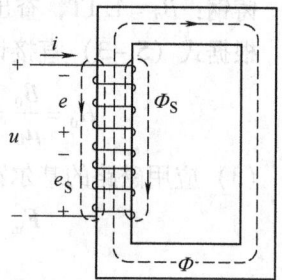

图 5-8 交流铁心线圈电路

$$e = -N\frac{\mathrm{d}\Phi}{\mathrm{d}t} \tag{5-12}$$

$$e_S = -N\frac{\mathrm{d}\Phi_S}{\mathrm{d}t} = -L_S\frac{\mathrm{d}i}{\mathrm{d}t} \tag{5-13}$$

式中，L_S 称为铁心线圈的漏磁电感系数，它是一个常数，$L_S = \dfrac{N\Phi_S}{i}$。

根据 KVL，可以得出铁心线圈中的电压和电流之间的关系为

$$u = ri + (-e_S) + (-e) = ri + L_S\frac{\mathrm{d}i}{\mathrm{d}t} + (-e) \tag{5-14}$$

式中，r 为线圈的电阻。

当所加电压 u 是正弦量时，式（5-14）的相量形式为

$$\dot{U} = r\dot{I} + (-\dot{E}_S) + (-\dot{E})$$

$$= r\dot{I} + j\omega L_S\dot{I} + (-\dot{E}) \tag{5-15}$$

由于主磁通 Φ 远大于漏磁通 Φ_S，因此线圈电阻上的压降 ri 及漏磁感应电动势 e_S 与主磁

感应电动势 e 相比较都非常小，均可忽略不计，则式（5-14）可近似为

$$u \approx -e = N\frac{\mathrm{d}\Phi}{\mathrm{d}t}$$

用相量形式可表示为

$$\dot{U} \approx -\dot{E} \tag{5-16}$$

由此可以看出，当电源电压 u 按正弦规律变化时，感应电动势 e 和主磁通 Φ 也按正弦变化。

设主磁通 $\Phi = \Phi_m\sin\omega t$，代入式（5-12）中，可得

$$e = -N\frac{\mathrm{d}\Phi}{\mathrm{d}t} = \omega N\Phi_m\sin(\omega t - 90°)$$

因此，感应电动势 e 的有效值为

$$E = \frac{\omega N\Phi_m}{\sqrt{2}} = \frac{2\pi f N\Phi_m}{\sqrt{2}} = 4.44 f N\Phi_m \tag{5-17}$$

由式（5-16）可得

$$U \approx E = 4.44 f N\Phi_m \tag{5-18}$$

式（5-18）反映了交流铁心线圈电路的基本电磁关系，是分析计算交流磁路的重要依据。

式（5-18）表明，当电源频率 f 和线圈匝数 N 一定时，铁心线圈中的主磁通的最大值 Φ_m 是与电源电压有效值 U 成正比的，即线圈中主磁通只取决于线圈的外加电压，与磁路的导磁材料和尺寸无关，这是直流与交流铁心线圈的重要区别。

交流铁心线圈中励磁电流 i 的最大值与磁通最大值的对应关系可由安培环路定律求出，即

$$\sum H_m l = N I_m \tag{5-19}$$

式中

$$H_m = B_m/\mu, \quad B_m = \Phi_m/S$$

当电流 i 按等效正弦量考虑时，其有效值可按下式计算：

$$I \approx \frac{I_m}{\sqrt{2}} = \frac{\sum H_m l}{\sqrt{2}N} \tag{5-20}$$

例 5-2　铁心尺寸和技术数据同例 5-1，线圈匝数改为 500 匝。当外接 220V、50Hz 的交流电源时，计算：（1）铁心中磁通的最大值 Φ_m；（2）线圈中电流的有效值 I。

解：（1）根据式（5-18）可得

$$\Phi_m \approx \frac{U}{4.44 f N} = \frac{220}{4.44 \times 50 \times 500}\mathrm{Wb} = 19.8 \times 10^{-4}\mathrm{Wb}$$

（2）电流的计算方法类似于例 5-1。

首先，计算磁路各段磁感应强度

$$B_{1m} = \frac{\Phi_m}{S_1} = \frac{19.8 \times 10^{-4}}{25 \times 10^{-4}}\mathrm{T} = 0.79\mathrm{T}, \quad B_{2m} = \frac{\Phi_m}{S_2} = \frac{19.8 \times 10^{-4}}{22.7 \times 10^{-4}}\mathrm{T} = 0.87\mathrm{T}$$

$$B_{0m} = \frac{\Phi_m}{S_0} = \frac{19.8 \times 10^{-4}}{26 \times 10^{-4}}\mathrm{T} = 0.76\mathrm{T}$$

其次，根据图5-3所示 B—H 磁化曲线，查出各段磁场强度：

硅钢片：$B_{1m} = 0.79\text{T}$，查出 $H_{1m} = 1.1\text{A/cm}$；

铸钢：$B_{2m} = 0.87\text{T}$，查出 $H_{2m} = 5.5\text{A/cm}$。

气隙的磁场强度根据式（5-3）直接计算

$$H_{0m} = \frac{B_{0m}}{\mu_0} = \frac{0.76}{4\pi \times 10^{-7}}\text{A/m} = 6.05 \times 10^5 \text{A/m} = 6.05 \times 10^3 \text{A/cm}$$

最后，根据式（5-20）计算线圈中电流的有效值

$$I = \frac{\sum H_m l}{\sqrt{2}N} = \frac{H_{1m}l_1 + H_{2m}l_2 + H_{0m}l_0}{\sqrt{2}N}$$

$$= \frac{1.1 \times 40 + 5.5 \times 10 + 6.05 \times 10^3 \times 2 \times 0.1}{\sqrt{2} \times 500}\text{A} = 1.85\text{A}$$

5.2.2.2　功率损耗

交流铁心线圈的功率损耗有两部分：一部分是线圈电阻 r 通过电流发热产生的损耗，称为铜损耗 p_{Cu}；另一部分是因为交流铁心线圈磁路中磁通是交变的，铁心的交变磁化所产生的能量损耗，称为铁心损耗，简称铁损耗 p_{Fe}。在忽略线圈电阻的条件下，交流铁心线圈中的功率损耗主要是铁损耗，铁损耗分磁滞损耗 p_h 和涡流损耗 p_e 两种。

由于磁滞现象的存在，使铁磁材料在交变往复磁化过程中产生的能量损耗，称为磁滞损耗 p_h。实验证明磁滞损耗正比于磁滞回线所包围的面积。所以在交流励磁时，为了减小磁滞损耗，应选择软磁材料做铁心。

另外，交变磁通在铁心中会产生感应电动势 e_w，在 e_w 作用下，铁心中就会产生漩涡状的电流，称为涡流 i_w，如图5-9所示。涡流通过铁心电阻产生的功率损耗称为涡流损耗 p_e。在交流励磁时，为了减小涡流损耗，通常将铁心做成叠片状（片间绝缘），如图5-9b所示。例如，工频情况下通常采用互相绝缘的厚度为 0.35mm 或 0.5mm 的硅钢片叠成铁心以减小涡流损耗。

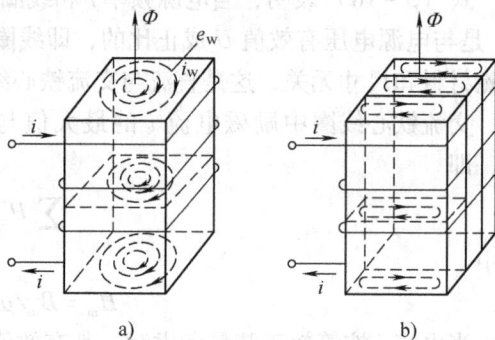

图5-9　涡流的分布

a）大块铁心的涡流　b）硅钢片中的涡流

5.3　变压器

变压器是根据电磁感应原理制成的一种电气设备，具有变换电压、变换电流和变换阻抗的功能，在电工电子技术中获得广泛的应用。例如电力系统中，在传输电能时，如果输送电能是一定的，则用变压器升高电压可以减小输送电流，这样不仅能够减小输电线的截面积，节省材料，还可以降低输电线路上的功率损耗；在用电时，再用变压器降低电压以便适合电气设备额定电压的要求并保证人身安全。又例如在电子线路中，变压器除作为电源变压器外，还可用来传递交流信号和实现阻抗变换。

实际变压器的种类较多，按照铁心与绕组的相互配置形式，可分为壳式变压器和心式变

压器；按使用电源相数，一般可分为单相变压器和三相变压器；按绝缘散热方式，可分为油浸式变压器、气体绝缘变压器和干式变压器等；如按用途分类，可分为电力变压器、自耦调压变压器和仪用互感器等。

5.3.1 变压器的基本结构

尽管变压器的种类较多，形状各异，但各类变压器的基本结构是相似的。一种油浸式电力变压器的外形如图 5 – 10 所示。

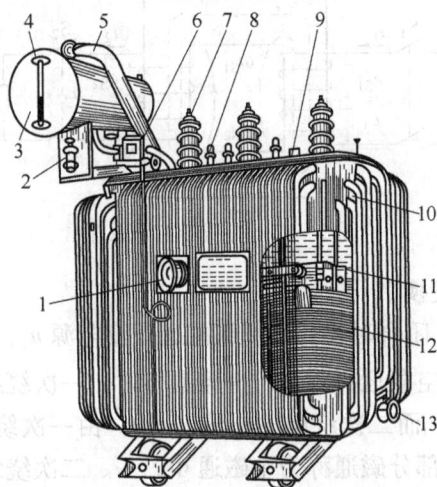

图 5 – 10　油浸式电力变压器

1—信号式温度计　2—吸湿器　3—储油柜　4—油位计　5—安全气道　6—气体继电器
7—高压套管　8—低压套管　9—分接开关　10—油箱　11—铁心　12—线圈　13—放油阀门

变压器的主体结构主要由铁心和绕组组成。

铁心是构成变压器磁路的主体部分。图 5 – 11a 所示为壳式变压器，其铁心把绕组包围在中间，小容量的变压器一般为这种结构；图 5 – 11b 所示为心式变压器，其绕组套在铁心柱上，容量较大的变压器多为这种结构；图 5 – 11c 所示的卷片式铁心，由长条冷轧硅钢片卷成，经热处理后锯成两半使用，故使用很方便。

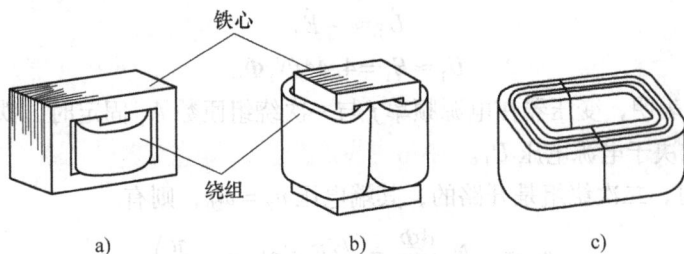

图 5 – 11　变压器的铁心结构

a）壳式变压器　b）心式变压器　c）卷片式铁心

绕组是变压器电路的主体部分。与电源连接的绕组称为一次绕组（也叫原绕组、初级绕组或原边），与负载相连的绕组称为二次绕组（也叫副绕组、次级绕组或副边）。

铁心担负着变压器一、二次绕组的电磁耦合任务，而一次绕组由电源输入功率，二次绕组向负载输出功率。一次绕组与二次绕组及各绕组与铁心之间都要进行绝缘。另外，大容量变压器一般要配备散热装置。

5.3.2 变压器的工作原理

以单相变压器为例，图 5 - 12 为其工作原理。一次绕组匝数为 N_1；二次绕组匝数为 N_2。

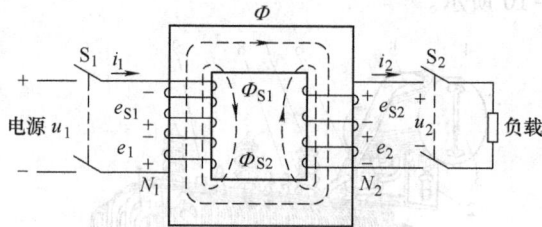

图 5 - 12 变压器工作原理

5.3.2.1 空载运行和电压变换

图 5 - 12 中，当开关 S_1 闭合时，一次绕组接通交流电源 u_1，而开关 S_2 断开，二次绕组未接负载时，变压器就处于空载运行状态。空载运行时，一次绕组中电流 $i_1 = i_{10}$，称为空载电流（又称空载励磁电流），而二次绕组中电流 $i_2 = 0$。由一次绕组磁动势 $N_1 i_{10}$ 产生的磁通绝大部分经铁心而闭合，这部分磁通称为主磁通 Φ。一、二次绕组同时与主磁通交链，且主磁通是交变的，则根据电磁感应原理，主磁通分别在一、二次绕组中产生频率相同的感应电动势 e_1 和 e_2。此外，还有很小一部分磁通只穿过部分铁心经空气而闭合，它只与一次绕组交链，称为漏磁通 Φ_{S1}。漏磁通只在一次绕组中产生漏磁电动势 e_{S1}。各物理量的参考方向如图 5 - 12 所示。

变压器空载运行时与交流铁心线圈电路情况相同，因此，当交流电源 u_1 为正弦量时，磁通 Φ 也按正弦规律变化，即 $\Phi = \Phi_m \sin\omega t$。若忽略一次绕组电阻压降和漏感压降，则根据交流铁心线圈电路分析结果可得

$$u_1 \approx - e_1 = N_1 \frac{\mathrm{d}\Phi}{\mathrm{d}t} = \sqrt{2} E_1 \sin\left(\omega t + \frac{\pi}{2}\right) \tag{5-21}$$

$$\dot{U}_1 \approx - \dot{E}_1 \tag{5-22}$$

$$U_1 \approx E_1 = 4.44 f N_1 \Phi_m \tag{5-23}$$

式（5 - 23）表明，变压器在电源频率 f 与一次绕组匝数 N_1 固定时，铁心中主磁通的最大值 Φ_m 基本上取决于电源电压 U_1。

变压器空载时，二次绕组是开路的，其端电压 $u_2 = u_{20}$，则有

$$e_2 = - N_2 \frac{\mathrm{d}\Phi}{\mathrm{d}t} = \sqrt{2} E_2 \sin\left(\omega t - \frac{\pi}{2}\right) \tag{5-24}$$

$$u_2 = u_{20} = e_2 = \sqrt{2} U_{20} \sin\left(\omega t - \frac{\pi}{2}\right) \tag{5-25}$$

式中

$$U_{20} = E_2 = 4.44 f N_2 \Phi_m \tag{5-26}$$

由式（5 – 23）及式（5 – 26）可得出一、二次绕组的电压比为

$$\frac{U_1}{U_{20}} \approx \frac{E_1}{E_2} = \frac{N_1}{N_2} = k \tag{5-27}$$

由此可见，变压器可以通过改变一、二次绕组的匝数，实现电压变换。即当电源电压 U_1 一定时，只要改变匝数比 k，就可以得到不同的输出电压 U_2，从而可以满足负载对电压数值的要求。

与交流铁心线圈一样，空载电流 I_{10} 取决于它所产生的主磁通最大值 Φ_{m} 和磁路的具体条件。由于变压器磁路中气隙很小，在额定工作状态下，磁路尚未饱和，因此 I_{10} 很小，约为一次绕组额定电流的 3% ~ 8%。此时变压器的输入功率主要消耗于铁损耗，即

$$P_{10} = U_1 I_{10} \cos\varphi_{10} \approx p_{\mathrm{Fe}} \tag{5-28}$$

5.3.2.2　负载运行和电流变换

图 5 – 12 中，S_1 闭合，一次绕组接通交流电源 u_1，同时 S_2 闭合，二次绕组与负载接通，此时变压器就处于负载运行状态。负载运行时，一次绕组电流从 i_{10} 增加为 i_1，其磁动势为 $N_1 i_1$；二次绕组电路在 e_2 的作用下产生电流 i_2，其磁动势为 $N_2 i_2$。二次绕组输出功率增加，一次绕组的输入功率也相应增加。

根据图 5 – 12 变压器一、二次绕组中的电流 i_1 和 i_2 的正方向，一、二次绕组的磁动势是相加的关系，即负载运行时，变压器铁心中的主磁通 Φ 是由合成磁动势（$N_1 i_1 + N_2 i_2$）产生的。而空载时主磁通只由 $N_1 i_{10}$ 产生。根据式（5 – 23）可知，无论变压器空载还是负载运行，只要电源电压 U_1、一次绕组匝数 N_1 和频率 f 一定时，Φ_{m} 近似为常值。因此变压器在空载及负载运行时的磁动势应近似相等，即

$$N_1 i_1 + N_2 i_2 = N_1 i_{10}$$

用相量形式可表示为

$$N_1 \dot{I}_1 + N_2 \dot{I}_2 = N_1 \dot{I}_{10} \tag{5-29}$$

如前所述，空载电流 I_{10} 数值很小，则 $N_1 \dot{I}_{10}$ 可以忽略，即

$$N_1 \dot{I}_1 + N_2 \dot{I}_2 \approx 0$$

或

$$N_1 \dot{I}_1 \approx -N_2 \dot{I}_2 \tag{5-30}$$

这个关系称为磁动势平衡式。由此可以得出一、二次绕组的电流关系为

$$\frac{I_1}{I_2} \approx \frac{N_2}{N_1} = \frac{1}{k} \tag{5-31}$$

由此可见，变压器中的电流虽然由负载决定，但是一、二次绕组中电流的比值基本上不变，等于它们匝数比的倒数。

5.3.2.3　阻抗变换

由上面的分析可以看到，虽然变压器一、二次侧电路之间只有磁的耦合而没有电的直接联系，但实际上一次绕组的电流会随着二次侧的负载阻抗 $|Z_{\mathrm{L}}|$ 的变化而变化。如果 $|Z_{\mathrm{L}}|$ 减小，则二次电流 I_2 增大 $\left(I_2 = \dfrac{U_2}{|Z_{\mathrm{L}}|}\right)$，一次电流 I_1 也必随之增大 $\left(I_1 = I_2 \dfrac{1}{k}\right)$。为了反映二次阻抗 $|Z_{\mathrm{L}}|$ 对一次电流 I_1 的影响，可假设一次侧电路中存在一个等效的负载阻抗 $|Z_{\mathrm{L}}'|$，则可

用图 5 – 13b 所示的等效电路代替图 5 – 13a 所示的变压器电路。

阻抗变换关系式可利用式（5 – 27）的电压变换关系式及式（5 – 31）的电流变换关系式推出，即

$$| Z'_L | = \frac{U_1}{I_1} = \frac{U_2 k}{I_2 \frac{1}{k}} = k^2 \frac{U_2}{I_2} = k^2 | Z_L | \qquad (5-32)$$

变压器的阻抗变换常用于电路中的负载和电源"匹配"，从而使负载从电源获得的功率最大。例如在图 5 – 14a 中，当电源电压 u_0 与电源内阻 R_0 一定时，负载功率是负载电阻 R_L 的函数，即

$$P = I^2 R_L = \left(\frac{U_0}{R_0 + R_L} \right)^2 R_L$$

用求函数极值的方法 $\left(\text{令} \dfrac{dP}{dR_L} = 0 \right)$，可得到功率最大时的负载电阻值，即

$$R_L = R_0 \qquad (5-33)$$

式（5 – 33）就是负载与电源匹配的条件。

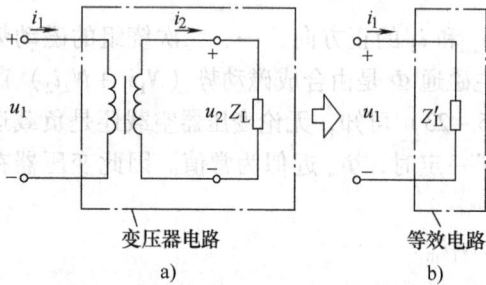

图 5 – 13　变压器的阻抗变换

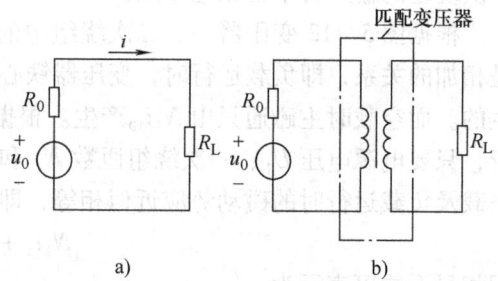

图 5 – 14　阻抗匹配

如果实际的负载电阻不能满足匹配条件，则可用变压器进行阻抗匹配，如图 5 – 14b 所示。

例 5 – 3　电路如图 5 – 15 所示，已知交流信号源的电压有效值 $U_0 = 106V$，内阻 $R_0 = 5.6 k\Omega$，负载是一个电阻 R_L 为 3.5Ω、功率为 $0.5W$ 的扬声器（喇叭）。（1）用变压器实现阻抗匹配，求变压器的电压比应是多少？并求变压器一、二次电压、电流和扬声器消耗的功率；（2）选用电压比 $k = 20$ 的变压器，再求一、二次电压、电流和扬声器消耗功率。

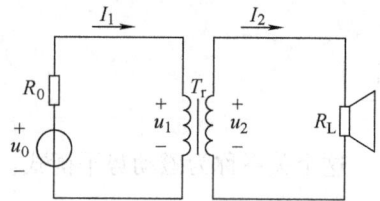

图 5 – 15　例 5 – 3 题图

解：（1）阻抗匹配，即变压器一次侧的等效负载电阻 R'_L 与信号源内阻 R_0 相等。

由式（5 – 32）可求出匹配变压器的电压比为

$$k = \sqrt{\frac{R'_L}{R_L}} = \sqrt{\frac{R_0}{R_L}} = \sqrt{\frac{5.6 \times 10^3}{3.5}} = 40$$

变压器一、二次电流、电压分别为

$$I_1 = \frac{U_0}{R_0 + R'_L} = \frac{106}{5.6 + 5.6} mA = 9.46mA$$

$$I_2 = I_1 k = 9.46 \times 40 \text{mA} = 378.4 \text{mA}$$

$$U_1 = I_1 R'_L = 9.46 \times 5.6 \text{V} = 53 \text{V}$$

$$U_2 = \frac{U_1}{k} = \frac{53}{40} \text{V} = 1.325 \text{V}$$

扬声器消耗的功率为

$$P = U_2 I_2 = 1.325 \times 378.4 \times 10^{-3} \text{W} = 0.5 \text{W}$$

（2）变压器电压比 $k = 20$ 时，变压器一次侧的等效负载电阻为

$$R'_L = k^2 R_L = (20)^2 \times 3.5 \Omega = 1400 \Omega$$

此时变压器一、二次电流、电压分别为

$$I_1 = \frac{U_0}{R_0 + R'_L} = \frac{106}{5.6 + 1.4} \text{mA} = 15.14 \text{mA}$$

$$I_2 = I_1 k = 15.14 \times 20 \text{mA} = 302.8 \text{mA}$$

$$U_1 = I_1 R'_L = 15.14 \times 1.4 \text{V} = 21.2 \text{V}$$

$$U_2 = \frac{U_1}{k} = \frac{21.2}{20} \text{V} = 1.06 \text{V}$$

扬声器消耗的功率为

$$P = U_2 I_2 = 1.06 \times 302.8 \times 10^{-3} \text{W} = 0.32 \text{W}$$

5.3.2.4 变压器的外特性

由于实际变压器的磁路磁阻和本身阻抗都不等于零，因此，当一次侧的输入电压有效值 U_1 保持不变时，二次侧的输出电压有效值 U_2 将随着二次电流 I_2 的变化而变化。比如电流越大，变压器本身阻抗的压降越大，U_2 就越小。U_2 随 I_2 变化的曲线称为变压器的外特性，如图 5-16 所示。

很明显，理想变压器的外特性是一条水平横线。

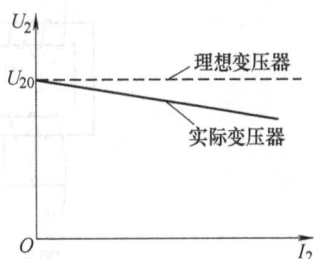

图 5-16 变压器的外特性

5.3.3 变压器绕组的同名端及其连接

使用变压器时，绕组必须正确连接，否则不仅不能正常工作，有时还会损坏变压器。为此应了解绕组的同名端的概念，它是同一变压器绕组间相互连接、绕组与其他电气设备相互连接的基本依据。

所谓同名端，又称同极性端，是指感应电动势极性相同的不同绕组的出线端；或者当电流从同名端同时流进（或同时流出）时，产生的磁通方向一致。同名端通常用"*"或"·"标记，如图 5-17 所示。

确定变压器绕组的同名端是为了能正确地进行绕组的连接。现举例说明如下。

图 5-17 多绕组变压器的同名端

在图 5-17 中，若一次绕组 1-2 和 3-4 的匝数相同，且额定电压都是 110V，当电源电压为 220V 时，应将 2 端与 3 端（异名端）相接，而 1 端与 4 端接电源，这样通过串联绕

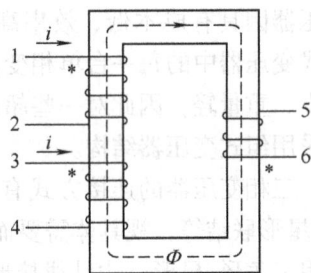

组，两组线圈的电压都是110V，产生的磁通方向一致，它们共同作用，在铁心中产生额定工作磁通。

如果将2端与4端相接，而1端与3端接电源，那么任何瞬间两绕组中产生的磁通都将互相抵消，磁路中没有交变磁通，所以线圈中将不会产生感应电动势，一次侧中的电流将很大（只取决于电源电压和线圈电阻），变压器绕组会迅速发热而烧毁。

若电源电压为110V，则应将1端与3端（同名端）相接，2端与4端相接，再将两个连接点接入电源，这样两绕组并联，每组线圈的电压仍为110V，两绕组产生的磁通方向一致，它们共同作用，在铁心中产生额定工作磁通。

由上述例子可见，不论电源电压为220V还是110V，只要正确连接绕组，都可保证磁路中的额定工作磁通，变压器得以正常工作。

5.3.4 三相变压器

电力系统中的变压器多为三相变压器。三相变压器有三相组式变压器和三相心式变压器两种。

三相组式变压器是用三台容量、电压比等完全相同的单相变压器按三相连接方式组成。如图5-18所示，将三台单相变压器的一、二次绕组分别连接成星形（Y）联结或三角形（△）联结而构成三相变压器。

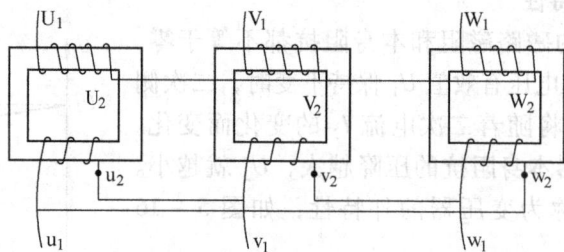

图5-18　三相组式变压器（星形/三角形联结）

三相心式变压器的结构如图5-19所示。它的铁心是一个整体，有三个心柱，每个心柱上各套着一相一、二次绕组。它的三相一、二次绕组也可连接成星形或三角形。

比较组式变压器和心式变压器，在相同额定容量下，心式变压器因具有成本低、效率高等优点而得以广泛使用。然而，组式变压器中的每一台单相变压器却比一台三相心式变压器体积小、重量轻，因此对一些超高电压、特大容量的三相变压器均采用组式变压器结构。

三相变压器的连接方式有星形/三角形、三角形/星形、星形/星形联结等，视具体需要而定，如380/220V配电变压器常采用三角形/星形（中性线接地）联结。

三相变压器的工作原理与单相变压器相同。单相变压器中的电压和电流变换关系对于三相变压器都是适用的。但要注意变换关系中的电压和电流应为三相变压器的每相绕组的相值，即相电压和相电流；而三相变压器的铭牌数据均为线值，即线

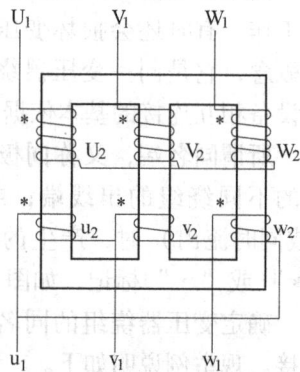

图5-19　三相心式变压器（星形/三角形联结）

电压 U_N 和线电流 I_N，计算时应进行必要的线、相值变换。

5.3.5 变压器的技术数据

为了合理、正确地使用变压器，制造厂家给出了一些反映变压器运行条件的技术数据，主要有：

1）额定电压 U_{1N}、U_{2N}。U_{1N} 为正常运行时加到一次绕组上的最大电压有效值；U_{2N} 为一次绕组加额定电压时二次绕组的开路电压有效值。对于三相变压器，如没有特殊说明，额定电压均指线电压。

2）额定电流 I_{1N}、I_{2N}。I_{1N}、I_{2N} 分别为变压器连续运行时，一、二次绕组允许通过的最大电流有效值。三相变压器 I_{1N}、I_{2N} 均指线电流。I_{1N} 与 I_{2N} 的关系如下：

单相变压器为

$$I_{1N}/I_{2N} = \frac{1}{k}$$

三相变压器则要视一、二次绕组的连接方式而定。例如：

星形/星形联结为

$$I_{1N}/I_{2N} = \frac{1}{k}$$

三角形/星形联结为

$$\frac{I_{1N}/\sqrt{3}}{I_{2N}} = \frac{1}{k}$$

3）额定容量 S_N。表示在额定电压、额定电流时变压器的工作能力，用视在功率表示。

对于单相变压器

$$S_N = U_{1N}I_{1N} = U_{2N}I_{2N} \tag{5-34}$$

但在额定电压、额定电流条件下，变压器输出的有功功率 P_2 则取决于负载的功率因数 $\cos\varphi$，即

$$P_2 = U_{2N}I_{2N}\cos\varphi_2 = \frac{U_{1N}}{k}(I_{1N}k)\cos\varphi_2$$

$$= U_{1N}I_{1N}\cos\varphi_2 = S_N\cos\varphi_2 \tag{5-35}$$

只有在 $\cos\varphi = 1$ 时，变压器输出的有功功率才等于变压器的额定容量。

对于三相变压器

$$S_N = \sqrt{3}U_{1N}I_{1N} = \sqrt{3}U_{2N}I_{2N} \tag{5-36}$$

除了上述额定数据外，变压器的铭牌上还标有相数、效率、温升、短路电压、使用条件和冷却方式等技术数据。

例 5-4 三相变压器如图 5-20 所示，一、二次绕组为三角形/星形联结，已知一次线电压 $U_{1l} = 6600V$，匝数 $N_1 = 15000$ 匝，二次绕组匝数 $N_2 = 500$，若二次侧与三角形联结的三相对称负载相连，负载阻抗 $|Z| = 38\Omega$。求一次线电流 I_{1l}。

解：因为变压器的一、二次相电压之比就是匝数比，即

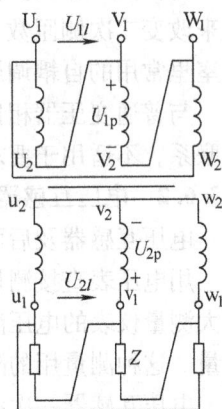

图 5-20 例 5-4 题图

$$\frac{U_{1p}}{U_{2p}} = \frac{N_1}{N_2} = \frac{15000}{500} = 30 = k$$

所以，变压器二次相电压为

$$U_{2p} = \frac{U_{1p}}{k} = \frac{U_{1l}}{k} = \frac{6600}{30}\mathrm{V} = 220\mathrm{V}$$

变压器二次绕组星形联结，则二次线电压为

$$U_{2l} = \sqrt{3}\,U_{2p} = \sqrt{3} \times 220\mathrm{V} = 380\mathrm{V}$$

三相对称负载三角形联结，因此负载中电流

$$I_p = \frac{U_{2l}}{|Z|} = \frac{380}{38}\mathrm{A} = 10\mathrm{A}$$

二次线电流（也是绕组的相电流）为

$$I_{2l} = I_{2p} = \sqrt{3}\,I_p = 10\sqrt{3}\,\mathrm{A}$$

由变压器的电流变换关系，可得一次相电流为

$$I_{1p} = \frac{I_{2p}}{k} = \frac{10\sqrt{3}}{30}\mathrm{A} = \frac{\sqrt{3}}{3}\mathrm{A}$$

变压器一次绕组三角形联结，因此，一次线电流为

$$I_{1l} = \sqrt{3}\,I_{1p} = \sqrt{3} \times \frac{\sqrt{3}}{3}\mathrm{A} = 1\mathrm{A}$$

5.3.6 特殊变压器

5.3.6.1 自耦变压器

自耦变压器原理电路如图 5 – 21 所示。它的特点是一、二次侧共用一个绕组，依靠绕组自身的耦合完成变压功能。

自耦变压器的工作原理与普通变压器工作原理相同，其一、二次侧的电压变换和电流变换关系依旧为

$$\frac{U_1}{U_2} = \frac{N_1}{N_2} = k, \quad \frac{I_1}{I_2} = \frac{N_2}{N_1} = \frac{1}{k}$$

自耦变压器大多作为调压变压器使用。当移动二次侧触点来改变二次侧匝数 N_2 时，就可以改变输出电压 U_2。在实验室里常用的自耦调压器，一次电压为 220V，二次电压在 0 ~ 250V 范围内调节。

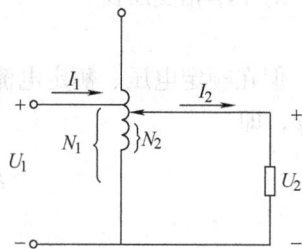

图 5 – 21　自耦变压器原理电路

与普通变压器相比，自耦变压器用料少，尺寸小，效率高。但它的一、二次侧之间有电的联系，不适用于要求一、二次侧之间有电气隔离的设备。

5.3.6.2 电压互感器

电压互感器及后面将要介绍的电流互感器都是仪用互感器，是测量用的变压器。

用电压表直接测量高压电路中的电压，既不安全，也不合理。因此经常用电压互感器来扩大测量仪表的电压测量范围，即用一定电压比的降压变压器将电压降低，再用电压表进行测量。这种测量用的降压变压器就是电压互感器。其原理和测量接线图如图 5 – 22 所示。

电压互感器一次绕组匝数 N_1 多，它并联于待测的高压线路中；二次绕组匝数 N_2 少，并联接入电压表或其他仪表的电压线圈。若一、二次绕组匝数比为 $k_u = N_1/N_2$，则根据变压器

电压变换关系，有

$$U_1 = U_2 k_u \qquad (5-37)$$

这样就可以通过测量 U_2 而计算出被测电压 U_1。有些与电压互感器配套使用的电压表已按放大 k_u 倍的数值刻度，可直接读出 U_1 的数值。

电压互感器的型号规格很多，一次侧额定电压 U_{1N} 取决于高压线路的电压等级，一般标准的二次侧额定电压 U_{2N} 为 100V。

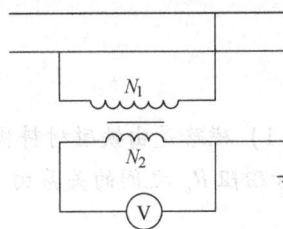

图 5-22　电压互感器的原理和测量接线

与普通变压器相比，电压互感器是专门设计用于测量高电压的特殊用途变压器，其一次绕组额定电压很高，对绝缘强度要求高。

电压互感器起到降压和隔离高压的两种作用。由于涉及高压，为确保安全，并且防止静电荷积累而影响仪表读数，电压互感器的铁心、金属外壳及二次绕组的一端必须可靠接地。电压互感器运行时二次侧不允许短路。

5.3.6.3　电流互感器

测量高压线路中的电流，或测量低压线路中的大电流时，通常用电流互感器将高压线路隔开，并将大电流变小，以便测量。其原理和测量接线，如图 5-23 所示。

电流互感器一次绕组匝数 N_1 很少（一匝或几匝），导线粗，串联于待测电路中，二次绕组匝数 N_2 多，导线细，串联接入电流表或其他仪表的电流线圈。

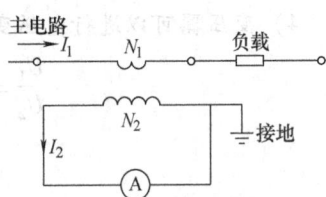

图 5-23　电流互感器的原理和测量接线

根据变压器电流变换原理，有

$$\frac{I_1}{I_2} = \frac{N_2}{N_1} = k_i$$

可得

$$I_1 = k_i I_2 \qquad (5-38)$$

这样就可以通过测量 I_2 而计算出一次侧电路中的电流 I_1。有些与电流互感器配套使用的电流表可在表盘上直接指示出 I_1 的数值。

电流互感器的型号很多，一般电力电流互感器一次电流范围为 5~2500A，标准的二次额定电流为 5A 或 1A。

同电压互感器一样，电流互感器的二次绕组必须有一端接地。

电流互感器在使用时，二次侧绝对不允许开路。因为电流表内阻很小，电流互感器的二次绕组电路接近于短路状态。一次绕组与负载串联，其电流 I_1 的大小完全由负载决定。正常工作时，由于磁动势 $N_2 I_2$ 产生的去磁作用，使得互感器铁心中磁通很小，因此一、二次绕组电压都很小。如果二次侧开路，$I_2 = 0$，磁动势 $N_2 I_2 = 0$，失去去磁作用，而一次绕组 I_1 不变，在磁动势 $N_1 I_1$ 作用下，互感器铁心中磁通大大增加，则在二次绕组上感应出非常高的电压；同时铁心损耗也大增，铁心急剧发热，这样会给人身和设备带来危险。在拆除仪表时应先将电流互感器短路。

小　结

1）磁路是由铁磁材料构成，并具有一定形状的磁通路径。单回路中的磁通 Φ、磁动势 NI 和磁阻 R_m 之间的关系由磁路欧姆定律确定，即

$$\Phi = \frac{NI}{R_m} = \frac{F_m}{R_m}$$

磁动势与磁场强度的关系由磁路基尔霍夫第二定律确定，即

$$\sum Hl = NI$$

2）铁磁材料的磁导率 μ 不是常数，即磁阻 $R_m = l/\mu S$ 是非线性的。因此磁路欧姆定律只能用于定性分析磁路的电磁现象。

3）变压器磁路中的磁通最大值与电源电压关系如下：

$$U = 4.44 fN\Phi_m$$

这是分析、计算变压器及交流电机等电磁设备的重要公式。

4）变压器可以进行电压变换、电流变换和阻抗变换，即

$$\frac{U_1}{U_2} = \frac{N_1}{N_2} = k, \quad \frac{I_1}{I_2} = \frac{1}{k}, \quad |Z'| = k^2 |Z|$$

习　题

5-1　由硅钢片做成的磁路如图 5-24 所示。已知磁路平均长度 $l = 100$cm，气隙 $\delta = 0.05$cm，横截面积 $S = 21$cm²，线圈匝数 $N = 600$，要求磁路中磁通 $\Phi = 0.0019$Wb。（1）求所需励磁电流；（2）若磁路无气隙，磁通保持不变，求所需励磁电流；（3）若磁路无气隙，外加电压、线圈匝数、电阻都不变，求磁感应强度。

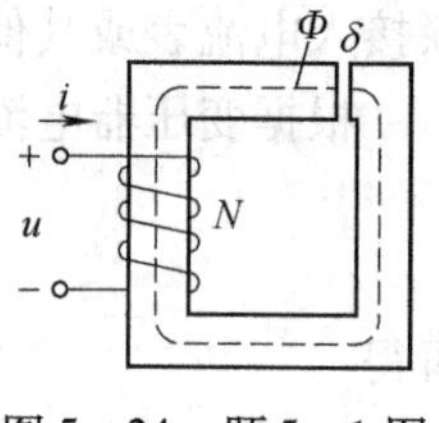

图 5-24　题 5-1 图

5-2　有一交流铁心线圈，接在 $f = 50$Hz 的正弦电源上，在铁心中得到的磁通最大值 $\Phi_m = 0.0023$Wb。若在此铁心上再绕一个匝数为 200 的线圈，求此线圈开路时其两端的电压。

5-3　有一台单相照明变压器，额定容量为 $S_N = 10$kV·A，额定电压为 $U_{1N}/U_{2N} = 3300/220$V。（1）求一、二次绕组的额定电流；（2）如果要变压器在额定情况下运行，问在二次侧最多可接多少只 60W、220V 的白炽灯？

5-4　一台容量为 50kV·A、额定电压为 6000/230V 的变压器，在满载情况下向 $\cos\varphi = 0.85$ 的感性负载供电时，测得二次电压为 220V，求此时变压器输出的有功功率。

5-5　某三相变压器一次绕组每相匝数 $N_1 = 2080$ 匝，二次绕组每相匝数 $N_2 = 80$ 匝，如一次绕组端所加线电压 $U_{1N} = 6000$V，试求在（1）星形/星形和（2）星形/三角形两种联结时二次绕组端的线电压和相电压。

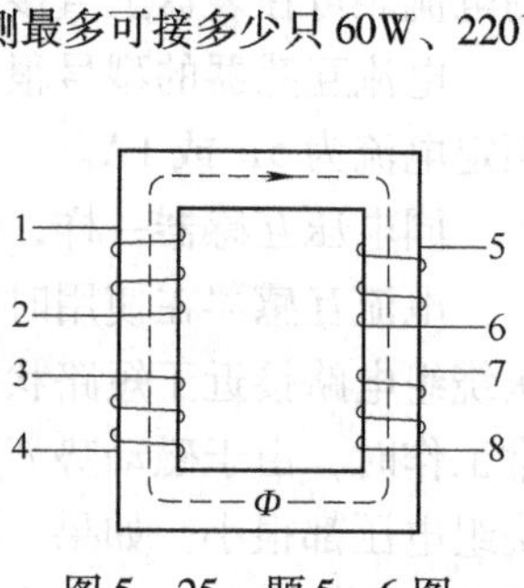

图 5-25　题 5-6 图

5-6　在图 5-25 所示的多绕组变压器中，试根据各绕组绕向标出同极性端。

第6章 异步电动机

电动机是将电能转换为机械能的设备。按照电动机所耗用电能的种类，可分为交流电动机和直流电动机两大类，而交流电动机又可分为同步电动机和异步电动机两种。异步电动机又有三相和单相之分，三相异步电动机主要用在工农业生产上，单相异步电动机容量较小、性能较差，在实验室和家用电器设备中应用较多。

异步电动机与其他类型电动机相比较，具有结构简单、坚固耐用、工作可靠、价格便宜、维护方便等一系列优点。在工农业生产以及日常生活中，异步电动机被广泛应用于拖动各种类型的机床、轧钢机、起重机、搅拌机、破碎机、运输机以及通风机和水泵等生产机械设备。据统计，异步电动机的总容量约占电网总动力负载的85%左右。但是，异步电动机也存在一些缺点，主要是不能经济地实现较宽范围的平滑调速且功率因数较低，这在一定程度上限制了它的应用，如在转速调节要求高的设备上大多使用直流电动机，在容量较大而负载转矩恒定的设备上大多采用功率因数可调的同步电动机。近年来，随着电力电子学的飞速发展，各种大功率半导体器件如晶闸管等的出现，使得交流调速有了飞跃的进步，异步电动机连同交流调速的重要性将更加显著。

异步电动机又叫做感应电动机，是利用电磁现象进行能量传递和转换的一种电气设备，其电磁关系与变压器相类似。变压器的某些规律和分析方法，在讨论异步电动机时也同样适用。但是，变压器是静止的，而异步电动机是旋转的，在学习异步电动机时可利用变压器的规律与之对照，以便加深理解，区别它们的异同点。

本章主要讨论三相异步电动机的基本结构、工作原理、运行特性、铭牌数据及使用方法。

6.1 异步电动机的基本结构

异步电动机主要由定子和转子两个基本部分所组成。图6-1所示为三相笼型异步电动机的结构。

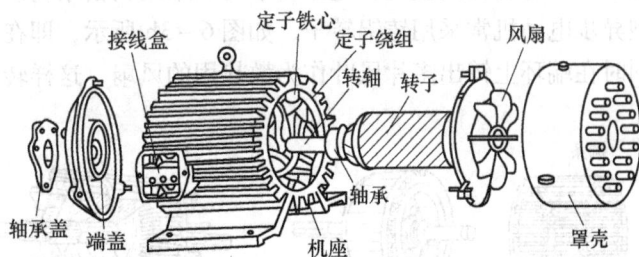

图6-1 三相笼型异步电动机的结构

6.1.1 定子

定子是异步电动机的固定静止部分，由机座和装在机座内的定子铁心和定子绕组所组成。机座用铸铁或铸钢制成。定子铁心是电动机磁路的组成部分，由互相绝缘的硅钢片叠成一个圆筒，圆筒的内圆周表面有均匀分布的槽，用来放置定子绕组。未嵌放绕组的异步电动机的定子如图 6-2 所示。

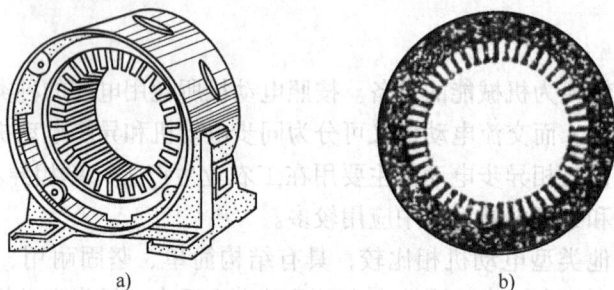

图 6-2　未装绕组的异步电动机的定子
a）定子铁心装在机座上　b）叠成定子铁心的硅钢片

　　三相异步电动机具有三相对称的定子绕组，一般采用高强度漆包线绕成。定子的三相绕组对称分布在定子铁心的圆周上，可连接成星形或三角形。
　　异步电动机定子的作用是从电网吸收电能，并产生旋转磁场。

6.1.2　转子

　　转子是异步电动机的旋转部分，由转子铁心、转子绕组和转轴等部件组成。转子铁心是圆柱形的，也由硅钢片叠成，其外圆周表面冲有均匀分布的槽，槽内放置转子绕组，转轴固定在铁心中央。
　　异步电动机转子的作用是产生感应电流而受力转动，并输出机械转矩。
　　根据转子绕组构造上的不同，三相异步电动机分为笼型和绕线转子两种。

6.1.2.1　笼型转子

　　笼型转子绕组在形式上与定子绕组完全不同，在转子铁心外表面的每个槽中压进一根铜条（也称为导条），在铁心两端的槽口处，用两个导电的铜环（称为端环）分别把所有槽里的铜条短接成一个回路。如果去掉铁心，绕组的形状就像一个老鼠笼子，如图 6-3a 所示，故称为笼型转子。为了减小电动机的损耗，笼型转子可以采用斜槽结构。
　　目前中小型笼型异步电动机常采用铸铝转子，如图 6-3b 所示，即在转子铁心外表面的槽中浇入铝液，并同时在端环上铸出多片风叶作为散热用的风扇，这样转子绕组及风扇铸成一体。

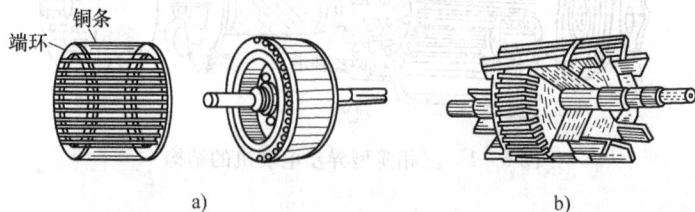

图 6-3　笼型转子
a）铜条的笼型转子　b）铸铝的笼型转子

6.1.2.2　绕线转子

　　绕线转子异步电动机的转子绕组与定子绕组相似，也是用绝缘导线绕成的对称的三相绕组，被嵌放在转子铁心槽中，连接成星形。星形联结的转子绕组的三个出线端，分别接到转轴端部的三个彼此绝缘的铜环上，通过集电环与电刷构成滑动接触，把转子绕组的三个出线端引到机座上的接线盒内，如图 6-4 所示。转子绕组还可通过电刷引出与外电阻相连接。在后面的分析中可知，把外接附加电阻串入转子绕组回路中，可改善电动机的运行特性。

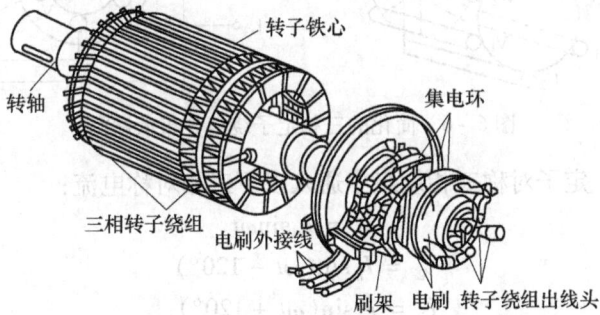

图 6-4　绕线转子

　　笼型和绕线转子异步电动机的外形如图 6-5 所示。两种电动机的定子结构基本相同。由于笼型异步电动机的转子结构简单，因此价格低廉、工作可靠、使用方便，在生产中使用最广泛。绕线转子异步电动机的结构比笼型复杂，价格也较高，适用于要求具有较大起动转矩以及有一定调速范围的场合。

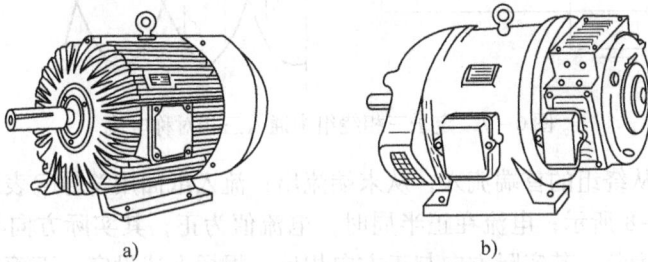

图 6-5　异步电动机的外形
a）笼型异步电动机　b）绕线转子异步电动机

6.2　异步电动机的工作原理

　　异步电动机是利用磁场与载流导体相互作用产生电磁力的原理而制成的。

6.2.1　旋转磁场

　　异步电动机的磁场是由三相对称交流电流通入静止的三相对称定子绕组而产生的空间旋转磁场。

6.2.1.1　旋转磁场的产生

　　为了便于分析，把在定子圆周上空间位置对称分布的三相绕组用相同的三个在空间彼此相隔120°的单匝线圈来代替，如图6-6所示，其中 U_1、V_1、W_1 是三个线圈的首端，U_2、V_2、W_2 是三个线圈的末端。三个绕组的末端接在一起形成星形联结，首端分别接到三相电源上。

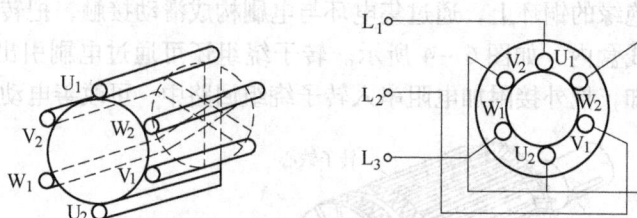

图6-6 简化的三相定子绕组分布示意图

如图6-7所示，定子对称三相绕组中通入以下三相对称电流：

$$i_1 = I_m \sin\omega t$$
$$i_2 = I_m \sin(\omega t - 120°)$$
$$i_3 = I_m \sin(\omega t + 120°)$$

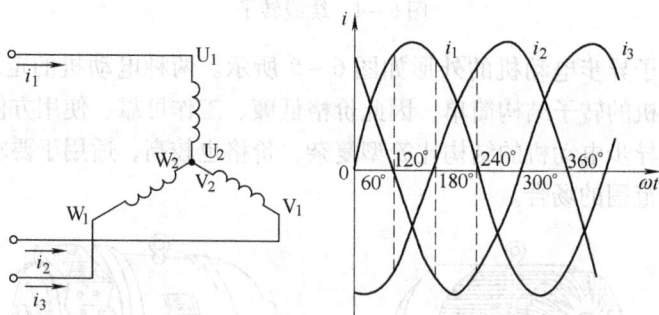

图6-7 定子三相绕组中通入三相对称电流

设电流正方向从绕组的首端流入，从末端流出；流入纸面用符号⊗表示，流出纸面用符号⊙表示，如图6-8所示；电流在正半周时，电流值为正，其实际方向与正方向一致；在负半周时，电流值为负，其实际方向与正方向相反。根据上述设定，下面分析在不同瞬间由三相对称电流所产生的磁场情况。

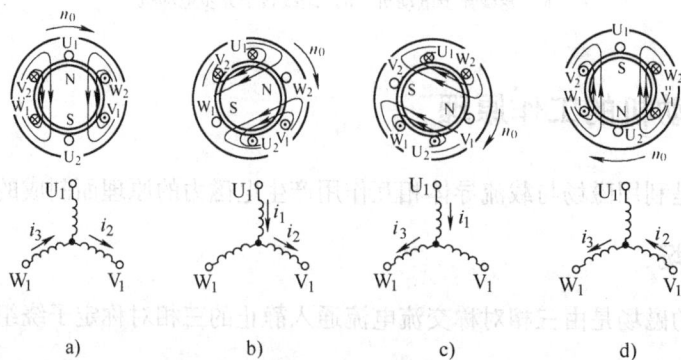

图6-8 两极（$p=1$）旋转磁场的产生
a) $\omega t=0$ b) $\omega t=60°$ c) $\omega t=120°$ d) $\omega t=180°$

当 $\omega t = 0$ 时，i_1 为 0，绕组 U_1U_2 中没有电流；i_2 为负，其实际方向与正方向相反，即从绕组的末端 V_2 流入，从首端 V_1 流出；i_3 为正，其实际方向与正方向相同，即从绕组的首端 W_1 流入，从末端 W_2 流出，定子三相绕组中的电流实际方向如图 6 - 8a 所示。根据右手螺旋定则，将每相电流所产生的磁场相加，便得到三相电流的合成磁场。对定子铁心内表面而言，上方相当于 N 极，下方相当于 S 极，即两个磁极，也称为一对磁极。用 p 表示磁极对数，则 $p = 1$。合成磁场磁极轴线的方向是自上而下。

当 $\omega t = 60°$ 时，i_3 为 0，绕组 W_1W_2 中没有电流；i_2 为负，电流从绕组末端 V_2 流入，从首端 V_1 流出；i_1 为正，电流从绕组首端 U_1 流入，从末端 U_2 流出。定子三相绕组中电流的实际方向和三相电流所产生的合成磁场的方向如图 6 - 8b 所示。可见，此时合成磁场的磁极轴线在空间沿顺时针方向旋转了 $60°$。

同理可得在 $\omega t = 120°$ 和 $\omega t = 180°$ 时三相电流所产生的合成磁场的方向，如图 6 - 8c 和 d 所示。合成磁场的磁极轴线方向在 $\omega t = 120°$ 时比 $\omega t = 60°$ 时又顺时针方向转过了 $60°$；在 $\omega t = 180°$ 时又比 $\omega t = 120°$ 时继续顺时针方向转过了 $60°$。由此可见，当三相电流的相位从 $0°$ 变化到 $180°$ 时，合成磁场的方向在空间就旋转了 $180°$。

综上所述，当三相对称的定子绕组中通入对称的三相电流时，将在电动机中产生旋转磁场。当旋转磁场为一对磁极时，电流完成一个周期的变化，它们所产生的合成磁场在空间也旋转了一周。因此，三相电流随着时间周期变化，由其所产生的合成磁场也就在空间不停地旋转。这样，就得到了异步电动机工作所需要的旋转磁场。

6.2.1.2　旋转磁场的极对数

旋转磁场的磁极对数又称为异步电动机的极对数。旋转磁场的磁极数与三相定子绕组的安排有关。在上述图 6 - 8 的情况下，每相绕组只有一个线圈，各绕组的首端之间相差 $120°$ 空间角，则产生的旋转磁场具有一对磁极，即极对数 $p = 1$。

如果将三相定子绕组如图 6 - 9 所示那样安排，即每相绕组由两个线圈串联，绕组的首端之间相差 $60°$ 空间角，则产生的旋转磁场具有两对磁极，即 $p = 2$，如图 6 - 10 所示。

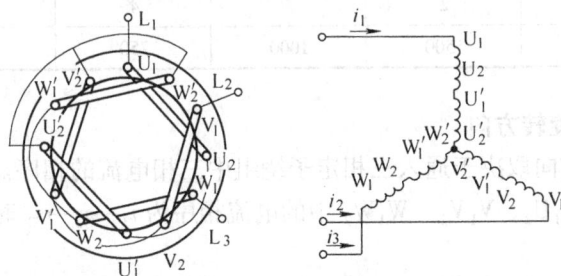

图 6 - 9　产生 $p = 2$ 旋转磁场的定子绕组

同理，如果要产生三对磁极，即 $p = 3$ 的旋转磁场，则每相绕组必须有均匀安排在空间的串联的三个线圈，绕组的首端之间相差 $40°$（$120°/p$）空间角。

6.2.1.3　旋转磁场的转速

旋转磁场的转速决定于磁场的磁极数和电源的电流频率。在旋转磁场具有一对磁极（$p = 1$）的情况下，由图 6 - 8 可知，电流每交变一个周期，旋转磁场在空间就旋转了一周。若电流的频率为 f_1，即电流每秒变化 f_1 周，则旋转磁场的转速为每秒 f_1 转。若以 n_0 表示旋

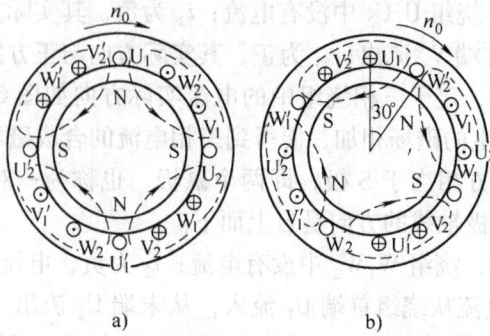

图 6 - 10 两对磁极 ($p = 2$) 的旋转磁场

a) $\omega t = 0$ b) $\omega t = 60°$

转磁场的每分钟转速（r/min），则 $n_0 = 60 f_1$。

在旋转磁场具有两对磁极（$p = 2$）的情况下，由图 6 - 10 可知，当电流从 $\omega t = 0°$ 到 $\omega t = 60°$ 时，磁场在空间仅旋转了 $30°$。因此，电流每交变一个周期，磁场在空间只旋转半周，旋转磁场的转速 $n_0 = 60 f_1 / 2$（r/min）。

由此推广，具有 p 对磁极的旋转磁场的转速可表示为

$$n_0 = \frac{60 f_1}{p} \tag{6-1}$$

式中，n_0 为旋转磁场的转速（也称同步转速）（r/min）；f_1 为定子电流频率（Hz）；p 为旋转磁场的极对数。

在我国，工频 $f_1 = 50\text{Hz}$，由式（6 - 1）可得出对应于不同极对数 p 时的旋转磁场的转速，见表 6 - 1。

表 6 - 1 不同极对数时的同步转速

p	1	2	3	4	5	6
n_0（r/min）	3000	1500	1000	750	600	500

6.2.1.4 旋转磁场的旋转方向

旋转磁场的旋转方向取决于通入三相定子绕组中三相电流的相序。由图 6 - 8 可以看出，当通入三相定子绕组 $U_1 U_2$、$V_1 V_2$、$W_1 W_2$ 中的电流相序为 $i_1 \rightarrow i_2 \rightarrow i_3$ 时，旋转磁场的旋转方向是顺时针方向。

如果将三相定子绕组接到电源的三根导线中的任意两根对调，以改变通入三相定子绕组中电流的相序，例如，使绕组 $U_1 U_2$、$V_1 V_2$、$W_1 W_2$ 中通入的电流分别为 i_1、i_3、i_2 时，利用同样的分析方法可以得出，此时旋转磁场的旋转方向是逆时针方向。

因此，可以得出结论：旋转磁场的旋转方向与通入三相定子绕组中的三相电流的相序一致，即电流正序时，旋转磁场顺时针旋转；电流负序时，旋转磁场逆时针旋转。

6.2.2 转动原理

当三相对称定子绕组（空间位置互差 $120°$）中通入三相对称电流（相位上互差 $120°$）

时，异步电动机中产生了随电流的交变而在空间不断旋转着的磁场，这个旋转磁场切割转子导体（铜或铝），便在其中感应出电动势和电流，转子电流同旋转磁场相互作用而产生的电磁转矩使电动机转动起来。由于转子电流是电磁感应产生的，所以，异步电动机又称感应电动机。

图 6-11 是异步电动机的转动原理示意图，其中 U_1U_2、V_1V_2、W_1W_2 为异步电动机的三相对称定子绕组。设旋转磁场以转速 n_0 顺时针方向旋转，则转子绕组与磁场之间产生相对运动，即相当于磁场不动，而转子绕组以逆时针方向切割磁力线，此时在转子绕组中产生了感应电动势和电流，其方向可以用右手定则确定，如图 6-11 所示。转子绕组中的电流和旋转磁场相互作用，便产生电磁力 F，其方向可以用左手定则来确定。由电磁力 F 产生的电磁转矩驱动异步电动机的转子沿着旋转磁场的方向而转动起来，这就是异步电动机的转动原理。

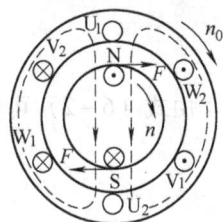

图 6-11　异步电动机的转动原理

6.2.3　异步电动机的转向和转速

异步电动机转子的转动方向和旋转磁场的旋转方向一致。因此，若要改变异步电动机的转向，必须改变通入三相定子绕组中的三相电流的相序，如图 6-12所示，即将异步电动机同电源相连的三根导线中的任意两根的一端对调位置，则旋转磁场反向，异步电动机也就反向旋转了。

异步电动机的转速 n 与旋转磁场的转速 n_0 有关，式（6-1）给出了 p 对磁极的旋转磁场的转速。异步电动机转子的转速总是小于旋转磁场的转速。如果二者相等，它们之间就没有相对运动，转子绕组中就不会产生感应电动势和电流，也就不会产生电磁转矩使其转动。因此，转子的转速异于旋转磁场的转速是保证转子旋转的必要条件，这就是异步电动机名称的由来。

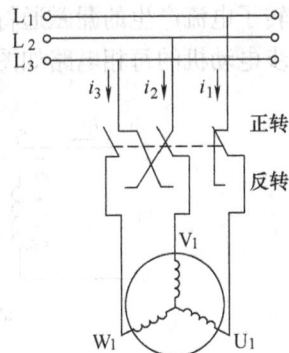

图 6-12　电动机的正转和反转

通常，用转差率 s 来表示转子的转速 n 与旋转磁场的转速 n_0 之间相差的程度，即

$$s = \frac{n_0 - n}{n_0} \qquad (6-2)$$

转差率可以用小数或百分数表示。转差率 s 是异步电动机的一个重要参数，在分析异步电动机运行特性时经常要用到这个重要的物理量。

式（6-2）也可写为

$$n = n_0(1 - s) \qquad (6-3)$$

在异步电动机开始起动瞬间，转子转速 $n = 0$，转差率 $s = 1$，此时转差率最大；异步电动机空载运行时，转子转速最高，转差率最小；转子转速 $n = n_0$ 时，转差率 $s = 0$，n_0 又称为异步电动机的同步转速；当异步电动机额定负载运行时，转子转速比空载时要低，通常异步电动机在额定负载时的转差率约为 1% ~7%。

例 6-1　一台异步电动机，额定转速 $n_N = 1440 \text{r/min}$，电源频率 $f_1 = 50 \text{Hz}$。试求此电动

机的极对数和额定转差率。

解: 由于异步电动机的额定转速 n_N 略小于旋转磁场的同步转速 n_0,因此可判断其同步转速为 $n_0 = 1500 \mathrm{r/min}$,由式(6-1)可得极对数为

$$p = \frac{60 f_1}{n_0} = \frac{60 \times 50}{1500} = 2$$

由式(6-2)可计算额定转差率为

$$s_N = \frac{n_0 - n_N}{n_0} = \frac{1500 - 1440}{1500} = 0.04$$

6.3　异步电动机的电路分析

异步电动机中的电磁关系与变压器相似,定子绕组相当于变压器的一次绕组接电源;转子绕组(一般是短接的)相当于变压器的二次绕组,其中的电动势和电流都是靠电磁感应产生的。当定子绕组中通入三相电流时,便有旋转磁场产生(实际上旋转磁场是由定子电流和转子电流的合成磁动势共同产生的,它基本上等于空载时的磁动势),在定子绕组和转子绕组中分别产生感应电动势 e_1 和 e_2,从而对定子和转子电路产生作用。此外,定子电流和转子电流产生的漏磁通将分别在定子绕组和转子绕组中感应出漏磁电动势 e_{S1} 和 e_{S2}。因此,异步电动机的每相电路如图 6-13 所示。

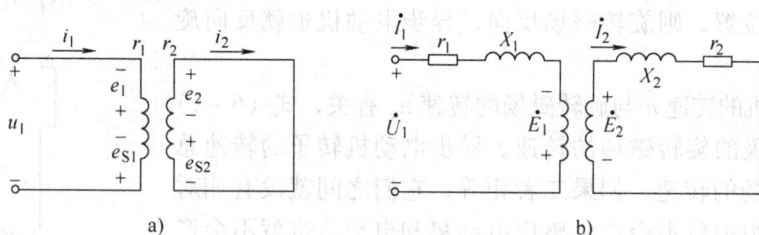

图 6-13　异步电动机的每相电路
a)每相电路　b)每相等效电路

6.3.1　定子电路

在异步电动机中,只要适当地安排定子绕组,就可以使旋转磁场的磁感应强度沿定子与转子之间的空气隙接近于按正弦规律分布。因此,当磁场旋转时,切割定子每相绕组的磁通也是随时间按正弦规律变化的,即 $\Phi = \Phi_m \sin \omega t$。

旋转磁场在定子每相绕组中产生的感应电动势为

$$e_1 = -N_1 \frac{\mathrm{d}\Phi}{\mathrm{d}t}$$

则 e_1 也是正弦量,其有效值为

$$E_1 = 4.44 f_1 N_1 k_1 \Phi \qquad (6-4)$$

式中,f_1 为 e_1 的频率(Hz);N_1 为定子每相绕组串联的线圈匝数;k_1 为与定子绕组的结构有关的绕组系数,k_1 值小于且接近于 1;Φ 为旋转磁场的每极主磁通,数值上等于通过每相

绕组的磁通最大值 Φ_m（Wb）。

因为旋转磁场与定子绕组间的相对速度为 n_0，因此

$$f_1 = \frac{pn_0}{60} \tag{6-5}$$

即等于式（6-1）所示的定子电源的频率。

与变压器中感应电动势的公式相比较，可见式（6-4）中多了一个小于且接近于1的系数 k_1。这是因为在变压器中，绕组是集中地绕在一个铁心上，任一瞬间，穿过绕组中每个线圈的主磁通大小都一样，而在异步电动机中，定子绕组的线圈是沿定子圆周分布，任一瞬间，与不同的线圈交链的磁通并不相等，有的为最大值，有的小一些。这样，在异步电动机每相绕组中产生的感应电动势（等于各线圈中感应电动势的相量和），当然比集中绕组中的感应电动势要小，系数 k_1 就是考虑了这个因素。

定子电流除产生旋转磁场（主磁通）外，还产生漏磁通 Φ_{S1}，它只与定子绕组交链，而与转子绕组不相交链。因此，在定子每相绕组中还要产生漏磁电动势 $e_{S1} = -L_{S1}\frac{di_1}{dt}$，其中 L_{S1} 为定子绕组的漏磁电感。

因此，由图6-13a可知，定子每相电路的电压平衡方程式为

$$u_1 = i_1 r_1 + (-e_{S1}) + (-e_1) \tag{6-6}$$

式（6-6）用相量形式可表示为

$$\dot{U}_1 = \dot{I}_1 r_1 + (-\dot{E}_{S1}) + (-\dot{E}_1) = \dot{I}_1 r_1 + j\dot{I}_1 X_1 + (-\dot{E}_1) \tag{6-7}$$

式中，r_1 和 X_1 分别为定子每相绕组的电阻和漏磁感抗，$X_1 = 2\pi f_1 L_{S1}$。

由于 r_1 和 X_1 上的电压降远小于 E_1，常可忽略，则与变压器一次绕组的情况一样，有

$$\dot{U}_1 \approx -\dot{E}_1, U_1 \approx E_1 \tag{6-8}$$

6.3.2 转子电路

在讨论异步电动机与变压器的相似性的同时也要注意两者的不同点，它们的主要区别是：第一，异步电动机转子电路总是闭合的，其负载形式与变压器不同。变压器中只有能量的传递，异步电动机中除了能量的传递外，还有能量的转换。第二，变压器是静止的，其主磁场是脉动磁场，一、二次绕组中的电流频率是相同的（$f_1 = f_2$）；异步电动机是转动的，转子电流的频率 f_2 不同于定子电流的频率 f_1。其中第二点决定了异步电动机转子电路不同于变压器的二次绕组电路。

由于旋转磁场与转子绕组间的相对转速是 $(n_0 - n)$，如果旋转磁场的极对数为 p，则转子电路中感应电动势及转子电流的频率为

$$f_2 = \frac{p(n_0 - n)}{60} = \frac{n_0 - n}{n_0}\frac{pn_0}{60} = sf_1 \tag{6-9}$$

式（6-9）说明，转子频率 f_2 与转差率 s 成正比，即与转子转速 n 有关。当 s 增大，即 n 降低时，f_2 增大。

例如，在电动机开始起动的瞬间，$n=0$，即 $s=1$，此时，旋转磁场与转子间的相对转速最快，$f_2 = f_1$，转子电动势的频率最高；在转速 n 升高后，s 下降，f_2 也随着减小；当电动机到达额定工作点时，转速也到达额定转速，此时 s 下降到 $0.01 \sim 0.06$，则 f_2 是很低的，

只有几赫兹。f_2 随 s 变化的关系如图 6-14 所示。

旋转磁场在转子每相绕组中产生的感应电动势为

$$e_2 = -N_2 \frac{\mathrm{d}\Phi}{\mathrm{d}t}$$

其有效值为

$$E_2 = 4.44 f_2 N_2 k_2 \Phi \qquad (6-10)$$

式中，f_2 为转子感应电动势 e_2 的频率；N_2 为转子每相绕组的匝数；k_2 为由转子绕组的结构决定的绕组系数；Φ 为旋转磁场的每极主磁通。

将式（6-9）代入式（6-10），得

$$E_2 = 4.44 s f_1 N_2 k_2 \Phi \qquad (6-11)$$

在电动机刚起动的瞬间，即 $n=0$，$s=1$ 时，转子感应电动势最大，为

$$E_{20} = 4.44 f_1 N_2 k_2 \Phi \qquad (6-12)$$

由式（6-11）和式（6-12）得出

$$E_2 = s E_{20} \qquad (6-13)$$

可见，转子电动势 E_2 与转差率 s 有关，当 s 增大，即转速 n 降低时，E_2 增大。E_2 随 s 变化的关系如图 6-14 所示。

和定子电流一样，转子电流也产生漏磁通 Φ_{S2}，它只与转子绕组交链，在转子每相绕组中产生的漏磁电动势为 $e_{S2} = -L_{S2}\dfrac{\mathrm{d}i_2}{\mathrm{d}t}$，其中 L_{S2} 为转子绕组的漏磁电感。

因为转子电路是闭合的，如图 6-13 所示，故 $U_2 = 0$，因此，转子每相电路的电压平衡方程式为

$$0 = i_2 r_2 + (-e_{S2}) + (-e_2) \qquad (6-14)$$

式（6-14）用相量形式可表示为

$$\dot{E}_2 = \dot{I}_2 r_2 + (-\dot{E}_{S2}) = \dot{I}_2 r_2 + \mathrm{j}\dot{I}_2 X_2 \qquad (6-15)$$

式中，r_2 和 X_2 分别为转子每相绕组的电阻和漏磁感抗，$X_2 = 2\pi f_2 L_{S2}$。

转子绕组的漏磁感抗 X_2 与转子频率 f_2 有关，即

$$X_2 = 2\pi f_2 L_{S2} = 2\pi s f_1 L_{S2} \qquad (6-16)$$

在电动机刚起动的瞬间，即 $n=0$，$s=1$ 时，转子漏磁感抗最大，为

$$X_{20} = 2\pi f_1 L_{S2} \qquad (6-17)$$

由式（6-16）和式（6-17）可得出

$$X_2 = s X_{20} \qquad (6-18)$$

可见，转子漏磁感抗 X_2 与转差率 s 有关，当 s 增大，即转速 n 降低时，X_2 增大。X_2 随 s 变化的关系如图 6-14 所示。

转子每相电路的电流可由式（6-15）得出，即

$$I_2 = \frac{E_2}{\sqrt{r_2^2 + X_2^2}} = \frac{s E_{20}}{\sqrt{r_2^2 + (s X_{20})^2}} \qquad (6-19)$$

可见，转子电流 I_2 也与转差率 s 有关，当 s 增大，即转速 n 降低时，I_2 也增大。当 $s=0$

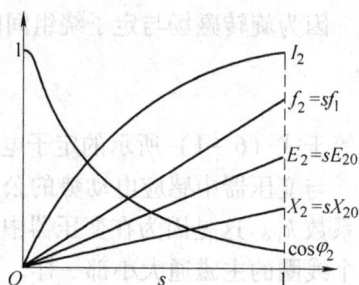

图 6-14　I_2、f_2、E_2、X_2 和 $\cos\varphi_2$ 与 s 的关系曲线

时，$I_2 = 0$；当 s 很小时，$r_2 \gg sX_{20}$，$I_2 \approx \dfrac{sE_{20}}{r_2}$，即 I_2 与 s 近似成正比；当 $s \to 1$ 时，$sX_{20} \gg r_2$，$I_2 \approx \dfrac{E_{20}}{X_{20}}$ 为一常数。I_2 随 s 变化的关系如图 $6-14$ 所示。

由于转子电路有漏磁感抗 X_2，因此 $\dot{I}_2$ 比 $\dot{E}_2$ 滞后 φ_2 角。转子电路的功率因数为

$$\cos\varphi_2 = \frac{r_2}{\sqrt{r_2^2 + X_2^2}} = \frac{r_2}{\sqrt{r_2^2 + (sX_{20})^2}} \tag{6-20}$$

可见，转子功率因数 $\cos\varphi_2$ 也与转差率 s 有关，当 s 增大时，X_2 增大，则 φ_2 随之增大，即 $\cos\varphi_2$ 减小。当 s 很小时，$r_2 \gg sX_{20}$，$\cos\varphi_2 \approx 1$；当 $s \to 1$ 时，$\cos\varphi_2 \approx \dfrac{r_2}{X_{20}}$。$\cos\varphi_2$ 随 s 变化的关系如图 $6-14$ 所示。

由上述分析可知，异步电动机转子电路中的各个物理量，如频率 f_2、电动势 E_2、漏磁感抗 X_2、电流 I_2 及功率因数 $\cos\varphi_2$ 等都与转差率 s 有关，也即与转速 n 有关，在学习异步电动机时，必须注意这一特点。

例 6-2 若已知一台绕线转子异步电动机的额定转速 $n_N = 953\text{r/min}$，星形联结的转子绕组开路时的线电压 $E_{20l} = 200\text{V}$，电源频率 $f_1 = 50\text{Hz}$，其他技术数据如下：$r_2 = 0.132\Omega$，$X_{20} = 0.27\Omega$。试求：（1）电动机刚起动时，转子每相绕组的电流 I_{20} 及功率因数 $\cos\varphi_{20}$；（2）电动机在额定转速时，转子每相绕组的频率 f_{2N}、电动势 E_{2N}、漏磁感抗 X_{2N}、电流 I_{2N} 及功率因数 $\cos\varphi_{2N}$。

解：（1）星形联结的转子绕组开路时的相电压为

$$E_{20p} = \frac{E_{20l}}{\sqrt{3}} = \frac{200}{\sqrt{3}}\text{V} = 115.47\text{V}$$

则电动机刚起动时，转子每相绕组的电流及功率因数分别为

$$I_{20} = \frac{E_{20p}}{\sqrt{r_2^2 + X_{20}^2}} = \frac{115.47}{\sqrt{0.132^2 + 0.27^2}}\text{A} = 384.2\text{A}$$

$$\cos\varphi_{20} = \frac{r_2}{\sqrt{r_2^2 + X_{20}^2}} = \frac{0.132}{\sqrt{0.132^2 + 0.27^2}} = 0.44$$

（2）由额定转速 $n_N = 953\text{r/min}$，可判断出同步转速为 $n_0 = 1000\text{r/min}$，则可计算出额定转差率为

$$s_N = \frac{n_0 - n_N}{n_0} = \frac{1000 - 953}{1000} = 0.047$$

因此，电动机在额定转速时，转子每相绕组中的各个物理量分别为

$$f_{2N} = s_N f_1 = 0.047 \times 50\text{Hz} = 2.35\text{Hz}$$

$$E_{2N} = s_N E_{20p} = 0.047 \times 115.47\text{V} = 5.43\text{V}$$

$$X_{2N} = s_N X_{20} = 0.047 \times 0.27\Omega = 0.013\Omega$$

$$I_{2N} = \frac{E_{2N}}{\sqrt{r_2^2 + X_{2N}^2}} = \frac{5.43}{\sqrt{0.132^2 + 0.013^2}}\text{A} = 40.9\text{A}$$

$$\cos\varphi_{2N} = \frac{r_2}{\sqrt{r_2^2 + X_{2N}^2}} = \frac{0.132}{\sqrt{0.132^2 + 0.013^2}} = 0.99$$

6.4 异步电动机的电磁转矩和机械特性

6.4.1 电磁转矩

根据前述异步电动机的转动原理可知，驱动电动机旋转的电磁转矩是由转子电流与旋转磁场相互作用而产生的，因此电磁转矩的大小与转子电流 I_2 及旋转磁场的磁通 Φ 有关。

因为异步电动机转子电路中，转子电流与转子感应电动势之间存在相位差 φ_2，于是转子电流 $\dot{I}_2$ 可分解为有功分量 $I_2\cos\varphi_2$ 和无功分量 $I_2\sin\varphi_2$ 两部分。因为电磁转矩是衡量电动机做功能力的一个量，而只有转子电流的有功分量 $I_2\cos\varphi_2$ 与旋转磁场相互作用才能产生电磁转矩，因此异步电动机的电磁转矩 T 可表示为

$$T = k_T \Phi I_2 \cos\varphi_2 \qquad (6-21)$$

式中，k_T 为与电动机结构有关的常数；Φ 为旋转磁场的每极磁通；I_2 为转子每相电流；$\cos\varphi_2$ 为转子电路的功率因数。

由式（6-4）及式（6-8），有

$$\Phi = E_1 / 4.44 f_1 N_1 k_1 \approx U_1 / 4.44 f_1 N_1 k_1 \qquad (6-22)$$

即 Φ 正比于 U_1。

将式（6-19）和式（6-20）代入式（6-21），则有

$$T = k_T \Phi \frac{sE_{20}}{\sqrt{r_2^2 + (sX_{20})^2}} \frac{r_2}{\sqrt{r_2^2 + (sX_{20})^2}} = k_T \Phi \frac{sE_{20}r_2}{r_2^2 + (sX_{20})^2} \qquad (6-23)$$

将式（6-12）和式（6-22）代入式（6-23），合并整理常数，可得

$$T = K \frac{sr_2 U_1^2}{r_2^2 + (sX_{20})^2} \qquad (6-24)$$

式中，K 是与电动机结构有关的常数；s 是转差率；r_2 为转子每相电路的电阻；X_{20} 是电动机刚起动时的转子感抗；U_1 为定子绕组的相电压。

式（6-24）更为明确地表明了电动机电磁转矩与电源电压、转差率等外部条件及电路参数 r_2、X_{20} 之间的关系。可以看出，电磁转矩 T 是转差率 s 的函数；在某一个 s 值下，电磁转矩 T 又与定子每相电压 U_1 的二次方成正比。

6.4.2 机械特性

电动机是将电能转换为机械能的设备，当电动机拖动生产机械工作时，负载的改变将使电动机产生的电磁转矩随之改变，电动机的转速也要随之发生变化。将电动机的转速与电磁转矩的变化关系 $n = f(T)$ 称为电动机的机械特性。电动机的机械特性是其最主要的特性，不同的生产机械要求不同特性的电动机拖动。

在式（6-24）中，当电动机定子外加电源电压 U_1 及其频率 f_1 一定，且 r_2 和 X_{20} 都是常数时，电磁转矩 T 只随转差率 s 变化。电磁转矩与转差率之间的关系可用如图 6-15 所示的转矩特性曲线 $T = f(s)$ 表示。

由图 6-15 及式（6-24）可知，在 $0 < s < s_m$ 时，由于 s 很小，$r_2 \gg sX_{20}$，略去 sX_{20} 不

计，可近似认为 T 与 s 成正比，即电磁转矩 T 随转差率 s 的增加而增加；在 $s_m < s < 1$ 时，由于 s 较大，$sX_{20} \gg r_2$，略去 r_2 不计，可近似认为 T 与 s 成反比，即电磁转矩 T 随转差率 s 的增加而减小。s_m 称为临界转差率。

转矩特性曲线 $T = f(s)$ 只是间接地表示了电磁转矩与转速之间的关系。但在实际应用中，更直接需要了解的是转速与电磁转矩的关系。在图 6-15 所示的转矩特性曲线中，将 s 坐标轴换成 n 坐标轴，把 T 坐标轴平行右移到 $s = 1$（$n = 0$）处，再按顺时针方向旋转 $90°$，即可得到如图 6-16 所示的机械特性 $n = f(T)$ 曲线。

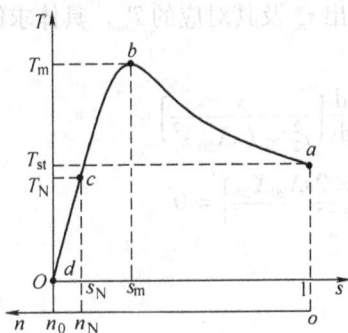

图 6-15 三相异步电动机转矩特性曲线 图 6-16 三相异步电动机的机械特性曲线

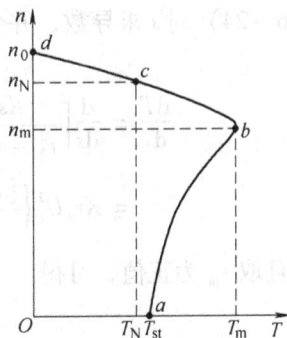

机械特性是异步电动机的重要特性，为了能够正确使用电动机，必须掌握这一特性的几个主要特征点：理想空载点 d、额定工作点 c、临界工作点 b 和起动工作点 a。

6.4.2.1 理想空载点与硬特性

图 6-16 所示异步电动机机械特性曲线上的 d 点（$T = 0$，$n = n_0$），电动机的转速等于旋转磁场的转速，是只有在电动机空载和不存在电动机损耗，即反转矩为零的理想情况下，才能得到的稳定运行点。但实际运行时，由于存在风阻、摩擦等损耗，所以实际转速略低于同步转速 n_0，故称 d 点为理想空载点。

在机械特性曲线上的 $d-b$ 段，当电动机的负载转矩从理想空载增加到额定转矩 T_N 时，转速相应地从 n_0 下降到额定转速 n_N，此时相应的转差率约为 $1\% \sim 7\%$。显然 n_N 仅略低于 n_0。电动机转速随着转矩的增加而稍微下降的这种特性，称为硬特性。

特性的 $d-b$ 段是电动机的稳定工作区，电动机在 $b-a$ 段不能稳定运行。

6.4.2.2 额定工作点及额定转矩 T_N

电动机的额定转矩 T_N 是电动机带额定负载，即在额定工作状态时输出的电磁转矩。图 6-16 中机械特性曲线上的 c 点（$T = T_N$，$n = n_N$）就是电动机的额定工作状态。

由于电动机电磁转矩必须与轴上的负载转矩相等才能稳定运行，如果忽略电动机本身的风阻摩擦损耗，可以近似地认为，电磁转矩（N·m）等于输出转矩，可用下式计算：

$$T \approx T_2 = \frac{P_2}{\frac{2\pi n}{60}} = 9550 \times \frac{P_2}{n}$$

式中，P_2 是电动机轴上输出的机械功率（kW）；n 是电动机的转速（r/min）。

将电动机铭牌上给出的额定输出功率 P_N 和额定转速 n_N 代入以上通用计算式，即可得到电动机的额定转矩（N·m）

$$T_N = 9550 \times \frac{P_N}{n_N} \tag{6-25}$$

6.4.2.3 临界工作点及最大转矩 T_m

最大转矩 T_m 表示电动机可能产生的最大电磁转矩，如图 6-16 所示机械特性曲线上的 b 点（$T = T_m$，$n = n_m$）。从曲线中可以看出，曲线的形状以 b 点为界，$a - b$ 段与 $b - d$ 段的变化趋势是完全不同的，b 点就是一个临界点。因此，b 点对应的最大转矩 T_m 又称临界转矩；b 点对应的转差率 s_m 为临界转差率。

将式（6-24）对 s 求导数，并令其为零，即可求出 s_m 及其对应的 T_m，具体求解方法如下：

$$\frac{dT}{ds} = \frac{d}{ds}\left[\frac{Ksr_2U_1^2}{r_2^2 + (sX_{20})^2}\right] = Kr_2U_1^2 \frac{d}{ds}\left[\frac{s}{r_2^2 + (sX_{20})^2}\right]$$

$$= Kr_2U_1^2 \left\{\frac{[r_2^2 + (sX_{20})^2] - s \times 2sX_{20}X_{20}}{[r_2^2 + (sX_{20})^2]^2}\right\} = 0$$

解之，且取 s_m 为正值，可得

$$s = s_m = r_2/X_{20} \tag{6-26}$$

将式（6-26）代入式（6-24）中，可计算出最大转矩

$$T_m = K\frac{U_1^2}{2X_{20}} \tag{6-27}$$

可见，s_m 与转子电阻 r_2 成正比，与电源电压 U_1 无关；而 T_m 与 U_1 的二次方成正比，与 r_2 无关。

一般电动机为了避免过热，不允许长时间工作在过载的状态下。如果由于某种原因或需要，在短时间内使电动机过载运行，只要电动机的发热不超过允许温升，这样的过载是允许的。但是，电动机的负载转矩不得超过最大转矩 T_m，否则电动机的转速将越来越低，直至停止转动，此时电流可升高到额定电流的若干倍，如果长时间通过定子绕组，会使电动机过热，甚至烧毁，这种现象称为"闷车"或"堵转"。因此异步电动机在运行时应注意避免出现堵转。一旦出现堵转应立即切断电源，并卸掉过重的负载。

为了描述电动机允许的短时过载运行能力，在电动机的铭牌数据中，通常给出最大转矩与额定转矩的比值

$$\lambda = T_m/T_N \tag{6-28}$$

式中，λ 称为过载系数。

过载系数 λ 是异步电动机的一个重要指标，一般三相异步电动机的过载系数为 $1.8 \sim 2.2$。

6.4.2.4 起动工作点及起动转矩 T_{st}

起动转矩 T_{st} 是电动机接通电源瞬间，转子尚未转动时的电磁转矩，如图 6-16 所示机械特性曲线上的起动工作点——a 点（$T = T_{st}$，$n = 0$）。

电动机刚起动的瞬间，$s = 1$，将其代入式（6-24）中，可得起动转矩

$$T_{st} = K\frac{r_2U_1^2}{r_2^2 + X_{20}^2} \tag{6-29}$$

可见，起动转矩 T_{st} 不仅与转子电阻 r_2 有关，而且也与电源电压 U_1 的二次方成正比。

当电动机的起动转矩大于静止时其轴上的负载转矩时，电动机沿着机械特性曲线很快进入

稳定运行状态；如果起动转矩小于负载转矩，则电动机不能起动，此时与堵转的情况相同。

　　在电动机的铭牌数据中，通常给出起动转矩与额定转矩的比值，即 T_{st}/T_N 来表示电动机的起动能力。一般 $T_{st}/T_N = 1.1 \sim 2.0$，对于特殊用途的电动机，如起重、冶金设备用的电动机，这个比值可达到 $2.5 \sim 3.1$。

6.4.2.5　电源电压和转子电阻对机械特性的影响

　　式（6-26）、式（6-27）和式（6-29）说明了转子电阻 r_2 和电源电压 U_1 对三相异步电动机机械特性的影响。

　　由以上三式可见：当转子电阻 r_2 为常数时，电动机的最大转矩 T_m 和起动转矩 T_{st} 都与定子电路外加电源电压 U_1 的二次方成正比，而临界转差率 s_m（或临界转速 n_m）则与 U_1 无关。即

$$\frac{T_m}{T'_m} = \frac{U_{1N}^2}{U_1^2} \qquad \frac{T_{st}}{T'_{st}} = \frac{U_{1N}^2}{U_1^2} \qquad (6-30)$$

式中，T_m、T_{st} 分别是额定电压 U_{1N} 下的最大转矩和起动转矩；T'_m、T'_{st} 分别是电源电压为 U_1 时的最大转矩和起动转矩。

　　因此，当 U_1 减小时，T_m、T_{st} 都减小，而 n_m 不变，机械特性曲线向左移动。电源电压 U_1 对机械特性 $n = f(T)$ 曲线的影响如图 6-17 所示。

　　电源电压的下降，直接影响电动机的起动性能和过载能力。通常在电动机的运行过程中，规定电网电压允许在 ±5% 范围内波动。

　　同理可知：当电源电压 U_1 一定时，临界转差率 s_m 与转子电路的电阻 r_2 成正比，最大转矩 T_m 与 r_2 无关，而起动转矩 T_{st} 与 r_2 有关。

　　因此，当 r_2 越大时，s_m 也越大，n_m 越小，$n = f(T)$ 曲线越软，即对应同一负载转矩时的转速越低。而 T_m 不变，T_{st} 也有所增大，机械特性曲线向下移动。转子电阻 r_2 对机械特性 $n = f(T)$ 曲线的影响如图6-18 所示，其中 r_2 是转子绕组的电阻，R_2、R'_2 是转子电路的外接电阻。

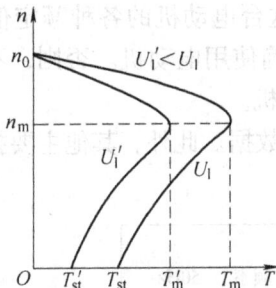

图 6-17　不同 U_1 时的机械特性曲线（r_2 为常数）　图 6-18　不同 r_2 时的机械特性曲线（U_1 为常数）

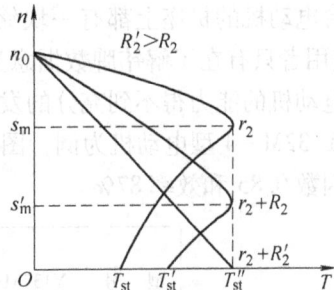

　　对于绕线转子异步电动机，适当选择转子电路的外接电阻，使转子电阻增大，就可以提高起动转矩 T_{st}。

6.4.3　电动机的自动适应负载能力

　　电动机产生的电磁转矩根据负载的变化而自动调整，以适应负载的需要，这种特性称为自适应负载能力。即电动机拖动生产机械工作，当负载转矩增大时，电动机产生的电磁转矩自动增大；相反，负载转矩减小时，电动机产生的电磁转矩自动降低。

下面分析在电动机的起动过程及负载变动时，电磁转矩自动适应负载的情况。

设电动机的负载转矩为 T_{21}。当电动机接通电源后，只要起动转矩 T_{st} 大于轴上的负载转矩 T_{21}，电动机转子便由静止开始旋转。由图 6-19 可见，电动机的转速 n 及电磁转矩 T 沿着机械特性 $n=f(T)$ 曲线的 a 点开始上升。在 $a-b$ 段，随着转速 n 的增高，电动机产生的电磁转矩 T 增大，促使转速快速上升。当电动机的工作点升到曲线的 b 点时，电动机产生最大转矩 T_m，此时随着转速的继续上升，转矩开始减小。但是只要电磁转矩仍大于负载转矩，转速就仍然继续上升，直到加速至 M_1 点时，电磁转矩 T 与负载转矩 T_{21} 相等，转速不再升高，电动机以恒定转速 n_1 稳定运行在 M_1 点。

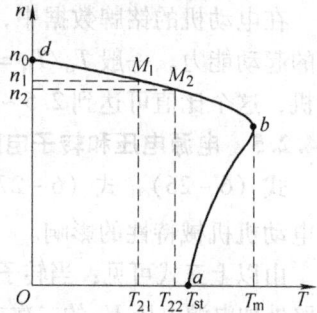

图 6-19 电动机负载变动时的电磁转矩曲线

对于转速为 n_1，稳定运行的电动机，如果由于某种原因，负载改变了，例如负载转矩增大到 T_{22}，由于瞬时间 T_{22} 大于此时的电磁转矩 T，电动机将沿 $d-b$ 段减速。但随着转速 n 的下降，转差率 s 增加，电动机转子电流 I_2 增大，电动机的电磁转矩随之增加，该过程一直进行到电动机的电磁转矩 T 与负载转矩 T_{22} 相等时为止。此时电动机重新以新的转速 n_2 稳定运行在 M_2 点。

电动机负载转矩增大时，定子电流也要随着转子电流的增加而增大，输送给电动机的电功率也要随之增加。

上述分析的电动机负载变化后，通过转速的改变使转子电流和电磁转矩随之改变的过程是自动进行的，并不需要人为控制。

6.5 异步电动机的铭牌数据

每台电动机的机座上都有一块铭牌，铭牌上记载着这台电动机的各种额定值（铭牌数据）。使用者只有在了解铭牌数据意义的情况下，才能正确使用电动机。否则，不当的使用不仅使电动机的能力得不到充分的发挥，甚至会损坏电动机。

以 Y132M—4 型电动机为例，图 6-20 所示是其铭牌数据。此外，其他主要技术数据还有功率因数 0.85 和效率 87%。

三相异步电动机					
型 号	Y132M—4	功率	7.5kW	频率	50Hz
电 压	380V	电流	15.4A	接法	三角形
转 速	1440r/min	绝缘等级	B	工作方式	连续
年 月		编号			××电机厂

图 6-20 电动机的铭牌示例

6.5.1 型号

电动机的型号是表示电动机的类型、用途和技术特征的代号。为了适应不同用途和不同工作环境的需要，电动机制成不同的系列，每种系列用一种型号表示。

图 6 - 20 所示铭牌中型号的含义说明如下：

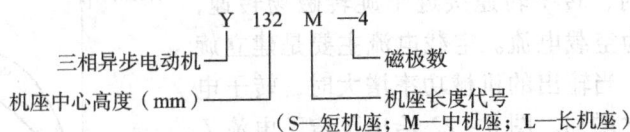

Y　132　M　—4

三相异步电动机　→　磁极数
机座中心高度（mm）　→　机座长度代号
（S—短机座；M—中机座；L—长机座）

三相异步电动机产品名称、用途、型号（新、旧）见附录。

小型 Y 系列、Y - L 系列笼型异步电动机是取代 JO$_2$ 系列的新产品，封闭自扇冷式。Y 系列的定子绕组为铜线，Y - L 系列的定子绕组为铝线。同样功率的电动机，Y 系列比 JO$_2$ 系列体积小，重量轻，效率高。

6.5.2　接法

铭牌上的接法是指电动机在额定运行时定子三相绕组的连接方式。

一般笼型电动机的接线盒中有六根引出线，分别标有 U$_1$、V$_1$、W$_1$、U$_2$、V$_2$、W$_2$，其中：U$_1$、V$_1$、W$_1$ 分别是定子三相绕组的始端（头），而 U$_2$、V$_2$、W$_2$ 是相对应绕组的末端（尾）。根据电网电压和电动机额定电压的要求，这六个引出线端在接电源之前，相互间必须正确连接。

如图 6 - 21 所示，定子绕组的连接方式有星形（Y）联结和三角形（△）联结两种。通常，功率在 3kW 以下的三相异步电动机连接成星形联结；4kW 以上的三相异步电动机，运行时均采用三角形联结。

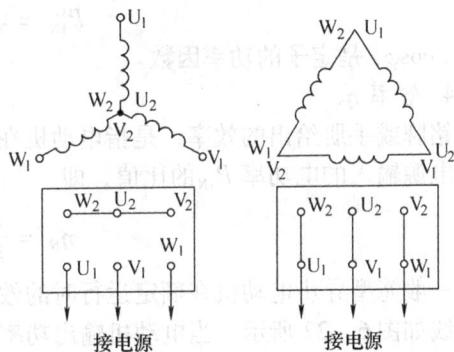

图 6 - 21　定子绕组的星形联结和三角形联结

6.5.3　额定值

1. 额定电压 U_N

铭牌上的额定电压是指电动机在额定运行时，定子绕组在指定连接方式下应加的线电压值。

额定电压是由定子每相绕组所能承受的电压大小而确定的。一般规定，电动机运行时的电压波动不超过额定电压值的 ±5%。电压过低，将引起电动机转速下降，定子电流增大，电动机的过载能力小，若带动额定负载，电流就会超过额定值，长期运行将导致电动机过热；电压过高，磁路中的磁通增大，将引起励磁电流的急剧增大，这样不仅使铁损耗增加，铁心发热，而且也会造成定子绕组严重过热。

2. 额定电流 I_N

铭牌上的额定电流是指电动机在额定状态运行时，定子绕组在指定连接方式下最大允许的线电流值。

额定电流是由定子绕组所用导线的截面积大小以及所采用的材料所确定的。电动机运行时的电流若超过额定电流值，将使电动机绕组过热，绝缘材料的寿命缩短，严重过热将导致电动机烧坏。

当电动机空载时，转子转速接近于旋转磁场转速，定子电流很小，称为空载电流。空载电流主要是建立旋转磁场的励磁电流，当输出的机械功率增大时，转子电流和定子电流都随之增加。图 6-22 给出了定子电流 I_1 和输出机械功率 P_2 的关系曲线 $I_1 = f(P_2)$。

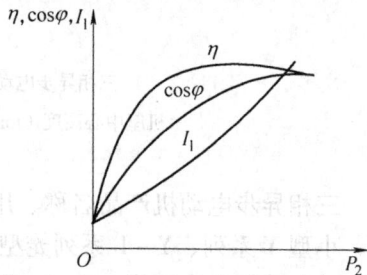

图 6-22　异步电动机运行特性

3. 额定功率 P_N

铭牌或手册上所给出的额定功率是指电动机在标准环境温度下，按规定的工作方式，在额定运行时，电动机轴上输出的机械功率。

电动机轴上输出的机械功率与从电源输入的功率不相等。对电源来说，电动机为三相对称负载。电动机额定运行时，由电源输入的功率为

$$P_{1N} = \sqrt{3}\, U_N I_N \cos\varphi_N \tag{6-31}$$

式中，$\cos\varphi_N$ 是定子的功率因数。

4. 效率 η_N

铭牌或手册给出的效率，是指电动机在额定运行状态下，轴上输出的机械功率 P_N 与定子从电源输入的电功率 P_{1N} 的比值，即

$$\eta_N = \frac{P_N}{P_{1N}} \times 100\% \tag{6-32}$$

一般笼型异步电动机在额定运行时的效率约为 $75\% \sim 92\%$。效率 η 和输出功率 P_2 的关系曲线如图 6-22 所示，当电动机输出功率较小，例如轻载或空载时，效率很低，因此使用电动机时要避免"大马拉小车"的情况。

5. 功率因数 $\cos\varphi_N$

铭牌或手册给出的功率因数，是指电动机在额定运行状态下，定子相电压与相电流的相位差的余弦。

异步电动机空载运行时的定子空载电流主要是感性励磁电流，此时定子电路的功率因数很小，约为 $0.2 \sim 0.3$。随着负载的增加，输出功率增加，$\cos\varphi$ 迅速升高，额定运行时，功率因数约为 $0.7 \sim 0.9$。因此，为了提高电路的功率因数，要尽量避免电动机轻载或空载运行。$\cos\varphi = f(P_2)$ 曲线如图 6-22 所示。

6. 额定转速 n_N

铭牌上的额定转速，是指电动机在额定电压下，输出额定功率时的转速。

电动机在额定工作状态下，转差率 s_N 很小，额定转速 n_N 与旋转磁场同步转速 n_0 相差很小。通常电动机的转速不低于 $500 r/min$。因为当功率一定时，电动机的转速越低，其尺寸越大，价格越贵，而且效率也较低。因此选用高速电动机，再另配减速器来使用，较为经济。

7. 频率 f_1

铭牌上的频率，是指电动机定子绕组外加的电源频率。

6.5.4　温升及绝缘等级

温升是指电动机在运行中定子绕组发热而升高的温度。绝缘等级是根据电动机绕组所用

的绝缘材料，按使用时的最高允许温度而划分的不同等级。

电动机发热影响绝缘材料，而各种绝缘材料的耐热性能不同，所以电动机的允许温升与绝缘的等级有关。允许温升是指电动机的温度与周围环境温度相比升高的限度。常用绝缘材料的绝缘等级及其最高允许温度、允许温升见表 6-2。

表6-2 常用绝缘材料的绝缘等级及其最高允许温度、允许温升

绝缘等级	A	E	B	F	H
最高允许温度/℃	105	120	130	155	180
绕组温升限值/℃	60	75	80	100	125

上述最高允许温度近似为环境温度和允许温升之和。例如电动机用的是 E 级绝缘，按环境温度为40℃计算，定子绕组的允许温度不能超过40℃ +75℃ = 115℃。

6.5.5 工作方式

工作方式是对电动机在铭牌规定的技术条件下持续运行时间的限制，以保证电动机的温升不超过允许值。电动机的工作方式包括连续工作、短时工作、断续周期工作、连续周期工作等。

例6-3 一台异步电动机的技术数据为：$P_N = 10kW$，$U_N = 380V$，△联结，$n_N = 1450r/min$，$\eta_N = 87.5\%$，$\cos f_N = 0.87$，起动转矩与额定转矩之比为 1.4，最大转矩与额定转矩之比为 2.0。试求：（1）额定电流；（2）额定转矩、起动转矩、最大转矩；（3）粗略描绘出额定电压下的机械特性曲线。

解：（1）由式（6-31）和式（6-32），可得额定电流

$$I_N = \frac{P_N}{\sqrt{3} U_N \cos\varphi_N \eta_N} = \frac{10 \times 1000}{\sqrt{3} \times 380 \times 0.87 \times 0.875} A = 19.96A$$

（2）额定转矩

$$T_N = 9550 \frac{P_N}{n_N} = 9550 \times \frac{10}{1450} N \cdot m = 65.9 N \cdot m$$

起动转矩

$$T_{st} = 1.4 T_N = 1.4 \times 65.9 N \cdot m = 92.26 N \cdot m$$

最大转矩

$$T_m = 2 T_N = 2 \times 65.9 N \cdot m = 131.8 N \cdot m$$

（3）描绘机械特性曲线

直线段：理想空载点（$T = 0$，$n = n_0 = 1500r/min$）；

额定工作点（$T = T_N = 65.9 N \cdot m$，$n = n_N = 1450r/min$）。

临界工作点：$T = T_m = 131.8 N \cdot m$。

曲线段：起动工作点（$T = T_{st} = 92.26 N \cdot m$，$n = 0$）。

根据上述数据，可大致描出额定电压下的机械特性曲线，如图 6-23 所示。

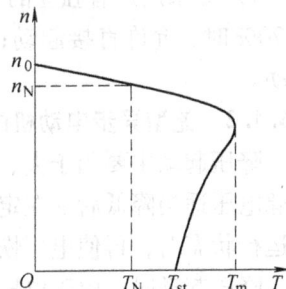

图6-23 例6-3题图

6.6 异步电动机的使用

6.6.1 异步电动机的起动

电动机的起动就是将电动机接通电源后，转速由零不断上升直至达到某一稳定转速的过程。电动机的起动性能，主要是指起动电流和起动转矩两方面。

在电动机接通电源起动的瞬间，即转子尚未转动时，转子绕组中感应产生的电动势和电流都达到最大值。与变压器道理一样，此时定子电流（即起动电流）也达到最大值，一般笼型电动机的起动电流是其额定电流的 5 ~ 7 倍。但因起动过程时间很短（1 ~ 3s），而且随着转速的上升，电流会迅速减小，来不及使电动机本身过热，故对于容量不大且不频繁起动的电动机自身影响并不大。然而，过大的起动电流在输电线上造成的电压降很大，因而将直接影响接在同一电网线路上的其他负载的正常工作。例如，引起灯光的闪烁，或引起其他运行中的电动机转速下降，甚至可能使其最大转矩降到小于负载转矩，致使电动机停转等。

另一方面，因为电动机刚起动时的转子漏磁感抗 X_{20} 很大，转子功率因数很低，所以，由式（6-21）或式（6-29）可知，电动机的起动转矩并不大。起动转矩太小，就不能带负载起动，或者使起动时间拖长。

由于电动机的起动电流过大，而起动转矩较小，因而其起动性能较差，有时与生产实际的要求不适应。为此常常采取一些措施既要把起动电流限制在一定数值内，又要保证电动机有适当的起动转矩。通常要根据电网及电动机容量的大小、负载轻重等具体情况，采用不同的电动机起动方法。

6.6.1.1 笼型异步电动机的直接起动

笼型异步电动机的直接起动也称为全压起动。它是将电动机的定子绕组直接接入电网，加上额定电压，直接起动电动机。

直接起动的优点是所需起动设备简单，操作方便，起动过程短，所需成本低。但是电动机的起动电流大，对电动机及电网有一定冲击。

一台异步电动机是否允许直接起动要视具体情况而定，一般根据以下几种情况确定：

1）容量在 7.5kW 以下的电动机一般可以采用直接起动。

2）允许直接起动的电动机在起动瞬间造成的电网电压降不大于电源电压正常值的 10%，对于不经常起动的电动机可放宽到 15%。

3）如果用户有独立的专用变压器供电，则频繁起动的电动机，其容量小于变压器容量的 20% 时，允许直接起动；如电动机容量小于变压器容量的 30% 时，允许不频繁的直接起动。

6.6.1.2 笼型异步电动机的降压起动

降压起动主要用于大、中型笼型异步电动机的起动。所谓降压起动，是借助起动设备将电源电压适当降低后加在定子绕组上进行起动，以减小起动电流。起动后，待电动机接近稳定运行状态时，再使电压恢复到额定值，转入正常运行。

降压起动时，由于电压降低，电动机每极磁通量减小，故转子电动势、电流以及定子电流均减小，避免了电网电压的显著下降。但由于起动转矩与电源电压的二次方成正比，因此减压起动时的起动转矩将大大减小。所以降压起动只适用于空载或轻载情况下起动,起动完毕后再加上机械负载。

1. 定子电路串接电阻(或电抗器)降压起动

定子串接电阻(或电抗器)降压起动原理如图 6-24 所示。在电动机起动时,把电阻(或电抗器)串接在电动机定子绕组与电源之间,通过电阻(或电抗器)的分压作用,来降低定子绕组上的起动电压,因此限制了起动电流。待起动后转速接近稳定值时,再将电阻(或电抗器)短接,使电动机在额定电压下正常运行。

采用这种降压起动方法时,电阻上有热能损耗,如果用电抗器则体积较大、成本较高,因此该方法很少采用。

2. 自耦变压器降压起动

自耦变压器降压起动原理如图 6-25 所示。电动机起动时,自耦变压器的高压侧投入电网,低压侧接电动机,利用自耦变压器来降低加在定子绕组上的起动电压。待电动机起动后,再使电动机与自耦变压器脱离,从而在全压下正常运行。

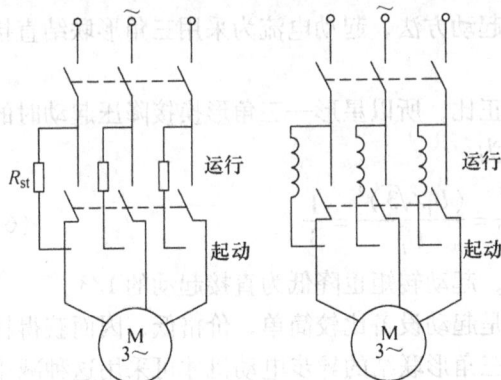

图 6-24　定子串电阻(或电抗器)降压起动原理　　　图 6-25　自耦变压器降压起动原理

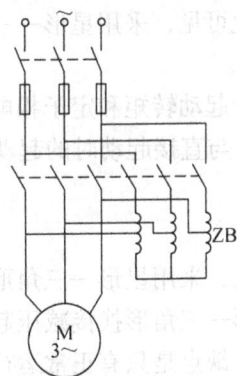

若设自耦变压器的电压比为 K,一次电压为 U_1,则二次电压 $U_2 = U_1/K$,二次电流 I_2(即通过电动机定子绕组的线电流)也按正比减小。根据变压器一、二次侧的电流关系 $I_1 = I_2/K$,可知一次侧的电流(即电源供给电动机的起动电流)比直接流过电动机定子绕组的电流要小,即此时电源供给电动机的起动电流为直接起动时起动电流的 $1/K^2$ 倍。

自耦变压器降压起动的优点是可以按允许的起动电流和所需的起动转矩来选择自耦变压器的不同抽头实现降压起动,而且不论电动机的定子绕组采用星形还是三角形联结都可以使用。缺点是设备体积大,成本很高。

3. 星形—三角形换接降压起动

星形—三角形换接降压起动原理如图 6-26 所示。如果电动机在正常运行时,定子绕组的连接方式为三角形,则在起动时,可以把定子绕组接成星形,使每相绕组的电压降低为 $U_N/\sqrt{3}$,待转速接近额定值时,再把定子绕组改接成三角形,使电动机全压运行。

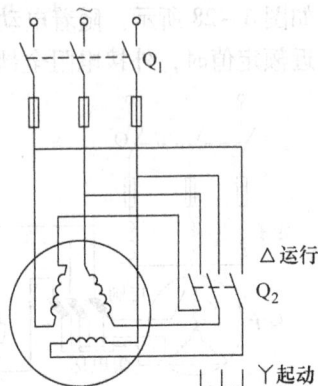

图 6-26　星形—三角形换接降压起动原理

下面讨论星形—三角形换接降压起动时的起动电流和起动转矩。设电源的线电压为 U_l，起动瞬间电动机每相绕组等效阻抗为 $|Z_{st}|$。

电动机定子绕组星形联结启动时，每相绕组的电压为 $U_{Yp} = U_l / \sqrt{3}$，线电流 I_{Yl} 等于相电流 I_{Yp}，即

$$I_{Yl} = I_{Yp} = \frac{U_l}{\sqrt{3}\,|Z_{st}|} \qquad (6-33)$$

若定子绕组三角形联结直接起动时，其每相绕组的电压为 $U_{\triangle p} = U_l$、线电流 $I_{\triangle l}$ 与相电流 $I_{\triangle p}$ 的关系为

$$I_{\triangle l} = \sqrt{3}\,I_{\triangle p} = \sqrt{3}\,\frac{U_l}{|Z_{st}|} \qquad (6-34)$$

比较式（6-33）及式（6-34）可得

$$\frac{I_{Yl}}{I_{\triangle l}} = \frac{1}{3} \qquad (6-35)$$

由此可见，采用星形—三角形换接减压起动方法，起动电流为采用三角形联结直接起动时的 1/3。

由于起动转矩和定子相电压的二次方成正比，所以星形—三角形换接降压起动时的起动转矩 T_{Yst} 与直接起动时的起动转矩 $T_{\triangle st}$ 之比为

$$\frac{T_{Yst}}{T_{\triangle st}} = \frac{(U_{Yp})^2}{(U_{\triangle p})^2} = \frac{(U_l/\sqrt{3})^2}{U_l^2} = \frac{1}{3} \qquad (6-36)$$

可见，采用星形—三角形换接减压起动，起动转矩也降低为直接起动的 1/3。

星形—三角形换接减压起动的最大优点是起动设备比较简单，价格低，因而获得较广泛的应用。缺点是只有正常运行时定子绕组作三角形联结的异步电动机才可采用这种减压起动方法，而且降压比固定，有时不能满足起动要求。

6.6.1.3 绕线转子异步电动机的起动

绕线转子异步电动机的起动，主要采用转子回路串联外接电阻的方法，如图6-27所示。起动过程分析如下：

将起动变阻器的电阻增大到适当值，合上开关 Q，电动机起动，转速沿机械特性变化过程如图6-28所示。随着电动机转速的升高，逐级将外接电阻 r'''_2、r''_2、r'_2 切除，直到转速接近额定值时，外接电阻全部切除，使转子电路短接。

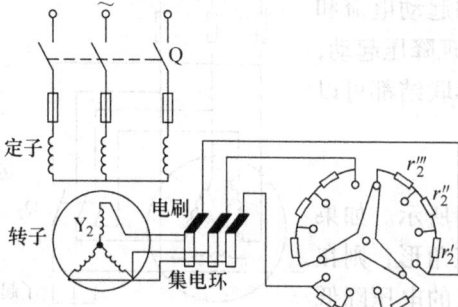

图6-27 转子回路串联外接电阻的电路　　图6-28 转子回路串联外接电阻的机械特性曲线

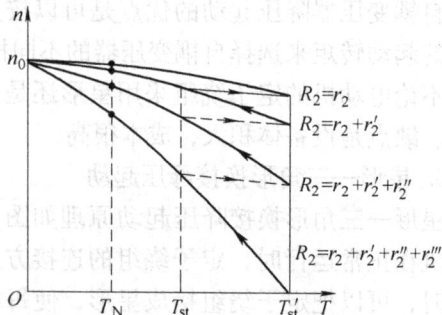

转子回路外接电阻起动，既减小起动电流，同时又能提高起动转矩。所以绕线转子异步电动机用于要求中、大容量，或要求起动转矩较大的场合，例如拖动提升机、起重机等。

例 6 - 4　有一台笼型异步电动机的技术数据如下：$P_N = 45kW$，$U_N = 380V$，三角形联结，$n_N = 1480r/min$，$\eta_N = 92.3\%$，$\cos f_N = 0.88$，$T_{st}/T_N = 1.9$，$T_m/T_N = 2.2$，$I_{st}/I_N = 7.0$。（1）求额定转差率 s_N、额定电流 I_N、额定转矩 T_N、起动转矩 T_{st} 和最大转矩 T_m；（2）负载转矩为电动机的额定转矩时，电源电压为 U_N 和 $0.9U_N$ 两种情况下，电动机能否起动；（3）若采用星形—三角形换接减压起动，求起动电流 I_{Yst}、起动转矩 T_{Yst}。

解：（1）$s_N = \dfrac{n_0 - n_N}{n_0} = \dfrac{1500 - 1480}{1500} = 0.013$

$$I_N = \frac{P_N}{\sqrt{3}\,U_N\eta_N\cos\varphi_N} = \frac{45 \times 10^3}{\sqrt{3} \times 380 \times 0.923 \times 0.88}A = 84.2A$$

$$T_N = 9550\frac{P_N}{n_N} = 9550 \times \frac{45}{1480}N \cdot m = 290.4N \cdot m$$

$$T_{st} = (\frac{T_{st}}{T_N})T_N = 1.9T_N = 1.9 \times 290.4N \cdot m = 551.8N \cdot m$$

$$T_m = (\frac{T_m}{T_N})T_N = 2.2T_N = 2.2 \times 290.4N \cdot m = 638.9N \cdot m$$

（2）当电源电压为 U_N 时，起动转矩 T_{st} 大于负载转矩 $T_2 = T_N$，所以能起动。

当电源电压减小为 $0.9U_N$ 时，起动转矩 $T'_{st} = (0.9)^2 T_{st} = 0.81 \times 551.8N \cdot m = 446.9N \cdot m$，仍大于负载转矩，因此电动机也能起动。

（3）三角形联结时的起动电流

$$I_{st} = (\frac{I_{st}}{I_N})I_N = 7.0I_N = 7.0 \times 84.2A = 589.4A$$

星形联结时的起动电流

$$I_{Yst} = \frac{I_{st}}{3} = \frac{589.4}{3}A = 196.5A$$

星形联结时的起动转矩

$$T_{Yst} = \frac{T_{st}}{3} = \frac{551.8}{3}N \cdot m = 183.9N \cdot m$$

6.6.2　异步电动机的调速

调速是指在保持电动机电磁转矩（即负载转矩）一定的情况下改变电动机的转速。采用电气调速方法，可以大大简化机械变速机构。

根据式（6-1）及式（6-3）可得

$$n = n_0(1 - s) = \frac{60f_1}{p}(1 - s)$$

由此可知，要调节异步电动机的转速，可采用改变磁极对数 p、转差率 s 以及电源频率 f_1 来实现。

6.6.2.1　变极对数调速

变极调速一般只在笼型异步电动机中采用，称为多速异步电动机。这种调速方法是采用改变定子绕组的连接方法来改变电动机的极对数 p，达到调速目的，如图 6-29 所示。

图 6-29 中以 U_1 相绕组为例，图 6-29a 磁极数为四极，图 6-29b 磁极数为二极。这种调速方法，只能使电动机的转速成倍地变化，即有级调速。目前的产品有双速、三速和四速三种，例如，笼型异步电动机换接成二极或四极，对应的同步转速为 3000r/min 和 1500r/min，其机械特性曲线如图 6-30 所示。

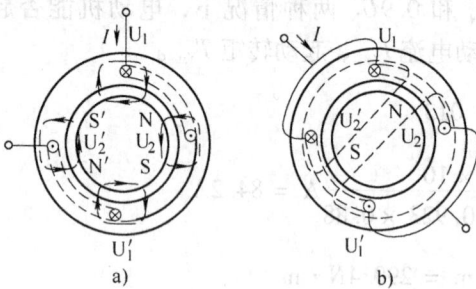

图 6-29 U_1 相绕组的改接方法

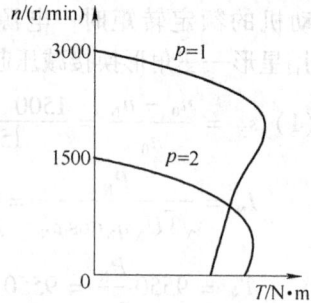

图 6-30 变极调速的机械特性曲线

变极调速方法接线简单、控制方便、价格较低，并且具有较硬的机械特性，稳定性良好，效率高。但由于是有级调速，级差较大，不能获得平滑的调速性能。变极调速适用于不需要无级调速的生产机械，如金属切削机床、升降机、起重设备、风机、水泵等。

6.6.2.2　改变转差率调速

对绕线转子异步电动机，可以通过调节串接在转子电路中的调速电阻来改变转差率 s，达到调速目的，如图 6-27 所示。当接入的电阻不同时，对于同一负载转矩 T_2，可以得到不同的转速。调速的平滑性取决于所接入电阻的分段级数，串入的附加电阻级数越多，调速级数也越多，但一般不超过五级。

采用改变转差率的调速方法时，电动机在较低的转速下运行。串入的电阻越大，电动机的转速越低。这种调速方法的优点是设备简单，控制方便。缺点是调速电阻能量损耗较大，机械特性软。改变转差率调速也是有级调速，常用在起重、运输、提升机械和冶金工厂的许多生产机械上。

需要注意的是：调速电阻应按连续运行设计，不能用按短时运行设计的起动电阻来代替。

对笼型异步电动机，可通过电磁转差离合器进行调速。电磁转差离合器是一种可变转差调速的离合器，由电枢与磁极两个旋转部分及励磁绕组组成。电枢与电动机转子同轴联接，由电动机带动；磁极与负载轴对接。当改变励磁电流，使磁极磁场强弱改变时，电枢与磁极间的相对运动发生变化，即改变了电动机与负载的相对转速。

通常将电磁转差离合器、直流励磁电源（控制器）与三相笼型异步电动机组装在一起，称为电磁调速异步电动机。电磁调速异步电动机装置结构及控制电路简单、运行可靠、操作方便，而且可平滑调速，调速范围较宽，属无级调速。缺点是损耗大，效率低。适用于中、小功率，要求平滑调速、短时低速运行的生产机械，如泵、风机、印刷机等。

6.6.2.3　变频调速

变频调速是改变电动机定子电源的频率，从而改变其同步转速的调速方法。当连续改变电源频率时，异步电动机的转速可以平滑地调节。这种调速方法可以实现异步电动机的无级调速。

变频调速系统主要设备是提供变频电源的变频器，变频器可分成交流－直流－交流变频器和交流－交流变频器两大类，目前国内大都使用交流－直流－交流变频器。变频调速装置的原理框图如图 6－31 所示，整流器先将电网的频率为 50Hz 的交流电变换为电压可调的直流电，再由逆变器变换为频率可调的三相交流电，供给异步电动机。

图 6－31　变频调速装置的原理框图

变频调速应用范围较广，其优点是调速范围大、特性硬、精度高，而且调速过程中没有附加损耗、效率高；缺点是技术复杂，造价高，维护检修困难。变频调速适用于要求精度高、调速性能较好的场合。

6.6.3　异步电动机的制动

由于电动机转动部分有惯性，因此在电动机断开电源后，将继续转动一定时间后才能停止。在实际生产中，常要求电动机能够迅速而准确地停止转动，有时还要求限制电动机的速度，如起重机下放重物或电气机车下坡等，这些情况都必须对电动机进行制动。

对电动机进行制动的方法包括机械制动和电气制动两种。机械制动常采用电磁制动器通过摩擦来实现制动。电气制动是使电动机本身进入制动状态，即要求电动机产生的转矩与转动方向相反，这时的转矩叫做制动转矩。

电气制动方法有三种：反接制动、能耗制动和再生发电制动。

6.6.3.1　反接制动

电动机的反接制动如图 6－32 所示。当图 6－32a 中的转换开关由正转扳到反转位置时，电动机的旋转磁场立即反向，电动机由于机械惯性原因，仍按原方向顺时针转动，由图 6－32b 可见，此时所产生的电磁转矩与转子惯性转动方向相反，因而，对电动机起制动作用，速度很快下降。当电动机转速接近零时，必须及时将转换开关断开，使电动机脱离电源，否则电动机将反向起动。

在反接制动时，旋转磁场与转子的相对速度很大，因此，转子电流和定子电流都很大。为限制电流过大，必须在笼型异步电动机的定子电路或绕线转子异步电动机的转子电路串接限流电阻。

反接制动的特点是设备简单，制动效果较好，但能量损耗较大。多用于快速停车。

6.6.3.2　能耗制动

电动机的能耗制动如图 6－33 所示。在断开电动机三相交流电源的同时，向定子绕组加入直流电源，此时直流电流流入定子的两相绕组，于是在定子内产生一个恒定磁场。转子由于惯性仍继续沿原方向旋转，切割定子磁场产生感应电动势和电流，载流导体在磁场中受电磁力作用。感应电流方向可按右手定则确定，再根据左手定则确定感应电流与恒定磁场间相互作用所产生的电磁转矩的方向。可见，电磁转矩与转子转动的方向相反，因而起到制动作用。电动机停转后再切断直流电源。

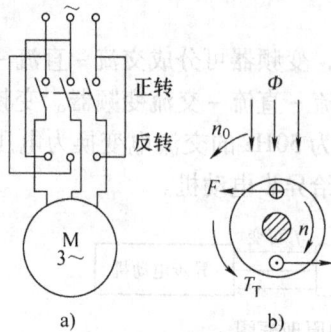

图 6 - 32　反接制动
a）电路　b）原理

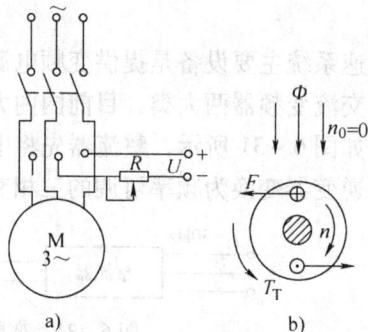

图 6 - 33　能耗制动
a）电路　b）原理

这种制动方法是将转子的动能变换成电能消耗在电阻上，故称能耗制动。制动转矩的大小决定于定子直流电流的大小和转子电流的大小。因此，对笼型异步电动机可通过改变直流电压 U 或通过变阻器 R 调节定子直流电流来控制制动转矩的大小；对绕线转子异步电动机可通过调节定子的直流电流或转子的附加电阻控制制动转矩的大小。

在能耗制动过程中，由于转子的速度迅速降低，制动转矩随之减小，当电动机停止时，制动转矩减为零。能耗制动的优点是制动平稳，停车准确，消耗能量小，其缺点是需要配备直流电源。

6.6.3.3　再生发电制动

再生发电制动又称回馈制动，其原理如图 6 - 34 所示。

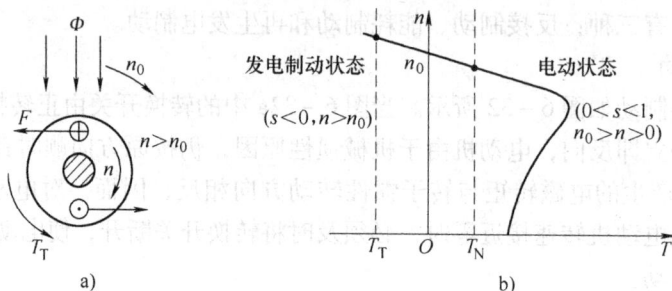

图 6 - 34　再生发电制动
a）原理　b）机械特性曲线

电动机在电动状态下运行时，由于某种原因，使电动机的转速超过了旋转磁场的转速，则转子导体切割旋转磁场的方向与电动运行状态时相反，转子导体感应电动势和电流改变了方向，产生了与转子转向相反的制动转矩 T_T。此时电动机变成发电机向电网回馈电能。

例如，起重机下放重物、电力机车下坡运行时可运用再生制动。

另外，变极调速时，例如双速电动机从高速调到低速的过程中，由于磁极对数的加倍，旋转磁场转速立即减半，但是，电动机转子的速度由于惯性只能逐渐下降，因而也出现 $n > n_0$ 的再生发电制动状态。

小 结

1）异步电动机的构造主要包括定子和转子两个基本部分。定子由机座、定子铁心和定子绕组等组成。定子三相绕组可连接成星形或三角形。转子由转子铁心、转子绕组和转轴等组成。转子绕组可浇铸或嵌放在转子铁心的槽内。

根据转子绕组的构造不同，异步电动机分为笼型和绕线转子两种。

2）定子三相对称绕组（空间互差120°）中通入三相对称电流（相位互差120°），便会产生旋转磁场。旋转磁场与转子产生相对运动，在转子绕组中产生感应电流。转子感应电流与旋转磁场相互作用产生电磁转矩，驱动电动机旋转。

3）旋转磁场的转速（同步转速）n_0（r/min）与电源频率f_1（Hz）和磁极对数p有关，即 $n_0 = \dfrac{60f_1}{p}$。旋转磁场的转向取决于三相电流的相序。

转子的转速（电动机的转速）n通常略小于n_0，两者相差的程度常用转差率s表示，即 $s = \dfrac{n_0 - n}{n_0}$。转子的转向与旋转磁场的转向一致，因此只需将电动机接到电源上的三根导线中的任意两根对调即可改变电动机的转向。

4）三相异步电动机的转速n和电磁转矩T之间的关系$n = f(T)$曲线称为机械特性曲线。机械特性曲线上四个特征点：起动、临界、额定和理想空载点；曲线上近似直线段的硬特性是电动机的稳定运行区。

额定转矩 $T_N = 9550 \times \dfrac{P_N}{n_N}$，式中，$P_N$ 的单位为 kW；n_N 的单位为 r/min；T_N 的单位为 N·m。T_m/T_N 反映了电动机的过载能力，T_{st}/T_N 反映了电动机的起动性能。

5）电动机的铭牌数据标明电动机的额定值和主要技术数据，是电动机的运行依据。在使用电动机时必须遵守铭牌的规定。

6）对电动机起动的要求主要有两条：一是起动转矩应大于轴上机械负载转矩；二是起动电流要为电网的容量所允许。

笼型异步电动机有直接起动和减压起动两种起动方法。小容量的电动机采用直接起动的方法，简单、经济；电网容量较小而电动机容量较大时，常采用星形-三角形换接减压起动和自耦变压器减压起动来降低起动电流。减压起动只能适用于轻载起动的场合。

绕线转子异步电动机通过在转子电路中串接适当的附加电阻起动，这样既可限制起动电流，又可增大起动转矩。在要求重载起动的情况下，应使用绕线转子异步电动机。

7）笼型异步电动机的调速方法主要是变频调速和变极调速。变频调速为无级调速，变极调速为有级调速。

绕线转子异步电动机，可以通过改变转子电路的附加电阻来达到变转差率调速的目的。但应注意调速电阻要按长时运行设计，不能用起动电阻代替。

8）电动机处于制动状态时，电磁转矩与电动机转动方向相反，常用的制动方法有反接制动、能耗制动和再生发电制动。

习 题

6-1 已知一台异步电动机的额定功率 $P_N = 15kW$，额定转速 $n_N = 970r/min$，电源频率 $f_1 = 50Hz$。求同步转速 n_0、额定转差率 s_N、额定转矩 T_N。

6-2 有一台磁极对数为 6 的异步电动机，电源频率 $50Hz$，额定转差率 0.04，试求电动机额定运行时的转速及转子电动势的频率。

6-3 有一台异步电动机，额定转速 $n_N = 1440r/min$，转子电阻 $r_2 = 0.02\Omega$，转子感抗 $X_{20} = 0.08\Omega$，转子电动势 $E_{20} = 20V$，电源频率 $f_1 = 50Hz$，试求电动机在起动时及额定转速下的转子电流 I_2。

6-4 已知一台三相异步电动机的额定功率 $P_N = 30kW$，额定转速 $n_N = 1470r/min$，$T_m/T_N = 2.2$，$T_{st}/T_N = 2.0$。求额定转矩 T_N，并大致画出该电动机的机械特性曲线。

6-5 已知一台异步电动机的技术数据如下：$P_N = 10kW$，$U_N = 220/380V$，$\eta_N = 0.86$，$\cos\varphi_N = 0.85$。试分别求出电动机额定运行时定子绕组两种联结下的线电流和相电流。

6-6 一台 Y180M—4 型异步电动机，技术数据如下：$P_N = 18.5kW$，$U_N = 380V$，$f_1 = 50Hz$，三角形联结，$s_N = 0.02$，$\cos\varphi_N = 0.86$，$\eta_N = 0.91$，$I_{st}/I_N = 7.0$，$T_{st}/T_N = 2.0$，$T_m/T_N = 2.2$。试求：（1）I_N，T_N，T_{st}，T_m；（2）采用星形 - 三角形降压起动时的起动电流 I_{Yst}、起动转矩 T_{Yst}。

6-7 一台异步电动机的起动转矩 $T_{st} = 1.4T_N$，现采用星形 - 三角形换接减压起动，试问：（1）当负载转矩 $T_2 = 0.5T_N$ 时，能否带负载起动？（2）如果负载转矩 $T_2 = 0.25T_N$ 时，是否可以带负载起动？

6-8 一台异步电动机的技术数据如下：$P_N = 10kW$，$U_N = 380V$，三角形联结，$n_N = 1450r/min$，$\eta_N = 86\%$，$\cos\varphi_N = 0.88$，$T_{st}/T_N = 1.4$，$T_m/T_N = 2.2$，$I_{st}/I_N = 2.0$。试求：（1）电动机直接起动和星形 - 三角形换接降压起动时的起动电流；（2）负载转矩 $T_2 = 0.5T_N$ 时，电动机的转速；（3）在电动机额定运行时，电网电压突降为 $320V$，试问电动机能否继续运行？

第7章 直流电动机

直流电机是实现直流电能和机械能相互转换的设备。一台直流电机既可将机械能转换为电能，作发电机使用；也可以将直流电能转换为机械能，作电动机使用。

直流电动机具有调速性能好、起动转矩较大等优点。在一些要求调速范围宽、速度平滑和快速正反转的生产机械上，大都采用直流电动机拖动。例如，可逆轧钢机、龙门刨床、矿井提升机、电力机车等，都使用直流电动机。但直流电动机也存在制造工艺复杂、成本高、维护量大、容量较小等缺点。

本章主要讨论直流电动机的基本结构、工作原理、机械特性和使用方法。

7.1 直流电动机的基本结构

直流电动机的基本结构如图 7-1 所示，可分为定子和转子两大部分。

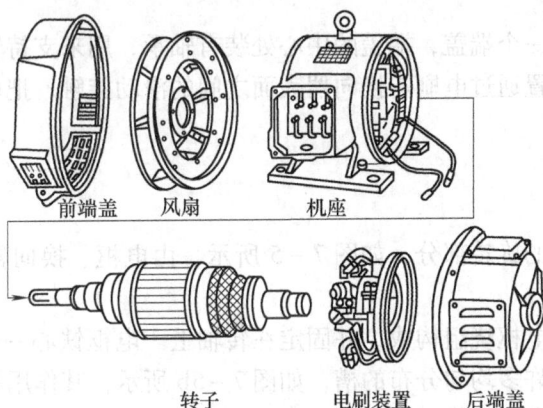

图 7-1 直流电动机的基本结构

7.1.1 定子部分

定子是直流电动机的静止部分，主要包括主磁极、换向磁极、机座、端盖和电刷装置等部件。

主磁极是用来产生主磁场的。主磁极由铁心和励磁绕组两部分组成，如图 7-2 所示。铁心一般由厚度为 0.5~1 mm 的低碳钢板叠装而成并固定在机座上。在励磁绕组通入直流电流时，便可形成主磁场，磁场方向由励磁电流方向决定。主磁极总是成对存在，N、S 极相间装设。

换向磁极的作用是产生附加磁场，以改善电动机的

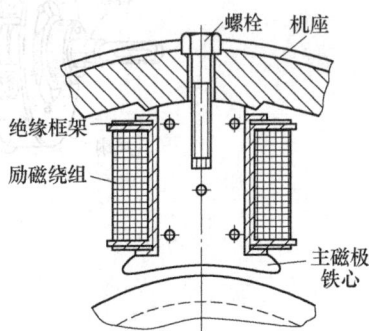

图 7-2 主磁极

换向条件，消除或减弱电动机运行时在换向器上产生的火花。换向磁极结构与主磁极相似，由换向磁极铁心和换向磁极绕组两部分组成，装在两个主磁极之间，是比较小的磁极。

如图 7-3 所示，机座用来在其内壁上安装主磁极、换向磁极，同时也作为电动机的外壳，另一方面，机座还是构成直流电动机磁路的一部分。机座一般由铸钢件制成，小功率的直流电动机机座也可用无缝钢管加工而成。由主磁极、机座组成的主磁场如图 7-4 所示。

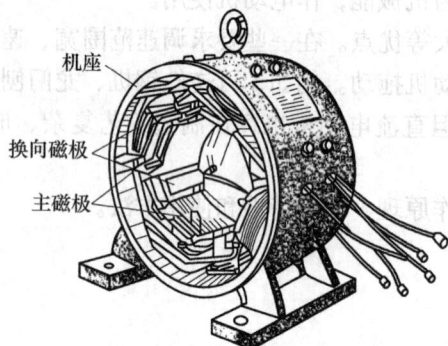

图 7-3 机座

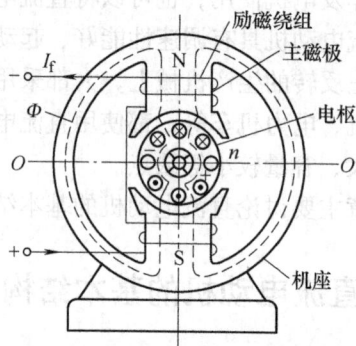

图 7-4 直流电动机的主磁场

在机座的两边各有一个端盖，端盖的中心处装有轴承，用来支持转子的转轴，端盖上还固定有电刷架。电刷装置通过电刷与换向器表面之间的滑动接触，把电枢绕组中的电流引入或引出。

7.1.2 转子部分

转子是直流电动机的旋转部分，如图 7-5 所示，由电枢、换向器、转轴和风扇等部件组成。

电枢由电枢铁心和电枢绕组构成，并固定在转轴上。电枢铁心一般由 0.5 mm 厚的硅钢片叠压而成，表面冲有许多均匀分布的槽，如图 7-5b 所示，其作用是提供磁路。电枢绕组由许多相同的线圈按一定方式排列，嵌放在电枢铁心的槽内，并与换向器相连，其作用是产生感应电动势和电磁转矩。

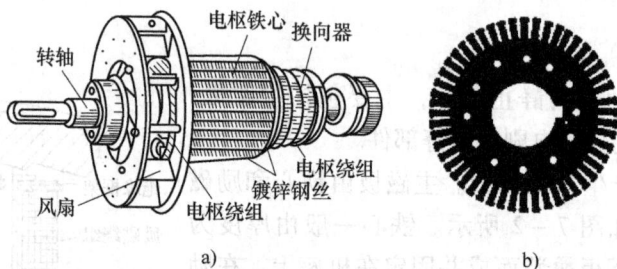

a)

b)

图 7-5 直流电机的转子

a) 转子主体 b) 电枢钢片

换向器（整流子）由许多相互用云母片绝缘的铜制换向片叠成环状，其结构如图7-6所示。换向片的引线按一定规律同电枢绕组各线圈相连。换向器表面用弹簧压放着固定的电刷，电刷引线接到直流电源上。换向器与电枢同轴且紧固在一起（两者相对静止），当电枢转动时，换向器和静止的电刷之间保持良好的滑动接触，使转动的电枢绕组通过电刷得以同外部直流电源较好地连接起来。换向器的作用是把外界供给的直流电流转变为绕组中的交变电流以使电动机旋转。

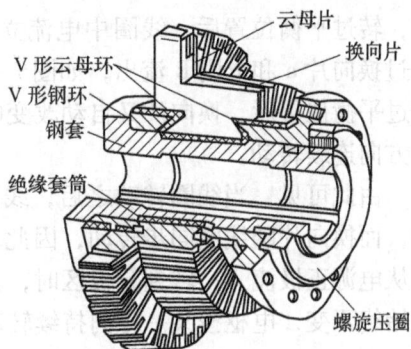

图7-6 换向器的结构

转轴一般用合金钢锻压加工而成，其作用是用来传递转矩。

风扇是用来降低电动机在运行中的温升。

7.2 直流电动机的工作原理

直流电动机的工作原理也是建立在电与磁的相互作用和转换的基础上的。为了讨论问题方便，把复杂的直流电动机结构简化为图7-7所示的电动机模型。

电动机模型中，只有一对主磁极和一个线圈的电枢绕组，线圈的两端分别连接在两个互相绝缘的换向片a和b上，而电刷A和B压在换向片上。电刷A、B固定不动，并分别与外加直流电源的正、负极相接，构成闭合电路。

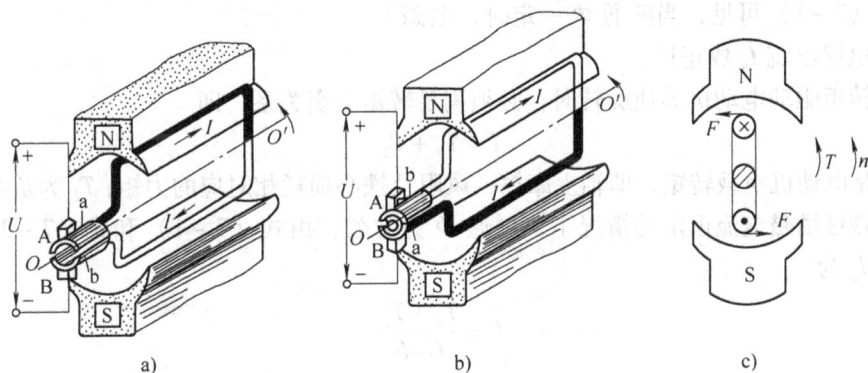

图7-7 直流电动机的转动原理

下面就以电动机模型来分析直流电动机的工作原理。

7.2.1 转动原理

直流电动机是依据载流导体在磁场中受电磁力的作用而旋转的原理制造的。

在图7-7a中，直流电流从电刷A和换向片a流入线圈，通过换向片b和电刷B流出。磁极下的通电线圈导体（称为有效边）在磁场作用下产生电磁力及电磁力矩，根据左手定则，电磁力的方向如图7-7c所示，在电磁转矩的作用下，电枢逆时针方向转动起来。

当线圈转到平衡位置时，两电刷恰好接触两换向片间的绝缘部分，线圈由于惯性继续转动，转过平衡位置后，线圈中电流立即改变方向，即电流从电刷 A 和换向片 b 流入线圈，通过换向片 a 和电刷 B 流出，如图 7-7b 所示，此时可知电枢仍逆时针方向转动。当线圈又转过平衡位置后，换向片又自动改变电流方向。借助于电刷和换向片的作用，电枢可以逆时针方向连续转动。

由此可见，当线圈转动之后，线圈的两个有效边要经常改变位置。但由于电刷静止不动，而换向片随线圈同步转动，因此不管是哪一边，只要转到 N 极区时，其中电流方向总是从电源正极流入；转到 S 极区时，其中电流方向总是流向电源负极，保证了电磁转矩的方向始终不变，电枢按某一方向持续转动。这就是直流电动机的转动原理。

7.2.2 电磁转矩

直流电动机工作时，主磁极的励磁绕组中通入电流，建立磁场。与此同时，电枢绕组中有电流通过，通电的电枢导体与磁场相互作用产生电磁力，并形成电磁转矩，如图 7-8 所示。

根据电磁力 $F = Bli$ 的关系不难导出，由所有电枢导体受力而产生的电磁转矩的大小与电枢电流 I_a 和每个磁极磁通 Φ 的乘积成正比，即

$$T = C_T \Phi I_a \qquad (7-1)$$

式中，C_T 是与电机结构相关的常数；Φ 为磁极磁通（Wb）；I_a 为电枢电流（A）；T 是电磁转矩（N·m）。

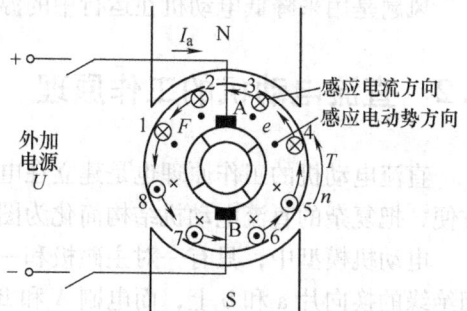

图 7-8　直流电动机的电磁转矩和电枢电动势

由式（7-1）可见，当磁通 Φ 一定时，电磁转矩 T 与电枢电流 I_a 成正比。

电磁转矩驱动电动机等速旋转时，必须满足转矩平衡关系，即

$$T = T_0 + T_2 \qquad (7-2)$$

式中，T_0 是电动机空载转矩，即轴上摩擦，风阻及铁心损耗相对应的力矩；T_2 为负载转矩。

在主磁极励磁电流恒定的情况下，磁通 Φ 为常数，由式（7-1）和式（7-2）可知，电枢电流 I_a 为

$$I_a = \frac{T_0 + T_2}{C_T \Phi} \qquad (7-3)$$

由此可见，电动机的电枢电流 I_a 近似地与机械负载转矩成正比。在忽略空载转矩 T_0 的条件下，可以得到与异步电动机相同的转矩（N·m）公式

$$T = 9550 \frac{P_2}{n} \qquad (7-4)$$

式中，P_2 为电动机轴上输出的机械功率（kW）；n 为电枢旋转速度（r/min）。

7.2.3 电枢绕组中的电动势

当直流电动机的电枢在磁场中旋转时，电枢绕组导体切割磁力线，根据电磁感应定律，在电枢绕组中就会产生感应电动势，感应电动势的大小为 $e = Blv$，其方向由右手定则确定。在图 7-8 中，转到 N 极区下的电枢导体中，感应电动势的方向离开纸面，用"·"表示；

转到 S 极区下的电枢导体中,感应电动势的方向进入纸面,用"×"表示。

直流电动机运行在电动状态时,电枢电流 I_a 的方向与感应电动势方向相反,即感应电动势总是阻碍电枢电流的变化,因此感应电动势又称反电动势。如果电动机转速增加,或磁通 Φ 变大,感应电动势也增加。感应电动势与磁通 Φ 和转速 n 的乘积成正比,即

$$E = C_e \Phi n \tag{7-5}$$

式中,C_e 是与电机结构相关的常数。

7.2.4 电枢电压平衡方程式

根据上面的分析,可以画出直流电动机的电路原理图,如图 7-9 所示。

图 7-9 中,U 为电枢绕组所接电源的电压,R_a 为电枢绕组的电阻,I_a 为电枢电流,E 为电枢绕组的反电动势,U_f 为励磁电源电压,R'_f 为励磁绕组电阻,I_f 为励磁绕组中的电流,即励磁电流。

根据 KVL 及欧姆定律,可写出电枢电路中电压平衡方程式

$$U = E + I_a R_a \tag{7-6}$$

则电枢电流为

图 7-9 直流电动机的电路原理

$$I_a = \frac{U - E}{R_a} \tag{7-7}$$

由式 (7-7) 可以看出,电枢电流 I_a 的大小不仅与外加电源电压 U 有关,还与反电动势 E 的大小有关,而由式 (7-5) 可知,E 与 Φ 和 n 的乘积成正比。

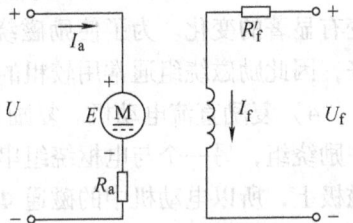

7.3 直流电动机的工作特性

7.3.1 直流电动机的励磁方式

直流电动机中主磁极的磁通是由励磁电流产生的。根据励磁绕组供电方式的不同,直流电动机通常分为他励、并励、串励和复励电动机,如图 7-10 所示。

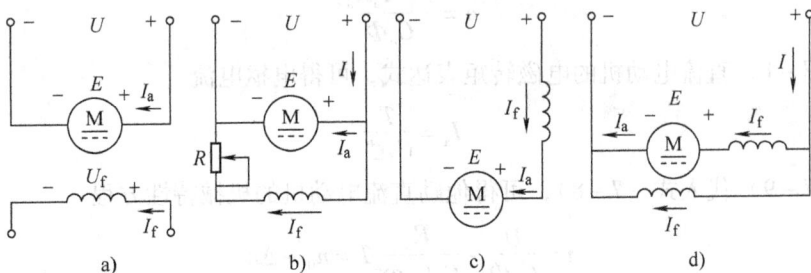

图 7-10 直流电动机的励磁方式
a) 他励　b) 并励　c) 串励　d) 复励

1) 他励直流电动机。他励直流电动机的励磁绕组和电枢绕组分别由两个独立电源供

电，励磁绕组与电枢绕组无连接关系，如图 7 - 10a 所示。这样，励磁电流的调节与电枢电压、电枢电流的调节都可以单独进行而互不影响。

2）并励直流电动机。并励直流电动机的励磁绕组和电枢绕组并联，共用一个直流电源，如图 7 - 10b 所示。励磁绕组两端的电压就是电枢绕组两端的电压。励磁绕组用细导线绕成，其匝数很多，因此具有较大的电阻，使得通过它的励磁电流较小。励磁电流一般仅为电枢电流的 1%（大型电机）~5%（小型电机）。利用与励磁绕组相串联的可变电阻 R 改变励磁电流，可改变磁通 Φ 的大小。

3）串励直流电动机。串励直流电动机的励磁绕组与电枢绕组串联后，再接于直流电源，如图 7 - 10c 所示。由于励磁电流等于电枢电流，所以磁极的磁通 Φ 随电枢电流 I_a 的改变有显著的变化。为了使励磁绕组中不致引起大的损耗和电压降，励磁绕组的电阻越小越好，因此励磁绕组通常用较粗的导线绕成，但匝数较少。

4）复励直流电动机。复励直流电动机的励磁绕组有两个，一个与电枢绕组并联，称为并励绕组，另一个与电枢绕组串联，称为串励绕组，如图 7 - 10d 所示。两个绕组都装在主磁极上，所以电动机中的磁通 Φ 是由这两个励磁绕组共同作用而产生的。若串励绕组产生的磁动势与并励绕组产生的磁动势方向相同称为积复励。若两个磁动势方向相反，则称为差复励。

不同励磁方式的直流电动机有着不同的工作特性。并励直流电动机除励磁方法不同于他励直流电动机外，从性能上讲与他励直流电动机相同。本章主要讨论他励直流电动机的机械特性和使用方法。

7.3.2 他励直流电动机的机械特性

直流电动机的机械特性是指直流电动机的转速和电磁转矩之间的关系，即 $n = f(T)$。

图 7 - 9 也是他励直流电动机电路原理图，因此，电枢回路电压平衡方程式为

$$E = U - I_a R_a$$

而电枢绕组的反电动势 E 为

$$E = C_e \Phi n$$

所以，电动机的转速为

$$n = \frac{U - I_a R_a}{C_e \Phi} \tag{7-8}$$

由式（7 - 1）直流电动机的电磁转矩表达式，可得电枢电流

$$I_a = \frac{T}{C_T \Phi} \tag{7-9}$$

将式（7 - 9）代入式（7 - 8），可得他励直流电动机的机械特性方程

$$n = \frac{U}{C_e \Phi} - \frac{R_a}{C_e C_T \Phi^2} T = n_0 - \Delta n \tag{7-10}$$

由式（7 - 10）可以看出，当电动机的电磁转矩 T 为零时，电动机的转速 $n = \frac{U}{C_e \Phi} = n_0$，$n_0$ 与 U 成正比，与 Φ 成反比。实际上 T 不可能等于零，即便是轴上机械负载转矩为零，轴上仍然有空载转矩 T_0，所以 n_0 称为理想空载转速。

式（7－10）中的 Δn 说明电动机随负载增加而转速下降，称为转速降。即 $\Delta n = \dfrac{R_a}{C_e C_T \Phi^2} T$，当磁通 Φ 和电枢电阻 R_a 不变时，Δn 与转矩 T 成线性关系，即 T 增加时，Δn 也增加，转速 n 下降。

当电源电压 U 和励磁电流 I_f 为常数时，可以画出电动机转速和电磁转矩之间的机械特性曲线，如图 7－11 所示，即他励直流电动机的机械特性曲线是一条稍微向下倾斜的直线。

从图 7－11 中可以看出，由于电枢电路的电阻很小，故机械特性的直线向下倾斜的斜率很小，电动机转速 n 随着电磁转矩 T 的增加而略有下降。这样的机械特性称为硬特性。因此他励直流电动机常用于转速不受负载影响又便于在大范围内调速的生产机械，如大型车床、龙门刨床等。

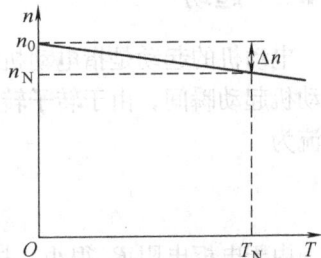

图 7－11 他励直流
电动机的机械特性曲线

7.3.3 电动机自动适应负载的能力

当负载转矩发生变化时，电动机的转速、反电动势、电流以及电磁转矩都将改变，以适应负载的变化。

例如，负载转矩增加时，在开始的瞬间，出现了转矩不平衡，电动机的电磁转矩小于负载转矩，转速开始下降。因磁通 Φ 保持不变，故转速下降引起反电动势 $E = C_e \Phi n$ 减小，电枢电流 $I_a = \dfrac{U - E}{R_a}$ 随之增加，因而电磁转矩 $T = C_T \Phi I_a$ 增大，此过程一直进行到电磁转矩与负载转矩重新平衡时才结束，电动机转速不再继续下降，电枢电流也不再继续增加，电动机将在新的较低转速下稳定运行。

由此可见，直流电动机的电磁转矩也取决于负载。

例 7－1 一台他励直流电动机，技术数据为：额定功率 $P_N = 7.5\text{kW}$，额定电压 $U_N = 220\text{V}$，额定电枢电流 $I_{aN} = 40\text{A}$，额定转速 $n_N = 1500\text{r/min}$，电枢绕组电阻 $R_a = 0.46\Omega$。求：（1）电动机额定运行时的电枢反电动势；（2）在额定励磁和额定转矩下，若将电枢电压减小到 180V，电动机的转速变为多少？

解：（1）由式（7－6）电枢电压平衡方程式，可得
$$E_N = U_N - I_{aN} R_a = 220\text{V} - 0.46 \times 40\text{V} = 201.6\text{V}$$
（2）在额定励磁和额定转矩下，Φ 不变，由式（7－5）可知
$$\frac{E'}{E_N} = \frac{n'}{n_N}$$
电枢电压减小到 180V 时，电枢反电动势为
$$E' = U' - I_{aN} R_a = 180\text{V} - 0.46 \times 40\text{V} = 161.6\text{V}$$
所以，电动机的转速为
$$n' = n_N \frac{E'}{E_N} = 1500 \times \frac{161.6}{201.6}\text{r/min} = 1202\text{r/min}$$

7.4 他励直流电动机的使用

7.4.1 起动

电动机的起动是指电动机接通电源后，从静止状态到稳定运转状态的运行过程。在直流电动机起动瞬间，由于转子转速 $n=0$，所以反电动势 E 也等于零。此时电动机的电枢起动电流为

$$I_{st} = \frac{U-E}{R_a} = \frac{U}{R_a}$$

由于电枢电阻 R_a 很小，故 I_{st} 很大，通常达到额定电流 I_N 的 10～20 倍，而电磁转矩正比于电枢电流，故此时会产生非常大的起动转矩。如此大的起动电流会在换向器和电刷之间产生强烈的电火花而烧坏换向器，起动转矩太大还会对传动机构造成强烈的机械冲击，这些都是不允许的，因此必须采取一定措施减小起动电流。一般应限制起动电流不超过额定电流的 1.5～2.5 倍。

要降低起动电流，可采取增大电枢电路的电阻 R_a 和降低电枢端电压 U 两种方法。

1) 电枢串电阻限流起动。在电枢回路中串联一可调的启动电阻 R_{st}，保证在起动瞬间，将起动电流 I_{st} 限制在所需范围内，随着电动机转速的升高，逐段切除起动电阻，起动结束后，一般将起动电阻全部切除。这种方法的起动电流是

$$I_{st} = \frac{U}{R_a + R_{st}}$$

2) 减压起动。由于他励电动机的电枢回路由独立直流电源供电，故可以用一个可调压的直流电源专供电枢电路，随着电动机转速的升高，逐渐提高电枢电压，最后增加到额定值。

应当注意，无论采用哪一种起动方法，在起动过程中都必须保证有足够的主磁场，即要有足够大的励磁电流。

例 7-2 一台他励直流电动机，额定电压 $U_N=220$V，额定电枢电流 $I_N=207.5$A，电枢电阻 $R_a=0.067\Omega$。试求：（1）如果电动机电枢电路不串接电阻而直接起动，则起动电流为额定电流的几倍？（2）若将起动电流限制为额定值的 1.5 倍，则应串入多大的起动电阻。

解：（1）直接起动时的起动电流为

$$I_{st} = \frac{U_N}{R_a} = \frac{220}{0.067}A = 3283.58A$$

起动电流与额定电流的比值为

$$\frac{I_{st}}{I_N} = \frac{3283.58}{207.5} = 15.8 \text{ 倍}$$

（2）若起动电流限制为额定值的 1.5 倍，即

$$I_{st} = 1.5I_N = 1.5 \times 207.5A = 311.25A$$

则应串入的起动电阻为

$$R_{st} = \frac{U_N}{I_{st}} - R_a = \frac{220}{311.25}\Omega - 0.067\Omega = 0.64\Omega$$

7.4.2 调速

直流电动机的调速是指用人为的方法改变它的机械特性，使之在一定的负载下获得不同的转速。生产机械的速度调节可以用机械方法取得（即采用变速器等装置），但结构复杂，在现代电力拖动中多采用电气调速方法。

根据他励直流电动机的机械特性公式

$$n = \frac{U}{C_e\Phi} - \frac{R_a}{C_e C_T \Phi^2}T = n_0 - \Delta n$$

可以看出，改变电枢电路的电阻 R_a、改变电枢电压 U 或改变磁极磁通 Φ 都可改变直流电动机的机械特性，从而改变其转速。下面分别介绍他励直流电动机的调速方法。

7.4.2.1 电枢回路串电阻调速

由电动机的机械特性可知，当电枢回路串入可变的调速电阻 R 之后，理想空载转速 n_0

$= \frac{U}{C_e\Phi}$ 不变，但转速降 $\Delta n = \frac{R_a + R}{C_e C_T \Phi^2}T$ 增加了，因此机械

特性变软。在负载转矩不变的条件下，转速下降。

图 7-12 所示为电枢回路串入不同电阻时的机械特性。这种调速方法只能降速调速，且在轻载时得不到低速。另外由于电枢电流较大，在调速电阻上的功率损耗很大，白白消耗电能，这是很不利的。因此这种调速方法只适用于调速范围不大、调速时间不长的小功率直流电动机。

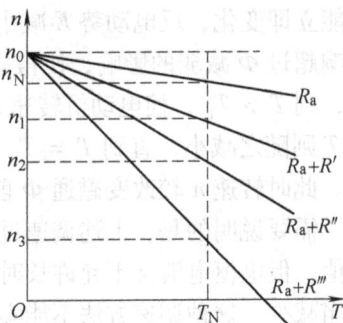
图 7-12 电枢回路串电阻调速

7.4.2.2 改变电枢电压调速

由于他励直流电动机电枢回路用独立电源供电，因而利用可调直流电源改变电枢电压可进行调速。由式（7-10）可知，当电枢电压由额定值向下调时，理想空载转速 $n_0 = \frac{U}{C_e\Phi}$ 下降，转速降 $\Delta n = \frac{R_a}{C_e C_T \Phi^2}T$ 不变，故机械特性向下移，硬度不变。如图 7-13 所示，他励直流电动机对应不同电枢电压的机械特性为一组互相平行的直线。

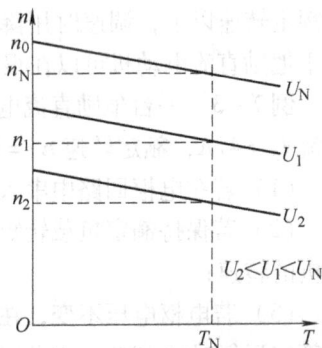
图 7-13 改变电枢电压调速

调速的过程为：保持磁通 Φ 不变，降低电枢电压 U，由于惯性作用电动机转速 n 不能立即变化，反电动势 E 瞬间也不变，而电枢电流 I_a 下降，电磁转矩 T 下降，小于阻转矩 T_L，即 $T < T_L$，因此电动机转速 n 下降，反电动势 E 下降，电枢电流 I_a 及电磁转矩 T 又回升，直到 $T = T_L$，电动机在新的转速 n 下稳定运行。显然，此时转速 n 较改变 U 前低。

需要说明的是，由于电动机最高工作电压不能大于额定电压，故这种调速方法只能在低于电动机额定转速范围内使用。电压降低后，并不改变机械特性的硬度，即负载变化时转速波动很小，可以得到稳定的低速。另外这种方法调速范围较宽，可达 10:1。例如额定转速为 1000 r/min 时，最低稳定速度可达 100 r/min。

由上分析可以看出，改变电枢电压调速时，磁通不变，若在一定的额定电枢电流下调速，电动机转矩也是一定的，换句话说，这种调速方法能实现恒转矩调速。起重设备多使用这种调速方法。

7.4.2.3 改变励磁磁通调速

改变励磁磁通调速也就是改变励磁电流调速。由于励磁电流不能超过额定电流，所以改变励磁电流只能是减小，即只能进行弱磁调速。可在励磁电路中串联可变电阻（或减小励磁电路的电压），使电动机的磁通 Φ 小于原来的额定值。由式 (7 – 10) 可知，当电枢电压和电枢回路电阻维持不变而减弱磁通 Φ 时，理想空载转速 $n_0 = \dfrac{U}{C_e\Phi}$ 增加，转速降 $\Delta n = \dfrac{R_a}{C_e C_T \Phi^2}T$ 也增加，因此 Φ 降低后的机械特性变软，如图 7 – 14 所示。

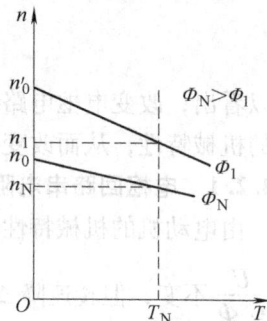

图 7 – 14　改变磁通调速

调速的过程为：减弱磁通 Φ 时，由于惯性作用电动机转速 n 不能立即变化，反电动势 E 减小，电枢电流 I_a 增加。而 I_a 增加的影响超过 Φ 减弱的影响，使得电磁转矩 T 增加。若阻转矩 T_L 不变，则 $T > T_L$，使电动机转速 n 上升，反电动势 E 随之增大。I_a 和 T 则随之减小，直到 $T = T_L$，电动机在新的转速 n 下稳定运行。此时转速 n 较改变磁通 Φ 前提高。

需要说明的是，上述调速过程是假设负载转矩不变，由于 Φ 减小将使 I_a 增大而超过额定值，但电枢电流又不允许长时间超过额定值，所以转速升高时，电动机轴上的输出功率应适当减少。这种调速方法不能实现恒转矩调速，只能实现恒功率调速，即适用于转矩与转速大约成反比例时的调速。例如切削机床中往往采用这种调速方法。弱磁调速的突出优点是调速平滑，可得到无级调速。

在实际应用的直流电动机调速系统中，一般采用调压和减小磁通相结合的调速方法。即在额定转速以下，调速时用降低电枢电压方法；在额定转速以上，采用减小磁通 Φ 调速。由于他励直流电动机可以在很宽的范围内平滑调速，因此应用较多。

例 7 – 3　一台他励直流电动机，额定功率 $P_N = 10\text{kW}$，额定电压 $U_N = 220\text{V}$，额定电枢电流 $I_N = 47\text{A}$，额定转速 $n_N = 1460\text{r/min}$，电枢电阻 $R_a = 0.2\Omega$。

（1）若在电枢回路中串入 0.6Ω 的调速电阻，求电动机在额定转矩下的转速；

（2）若保持额定负载转矩不变，励磁电流也不变，而将电枢电压降为 $0.5U_N$，求此时电动机的转速；

（3）若电枢电压不变，在保持负载转矩不变的情况下，改变励磁电流，使磁通 Φ 减小为额定运行时的 10%，求此时的电动机转速。

解：（1）电动机的磁通 Φ 及负载转矩不变，根据 $T = C_T\Phi I_a$ 可知，调速前后电枢电流 I_N 不变。

调速前

$$E = C_e\Phi n_N = U_N - I_N R_a$$

调速后

$$E' = C_e\Phi n = U_N - I_N(R_a + R)$$

所以电枢回路串电阻后电动机的转速为

$$n = \frac{U_N - I_N(R_a + R)}{U_N - I_N R_a} n_N$$

$$= \frac{220 - 47 \times (0.2 + 0.6)}{220 - 47 \times 0.2} \times 1460 \text{r/min} = 1265 \text{r/min}$$

（2）负载转矩及励磁电流不变，则电枢电流 I_N 不变。

调速前

$$E = C_e \Phi n_N = U_N - I_N R_a$$

调速后

$$E' = C_e \Phi n = U' - I_N R_a = 0.5 U_N - I_N R_a$$

所以降低电枢电压后电动机的转速为

$$n = \frac{0.5 U_N - I_N R_a}{U_N - I_N R_a} n_N$$

$$= \frac{0.5 \times 220 - 47 \times 0.2}{220 - 47 \times 0.2} \times 1460 \text{r/min} = 697 \text{r/min}$$

（3）磁通减小前后负载转矩不变，则有

$$C_T \Phi I_a = C_T \Phi_N I_N$$

由 $\Phi = 0.9 \Phi_N$，可得

$$I_a = \frac{I_N}{0.9} = \frac{47}{0.9} \text{A} = 52 \text{A}$$

此时电枢电流已大于电动机额定电流，因此不能长期连续运行。

调速前

$$E = C_e \Phi_N n_N = U_N - I_N R_a$$

调速后

$$E' = C_e \Phi n = U_N - I_a R_a$$

所以减小磁通后电动机的转速为

$$n = \frac{U_N - I_a R_a}{U_N - I_N R_a} \frac{\Phi_N}{\Phi} \cdot n_N$$

$$= \frac{220 - 52 \times 0.2}{220 - 47 \times 0.2} \times \frac{1}{0.9} \times 1460 \text{r/min} = 1615 \text{r/min}$$

7.4.3 他励直流电动机的反转

要改变电动机的旋转方向，必须改变电磁转矩的方向。由电磁转矩 $T = C_T \Phi I_a$ 可以看出，电磁转矩的方向是由磁通 Φ 和电枢电流 I_a 的方向决定的。在励磁电流方向固定的条件下，改变电枢电流方向，或在电枢电流方向固定的条件下，改变励磁电流方向，均能改变直流电动机的旋转方向。不过由于励磁绕组存在着很大的电感，在换接时会产生极高的电动势，造成不良的后果。所以通常都改变电枢电流的方向，即把电枢电路的两根电源线一端对调一下即可使电动机反转。

7.4.4 他励直流电动机的制动

为了使直流电动机在停车时能迅速停转，需要对电动机进行制动。直流电动机制动的方

法同交流电动机制动的方法类似，分为机械制动和电磁制动两种。机械制动是靠机械抱闸摩擦力来实现制动。电磁制动是使电动机产生一个与旋转方向相反的电磁转矩（称为制动转矩）来实现制动。电磁制动按产生制动转矩方法的不同分三种：能耗制动、再生发电制动和反接制动。

1）能耗制动。电枢绕组与电源切断后，接入一个适当的制动电阻形成闭合回路。由于电动机和生产机械的惯性，电枢继续旋转，于是在电枢电路内形成与反电动势 E 方向相同的电流，从而产生与原运动方向相反的制动转矩。实际上，此时电动机处于发电机运行状态，电枢的动能转换成电能被制动电阻消耗掉。

能耗制动的特点是设备简单，制动可靠平稳；当转速减到零时，制动转矩也为零，便于准确停车。能耗制动适用于运输、起重设备等不要求迅速制停的场合。

2）再生发电制动。当电动机转速 n 超过理想空载转速 n_0 时，反电动势 E 大于电枢电压 U，这时电枢电流 I_a 的方向改变，产生与原旋转方向相反的转矩。所谓再生发电就是指系统的动能再生成电能反馈给电网。

再生发电制动适用于电力机车、电动汽车下坡或起重设备下放重物时的制动。

3）反接制动。在制动时将运转中的电枢电源电压极性反接，使电枢中的电流反向，这时电枢仍按原方向旋转，因此产生制动转矩。由于反接制动时产生的反电动势 E 与电枢电压 U 方向相同，即此时电枢电压约为 $2U$，所以制动电流很大，需要在电枢电路中串联制动电阻以保证制动电流不至于过大。在电动机转速接近零时，要及时切断电源，否则电动机会反转起来。

反接制动的特点是制动转矩比较恒定，制动效果好，但串接制动电阻要消耗电能，不经济。反接制动适用于要求强烈制动或要求迅速反转的场合。

小　结

1）直流电动机的构造分为定子和转子两大部分。定子由主磁极、换向磁极、机座、端盖和电刷装置等组成。转子由电枢、换向器、转轴和风扇等组成。

2）直流电动机主磁极的励磁绕组中通入直流电，产生主磁通。电枢绕组借助于电刷和换向器的作用，在通入直流后形成交变电流，与主磁通相互作用产生电磁转矩使电动机能连续运转，从而将直流电能转换成机械能。

3）直流电动机的运行是可逆的。即一台直流电动机既可作直流发电机运行，又可作直流电动机运行。当输入机械转矩，使电动机旋转而产生感应电动势时，作直流发电机运行。反之，当输入直流电能，产生电磁转矩而使电动机旋转时，作直流电动机运行。

4）直流电动机工作过程中，有关电磁转矩 T、反电动势 E 及电枢回路电压平衡方程的三个重要公式如下：

$$T = C_T \Phi I_a, \quad E = C_e \Phi n, \quad U = E + I_a R_a$$

式中，Φ 为主磁通；I_a 为电枢电流；n 为电动机转速；U 为电枢电压；R_a 为电枢绕组电阻。

5）根据励磁方式的不同，直流电动机通常分为他励、并励、串励和复励电动机。

6）他励直流电动机的机械特性方程为

$$n = \frac{U}{C_e\Phi} - \frac{R_a}{C_e C_T \Phi^2}T = n_0 - \Delta n$$

他励直流电动机的机械特性曲线是一条稍微向下倾斜的直线。

7）他励直流电动机起动方法有两种：电枢串电阻限流起动和降低电枢端电压起动。

他励直流电动机的调速方法有三种：电枢回路串电阻、改变电枢电压、改变磁通。

他励直流电动机的制动方法有三种：能耗制动、再生发电制动和反接制动。

习　题

7-1　一台他励直流电动机，已知 $P_N = 7.5\text{kW}$，$U_N = 110\text{V}$，$I_N = 83\text{A}$，$n_N = 1500\text{r/min}$，电枢电阻 $R_a = 0.1\Omega$。试求：（1）电动机的额定转矩；（2）电动机的理想空载转速；（3）若将起动电流限制为额定值的 1.5 倍，应串入多大的起动电阻。

7-2　一台并励直流电动机。已知 $P_N = 22\text{kW}$，$U_N = 220\text{V}$，$n_N = 1000\text{r/min}$，电枢电阻 $R_a = 0.12\Omega$，励磁电阻 $R_f = 102\Omega$，$\eta = 0.82$。试求：（1）额定转矩；（2）额定电枢电流；（3）励磁功率；（4）若将起动电流限制为额定电流的 2 倍，应串入多大起动电阻。

7-3　上题中，当负载转矩为 $80\% T_N$ 时，电动机的转速为多少？若保持额定转矩不变，而在电枢电路中串入一调速电阻 $R = 0.2\Omega$。试求此时电动机的转速 n 为多少？

7-4　一台他励直流电动机。已知 $P_N = 18.5\text{kW}$，$U_N = 220\text{V}$，$I_N = 103\text{A}$，$n_N = 500\text{r/min}$，$R_a = 0.18\Omega$。试求：额定负载时，若让电动机转速降低为 300r/min，电枢电压为多少（磁通 Φ 为额定值）。

7-5　上题中，若保持负载转矩不变的情况下，改变励磁电流，使磁通 Φ 减小为原来的 0.8 时，求稳定运行后，电动机的转速为多少？此时的理想空载转速为多少？

7-6　一台他励直流电动机，已知 $U_N = 220\text{V}$，$I_N = 75\text{A}$，$R_a = 0.1\Omega$，$n_N = 1420\text{r/min}$。求：（1）保持额定负载转矩不变，将磁通降为原来的 85%，求稳定后电动机的转速；（2）保持额定负载转矩和励磁电流不变，若让电动机转速降为 1200r/min，电枢电压应为多少？

第8章 继电—接触器控制

随着科技进步与经济的发展，电能的应用越来越广泛。在现代化工农业生产中，生产机械大多数是由电动机拖动的，通过对电动机的自动控制（如起动、停车、正反转、调速和制动等）或其他用电设备的控制来实现对生产机械的自动控制，使生产机械各部件的运动或者各生产机械间的配合动作按规定的程序进行工作，从而满足生产工艺的要求。

由各种有触点的控制电器（如继电器、接触器、按钮等）组成的控制系统称为继电—接触器控制系统。

随着生产的发展，对控制的要求也不断提高，相继出现了采用无触点控制元件（晶体管、运算放大器、晶闸管、大规模集成电路以及电力电子器件）的控制系统、采用 PLC（可编程序控制器）的工业过程自动控制系统和计算机数字控制系统等。由无触点控制元件组成的控制系统，称为无触点控制系统。

本章介绍常用的几种低压控制电器的结构、工作原理以及用它们组成的各种基本的继电—接触器控制的电路的设计方法，为以后进一步学习无触点控制系统打下一定的基础。

8.1 电器的分类

电器是一种能根据外界的信号和要求，手动或自动地接通、断开电路，以实现对电路或非电对象的切换、控制、保护、检测、变换和调节的元件或设备。电器种类繁多，在电力输配电系统和电力拖动自动控制系统中应用极为广泛。

电器按工作电压等级可分为高压电器和低压电器。高压电器用于交流电压 1200V、直流电压 1500V 及以上的电路中，如高压断路器、高压隔离开关等；低压电器用于交流 50Hz 额定电压为 1200V 以下、直流额定电压为 1500V 以下的电路中，如接触器、继电器等。

电器按用途可分为控制电器、配电电器、主令电器和保护电器等。控制电器用于各种控制电路和控制系统，如继电器、接触器等；配电电器用于电能的传输和分配，如刀开关、断路器等；主令电器用于自动控制系统中发送动作指令，如按钮、转换开关等；保护电器用于保护电路及用电设备，如熔断器、热继电器等。当然，不少电器既可作为控制电器，也可用作保护电器，它们之间并无明显的界限。

按照动作原理，电器一般可分为手动电器和自动电器两类。手动电器必须由操作人员手动操纵，如刀开关、转换开关、按钮等；自动电器是按照指令、信号或某些物理量的变化而自动动作，如熔断器、行程开关、接触器、继电器等。

8.2 常用低压控制电器

应用电动机拖动生产机械，称为电力拖动。本节将介绍电力拖动自动控制系统中常用的部分低压控制电器。

8.2.1 刀开关

刀开关又称闸刀开关，是手动电器中最简单而使用又较广泛的一种低压电器。刀开关的作用一方面是隔离电源，以确保电路和设备维修的安全；另一方面是分断负载，如不频繁地接通和分断容量不大的低压电路或直接起动小容量电动机。

刀开关的基本结构如图 8 - 1a 所示，由操作手柄、闸刀、夹座和绝缘底板等组成。刀开关通过闸刀（动触点）与底座上的刀夹座（静触点）相楔合或分离来接通或分断电路。为防止切断电流负荷时产生电弧，危及人身和设备安全，一般闸刀加装胶木盖，这种胶木盖刀开关称为开启式负荷开关或开启式开关熔断器组，广泛用作照明电路和小容量（5.5kW 及以下）动力电路不频繁起动的控制开关。图 8 - 1b 所示的封闭式负荷开关或封闭式开关熔断器组（又称铁壳开关）将手柄装在侧面，伸出开关盒外面，它可不频繁地接通和分断负荷电路，也可用作 15kW 以下电动机不频繁起动的控制开关。容量大的开关，一般装有连杆操作机构，如图 8 - 1c 所示。刀开关按闸刀片数多少可分为单极、双极、三极等几种，每种又有单投和双投之分。刀开关的图形符号如图 8 - 1d 所示，文字符号为 Q。

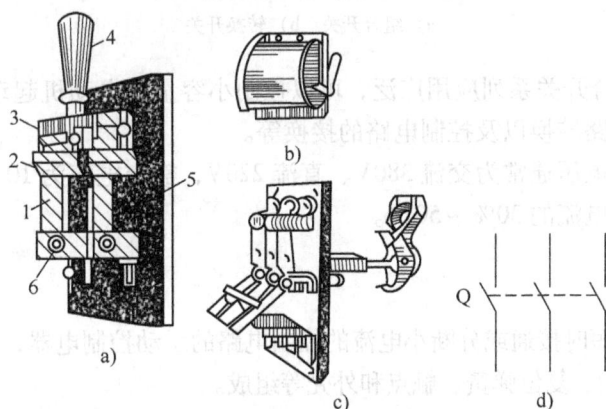

图 8 - 1 几种常用的刀开关

a）刀开关 b）封闭式负荷开关 c）用连杆操作的刀开关 d）图形符号
1—闸刀 2—夹座 3—绝缘模条 4—手柄 5—绝缘底板 6—铰接

刀开关的额定电压通常为 250V 和 500V，额定电流为 10 ~ 500A。

一般，装有灭弧罩的刀开关可以在额定电流下切断电路，但不宜频繁操作；不装灭弧罩的刀开关被切断的负荷电流不允许超过这个刀开关额定电流的 30%。

常用的国产刀开关有 HD 型单投刀开关、HS 型双投刀开关、HK 型刀开关（开启式）和 HH 型负荷开关（封闭式）等系列。

8.2.2 转换开关

转换开关是一种多触点、多位置式可以同时控制多条电路的手动开关，其实质是由转动来切换位置的多极刀开关。采用叠装式触点元件组合成旋转操作的称为组合开关；采用刀开关结构形式的称为刀形转换开关。

转换开关的结构如图 8 - 2 所示。动触片和静触片成对分层装于胶木盒内，动触片装在附有手柄的方轴上，随左右转动操作手柄而改变其通断位置。转换开关的图形符号同刀开关。

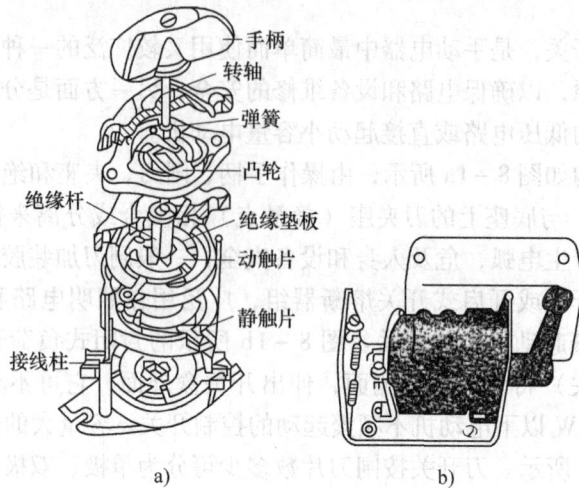

图 8 – 2　两种常用的转换开关

a）组合开关　b）转换开关

　　国产的 HZ 型组合开关系列应用广泛，可以控制小容量的电动机起动、停止、调速、换向、星形 – 三角形电路转换以及控制电路的接换等。

　　转换开关的额定电压通常为交流 380V、直流 220V，额定电流为 10~60A。分断电流不允许超过该开关额定电流的 30%~50%。

8.2.3　按钮

　　通常按钮是用于短时接通或分断小电流的控制电路的手动控制电器，其基本结构如图 8 – 3 所示，一般由按钮帽、复位弹簧、触点和外壳等组成。

　　常用按钮与刀开关在用于接通和断开电路时有所区别，刀开关接通电路后，电流通过刀片，如要断开电路需要人去拉开；而按钮按下去接通电路后，如不继续按着，则在弹簧力作用下立刻恢复原来的状态，电流不再通过它的触点。所以按钮只起发出"接通"和"断开"信号的作用，是一种主令电器。

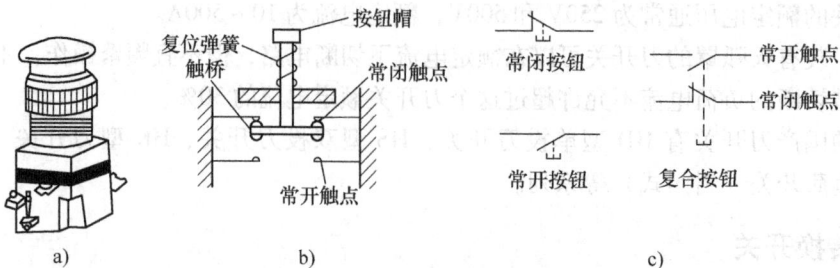

图 8 – 3　按钮

a）按钮的外形　b）按钮结构示意图　c）图形符号

　　从图 8 – 3b 中可看出，当不按按钮时，触桥与上面一对静触点接触，称为常闭触点

（动断触点），而下面的一对静触点这时处于断开状态，称为常开触点（动合触点）；当按下按钮时，触桥随着推杆一起往下移动，直至和下面一对静触点接触，于是常闭触点断开，常开触点闭合。在松开按钮时，复位弹簧使触桥复位，此时，常开触点恢复开断状态，常闭触点恢复闭合状态。

只具有常闭触点或只具有常开触点的按钮称为单按钮；既有常闭触点、又有常开触点的按钮称为复合按钮。按钮的图形符号如图 8 - 3c 所示，文字符号为 SB。

需要注意的是，复合按钮各触点的通断顺序为：按动按钮时，常闭触点先断开，常开触点后闭合；松开按钮时，常开触点先断开，常闭触点后闭合。了解这个动作顺序，对分析控制电路的工作原理非常有用。

8.2.4　熔断器

熔断器是一种保护电器。当用电设备发生短路故障时能自动切断电路。

常用的熔断器有瓷插式、螺旋式、无填料封闭管式、有填料封闭管式等，结构如图 8 - 4 所示，其图形符号如图 8 - 4e 所示，文字符号为 FU。

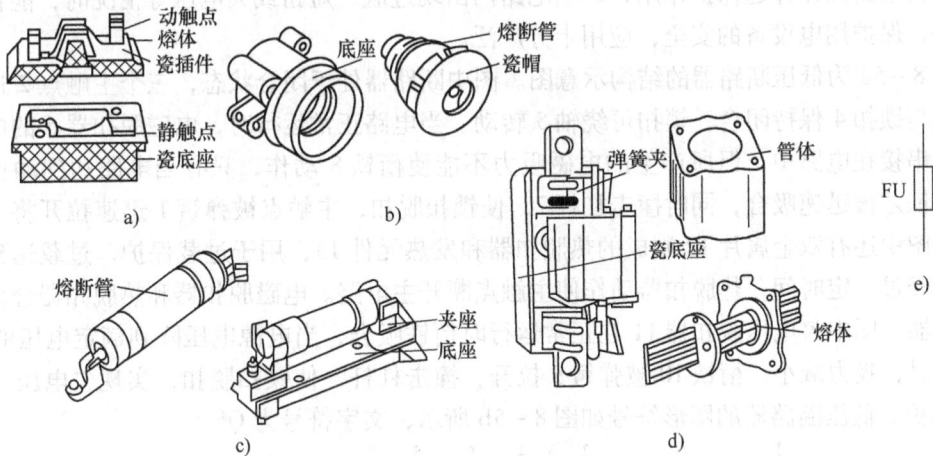

图 8 - 4　几种常用的熔断器

a）瓷插式　b）螺旋式　c）管式　d）有填料式　e）图形符号

熔断器的核心部分是熔体，通常它由电阻率较高的易熔合金制成，例如铅锡合金等。熔体与被保护的电路串联，正常工作时熔体不熔断；当发生短路或严重过载时，通过熔体的电流过大，熔体因过热而熔化断裂，达到切断电路、保护用电设备的目的。

熔体和放置熔体的装置构成熔断器的主体，主要技术参数如下：

1）额定电压。它指熔断器长时间工作的最大允许电压。

2）额定电流。又分熔断器的额定电流和熔体的额定电流。技术手册载明一种熔断器可以装入不同等级的熔体。

3）极限分断能力。即熔断器所能断开的最大短路电流，决定于熔断器的断弧能力。

选用熔断器首先要选择熔体的规格，再根据熔体的规格去确定熔断器的规格。在选熔体时，不同的保护对象选择方法不同：

1）电炉、电灯照明电路的熔体

$$熔体额定电流 \geqslant 实际负载电流$$

2）单台电动机的熔体。为了避免电动机起动时电流较大而烧断熔体，熔体不能按电动机的额定电流来选择，一般按下式计算：

$$熔体额定电流 \geqslant \frac{电动机的起动电流}{2.5}$$

如果电动机起动频繁，则为

$$熔体额定电流 \geqslant \frac{电动机的起动电流}{1.6 \sim 2}$$

3）多台电动机合用的熔体

$$熔体额定电流 \geqslant \left(\begin{matrix} 最大电动机 \\ 的起动电流 \end{matrix} + \begin{matrix} 其余电动机 \\ 的额定电流 \end{matrix} \right) / 2.5$$

8.2.5 低压断路器

低压断路器又称自动空气开关或自动空气断路器，对低压配电电路、电动机或其他用电设备实行通断操作并起保护作用，即当电路内出现过载、短路或欠电压等情况时，能自动切断线路，保护用电设备的安全，应用十分广泛。

图 8-5a 为低压断路器的结构示意图。图中断路器处于闭合状态，三个主触点 2 通过传动杆 3 与锁扣 4 保持闭合，锁扣可绕轴 5 转动。当电路正常运行时，电磁脱扣器 6 的电磁线圈虽然串接在电路中，但所产生的电磁吸力不能使衔铁 8 动作，只有当电路达到动作电流时，衔铁才被迅速吸合，同时撞击杠杆 7，使锁扣脱扣，主触点被弹簧 1 迅速拉开将主电路分断。图中还有双金属片 12 制成的热脱扣器和发热元件 13，用于过载保护，过载达到一定倍数并经过一定时间，热脱扣器动作使主触点断开主电路。电磁脱扣器和热脱扣器合称为复式脱扣器。图中欠电压脱扣器 11 在正常运行时衔铁吸合，当电源电压降到额定电压的 40% ~75% 时，吸力减小，衔铁 10 被弹簧 9 拉开，撞击杠杆，使锁扣脱扣，实现欠电压（失电压）保护。低压断路器的图形符号如图 8-5b 所示，文字符号为 QF。

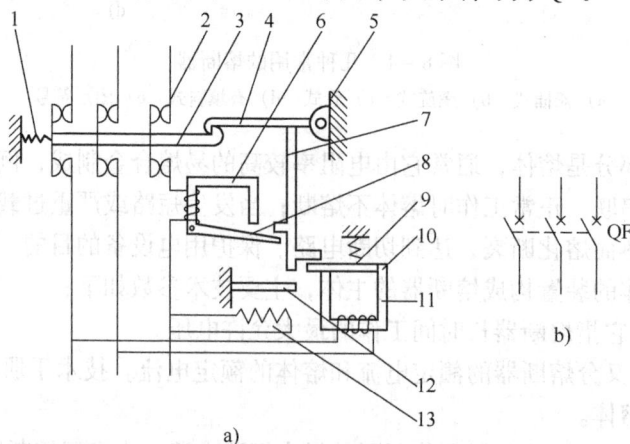

图 8-5　低压断路器

a）结构示意图　b）图形符号

1—弹簧　2—主触点　3—传动杆　4—锁扣　5—轴　6—电磁脱扣器　7—杠杆
8—衔铁　9—弹簧　10—衔铁　11—欠电压脱扣器　12—双金属片　13—发热元件

使用低压断路器实现短路保护比熔断器要好，因为三相电路短路时，可能只有一相熔断器熔断，造成断相运行，而对低压断路器，只要短路就会将三相同时切断。虽然低压断路器性能优越，但其结构复杂，操作频率低，价格较高，因此适用于要求较高的场合，如电源总配电盘。

低压断路器按结构形式分有框架式、塑壳式和智能化三种。框架式低压断路器，由具有绝缘衬垫的框架结构底座将所有构件组装在一起，用于配电网络的保护，我国自行设计并生产的典型框架式断路器为 DW15 系列，其额定电压为交流 380V，额定电流为 200～400A。塑壳式低压断路器用于电动机及照明系统的控制、供电线路的保护等，常用的塑壳式低压断路器有 DZ5、DZX10、DZ15、DZX19、DZ20 等系列。智能化低压断路器是以微处理器或单片机为核心的智能控制器，不仅具备普通断路器的各种保护功能，同时还具备定时显示电路中的各种电器参数，如电流、电压、功率、功率因数等，可实现对电路的在线监视、自行调节、测量、试验、自诊断、通信等功能。

8.2.6 接触器

接触器是利用电磁铁的电磁吸力来操作的电磁开关，常用来频繁地接通和分断带有负荷（如电动机或其他设备）的主电路，它也是一种失电压保护电器。

接触器的结构如图 8-6 所示，主要分两大部分：一部分是电磁系统，由静铁心 5、吸引线圈 3 和动铁心 4（又称衔铁）等组成；另一部分是触点系统，由主触点（允许通过较大的电流）和辅助触点（允许通过较小的电流）以及灭弧装置等组成。接触器的图形符号如图 8-6c 所示，文字符号为 KM。

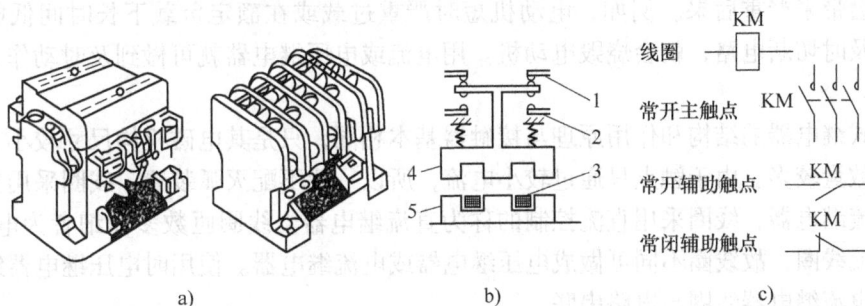

图 8-6 接触器
a) 外形 b) 结构示意图 c) 图形符号
1—常闭触点 2—常开触点 3—吸引线圈 4—动铁心 5—静铁心

当吸引线圈 3 通电时，产生电磁力，将动铁心 4 吸合，同时带动与动铁心相连接的动触点移动，使常闭触点 1 断开，常开触点 2 接通。当线圈欠电压或断电失去电压时，动铁心在弹簧力的作用下弹起，带动各触点又恢复到原来位置。

接触器分交流接触器和直流接触器两种，交流接触器线圈接入交流电，直流接触器线圈则接入直流电，使用时必须按线圈额定电压接入。

接触器的主要技术数据有：主触点的额定电压和电流；吸引线圈的电流种类和电压额定值；主触点和辅助触点的数目和允许的操作频率（次/h）等。接触器铭牌上的额定电压和额定电流都是指主触点的额定电压和额定电流，选择接触器时，用电设备（如电动机）的额定电压和额定电流应与主触点的额定电压和额定电流相符。接触器吸引线圈的电流种类和电压额定值一般标明在线圈上，选择时应和控制电路的电源相配合。主触点和辅助触点的数目以及操作频率则根据实际需要选择。

由于接触器主触点一般通过的是主电路的大电流，在触点断开时，触点间会产生电弧，所以接触器一般都配有灭弧罩。

目前国产交流接触器有3TB、B、CJ12、CJ20等系列。前三系列适用于机床电气控制设备，后两系列适用冶金、轧钢及起重电气设备控制系统，其中CJ20为新产品，性能质量比CJ12好，也可改防爆外壳，用于矿山。

8.2.7 继电器

继电器主要用于控制与保护电路或用于信号转换，是根据某一电气量（如电流、电压）或非电气量（如转速、时间、温度等）的变化使触点接通或断开的一种控制电器，使用相当广泛。

继电器的种类很多，按用途可分为控制继电器和保护继电器；按工作原理可分为电磁式、感应式、机械式、电动式、热力式和电子式等多种类型；按动作信号可分为电流继电器、电压继电器、时间继电器、速度继电器、温度继电器、压力继电器等。

8.2.7.1 电磁式继电器

常用的电磁式继电器有电压继电器、电流继电器和中间继电器。

在自动控制系统中，常常要求某一电路中电流和电压限制在一定的范围内，若偏离这个范围，将会带来严重后果。例如，电动机短时严重过载或在额定负载下长时间低电压运行时，如不及时切断电路，就会烧毁电动机。用电流或电压继电器就可做到及时动作、报警和切断电源。

电磁式继电器的结构和作用原理与接触器基本相同，只是其电磁机构尺寸较小、结构紧凑、触点数量较多。由于触点只通过较小电流，所以一般不配灭弧装置。线圈采用交流控制的称为交流继电器，线圈采用直流控制的称为直流继电器。线圈匝数多而细者为电压线圈，反之为电流线圈，故线圈不同可做成电压继电器或电流继电器。使用时电压继电器线圈与电路并联，电流继电器线圈与电路串联。

图8-7a为一种电磁式继电器的结构原理示意图。当线圈7通电后，电磁力吸引衔铁6，通过绝缘支架2带动簧片1，使触点3、4和5接通或断开。线圈断电后，则在弹簧8拉力的作用下，各触点又恢复原位。电磁式继电器的图形符号如图8-7b所示，文字符号为KA。

继电器的吸合电压（或电流），是指能把衔铁吸引起的最小电压（或电流），它与额定电压不同。额定电压是指线圈长时间在该电压下工作不至过热而损坏绝缘的电压。

继电器的释放电压（或电流）是指释放时的最高电压（或电流），它与吸合电压（或电流）之比称为返回系数，一般返回系数为0.3左右。调节弹簧的松紧程度或铁心间初始气隙可改变吸合电压（或电流）。常用的交流电磁继电器有JT4系列，直流有JT3系列。

在自动控制系统中，中间继电器常用于扩展触点的数量和信号的放大。有时继电器的信号需放大或同时传给有关控制元件，这就需要一个中间继电器转换，它实质上就是一个电压继电器，但它具有电磁机构体积小，触点多（6对甚至更多），动作灵敏等特点。常用的

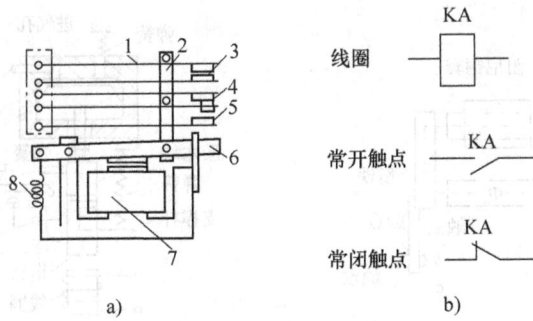

图 8 - 7 电磁式继电器
a) 结构原理示意图 b) 图形符号
1—簧片 2—绝缘支架 3、4、5—触点 6—衔铁 7—线圈 8—弹簧

中间继电器有 JZ7、JZ8 两种系列。

8.2.7.2 时间继电器

时间继电器是从得到输入信号（线圈的通电或断电）开始，经过一定的预先整定好的延时后才输出信号（触点的闭合或断开）的继电器。

时间继电器种类很多，常用的有电磁式、空气阻尼式、电动机式及电子式等时间继电器。时间继电器的延时方式有两种，一种是通电延时，即线圈通电后延迟一定的时间，触点才动作，当线圈断电时，触点瞬时复原；另一种是断电延时，即线圈通电时，触点瞬时动作，当线圈断电后，延迟一定的时间触点才复原。

1. 电磁式时间继电器

电磁式时间继电器的动作原理如图 8 - 8a 所示，静铁心上套有阻尼铜套，当线圈断电后，在铜套内产生感应电动势，感应电流产生一个与原来主磁通方向相同的磁通，以阻止主磁通的下降，这种阻尼作用，使铁心磁路的磁通不能立即消失，因此，衔铁也不会立刻释放，直到磁通衰减到不能吸住衔铁时，衔铁才释放，于是就得到了延时。这种继电器仅适用于直流电路，并仅在线圈断电时才能获得延时，通电时几乎是瞬时动作$\left(\dfrac{\Delta\varPhi}{\Delta t}\text{小}\right)$。图中触点 1、2 为延时闭合常闭（动断）触点，触点 1、3 为延时断开常开（动合）触点。

直流电磁式时间继电器结构简单、寿命长、允许操作频率高，但延时准确度较低、延时时间较短。JT18 型延时范围为 0.3 ~ 5s。

2. 空气阻尼式时间继电器

空气阻尼式时间继电器是利用空气阻尼作用而达到延时的目的，在交流电路中用得较多。它由电磁机构、延时机构和触点组成。当动铁心（衔铁）位于静铁心和延时机构之间位置时是通电延时型，其结构如图 8 - 8b 所示；当静铁心位于动铁心和延时机构之间位置时是断电延时型。

现以通电延时型为例说明其工作原理。当线圈通电后，将衔铁及其上所固定的支撑杆一同吸下，使支撑杆和胶木块之间有一段距离。在胶木块的自重及各弹簧的作用下，活塞杆及伞形活塞向下移动。在伞形活塞的表面固定有一层橡皮膜，在其向下移动过程中，空气室的气压低于外部大气压，形成空气阻尼作用，因此活塞向下移动是缓慢的，而活塞下移的速度

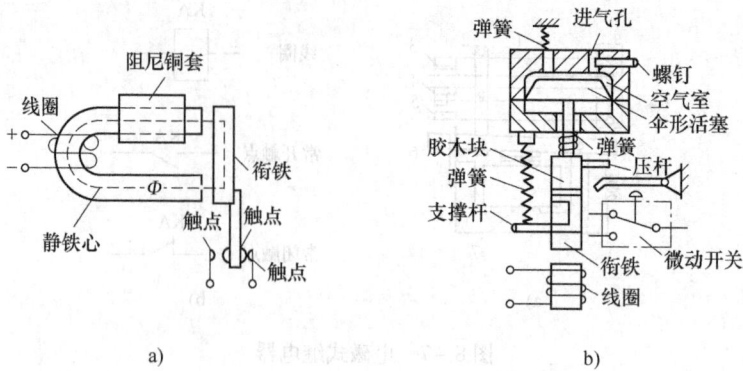

图 8 - 8 时间继电器的动作原理

a) 电磁式时间继电器 b) 空气阻尼式时间继电器

可以通过转动螺钉以调节进气孔的大小来控制。当活塞向下经过一定时间后，胶木块上的压杆压着微动开关的动触点，从而使上边的常闭触点断开，下边的常开触点闭合，即从线圈通电到触点改变状态需要经过一定时间，从而达到延时的目的。这两对触点分别称为延时断开常闭（动断）触点和延时闭合常开（动合）触点。

断电延时型的结构、工作原理与通电延时型相似，只是电磁机构位置改变，在衔铁释放时，实现断电延时。

空气阻尼式时间继电器也可以加装瞬动触点。常用的 TS7—A 型及 JJSK2 型等系列延时范围较大，一般有 0.4 ~ 60s 和 0.4 ~ 180s 两种，但定时的准确度较低。近两年国产 JSC 型空气阻尼式时间继电器，空气阻尼作用采用内循环式，这样可保持空气清洁，提高定时精度。

电动机式时间继电器由同步电动机、减速齿轮机构、电磁离合系统及执行机构组成。由于同步电动机转速恒定，不受电源电压波动影响，故电动式时间继电器延时精确度较高，且延时调节范围宽，可从几秒到数十分钟，最长可达数十个小时，但其结构复杂，体积较大。常用的有 JS10、JS11 系列。

随着电子技术的发展，电子式时间继电器（又称半导体时间继电器）也迅速发展。这类时间继电器体积小、延时范围大（0.2 ~ 300s）、延时精度高、使用寿命长，已得到广泛应用。早期产品多是阻容式，主要是利用 RC 电路电容器充放电原理实现延时。近期开发的产品多为数字式，其结构由脉冲发生器、计数器、放大器和执行机构组成，调节方便，精度高。国产应用较广泛的有 JS14、JS20 系列等。

时间继电器的图形符号如图 8 - 9 所示，文字符号为 KT。

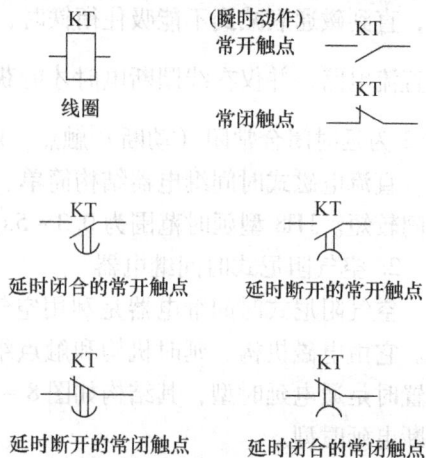

图 8 - 9 时间继电器的图形符号

8.2.7.3 热继电器

电动机在实际运行中，常会遇到过载情况。为了充分发挥电动机的潜力，短时不太严重的过载是允许的。但是小量的过载，如果时间较长，也会使电动机绕组的温升超过允许值，加剧绕组的老化，缩短电动机的使用年限，甚至烧毁电动机。热继电器就是一种用来保护电动机使之免受长期过载危害的控制继电器。

热继电器是利用电流流过热元件时产生的热量，使双金属片发生弯曲而推动执行机构动作的，它的动作原理如图 8 – 10 所示。

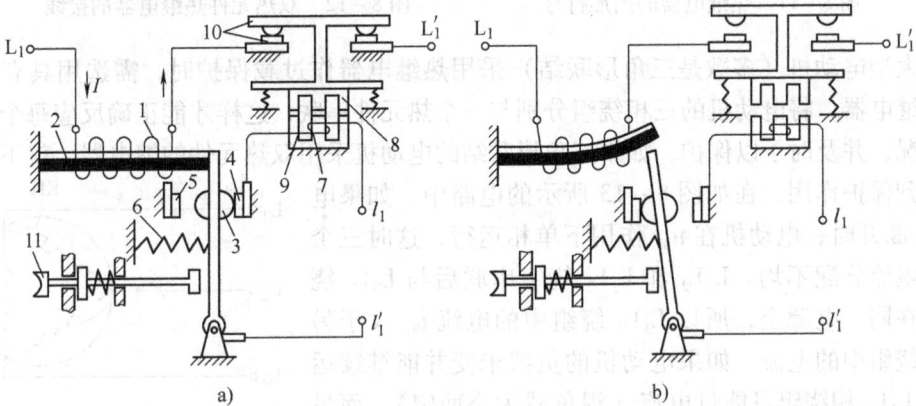

图 8 – 10 热继电器的动作原理
a) 动作前 b) 动作后
1—热元件 2—双金属片 3—动触点 4、5—静触点 6—弹簧
7—接触器线圈 8—动铁心 9—静铁心 10—主触点 11—复位

图 8 – 10a 中，双金属片 2 作为测量元件，是由两种膨胀系数不同的金属碾压而成，其一端固定，另一端抵住被弹簧 6 所拉紧的动触点 3，使动触点 3 与静触点 4 压紧，从而接通控制电路两点之间的接触器线圈 7 的电源，动铁心 8 被静铁心 9 吸合，使主触点 10 闭合接通主电路 $L_1 – L_1'$。

如果主电路中电流过大，即通过环绕在双金属片上的热元件 1 的电流过大，由于热元件具有一定的电阻，使之发热，温度上升，双金属片 2 受热向上弯曲（下层膨胀系数较上层大），如图 8 – 10b 所示。这时动触点 3 在弹簧 6 的拉力下与静触点 4 分断，接触器线圈 7 断电，主电路 $L_1 – L_1'$ 被断开，实现了过载保护。若故障排除后需要重新投入工作时，可按"复位" 11 重新接通控制电路。

热继电器是利用热效应工作的，由于热惯性的原因，在电动机起动或短时小量过载时，热继电器不会动作，保证电动机继续运转。在发生短路时，热继电器不能立即动作，因此不能用作短路保护。热继电器的图形符号如图 8 – 11 所示，文字符号为 KH。

一般的中小型电动机采用热继电器作过载保护时，都选用具有两个热元件的热继电器，两个热元件分别接在任意两根电源线中，如图 8 – 12 所示。当电动机任意两相发生过载时，这种热继电器都能检查出故障，予以保护。

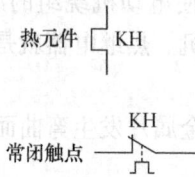

图 8-11　热继电器的图形符号　　　图 8-12　双热元件热继电器的接线

当大型电动机（多数是三角形联结）采用热继电器作过载保护时，需选用具有三个热元件的继电器，将电动机的三相绕组分别与一个热元件串联，这样才能正确反应每个绕组的过热情况，并及时予以保护。如果三角形联结的电动机采用双热元件的继电器，就不可能很好地起到保护作用。在如图 8-13 所示的电路中，如果电源线 L_2 断开时，电动机在 u_{31} 作用下单相运行，这时三个绕组的电流分配不均。L_1L_2 和 L_2L_3 绕组串联后与 L_3L_1 绕组并联在同一电源上，所以 L_3L_1 绕组中的电流 i_{31} 大于另外两个绕组中的电流。如果电动机的负载未变并能继续运行，则 L_3L_1 相绕组可能过电流（视负载大小而定），而另外两个绕组没有过电流。在这种情况下，双热元件继电器不会作出反应，故障不能排除。电动机一相绕组长时间过载，将缩短使用寿命或烧毁。

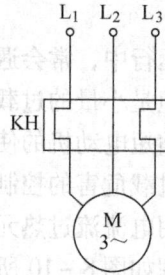

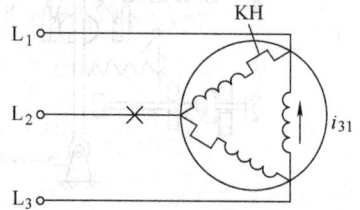

图 8-13　双热元件热继
电器与三角形绕组的连接

国产 JR16 系列的热继电器具有三个元件，可分接在三个绕组内，因而能避免上述双热元件系列热继电器的不足，同时当电动机遇到任何其他较严重的三相不平衡时（例如一相断），它也能起到很好的保护作用。

热继电器的主要技术数据是整定电流。所谓整定电流，是指长期通过发热元件而不至使热继电器动作的最大电流。当发热元件中通过的电流超过整定电流值的 20% 时，热继电器应在 20min 内动作。在选用热继电器时，一般选择电动机的额定电流作为热继电器的整定电流。热继电器整定电流可通过附加的调节机构在一定范围内调节。

8.2.8　行程开关

行程开关又称限位开关或位置开关，根据运动部件的位移信号而动作，即利用生产机械运动部件的碰撞使其触点动作来接通或分断电路，从而限制机械运动的行程、位置或改变其运动状态，实现自动控制。

行程开关的种类很多，其一般结构如图 8-14a 所示。当外力撞击推杆 3 时，常闭触点 1 先断开，常开触点 2 后闭合。一旦外力消失，推杆和触点靠弹簧 4 的作用恢复到正常位置，其中常开

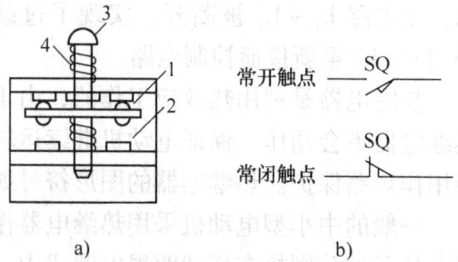

图 8-14　行程开关
a）结构示意图　b）图形符号
1—常闭触点　2—常开触点　3—推杆　4—弹簧

触点先断开，常闭触点后闭合。行程开关通常靠固定在运动机械部件上的挡块碰撞而动作。行程开关的图形符号如图 8-14b 所示，文字符号为 SQ。

常用的行程开关有 LX19 系列和 JLXK1 系列。

以上介绍了几种常用低压控制电器，现将电工系统常用的有关电动机、电器的图形符号列于表 8-1，以便查阅。

表 8-1 电工系统常用电动机、电器的图形符号

电器名称		符 号	电器名称		符 号
三相笼型异步电动机			按钮触点	常 开	
				常 闭	
三相绕线转子异步电动机			接触器吸引线圈 继电器吸引线圈		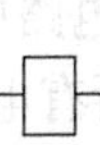
直流电动机				常开主触点	
			接触器触点	常开辅助触点	
单相变压器				常闭辅助触点	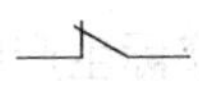
			时间继电器触点	延时闭合常开触点	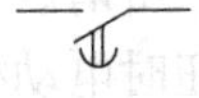
三极开关				延时断开常闭触点	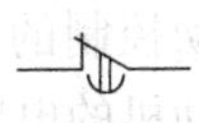
				延时断开常开触点	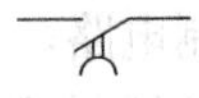
熔断器				延时闭合常闭触点	
信号灯					
热继电器	常闭触点		行程开关触点	常开	
	热元件			常闭	

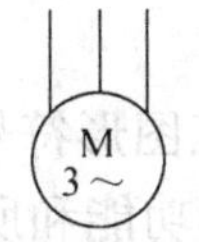

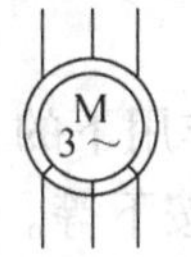

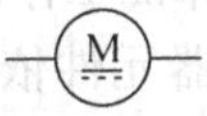

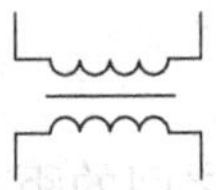

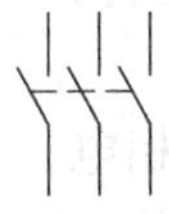

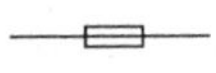

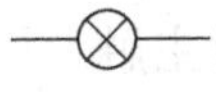

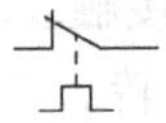

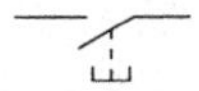

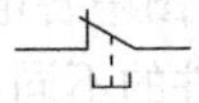

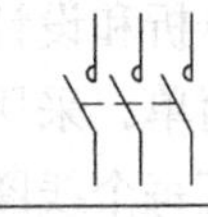

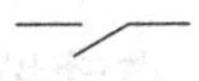

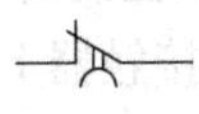

8.3 电动机的基本控制

各种生产机械，其运动方式各不相同，因此，满足各生产机械控制要求的电路也是相异的。但是不论电路多么复杂，它们大都是由一些基本控制环节所组成。

通过基本控制环节的学习，可以熟悉电工系统的图形符号，了解组成控制电路的逻辑关系，为阅读和设计复杂的控制电路打下基础。

如果按照电器的结构位置画出控制接线图，比较直观，初学者容易看懂。但是，如果电路比较复杂和使用的电器较多时，这种控制接线图不但画法麻烦而且不容易看清楚电路的相互控制关系。为了避免此缺点，电路通常采用国家规定的电气符号，只画出机电元件之间的电气连接关系，而不画出其机械部分的联系及实际结构。这种不考虑电器的结构和实际位置，只反映电气作用原理的电路图称为电气原理图。绘制电气原理图的原则如下：

1）主电路和控制电路分开画。主电路是电源和负载相连的电路，通过较大的负载电流，一般画在电气原理图的左边；控制电路通常由按钮、接触器和继电器的线圈与触点等组成，通过的电流较小，一般画在电气原理图的右边。主电路和控制电路可以使用不同的电压。

2）图中各电器元件采用国家统一标准规定的电工图形符号和文字符号表示。属于同一电器元件的不同部分（如接触器的线圈和触点）按其功能和所接电路的不同分别画在主电路和控制电路中，但必须标注相同的文字符号。

3）所有电器的图形符号均按没有通电且无外力作用下的正常状态绘制，即图中各电器的触点都处于未动作状态，线圈没有通电，按钮没有按下等。

在分析和设计控制电路时还应注意以下几点：在保证工作准确、可靠的前提下，应使控制电路简单，采用的电器元件少；尽可能避免多个电器元件依次动作才能接通另一个电器；必须保证每个线圈的额定电压，即各种电器的线圈不能串联连接。

8.3.1 点动控制

在实际生产中，有时需要逐步调整生产机械部件之间的距离或试车、检修等，常采用点动控制。所谓点动控制，就是按下起动按钮时电动机运转，松开按钮时电动机停转。

点动控制的电气原理图如图8-15所示。图中三相电源至电动机的电路为主电路，按钮和接触器线圈组成的电路为控制电路。

点动控制的动作过程如下：先合上刀开关Q，按下按钮SB，接触器KM线圈通电，其接在主电路中的三对主触点KM闭合，电动机M接通电源运转；松开按钮SB，接触器KM线圈断电，三对主触点KM断开，电动机断电停转。

图8-15中熔断器FU起短路保护作用，一旦发生短路事故，熔体立即熔断，电动机立即停车。

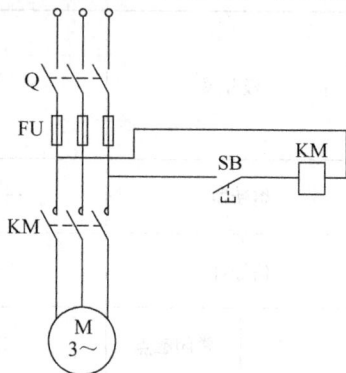

图8-15 点动控制电气原理图

8.3.2 直接起动连续运行控制

在实际生产中，往往要求电动机实现长时间连续转动，即所谓的长动控制。如图8-16所示，主电路由刀开关Q、熔断器FU、接触器KM的主触点、热继电器KH的热元件和电动机M组成；控制电路由停止按钮SB_1、起动按钮SB_2、接触器KM的常开辅助触点和线圈、热继电器KH的常闭触点组成。

工作过程如下：合上刀开关Q，按下起动按钮SB_2，控制电路中接触器KM线圈通电，其接在主电路中的三对主触点KM和接在控制电路中的常开辅助触点KM同时闭合，电动机

M 接通电源起动运转；松开起动按钮 SB₂，由于接触器 KM 线圈通过闭合的辅助触点 KM 仍继续通电，从而使接触器 KM 所属的常开主触点和辅助触点保持闭合状态，电动机 M 保持运转；按下停止按钮 SB₁，接触器 KM 线圈断电，其所属各触点恢复常开状态，电动机断电停转。

在图 8 - 15 所示点动控制中，操作人员的手始终不能离开起动按钮。欲使电动机起动后长期运转下去，必须在起动按钮两端并联一对接触器 KM 的常开辅助触点，如图 8 - 16 所示。当松开起动按钮时，与其并联的辅助触点仍闭合，使接触器的线圈依然通电，保持电动机继续运转。辅助触点的这种作用叫自锁，这个辅助触点也称为自锁触点。

图 8 - 16 所示的电路中，具有短路保护、过载保护及失电压保护等保护措施。

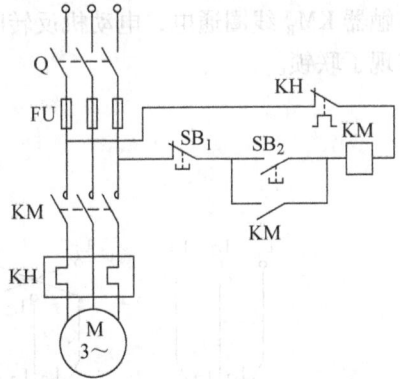

图 8 - 16　直接起动单向连续运转控制电气原理图

熔断器 FU 起短路保护作用。一旦发生短路，其熔体立即熔断，可以避免电源中通过短路电流，同时切断主电路，电动机立即停车。

热继电器 KH 起过载保护作用。当电动机发生过载时，串接在主电路中的热元件 KH 发热使双金属片动作，将控制电路中的热继电器常闭触点 KH 断开，因而使接触器 KM 的线圈断电，主触点 KM 断开，从而使电动机断电得到保护。

接触器 KM 在此控制电路中起失电压保护作用。当电源暂时停电或电源电压严重下降时，接触器的动铁心释放而使主触点和自锁触点都恢复到断开的位置，电动机停止转动；当电源电压恢复时，若不重新按下起动按钮，则电动机不会自行起动。这种继电接触控制与直接用刀开关手动控制相比，可避免电压恢复时，电动机自行起动而有可能造成的事故，因而称为零压保护（即失电压保护）。

8.3.3　正反转控制

在实际生产中，常常要求生产机械的运动部件具有正反两个方向的运动，如起重机的提升和下降、机床工作台的前进与后退、各种大型阀门的开闭等。对于三相异步电动机，只要将接定子绕组的三根电源线任意对调两根即能使电动机反转，如图 8 - 17 所示。具体电路由两个交流接触器完成，如图 8 - 18 所示，当正转接触器 KM_F 闭合时，电动机正转；当正转接触器 KM_F 断开，反转接触器 KM_R 闭合时，电源 L₁、L₃ 两相对调，电动机反转。

由图 8 - 18 可见，如果两个接触器同时工作，电源 L₁、L₃ 两相将通过两个接触器的主触点被短路，这是不允许的。为此，要采取措施以保证两个接触器不能同时动作，这种作用称为联锁或互锁。下面将分析两种具有联锁的正反转控制电路。

在图 8 - 19 所示的控制电路中，正转接触器 KM_F 的一个常闭辅助触点串接在反转接触器 KM_R 的线圈电路中；而反转接触器的一个常闭辅助触点 KM_R 串接在正转接触器 KM_F 的线圈电路中。这两个常闭辅助触点称为联锁触点。当按下正转起动按钮 SB_F 时，正转接触器 KM_F 的线圈通电，主触点 KM_F 闭合，电动机正转。与此同时，自锁触点 KM_F 也闭合，而联锁触点 KM_F 断开了反转接触器 KM_R 的线圈电路。在这种情况下，如果发生了误操作，按下

反转起动按钮 SB_R 时，反转接触器也不会工作，从而保护了电源不被短路。同理，当反转接触器 KM_R 线圈通电，电动机反转时，联锁触点 KM_R 断开了正转接触器 KM_F 的线圈电路，实现了联锁。

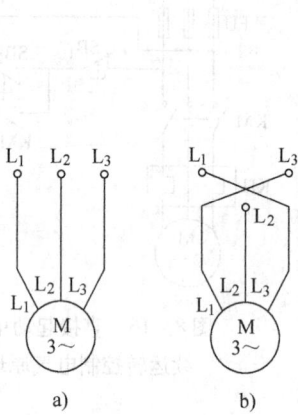

图 8-17 电源线对调改变电动机转向
a）正转 b）反转

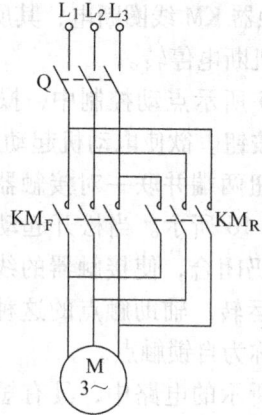

图 8-18 接触器接线改变电动机转向

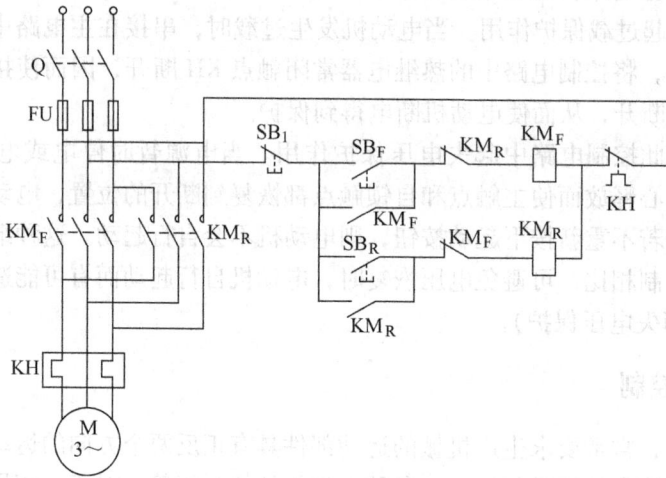

图 8-19 电气联锁的正反转控制电气原理图

图 8-19 所示的控制电路中，如果在电动机正转的过程中要求反转，必须先按停止按钮 SB_1 使联锁触点 KM_F 闭合后，再按反转起动按钮 SB_R 才能使电动机反转，操作上很不方便。为了简便起见，通常采用图 8-20 所示的控制电路，利用复合按钮的常闭触点进行机械联锁。图 8-20 中，将反转起动按钮 SB_R 的常闭触点串接在正转接触器 KM_F 的线圈电路中，正转起动按钮 SB_F 的常闭触点串接在反转接触器 KM_R 的线圈电路中。当正转运行的电动机需要反转时，可以直接按下反转起动按钮 SB_R，它的常闭触点先断开，使正转接触器 KM_F 的线圈断电，其主触点 KM_F 断开，同时将串接在反转接触器 KM_R 线圈电路中的联锁触点 KM_F 恢复闭合，当按钮 SB_R 的常开触点后闭合时，反转接触器 KM_R 的线圈通电，电动机就实现了反转。

在图 8-20 中，电路具有电气联锁和机械联锁双重保护作用。

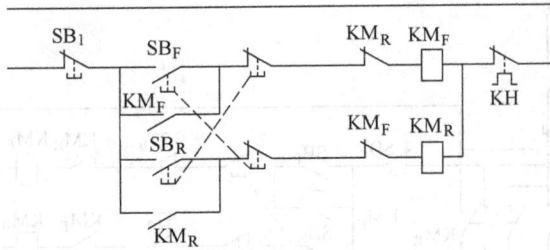

图 8-20 机械联锁的正反转控制电路

上述直接起动和正反转控制电路在实际工作中应用广泛，电器生产部门将一个（或两个）接触器、一个热继电器以及按钮等组装成起动装置，称为电磁起动器。分为不可逆式和可逆式两种，专门供给笼型异步电动机起动用。电磁起动器有 QC8 系列和 QC12 系列以及 QC83 系列等产品，其中 QC83 系列是矿用防爆型。

8.3.4 多地控制

有的生产机械要求在几处都能实施控制操作，从而引出多地控制问题。显然，为了实现多地控制，控制电路中必须有多组按钮。这些按钮的接线应遵从以下原则：各起动按钮并联；各停止按钮串联。

以两地控制为例，图 8-21 所示控制电路在两地均能对同一台电动机实施起停等控制。当按下起动按钮 SB_2 或 SB_4 时，都可以使接触器 KM 的线圈通电，接通主电路。同样按下停止按钮 SB_1 或 SB_3 时，都可以使接触器 KM 的线圈断电，使主电路脱离电源，电动机停转。

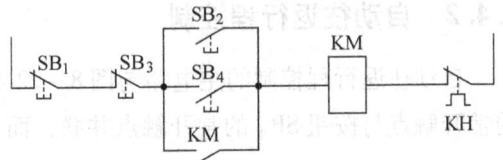

图 8-21 两地控制电路

8.4 行程控制

行程控制就是控制生产机械运动的行程或终端位置，实现自动停止或自动往返等。例如龙门刨床的工作台要求在一定行程范围内自动往返；矿井提升机及吊车运行到终点时，要求自动停下来，以免超过极限位置而引起事故等。行程开关是这种控制中的关键部件。

8.4.1 限位控制

图 8-22 是用行程开关控制生产机械自动双向限位的电气原理图和示意图。行程开关 ST_a 和 ST_b 分别安装在运动行程的两个终端。ST_a 和 ST_b 的常闭触点分别串接在正反转控制电路中。

工作过程如下：合上刀开关 Q，为起动做好准备。如果按下正转起动按钮 SB_F，接触器 KM_F 的线圈通电并自锁，电动机正转，假设此时电动机带动生产机械右行。当生产机械运行到右终端位置时，挡块碰撞行程开关 ST_b 的推杆，控制电路中的常闭触点 ST_b 断开，使接触器 KM_F 的线圈断电，电动机因而停转，生产机械停止运行。此时即使再按下 SB_F，接触器 KM_F 的线圈也不会通电，保证生产机械不会超过预定的极限位置。

当按反转起动按钮 SB_R 时，接触器 KM_R 的线圈通电，电动机反转，生产机械向左运动。

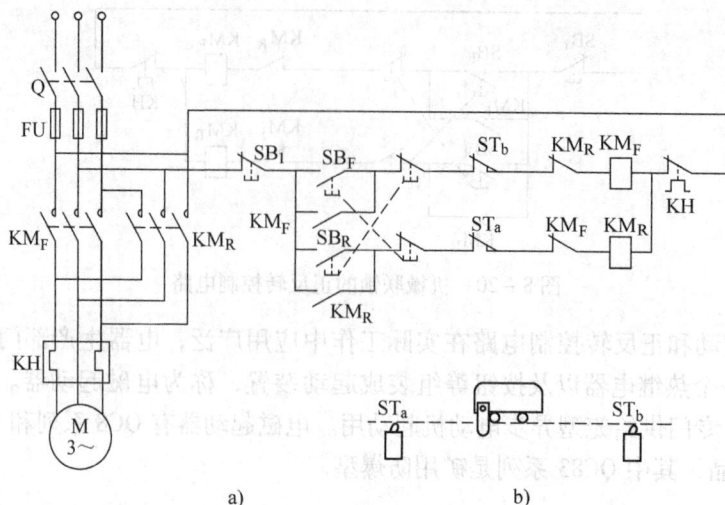

图 8 – 22　自动双向限位控制电气原理图和示意图

a）电气原理图　b）示意图

行程开关 ST_a 限制了生产机械左行极限位置，它的作用与上述 ST_b 相同。

8.4.2　自动往返行程控制

自动往返行程控制的主电路与图 8 – 22 相同，控制电路如图 8 – 23 所示，行程开关 ST_b 的常开触点与按钮 SB_R 的常开触点并联，而 ST_a 的常开触点与按钮 SB_F 的常开触点并联。

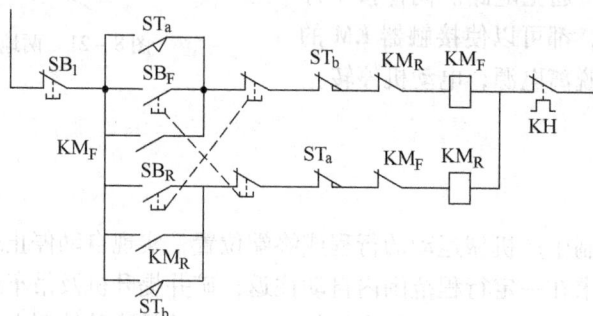

图 8 – 23　自动往返行程控制电路

工作过程如下：当按下正转起动按钮 SB_F 时，接触器 KM_F 的线圈通电并自锁，电动机正转起动运行，仍设其拖动生产机械右行。当生产机械行至需要反向的预定位置时，挡块压下行程开关 ST_b，其常闭触点先断开，切断正转控制电路，KM_F 释放；ST_b 的常开触点后闭合，接通反转控制电路，使接触器 KM_R 的线圈通电并自锁，电动机立即由正转变为反转运行，生产机械由右行变为左行，与此同时，行程开关 ST_b 因挡块移开而复位，为下次正转做好准备。同理，左行至预定位置时，挡块压下行程开关 ST_a，其常闭触点先断开，使反转接触器 KM_R 的线圈断电，而 ST_a 的常开触点后闭合，接通正转控制电路，使正转接触器 KM_F 再次吸合自锁，生产机械又变为右行，随之 ST_a 又复位，为下次反转做好准备。这样，电路一旦被起动之后，电动机就自动进入正反转交替运行，生产机械也就处于不停的往返运动之中，直至按下停止按钮 SB_1 为止。

8.5　时间控制

在自动控制的电力拖动系统中，某些操作或工艺过程之间常常需要一定的时间间隔，或者按一定的时间起动或关停某些设备，有时电动机拖动的生产机械的运行状态需要按时间进行转换等。例如，正常运行为三角形联结的电动机，可接成星形来降压起动，经过一定时间，速度上升到某值后，再换接成三角形全压运行。为实现延时自动转换，时间控制通常利用时间继电器来完成。

一种笼型电动机的星形 – 三角形起动控制电气原理图如图 8 – 24 所示。为了控制星形联结起动的时间，图中采用了通电延时的时间继电器 KT，KM_1 为主电路接触器，KM_2 和 KM_3 为定子绕组转换接法的接触器。

工作过程如下：当电动机起动时，按下起动按钮 SB_2 后，接触器 KM_1 和 KM_3 线圈通电，主电路中的接触器主触点 KM_1 及 KM_3 闭合，电动机按星形联结降压起动。控制电路中的辅助触点 KM_1 闭合自锁，辅助常闭触点 KM_3 断开使接触器 KM_2 的线圈电路不通，实现联锁，避免 KM_3 和 KM_2 两个接触器同时工作而造成电源短路的事故。

按下 SB_2 的同时，KT 的线圈也通电，经过一定延时后，时间继电器 KT 动作，延时打开的常闭触点 KT 使接触器 KM_3 的线圈断电；KM_3 常开触点先打开，常闭触点后闭合；延时闭合的常开触点 KT 使接触器 KM_2 的线圈通电，同时 KM_2 的辅助触点闭合短接 KT 的常开触点；主电路中的接触器主触点 KM_3 和 KM_2 先断开定子绕组的星形连线而后接成三角形全压正常运行。与此同时，接触器 KM_2 的常闭触点打开，使接触器 KM_3 线圈断电，实现联锁；时间继电器 KT 线圈断电，避免其在电动机正常运行时长时间通电。

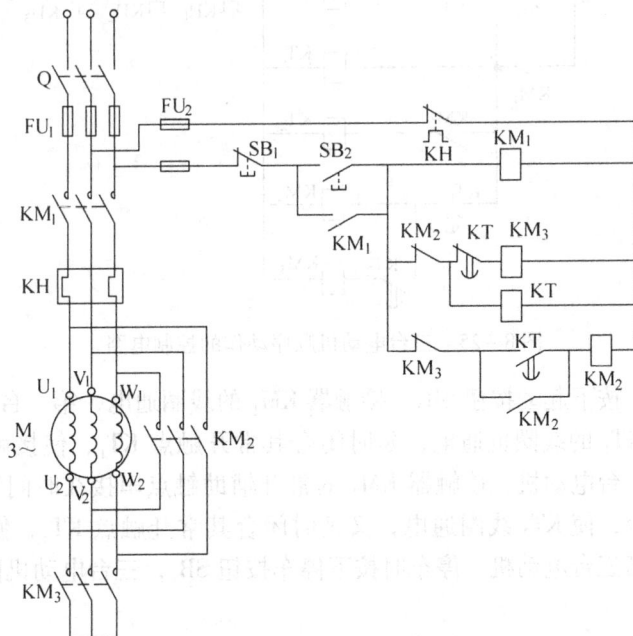

图 8 – 24　笼型电动机星形 – 三角形起动控制电气原理图

电路的控制过程可简述如下：

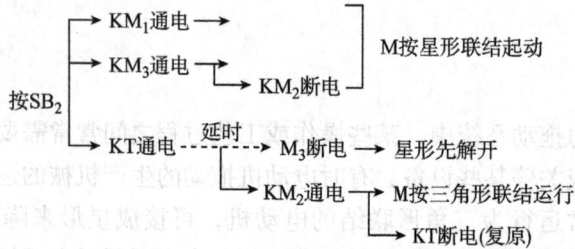

$$
按SB_2
\begin{cases}
\begin{aligned}
&KM_1通电 \rightarrow \\
&KM_3通电 \rightarrow KM_2断电
\end{aligned} \Bigg\} M按星形联结起动 \\
\\
KT通电 \xdashrightarrow{延时}
\begin{cases}
M_3断电 \rightarrow 星形先解开 \\
KM_2通电 \rightarrow M按三角形联结运行 \\
KT断电(复原)
\end{cases}
\end{cases}
$$

图 8 - 24 所示控制电路的星形 - 三角形换接是在接触器 KM_3 断电的情况下进行的，即在主电路脱离电源的情况下进行电动机定子绕组的星形 - 三角形换接，因而触点间不会产生电弧。

8.6 顺序控制

为了满足各种生产工艺的要求，有些生产机械工作时，常常要求几台电动机的起动、停车等动作按一定顺序进行。例如，轧钢机、感应炉及大型自动机床等设备，必须润滑系统或冷却系统运转后，主机才能起动；又如，矿井下的自动运输线要求按逆矿流方向依次起动各台运输机，否则就会出现矿石堆积及溢落等现象。

顺序控制可以采用接触器的联锁触点或某种继电器的触点在电路中按一定逻辑顺序动作。图 8 - 25 所示为按时间顺序开动三台电动机的控制电路，由集中控制盘统一操作。

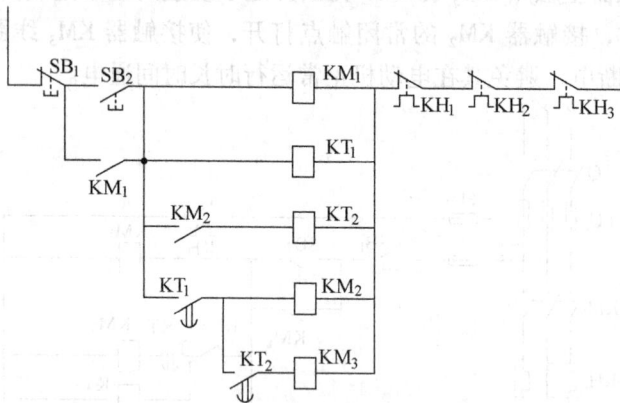

图 8 - 25 三台电动机顺序动作的控制电路

工作过程如下：按下起动按钮 SB_2，接触器 KM_1 的线圈通电，第一台电动机起动。与此同时，时间继电器 KT_1 的线圈也通电，延时闭合其常开触点 KT_1，使接触器 KM_2 的线圈通电得以延时起动第二台电动机。接触器 KM_2 的常开辅助触点串接在时间继电器 KT_2 的线圈电路中，这时也闭合，使 KT_2 线圈通电，又延时闭合其常开触点 KT_2，使接触器 KM_3 的线圈通电，最后起动第三台电动机。停车时按下停车按钮 SB_1，三台电动机同时停车。

小 结

1）本章介绍了几种常用低压电器：刀开关、熔断器、按钮、接触器、中间继电器、时间继电器、继热继电器、行程开关等的结构、作用原理、电气图形符号和文字符号，并介绍几种最基本的继电—接触器控制的电路。

2）电动机直接起动和正反转控制电路是本章的重点，要读懂电路的控制作用原理，并能叙述其工作过程。掌握电路中短路保护、过载保护与失电压（欠电压）保护的意义，明了自锁与联锁的目的，并掌握实现它们所采取的方法。

3）利用行程开关，在电动机正反转控制电路的基础上，可以实现生产机械自动双向限位控制和自动往返行程控制。

4）必须清楚利用时间继电器组成的自动起动（星形－三角形减压起动）控制电路和顺序控制电路的工作原理和动作过程。

习 题

8-1 试设计一台笼型异步电动机既能连续工作又能点动工作的继电—接触器控制的电路。

8-2 某机床的主轴和润滑油泵分别由两台笼型异步电动机带动，采用继电—接触器控制。要求：（1）主轴在润滑油泵开动后才能起动；（2）主轴能正反转、单独停车；（3）有短路、失电压及过载保护，试设计主电路与控制电路。

8-3 有四台带式运输机组成一矿石运输系统，每台运输机由一台笼型异步电动机拖动，有短路和过载保护。矿石传送的方向为 $4^\#\rightarrow3^\#\rightarrow2^\#\rightarrow1^\#$。为了不使矿石堆积，要求四台运输机按逆矿石传送方向依次起动，即按 $1^\#\rightarrow2^\#\rightarrow3^\#\rightarrow4^\#$ 方向起动。试画出集中控制的继电—接触器控制的电气原理图。

8-4 上题中若要求每台带式运输机旁都设有单独的起动和停止按扭，控制电路应如何补充。

8-5 小型吊车的提升和行走机构各由一台笼型异步电动机拖动，利用按钮进行操作，具有过载和失电压保护环节。提升机构右上限行程有限位保护，行走机构两端的极限位置也有限位保护，试设计该系统的继电—接触器控制的电路。

8-6 为安全起见，某设备的电动机起动前先接通警铃，鸣铃 1min 后，电动机自行起动，试设计控制电路。

8-7 如图 8-26 所示的电路，要求电动机 M_1 起动经一定的延时才能起动电动机 M_2。电动机 M_2 能正

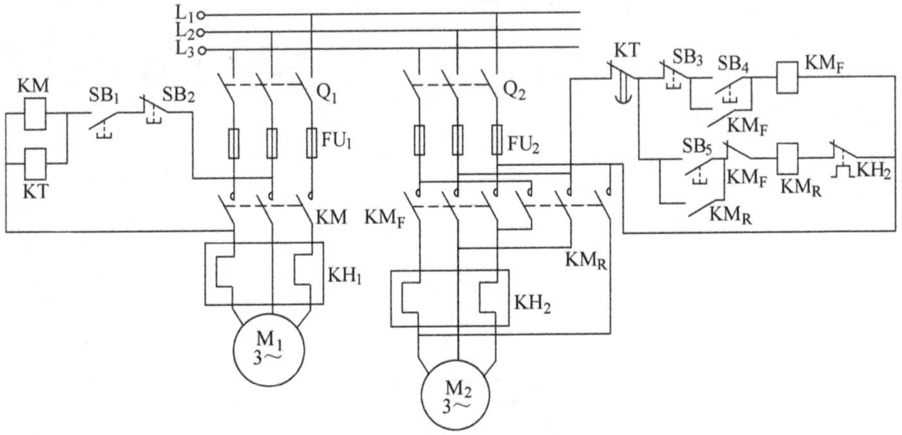

图 8-26 题 8-7 图

反转并能单独停止。两台电动机都有短路、失电压和过载保护。试检查该电路的错误并改正过来。

8-8 图 8-27 所示异步电动机控制电路，试分析其动作过程。

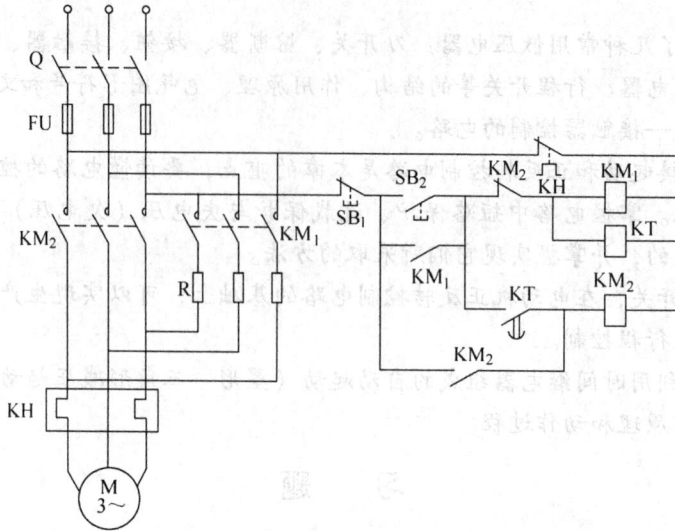

图 8-27 题 8-8 图

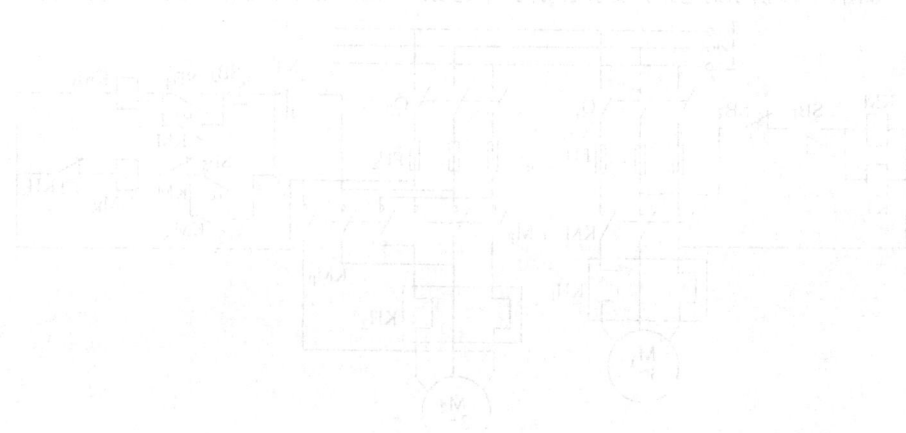

第9章　供电配电与安全用电

电能是一种方便的能源，它的广泛应用形成了人类近代史上第二次技术革命，有力地推动了人类社会的发展，给人类创造了巨大的财富，改善了人类的生活。用电，就必须注意人身安全和设备安全，否则可能会造成设备损坏，引起火灾甚至人身伤亡等严重事故。

本章将简要地介绍供电配电系统及安全用电知识，分析几种触电状况和预防触电的措施。

9.1　供电配电系统概况

9.1.1　电力系统简介

电力系统是由发电厂、电力网和用户组成的一个集发电、输电、变电、配电和用电的整体系统，示意图如图9-1所示。

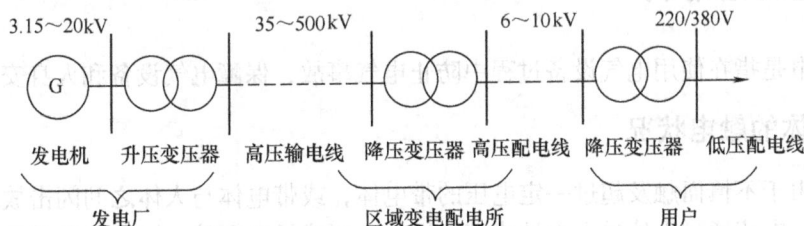

图9-1　电力系统示意图

在电力系统中，发电厂是电力生产部门，由发电机产生交流电。根据所采用能源的不同，发电厂可分为火力、水力、核能、太阳能、风力、沼气发电等。变电配电所是由升压、降压变压器将电压升高或降低，并通过输配电线路进行电力分配的场所。通常将电力系统中的各级电压线路及其联系的变电配电所称为电力网。

在传输电能时，电流会在导线中产生电压降落和功率损耗。如果输送电能是一定的，则升高电压可以减小输送电流，这样不仅能够减小输电线的截面积、节省材料；还可以减小输电线路上电压降，降低功率损耗，提高电力系统运行的经济性。因此，通常输电容量越大、输电距离越远，输电电压就越高。我国国家标准中规定输电线的额定电压（指输电线末端的变电所母线上的电压）为35kV、110kV、220kV、330kV、500kV等。在用电时，再用变压器降低电压以便适合电气设备额定电压的要求并保证人身安全。

9.1.2　工业企业配电的基本知识

电能输送到用户后，要进行变电或配电。工业企业通常设有中央变电所和车间变电所，中央变电所将输电线送来的电能分配到各车间；车间变电所（或配电所）将电能分配给各用电设备。电力线路将电能由变电配电所送至用电设备的主要方式有以下两种：

1）树干式配电。将每个独立的负载或一组负载集中按其所在位置依次接到由一路供电的干线上，这种供电方式称为树干式配电，如图9-2所示。

干线一般采用母线槽直接从变电所经开关到车间，支线再从干线经过出线盒到用电设备。这种配电线路适用于比较均匀地分布在一条线上的负载。树干式配电方式的特点是投资小，安置、维修方便，但其供电可靠性较差，各用电单位可能相互影响。

2）放射式配电。各用电设备由单独的开关、线路供电，称为放射式配电，如图9-3所示。这种配电线路适用于负载点比较分散，而各负载点又具有相当大的集中负载的线路。

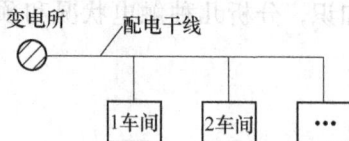

图9-2　树干式配电

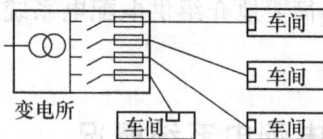

图9-3　放射式配电

放射式配电方式的最大优点是供电可靠，维修方便，各配电线路间不会相互影响，而且便于装设各类保护和自动装置，在工厂内得以广泛应用。缺点是敷设投资较高。

9.2　安全用电常识

安全用电是指在使用电气设备过程中防止电气事故，保障电气设备和人身安全。

9.2.1　人体的触电状况

当人体由于不慎而触及超过一定电压的带电体，或带电体与人体之间闪击放电，或电弧触及人体时，电流通过人体进入大地或其他导体，形成导电回路，这种情况就称为触电。

触电电流通过人体时对人体组织的作用是比较复杂的，有热烧伤作用、化学作用、生物学作用等，因而造成的危害性也是多种多样的，根据人体遭受伤害的状况不同，触电一般分为电击和电伤。

1）电击。电流通过人体组织及内部器官时称为电击。电击时，电流流经人体内部，引起疼痛发麻，肌肉抽搐，严重的会引起强烈痉挛，心室颤动或呼吸停止，甚至由于对人体心脏、呼吸系统及神经系统的致命伤害而造成死亡。

2）电伤。电伤是由电流的热效应、化学效应、机械效应以及电流本身作用所造成的人体外伤。人体与带电体接触的部分会发生电弧灼伤，电伤大多是局部受伤，但受伤的面积过大也会导致死亡。电伤的另一种是人体与带电体接触部分产生"电烙印"，由于被电流熔化和蒸发的金属微粒等侵入人体皮肤引起皮肤"金属化"，触电后在皮肤上留有圆形或椭圆形痕迹的硬肿块，受伤部分往往麻木甚至丧失知觉。这种"电烙印"如果波及全身，也能引起全身僵死状态。

另外，强烈的电磁场对人体的辐射作用，将导致头晕、乏力、神经衰弱等。

9.2.2　电流对人体的伤害

大量研究结果表明，电流对人体的伤害，与通过人体的电流的大小、频率、作用时间、途径及人体的个体特征等因素有关。

1）电流大小和种类。电流大小和种类不同，通过人体时引起的生理反应不同，对人体的伤害程度也不同。能引起人的不适感觉的最小电流值称为感知电流，交流为 1mA，直流为 5mA。人体触电后能自主摆脱的最大电流称为摆脱电流，交流为 10mA，直流为 50mA。在较短的时间内危及生命的电流称为致命电流，工频交流电达到 20mA 以上至 50mA 时，人的神经系统受伤难以自主摆脱，是比较危险的电流值，因此致命电流为 50mA。当工频电流达到 100mA 时则是极其危险的，如 100mA 的电流通过人体 1s，足以使人致命，因而称为死亡电流。

2）电流频率。电流频率在小于或大于工频时，摆脱电流及感知电流都变高。根据实验，工频电流对人体的危害性最大。在频率增高时，由于趋肤效应的作用，对人体危害性反而减小，如当频率达到 2000Hz 以上时，电流虽然达到 100mA，但对人体没有什么危害。

3）电流持续作用的时间。在通过人体电流相同的情况下，通电时间越长，危害性越大。触电时间长，较小的电流也会引起心室颤动；另外由于触电时间长，使人体电阻下降，导致电流增加，对人体的伤害更加严重。例如 20～50mA 的工频电流作用于人体的时间稍长，同样有致命的危险。通过心脏的允许极限电流 I（mA）与时间的关系为 $I = 116/\sqrt{T}$，其中 T 为电流允许作用的时间，范围为 0.01～5s。

4）电流流过人体的路径。电流通过人体会引起心室颤动甚至使心脏停止跳动，大多数的触电死亡是由于电流刺激人体心脏而引起的，所以触电危险程度主要取决于流过心脏的电流大小。电流通过人体时会引起中枢神经失调，电流通过头部会使人脑严重损害甚至死亡。可见电流通过心脏、大脑及中枢神经是很危险的。从左手到胸是最危险的电流路径；其次是从一只手到另一只手及从手到脚的电流流通路径。

5）人体的个体特征。通过人体电流相同的情况下，不同人体引起的生理反应也有不同。电流对人体的作用，女性较男性敏感，如成年女性的平均感知电流为 0.7mA，而成年男性的约为 1.1mA；小孩遭受电击较成人危险；同时还与体重有关系等。身体越健康，摆脱电流就越大。一般来说，摆脱同样大小电流的能力：男性大于女性，女性大于儿童。

9.2.3　触电的形式及危害

按照人体触及带电体的方式和电流通过人体的途径，触电形式一般有双相触电和单相触电两种。

人体两处同时触及两相带电体的触电事故即为双相触电，这种触电情况人体承受的电压更高，对人有生命危险，是最危险的触电。单相触电是指人体在地面或其他接地导体上，人体的某一部位触及一相带电体的触电事故。单相触电的危险程度与电路系统情况有关，分为中性点不接地系统单相触电和中性点接地系统单相触电。

图 9-4 及图 9-5 所示分别是电源中性点不接地系统触电的两种情况。在图 9-4 中，若人触及 L_3 线导电部分，这时人体电阻 R_r 与 L_3 线对地绝缘电阻 R_{l3} 并联后，再与另外两线对地绝缘电阻 R_{L1}、R_{L2} 构成回路，触电电流经 L_3 线、人体、另两线对地绝缘电阻流通。绝缘电阻越大，通过人体电流越小，当线电压为 380V 时，在导线绝缘正常情况下，据估算，通过人体电流一般小于 10mA，危险性不大。但是，在图 9-5 中，有一线对地短路，人体再触及另一线时，则人体承受全部线电压，与双相触电一样危险。

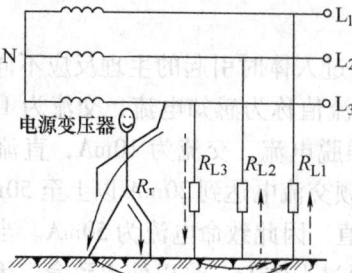

图9-4 正常情况的单相触电

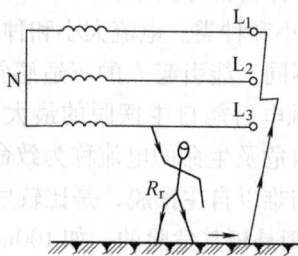

图9-5 一线对地短接时的单相触电

图9-6为电源中性点接地系统。人体触及一相时，设人体电阻 $R_r = 1k\Omega$，与接地电阻 R_N 串联承受相电压。由于 R_N 很小，故通过人体电流为

$$I = \frac{U_p}{R_N + R_r} = \frac{220}{1}mA = 220mA$$

可见，如此大的电流对人体更具危险性。

从上面分析可知，不管哪种触电都威胁人的生命安全。为此，必须有安全用电措施。首先要了解和严格遵守安全用电条例及操作规程，而且在容易触电的地方，应采取接地或接零的安全措施。

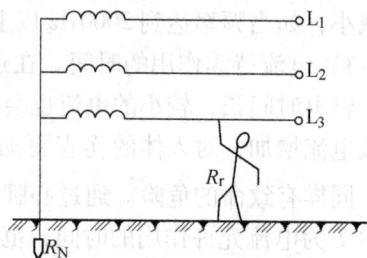

图9-6 电源中性点接地系统单相触电

9.2.4　安全电压

安全电压是指人体较长时间触电而不会发生触电事故的电压。根据生产和作业场所的特点，采用相应等级的安全电压，是防止发生触电伤亡事故的根本性措施。世界各国对安全电压的规定各不相同。根据人体电阻和人体允许电流，我国规定的安全电压额定值的等级为42V、36V、24V、12V 和6V，应根据作业场所、操作员条件、使用方式、供电方式、线路状况等因素选用。我国一般采用36V 安全电压，对于工作在潮湿或危险性较大的场所，应采用24V 安全电压；对于工作在条件恶劣或操作者容易大面积接触带电体的场所，如特别潮湿或有蒸汽、游离物等极其危险的环境，应采用不超过12V 的安全电压；若人体浸在水中工作时，应采用6V 安全电压。

对于有些地方使用安全电压，但更多的地方则使用较高电压，为了减少人身触电事故，除加强安全用电教育外，还要在技术上采取保护措施，常见的措施就是接地与接零。

9.3　接地与接零保护

接地与接零是为了防止电气设备意外带电，造成人身触电事故和保证电气设备正常运行而采取的技术措施。

9.3.1　接地与接零的基本知识

9.3.1.1　接地与接零的概念

凡是电气设备的任何部分与大地作良好的电气接触均称为接地。接地分为故障接地、工

作接地、保护接地等。电气设备带电部分由于绝缘损坏而接地，或发生其他意外性接地（例如高压线落地）为故障接地；而人为地将电力系统或电气设备的某点直接或经特殊装置与大地做金属连接均为工作接地，其目的是为了在正常工作或事故情况下保证电气设备可靠运行、降低人体的接触电压，有利于快速切断故障设备等；保护接地是将电气设备的金属外壳与大地做可靠金属连接。

接零是指中性点接地的三相四线制系统中，将电气设备的金属外壳与供电线路的中性点连接，即接零线。

9.3.1.2 散流效应

当电气设备带电体发生短路接地时，电流就通过接地体向大地成半球形散开，如图 9 - 7a 所示，这一电流叫接地电流，用 I_d 表示。由于电流从接地体均匀地散射流入大地，因而距接地体越远的地方电流密度越小，电位也越低，接地体周围的电位分布，如图 9 - 7b 所示。无论入地电流 I_d 有多大，在距接地体 20m 以外的地面，电流密度已很微小，基本上等于零。

电位等于零的地方称为电气设备的"地"或"大地"，电气设备外壳与"地"之间的电位差称为电气设备外壳的对地电压 U_d。

9.3.1.3 接触电压与跨步电压

电气设备的外壳一般都和接地体连接，使设备外壳保持和大地电位相等。如果电气设备有一相绝缘遭受到破坏，有接地电流 I_d 流入大地，在接地体附近地面有对"地"分布电位，这时设备外壳对地电位 U_d 最高，如图 9 - 8 所示。

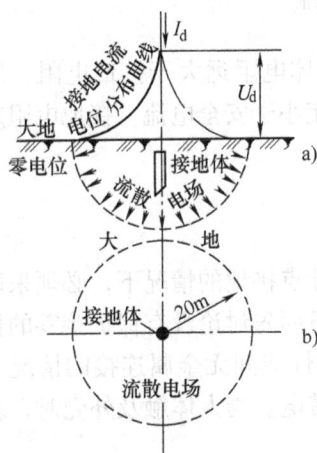

图 9 - 7 接地电流和对地电压   图 9 - 8 接触电压和跨步电压

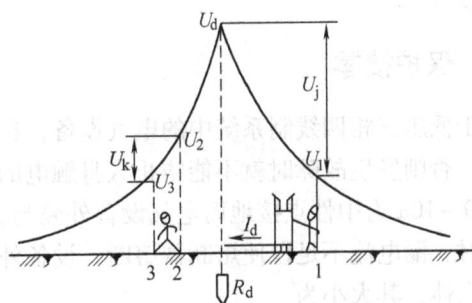

假如人站在地上触摸设备外壳，手的电位为 U_d，手与脚之间就有电压 U_j，此电压就叫接触电压。接触电压在任何情况下都不允许超过安全电压。

这时如果人在电气设备附近走动，虽未接触电气设备，但在跨步时两脚位置不同，两脚之间也存在电压 U_k，此电压称为跨步电压。跨步电压同样不允许超过安全电压。

9.3.2 保护接地

对于一个中性点不接地系统，电气设备外壳也没有与接地装置连接，如图 9 - 9a 所示，在正常情况下，各相导线对地的绝缘电阻 R_{L1}、R_{L2}、R_{L3}，分布电容（图中未画出）及泄漏电流也对称，大地相当于三相对称负载的中性点。电气设备外壳对地电压为零，人体触及电气设备外壳时也不会触电。但当某一相绝缘破坏使外壳带电时，人体触及设备外壳，人手对地的接触电压 U_d 就要大于安全电压，这是很不安全的。

如果将电气设备外壳与保护接地装置连接起来，情况就不同了。这时若电气设备某相绝缘破坏使外壳带电，人体再触及电气设备外壳，形成人体电阻 R_r 和接地电阻 R_d 并联的等效电路，如图 9 – 9b 所示，而流过人体的电流 I_r 与流过接地体的电流 I'_d 之间的关系为

$$\frac{I_r}{I'_d} = \frac{R_d}{R_r}$$

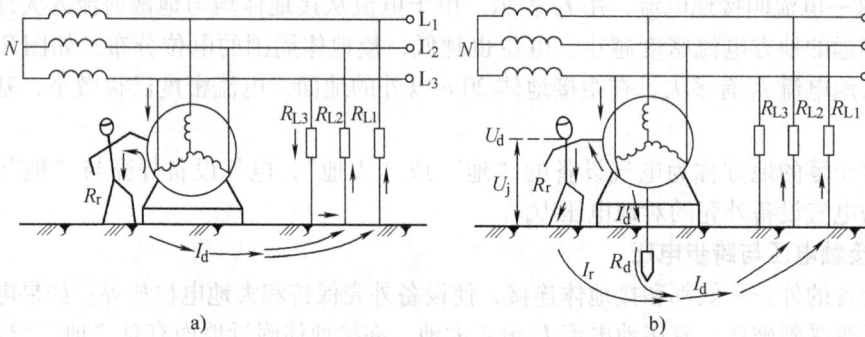

图 9 – 9 保护接地
a）无保护接地 b）有保护接地

通常 380V 低压供电系统接地体电阻小于 4Ω，而人体电阻远大于接地电阻，所以流经人体的电流比流过接地体的电流小得多，且流过人体电流小于安全电流。接地电阻越小，对人身越安全。

9.3.3 保护接零

接于低压三相四线制系统中的电气设备，在电源中性点接地的情况下，必须采取保护接零措施。否则发生故障时就不能防止人身触电的危险。下面先讨论没有保护接零的情况。

图 9 – 10a 为中性点接地而电气设备外壳与大地和中性线间无金属连接的情况。当某一相漏电时，漏电流不足以使熔断器熔断，设备外壳长期带电。当人体触及外壳时，就会有电流流过人体，其大小为

$$I_r = \frac{U_p}{R_N + R_r}$$

式中，U_p 为相电压；R_r 为人体电阻；R_N 为系统中性点工作接地电阻。

R_N 值一般在 4Ω 以下，比 R_r 小得多，可以略去不计，若 $U_p = 220V$，$R_r = 1000Ω$，则流经人体的电流 $I_r = 0.22A$，显然超过安全电流，对人是很危险的。

图 9 – 10b 为中性点接地而电气设备外壳与大地间有金属连接的情况。同样当电气设备的某一相短路接地时，其短路电流为

$$I_d = \frac{U_p}{R_N + R_d /\!/ R_r} \approx \frac{U_p}{R_N + R_d}$$

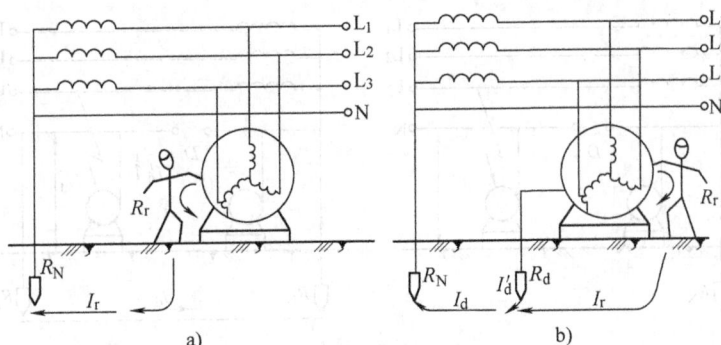

图9-10 中性点接地，无保护接零

a）电气设备外壳不接地 b）电气设备外壳接地

在380/220V三相四线制中性点接地系统中，接地电阻R_N及电气设备的接地电阻R_d均为4Ω以下，接地相的导线电阻忽略不计，这时的短路电流为

$$I_d = \frac{220}{4+4}A = 27.5A$$

如果此电流不足以使熔断器熔断，则设备外壳上一直带有一个对地电压，其值为

$$U_d = I'_d R_d \approx I_d R_d = \frac{R_d}{R_N + R_d} U_p$$

如果此电压超过允许的安全电压，则人体触及该设备外壳时也不能保证安全。

由上述分析可以看出，在中性点接地的系统中，无论电气设备外壳接地与否，在发生某一相对地短路时，对人体都有危险。为了保证电气设备快速而可靠地动作，防止人体触电危险，在中性点直接接地1000V以下的系统中，一律采用保护接零。

如图9-11电路中，将电气设备的外壳直接接到系统的中性线上。一旦电气设备的绝缘击穿，便形成短路回路，产生很大的短路电流使熔断器熔断，切断故障电路。

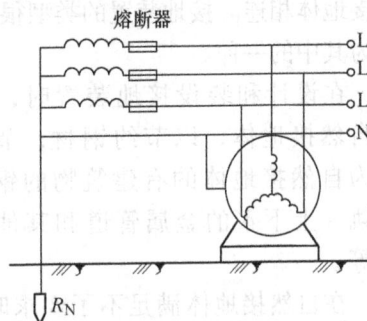

图9-11 保护接零

9.3.4 重复接地

在中性点直接接地的1000V以下系统中，为确保接零安全可靠，除在电源的中性点做工作接地外，还必须在中性（零）线上的一处或多处通过接地装置与大地再次连接，称为重复接地。距离长的线路，每隔1~2km处重复接地一次。在中性线的分支处和终端也要重复接地。

如果不进行重复接地，则在中性线发生断线并有一相碰壳漏电时，虽然接在断点前电气设备外壳上的对地电压均近于零，但接在断点后面的所有电气设备外壳对地电压U_d接近于相电压U_p，如图9-12a所示，这仍然不安全。

当有重复接地，如图9-12b所示，在发生同样故障时，断线后面的中性线电压只有$I'_d R'_N$。假设中性点工作接地电阻R_N与重复接地电阻R'_N相等，则断线后面一段中性

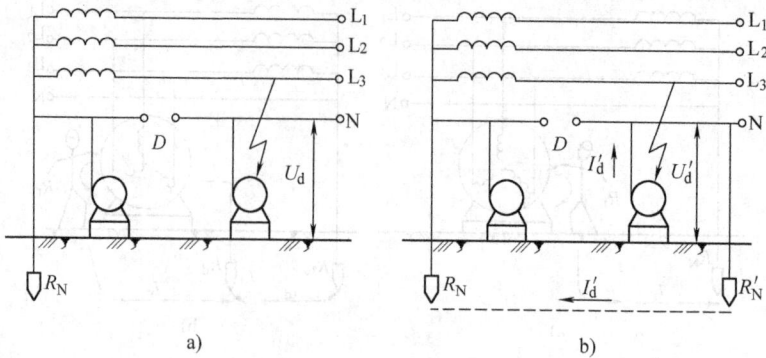

图 9 – 12　重复接地

a）无重复接地系统　b）有重复接地系统

线的对地电压 U'_d 只有相电压 U_p 的一半，危险程度降低了。但是对人还是有危险的，因此中性线断线的故障应尽量避免。在施工中应当重视中性线的安装质量，平时定期检查中性线。

9.3.5　接地装置

接地线和接地体合称接地装置，接地线又可分为接地干线和接地支线。一个工厂、一个车间的电气设备外壳可通过接地干线、接地支线与接地体相连。接地装置的类型很多，图 9 – 13 所示为其中的一种。

在设计和装设接地装置时，首先要充分利用自然接地体，以节约钢材，节省投资。可以作为自然接地体的有建筑物的钢筋结构、行车钢轨、上下水的金属管道和其他工业用金属管道等。

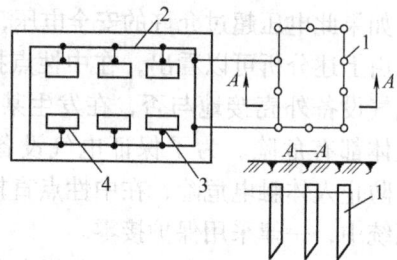

图 9 – 13　接地装置示意图

1—接地体　2—接地线　3—接地支线　4—设备

在自然接地体满足不了要求时，可以装设人工接地装置。人工接地装置的布置应使接地装置附近的电位分布尽可能地均匀，尽量降低接触电压和跨步电压，保证人身安全。人工接地装置的关键是接地电阻，为了减小接地电阻，对接地体的尺寸大小、埋入地下的深度、土壤的电阻率等都有一定的要求，在此不作说明，只简单介绍一下最常用的单根垂直埋设的接地体和水平埋设的接地体的装设。

垂直埋设的接地体，一般可采用直径为 50mm、长度为 2.5m 的钢管，如图 9 – 14a 所示，也可采用 50mm × 50mm × 5mm、长度为 2.5m 的角钢，如图 9 – 14b 所示。水平埋设的接地体，一般可采用 40mm × 40mm、长度为 5m 以上的扁钢，如图 9 – 14c 所示。接地体埋入地下后，其上部一般要离开地面 0.8m 左右，当需要把多根接地体连接在一起时，则用带钢将它们焊接在一起。

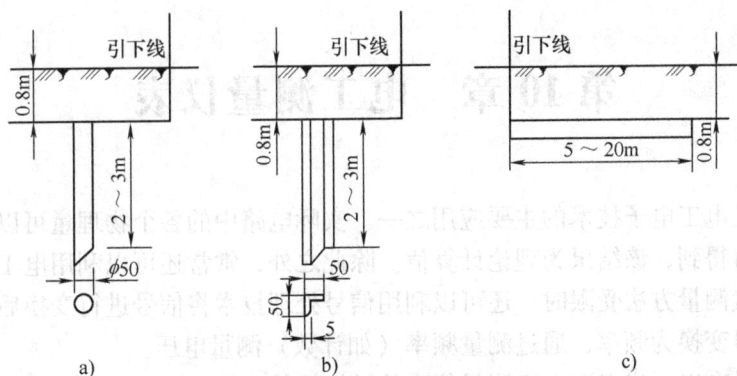

图9-14　单根接地装置

小　结

1) 电力系统是由发电厂、电力网和用户组成的一个集发电、输电、变电、配电和用电的整体系统。

2) 工业企业中的电力线路将电能由变电配电所送至用电设备的方式主要有树干式配电方式及放射式配电方式。

3) 电流对人体的伤害，与通过人体的电流的大小、频率、作用时间、途径及人体的个体特征等因素有关。

4) 接地与接零是为了防止电气设备意外带电，造成人身触电事故和保证电气设备正常运行而采取的技术措施。

习　题

9-1　保护接地和保护接零有什么作用？它们有什么区别？

9-2　在保护接零系统中，为什么在任何情况下都不允许出现中性线断线事故？

9-3　在同一供电系统中为什么不能同时采用保护接地和保护接零？

9-4　在车间380/220V中性点接地系统中，对电气设备一律采用接零保护，在此情况下个别设备碰壳短路对人身仍有触电的危险，应采取什么措施消除这种危险性？

第 10 章　电工测量仪表

电工测量是电工电子技术的主要应用之一。实际电路中的各个物理量可以通过建立电路模型并对其求解得到，该结果为理论计算值。除此之外，常常还可以利用电工测量仪表直接去测量。当直接测量方法受限时，还可以利用信号处理技术将信号进行变换后进行测量，如将被测电压信号变换为频率，通过测量频率（如计数）测量电压。

电工测量具有以下优点：电工测量仪表的结构简单，使用方便，有足够的精确度，可实现远距离的测量，并且还能利用电工测量的方法对非电量进行测量。

本章通过分类介绍电工测量仪表的工作原理，说明常见电量的测量方法。

10.1　电工测量仪表的分类

实际电工测量仪表的种类和规格繁多，分类方法各异。

按照被测电量的不同，可分为测量电流的电流表、毫安表；测量电压的电压表、千伏表；测量功率的功率表、千瓦表；测量电能的电度表；测量相位差的相位表；测量频率的频率表；测量电阻的电阻表、绝缘电阻表（习称兆欧表）等。

按照所用测量方法的不同，一般分为指示式仪表（又称直读式仪表）和比较式仪表两大类。指示式仪表能随时指示出所测量的电气参数，如电压表、电流表、功率表、万用表等；比较式仪表需将被测量与相应的标准量比较后才能得出结果，如惠斯顿电桥用来测量电阻，万用电桥用来测量电容、电感等。比较式仪表往往用来精确测量一些电量以及检验其他仪器或仪表。

用来测量电压、电流、功率等电量的指示仪表称为电测量指示仪表。

按照电工测量仪表的工作原理，可分为磁电式、电磁式、电动式、感应式、整流式、光电式、电子式等。

按照准确度来分，目前我国直读式电工测量仪表分为 0.1、0.2、0.5、1.0、1.5、2.5、5.0 七级，准确度较高（0.1、0.2、0.5）的仪表常用来进行精密测量或校正其他仪表。

实际电工测量仪表的面板上都有多种标志着仪表基本特性的符号，为了正确使用电工仪表，必须能识别常用电工仪表的标记符号所代表的意义。常用电工仪表的标记符号在一般电工手册中可以查到。

10.2　磁电式仪表

磁电式仪表广泛地应用于直流电压和电流的测量，如与整流元件或各种变换器配合，在交流及高频测量中也得到较广泛的应用，因此在电工测量指示仪表中占有极为重要的地位。磁电系仪表具有准确度和灵敏度高、消耗电能量小、刻度均匀、受外界磁场影响小等优点，其缺点是只能测量直流，且价格较高、不能承受较大过载。

10.2.1　结构和工作原理

磁电式仪表的结构如图 10 – 1a 所示，由固定部分和可动部分组成。

固定部分由马蹄形永久磁铁 1、半圆筒形极掌 2 和固定在支架上的圆柱形铁心 3 构成。磁铁由永磁材料做成；而极掌与铁心则用磁导率很高的软磁材料做成。铁心放在极掌之间，并与极掌形成一个磁场均匀的环形气隙。

可动部分由绕在铝框架上的可动线圈 4、线圈两端的两个"半轴" 5、与转轴相连的指针 6、游丝（螺旋弹簧）7 以及平衡锤 8 所组成。与"半轴"相连接的游丝，既做可动线圈的电流引线，又靠其张力作用产生可动线圈的反作用力矩。可动线圈可在环形气隙里自由转动。

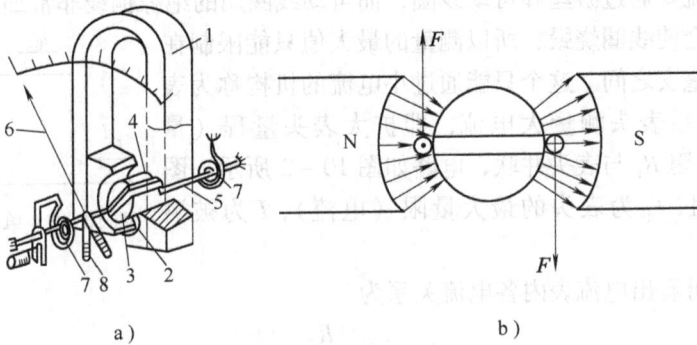

图 10 – 1　磁电式仪表结构及工作原理
a）结构　b）工作原理
1—永久磁铁　2—极掌　3—铁心　4—可动线圈　5—半轴　6—指针　7—游丝　8—平衡锤

磁电式仪表是根据通电线圈在磁场中会受到电磁力的原理制成的。

由于极掌与铁心之间的工作气隙内，磁感应强度 B 是均匀的且呈辐射状分布，如图 10 – 1b 所示，当有电流 I 通过可动线圈时，电流与磁场相互作用，就产生如图 10 – 1b 所示的电磁力 F。线圈每个边所受的电磁力 F 为

$$F = BIIw$$

所以，可动线圈受到的转动力矩为

$$T = 2BIlwr \qquad (10 – 1)$$

式中，w 是线圈匝数；r 是线圈半径；l 是线圈在磁场内一侧的有效边长。

由于 B、w、r、l 都是常量，式（10 – 1）又可表示为

$$T = KI \qquad (10 – 2)$$

即转动力矩与线圈通过的电流 I 成正比。

可动线圈所受的反作用力矩是由游丝产生的，即在转动力矩 T 的作用下，可动部分将绕轴旋转，结果游丝（螺旋弹簧）被拉紧，产生反作用力矩 T_α，在游丝的弹性范围内，T_α 与可动部分的偏转角 α 成正比，即

$$T_\alpha = K_F \alpha \qquad (10 – 3)$$

式中，K_F 为游丝的反作用力矩系数。

当可动线圈所受的转动力矩 T 等于反作用力矩 T_α 时，线圈处于平衡状态，可动部分停止转动，指针 6 停止在某一位置上，即 $T = T_\alpha$ 时，由式（10-2）、式（10-3），可得

$$KI = K_F \alpha$$

所以，有

$$\alpha = \frac{K}{K_F} I = K'I \tag{10-4}$$

由此可见，平衡时的偏转角 α 与线圈中的电流 I 成正比，用偏转角 α 的大小可以表示电流的大小，而且刻度均匀。

10.2.2 磁电式电流表

由于被测电流要通过游丝和可动线圈，而可动线圈用的绝缘铜线非常细，能通过的电流很小，电流过大会使线圈烧毁，所以测量的最大值只能限制在几十微安到几十毫安之间。这个只能通过小电流的机构称为表头。为了用磁电系表头测量大电流，即扩大表头量程（量限），可用分流电阻 R_f 与表头并联，电路如图 10-2 所示。图中 R_g 为表头内阻，I_g 为表头的最大量限（电流），I 为被测电流。

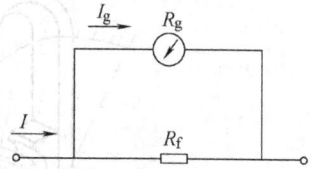

图 10-2 单量限电流表电路

由图 10-2 可看出电流表内各电流关系为

$$I_g = I \frac{R_f}{R_g + R_f} \tag{10-5}$$

若用 n 表示表头的量程扩大倍数，即令 $I = nI_g$，则 R_f 的大小与 n 有关。根据式（10-5），可得

$$R_f = \frac{R_g}{n-1} \tag{10-6}$$

如果已知 n，则可根据式（10-6）求出所需的分流电阻 R_f 的大小。

实际上，常把磁电式表头做成多量程电流表。

10.2.3 磁电式电压表

如果将磁电式测量机构与被测电压并联，则磁电式表头也可以测量电压。因为可动线圈允许通过的电流很小，直接测量时只能测量很低的电压（不超过毫伏级）。为了扩大电压测量范围即扩大量限（量程），可以采用与表头串联附加电阻的办法，如图 10-3 所示。

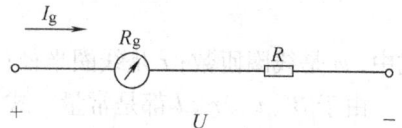

图 10-3 单量限电压表电路

由图 10-3 可看出，电压表内电压、电流关系为

$$U = I_g (R_g + R) \tag{10-7}$$

如果要把电压量程扩大 m 倍，即令 $U = mU_g$，$U_g = I_g R_g$ 为表头的电压量程，则需串联的附加电阻 R 的大小为

$$R = (m-1)R_g \tag{10-8}$$

10.3 电磁式仪表

电磁式仪表是测量交流电压与交流电流的最常用一种仪表。它具有结构简单、价格低廉、能测量较大的电流、过载能力强以及交、直流两用等一系列优点，在实验室和电力工程，尤其是固定安装的测量中得到了广泛的应用。电磁式仪表的缺点是标尺上的刻度不均匀、测量交流时易受外界磁场及仪表铁磁材料中磁滞和涡流效应的影响，因此准确度不高。

电磁式仪表根据测量机构的结构形式不同，分有扁线圈吸引型和圆线圈排斥型两种。

10.3.1 吸引型电磁式仪表的结构和工作原理

吸引型电磁式仪表的结构如图 10 - 4a 所示。其主要部分为扁形固定线圈 1 和偏心装在转轴 6 上的可动铁片 2。转轴上还装有指针 3、游丝 4、阻尼翼片 5。

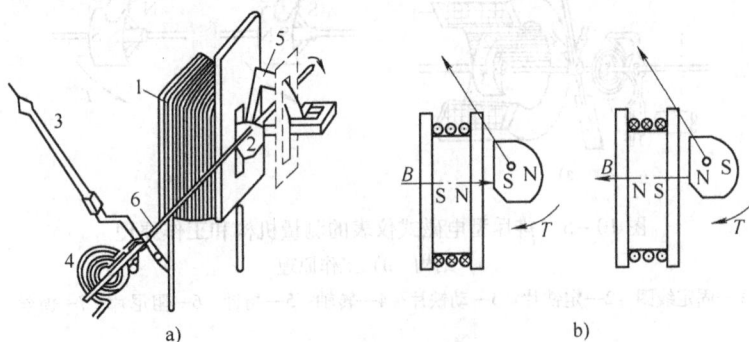

图 10 - 4 吸引型电磁式仪表的测量机构和工作原理
a）结构 b）工作原理
1—线圈 2—可动铁片 3—指针 4—游丝 5—阻尼翼片 6—转轴

当线圈 1 中通有电流时，线圈狭缝中就产生磁场，可动铁片 2 受到磁场的磁化而被吸入线圈的狭缝中，固定在转轴上的指针 3 就发生偏转。通入电流越大，磁场越强，对可动铁片的吸力也越大。图 10 - 4b 为某瞬时狭缝中磁场极性和可动铁片被磁化的极性。当线圈通交流电时，电流所产生的磁场方向和被磁化铁片的极性同时改变，作用在可动铁片上的吸力方向也就维持不变。可以近似地认为仪表的旋转力矩与流经线圈的电流 I 的二次方成正比。若通入线圈的电流是交流，则 I 为交流电的有效值。当游丝 4 的反作用力矩与旋转力矩平衡时，仪表可动部分停止，此时指针偏转角为

$$\alpha = KI^2 \tag{10 - 9}$$

即指针偏转的角度与直流电流或交流电流有效值的二次方成正比。

由此可见，电磁式仪表标尺上的刻度是不均匀的。一般在 25% ~ 100% 满标值（满刻度）范围内为其工作部分。

10.3.2 排斥型电磁式仪表的结构和工作原理

排斥型电磁式仪表的结构如图 10 - 5a 所示，其可动部分的动铁片 3、指针 5、阻尼片 6、

游丝 7 装在同一转轴 4 上，动铁片和定铁片 2 同置于一个固定线圈 1 中，定铁片 2 固定在固定线圈 1 的内侧。

排斥型电磁式仪表的基本原理与吸引型的相同，不同的是它产生的电磁力是排斥力。当固定线圈 1 通电时，电流 I 产生的磁场使定铁片 2 和动铁片 3 同时磁化，并且两铁片的同一端具有相同的磁化极性，如图 10-5b 所示，从而互相排斥。在排斥力作用下动铁片 3 带动指针 5 偏转。当线圈里的电流方向改变时，两铁片的磁化极性也同时改变，两铁片之间仍然互相排斥，因此可动部分的转动方向与线圈中的电流方向无关。所以，电磁式仪表没有"+"、"-"极性之分，交直流均可测量。

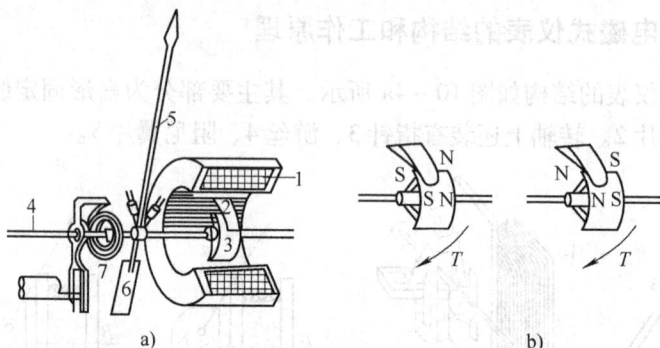

图 10-5 排斥型电磁式仪表的测量机构和工作原理
a）结构 b）工作原理
1—固定线圈 2—定铁片 3—动铁片 4—转轴 5—指针 6—阻尼片 7—游丝

与吸引型一样，指针偏转角 α 与通过线圈的直流电流或交流电流有效值的二次方成正比，即 $\alpha = KI^2$。

电磁式测量机构可直接做成电流表，改变固定线圈匝数可改变电流量程。电流线圈可用粗导线绕成，故过载能力强。

电压表可用细导线绕制固定线圈，再串入附加电阻，可得到不同量程的电压表。

吸引型电磁式仪表由于结构上的原因，准确度较低。排斥型电磁系仪表通过铁心形状的设计，可使刻度较为均匀，准确度也较高，可达精密仪表的等级。

10.4 电动式仪表

如前所述，磁电式仪表的磁场是由永久磁铁建立的，当利用通有电流的固定线圈来代替永久磁铁时，便构成了"电动式仪表"。电动式仪表的优点是能交、直流两用，具有较高的准确度和灵敏度。电动式仪表不但能精确地测量电流与电压，而且还可以测量功率、功率因数、相位及频率等，在精密指示仪表中占有重要地位。其缺点是本身磁场弱，转矩小，易受外界磁场影响，不能承受较大过载。

10.4.1 电动式仪表的结构和工作原理

电动式仪表的测量机构主要由建立磁场的固定线圈 1 和在此磁场中偏转的可动线圈 2 组

成，结构如图 10 - 6a 所示。固定线圈 1 分为平行排列、互相对称的两段，使两个线圈之间产生的磁场分布比较均匀。可根据需要使两个线圈串联或并联，从而得到不同的电流量程。固定在转轴上的可动线圈 2 置于固定线圈内侧。转轴上还装有指针、游丝、阻尼片等。

当固定线圈 1 中通入电流 I_1 时，产生一磁场，若可动线圈 2 通入电流 I_2，则可动线圈 1 在磁场中受到电磁力 F，并在这个力的作用下，驱使它带动指针产生偏转，如图 10 - 6b 所示。可动部分的旋转力矩与流经两个线圈的电流的乘积成正比，即

$$T = K_1 I_1 I_2 \qquad (10-10)$$

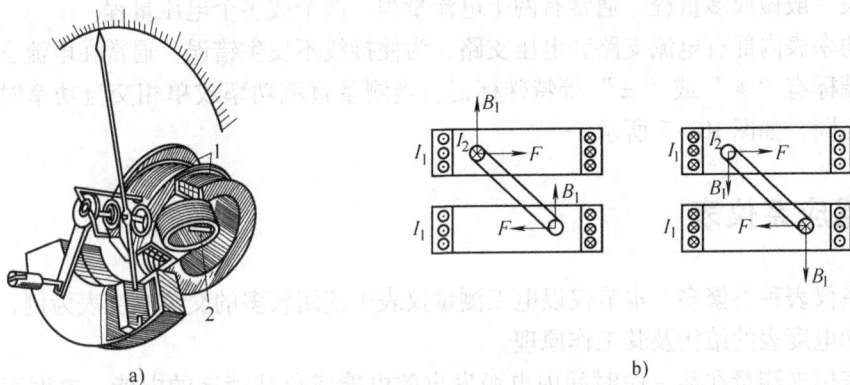

图 10 - 6 电动式仪表的结构和工作原理

a) 结构 b) 工作原理

1—固定线圈 2—可动线圈

反作用力矩由游丝产生，与可动线圈 2 的偏转角 α 成正比，即

$$T_f = K_f \alpha \qquad (10-11)$$

当转动力矩等于反作用力矩即平衡时，可动部分停止转动，此时

$$\alpha = \frac{K_1}{K_f} I_1 I_2 = K I_1 I_2 \qquad (10-12)$$

电动式仪表在测量直流时，仪表的偏转角 α 与流经两个线圈的电流乘积成正比；测量交流时，仪表的偏转角 α 与两个线圈交流电流的有效值及其相位差的余弦三者的乘积成正比，即

$$\alpha = K' I_1 I_2 \cos\varphi \qquad (10-13)$$

10.4.2 电动式功率表测量功率

电动式功率表测量负载功率时的接线如图 10 - 7 所示。电动系功率表的固定线圈匝数少，电阻小，与负载串联，则负载电流的有效值 I 就是固定线圈中的电流 I_1，所以固定线圈又称电流线圈；可动线圈匝数多，电阻大，将其和附加电阻 R 串联后再与负载并联，则可动线圈与附加电阻 R 一起承受整个负载电压，所以可动线圈又称电压线圈。

由于电压线圈支路的总阻抗 $|Z_2|$ 是固定的，所以电压线圈中的电流与负载电压 U 成正比，即

$$I_2 = \frac{U}{|Z_2|}$$

电压线圈支路的感抗与附加电阻 R 相比是很小的，如果忽略不计，则 $\dot{I}_2$ 与 $\dot{U}$ 同相位。

测量交流时的偏转角

$$\alpha = K'I_1I_2\cos\varphi = K'I\frac{U}{|Z_2|}\cos\varphi = \frac{K'}{|Z_2|}UI\cos\varphi \qquad (10-14)$$

由此可见，仪表偏转角 α 与负载的有功功率 $P = UI\cos\varphi$ 成正比。

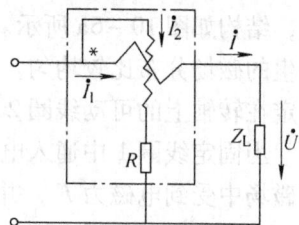

图 10-7　电动系功率表接线

功率表一般做成多量程，通常有两个电流量程，两个或多个电压量程。

由于功率表内部有电流支路和电压支路，为使接线不发生错误，通常在电流支路和电压支路各一端标有"＊"或"±"等特殊标记。当测量直流功率或单相交流功率时，线圈端头的接法相同，如图 10-7 所示。

10.5　感应系仪表

感应系仪表种类繁多，本节仅以电工测量仪表中使用较多的交流电度表为例，介绍感应系单相有功电度表的结构及其工作原理。

电度表用来测量在某一段时间内电源发出的电能或负载消耗的电能。电度表的种类较多，结构也不同。常见的交流电度表属于感应系仪表。交流电度表可分为有功电度表和无功电度表。

感应系单相有功交流电度表的结构如图 10-8 所示。主要部分由两个电磁线圈，即电流线圈 1 和电压线圈 2，铝盘 3 和制动磁铁 4 组成。

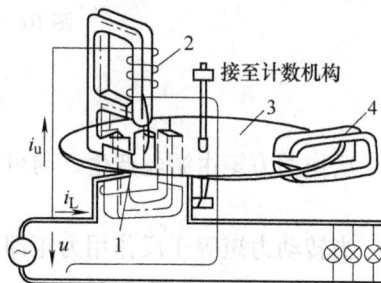

图 10-8　单相有功电度表的结构
1—电流线圈　2—电压线圈
3—铝盘　4—制动磁铁

电流线圈 1 匝数少，导线粗，其中流过被测电路的电流 i_L；电压线圈 2 匝数多，导线细，其两端加被测电路的端电压 u，电流线圈 1 和电压线圈 2 产生的交变磁通穿过铝盘 3，在铝盘 3 中产生涡流。由于磁通对涡流的作用，便在铝盘 3 上产生转矩。铝盘 3 转动带动计数器计量转盘的转数。制动磁铁 4 对转动的铝盘 3 产生制动力矩（或阻尼力矩），使铝盘 3 转速与负载的功率大小成正比，从而使电度表能反映出负载消耗的电能。

10.6　比较系仪表——电桥

电桥是一种比较系仪表，测量时将被测量与相应的已知标准量进行比较，从而确定被测量的大小，其准确度和灵敏度都较高。电桥分为直流电桥和交流电桥两大类，直流电桥可用来测量中值（约 $1\Omega \sim 0.1\mathrm{M}\Omega$）电阻，交流电桥不仅可测量电阻，还可以测量电容与电感。

10.6.1　电桥测量电阻

用惠斯顿电桥（单臂直流电桥）测量中值电阻的电路如图 10-9 所示。图中，四个电

阻 R_1、R_2、R_s 和 R_x 连接成一个四边形，每条边称为电桥的一个"桥臂"，R_1、R_2 称为比例臂电阻，R_s（可调电阻）称为比较臂电阻，R_x 为待测电阻。在对角线 ab 上接上检流计 G，电桥的"桥"就是指 ab 这条对角线而言，其作用是将桥两端的电位直接进行比较。一般 a、b 两点的电位并不相同，因此检流计中有电流通过，指针必然偏转。

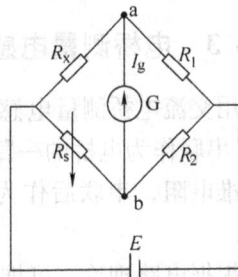

图 10-9　电桥测量
电阻的电路

测量时，若适当调节桥臂电阻，可使桥上没有电流通过（$I_g = 0$），检流计指针在零位，a、b 两点的电位相等，此时称为电桥平衡。可求出电桥平衡时四个桥臂电阻的关系为

$$\frac{R_1}{R_x} = \frac{R_2}{R_s}$$

因此待测电阻 R_x 可表示为

$$R_x = \frac{R_1}{R_2}R_s = MR_s \tag{10-15}$$

式（10-15）称为电桥的平衡条件。式中，R_1、R_2 的比值 M 称为倍率。若 M（或 R_1、R_2）和 R_s 已知，电阻 R_x 的测量值就可由式（10-15）求出。

用电桥法测电阻，只要检流计灵敏度足够高，且选用标准电阻作为桥臂，通过与标准电阻相比较，即可确定待测电阻是标准电阻的多少倍。由于制造高精度的电阻并不困难，所以电桥法测电阻可达到很高的准确度。

10.6.2　电桥测量电容

交流电桥与直流电桥相似，也是由四个桥臂组成，但组成桥臂的元件不单是电阻，还包括电容、电感及互感或它们的组合。由于交流电桥的桥臂特性变化繁多，因而使用更广泛。它除了可用来测量交流电阻、电感、电容外，还可测量电容器的介质损耗，两线圈间的互感及耦合系数，磁性材料的磁导率及饱和特性，并且当平衡电桥的平衡条件与频率有关时，还可用于测量频率等。

用交流电桥测量电容的电路如图 10-10 所示。图中，实际电容器的模型由 R_x 和 C_x 串联表示，R_x 是电容器的介质损耗所反映出的等效电阻；C_0 和 R_0 分别为无损耗的标准电容和标准电阻；R_1、R_2 仍为比例臂电阻。

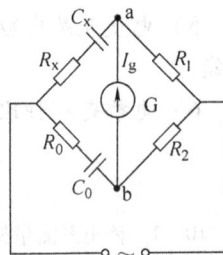

图 10-10　电桥测
量电容的电路

根据电路理论，可推导出电桥平衡的条件为

$$\frac{R_1}{R_x - j\frac{1}{\omega C_x}} = \frac{R_2}{R_0 - j\frac{1}{\omega C_0}}$$

因此，可得

$$R_x = \frac{R_1}{R_2}R_0 \ , \ C_x = \frac{R_2}{R_1}C_0 \tag{10-16}$$

电桥平衡时，式（10-16）必满足。选 C_0 和 R_0 为可调参数，适当反复调节 R_1、R_2 的比值和 R_0（C_0），直至检流计 G 指针为零。由式（10-16）计算出测量值。

10.6.3 电桥测量电感

用交流电桥测量电感的电路如图 10 - 11 所示。图中，R_x 和 L_x 串联作为电桥的一臂；L_0 和 R_0 分别为无损耗的标准电感和标准电阻，串联后作为电桥的另一臂；R_1、R_2 仍为比例臂电阻。

根据电路理论，可推导出电桥平衡的条件为

$$\frac{R_1}{R_x + j\omega L_x} = \frac{R_2}{R_0 + j\omega L_0}$$

因此，可得

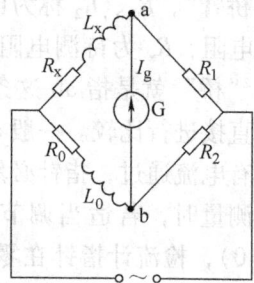

图 10 - 11 电桥测量电感的电路

$$R_x = \frac{R_1}{R_2}R_0 , \quad L_x = \frac{R_1}{R_2}L_0 \qquad (10 - 17)$$

电桥平衡时，式（10 - 17）必满足。选 L_0 和 R_0 为可调参数，适当反复调节 R_1、R_2 的比值和 R_0（L_0），直至检流计 G 指针为零。由式（10 - 17）计算出测量值。

小　结

1）电工测量仪表按照所用测量方法的不同，一般分为指示式仪表和比较式仪表两大类。按照电工测量仪表的工作原理，可分为磁电系、电磁系、电动系、感应系、整流系、光电系、电子系等。

2）磁电系仪表广泛地应用于直流电压和电流的测量，具有准确度和灵敏度高、消耗电能量小、刻度均匀、受外界磁场影响小等优点。

3）电磁系仪表是测量交流电压与交流电流的最常用一种仪表，具有能测量较大的电流、过载能力强以及交直流两用等优点。

4）电动系仪表为交、直流两用，不但能精确地测量电流与电压，而且还可以测量功率、功率因数、相位及频率等，在精密指示仪表中占有重要地位。

5）电度表是感应系仪表，用来测量在某一段时间内电源发出的电能或负载消耗的电能。

6）电桥是一种比较系仪表，不仅可测量电阻，还可以测量电容与电感。

习　题

10 - 1　磁电系测量机构能否直接测量交流量？为什么？

附　录

电阻器和电容器的标称值应符合附表 1 所列数值之一，或再乘以 10^n 倍（n 为正整数或负整数）。

附表 1　电阻器、电容器的标称系列值

E24 容许 误差 ±5%	E12 容许 误差 ±10%	E6 容许 误差 ±20%	E24 容许 误差 ±5%	E12 容许 误差 ±10%	E6 容许 误差 ±20%
1.0	1.0	1.0	3.3	3.3	3.3
1.1			3.6		
1.2	1.2		3.9	3.9	
1.3			4.3		
1.5	1.5	1.5	4.7	4.7	4.7
1.6			5.1		
1.8	1.8		5.6	5.6	
2.0			6.2		
2.2	2.2	2.2	6.8	6.8	6.8
2.4			7.5		
2.7	2.7		8.2	8.2	
3.0			9.1		

注：1. 非线绕的电阻器的额定功率有 1W、1/2W、1/4W、1/8W 等；
2. 云母电容器（CY）的容量范围为 51～10000pF；
3. 瓷介电容器（CC）的容量范围为 2pF～0.04μF；
4. 小型涤纶电容器（CLX）的容量范围为 1000pF～0.5μF；
5. 小型聚苯乙烯电容器（CBX）的容量范围为 3pF～0.01μF；
6. 纸介电容器（CZ）的容量范围为 0.01～10000μF；
7. 电解电容器（CD）的容量范围为 1～5000μF；
8. 电容器在脉动电路中工作时，电压交流分量最大值与直流电压之和不应超过额定工作电压；
9. 纸介电容器在交流电路中工作时，交流电压有效值不应超过附表 2 所列范围。

附表 2　纸介电容器在交流电路中工作时的允许电压有效值

额定直流工作电压/V	允许交流电压有效值/V			
	频率为 50Hz 时		频率为 500Hz 时	
	标称容量 ≤2μF	标称容量 ≥4μF	标称容量 ≤2μF	标称容量 ≥4μF
250	160	130	100	50
400	250	200	125	75
630	300	250	150	100
1000	400	350	200	150
1600	500	—	250	—

附表3　常用导电材料的电阻率和电阻温度系数

材料名称	电阻率 ρ（20℃）/（$\Omega \cdot mm^2/m$）	电阻温度系数 a（0~100℃）/（1/℃）
铜	0.0175	0.004
铝	0.026	0.004
钨	0.049	0.004
铸铁	0.50	0.001
钢	0.13	0.006
碳	10.0	−0.0005
锰铜（$Cu_{84}+Ni_4+Mn_{12}$）	0.42	0.000005
康铜（$Cu_{60}+Ni_{40}$）	0.44	0.000005
镍铬铁（$Ni_{66}+Cr_{15}+Fe_{19}$）	1.0	0.00013
铝铬铁（$Al_5+Cr_{15}+Fe_{80}$）	1.2	0.00008

附表4　三相异步电动机产品名称、用途及型号（新、旧）

序号	产品名称	适用范围	型号：新（旧）
1	异步电动机	一般用途	Y（J、JO₂）
2	绕线转子异步电动机	用于电源容量小，不能用同容量笼型异步电动机起动的生产机械上	YR（JR、JRO）
3	高转差率异步电动机	用于惯性大，有冲击性负荷机械传动，如剪床、锻压机等	YH（JH、JHO）
4	高起动转矩异步电动机	用于静止负荷或惯性矩较大的机械，如压缩机、粉碎机等	YQ（JQ、JQO）
5	电磁调速异步电动机	适用于恒转矩和风机类型设备的无级调速	YCT（JZT）
6	变级多速异步电动机	适用机床、印染机、印刷机等机械	YD（JD、TDO）
7	起重冶金用异步电动机	适用于冶金和一般起重设备	YZ（JZ）
8	防爆型异步电动机	适用于石油、化工、煤矿井下等场合	YB（JBO）
9	井用潜水异步电动机	与潜水泵配套、潜入井下提水用	YQS（JQS）
10	精密机床异步电动机	适用精密机床	YJ（JJ、JJO）
11	电梯异步电动机	用于电梯，作为升降动力	YTD（JTD）
12	振捣器异步电动机	混凝土振捣用	YUD

附表5　Y系列三相异步电动机技术数据（额定电压为380V，额定频率为50Hz）

型号	额定功率/kW	满载时				起动转矩 额定转矩	起动电流 额定电流	最大转矩 额定转矩
		电流/A	转速/r·min⁻¹	效率/%	功率因素/cosφ			
Y801—2	0.75	1.8	2825	75	0.84	2.2	7.0	2.2
Y802—2	1.1	2.5	2825	77	0.86	2.2	7.0	2.2
Y90S—2	1.5	3.4	2840	78	0.85	2.2	7.0	2.2

（续）

型号	额定功率/kW	满载时				起动转矩	起动电流	最大转矩
		电流/A	转速/r·min⁻¹	效率/%	功率因素/cosφ	额定转矩	额定电流	额定转矩
Y90L—2	2.2	4.7	2840	82	0.86	2.2	7.0	2.2
Y100L—2	3	6.4	2880	82	0.87	2.2	7.0	2.2
Y112M—2	4	8.2	2890	85.5	0.87	2.2	7.0	2.2
Y132S₁—2	5.5	11.1	2900	85.5	0.88	2.0	7.0	2.2
Y132S₂—2	7.5	15.0	2900	86.2	0.88	2.0	7.0	2.2
Y160M₁—2	11	21.8	2930	87.2	0.88	2.0	7.0	2.2
Y160M₂—2	15	29.4	2930	88.2	0.88	2.0	7.0	2.2
Y160L—2	18.5	35.5	2930	89	0.89	2.0	7.0	2.2
Y180M—2	22	42.2	2940	89	0.89	2.0	7.0	2.2
Y200L₁—2	30	56.9	2950	90	0.89	2.0	7.0	2.2
Y200L₂—2	37	69.8	2950	90.5	0.89	2.0	7.0	2.2
Y225M—2	45	83.9	2970	91.5	0.89	2.0	7.0	2.2
Y250M—2	55	102.7	2970	91.5	0.89	2.0	7.0	2.2
Y280S—2	75	140.1	2970	91.5	0.89	2.0	7.0	2.2
Y280M—2	90	167	2970	92	0.89	2.0	7.0	2.2
Y315S—2	110	206.4	2970	91	0.89	1.6	7.0	2.2
Y315M₁—2	132	247.6	2970	91	0.89	1.6	7.0	2.2
Y801—4	0.55	1.5	1390	73	0.76	2.2	6.5	2.2
Y802—4	0.75	2.0	1390	74.5	0.76	2.2	6.5	2.2
Y90S—4	1.1	2.7	1400	78	0.78	2.2	6.5	2.2
Y90L—4	1.5	3.7	1400	79	0.79	2.2	6.5	2.2
Y100L₁—4	2.2	5.0	1420	81	0.82	2.2	7.0	2.2
Y100L₂—4	3	6.8	1420	82.5	0.81	2.2	7.0	2.2
Y112M—4	4	8.8	1440	84.5	0.82	2.2	7.0	2.2
Y132S—4	5.5	11.6	1440	85.5	0.84	2.2	7.0	2.2
Y132M—4	7.5	15.4	1440	87	0.85	2.2	7.0	2.2
Y160M—4	11	22.6	1460	88	0.84	2.2	7.0	2.2
Y160L—4	15	30.3	1460	88.5	0.85	2.2	7.0	2.2
Y180M—4	18.5	35.9	1470	91	0.86	2.0	7.0	2.2
Y180L—4	22	42.5	1470	91.5	0.86	2.0	7.0	2.2
Y200L—4	30	56.8	1470	92.2	0.87	2.0	7.0	2.2
Y225S—4	37	69.8	1480	91.8	0.87	1.9	7.0	2.2
Y225M—4	45	84.2	1480	92.3	0.88	1.9	7.0	2.2
Y250M—4	55	102.5	1480	92.6	0.88	2.0	7.0	2.2
Y280S—4	75	139.7	1480	92.7	0.88	1.9	7.0	2.2

（续）

型号	额定功率/kW	满载时				起动转矩	起动电流	最大转矩
		电流/A	转速/r·min⁻¹	效率/%	功率因素/cosφ	额定转矩	额定电流	额定转矩
Y280M—4	90	164.3	1480	93.6	0.89	1.9	7.0	2.2
Y315S—4	110	201.9	1480	93	0.89	1.8	7.0	2.2
Y315M₁—4	132	242.3	1480	93	0.89	1.8	7.0	2.2
Y90LS—6	0.75	2.3	910	72.5	0.70	2.0	6.0	2.0
Y90L—6	1.1	3.2	910	73.5	0.72	2.0	6.0	2.0
Y100L—6	1.5	4.0	940	77.5	0.74	2.0	6.0	2.0
Y112M—6	2.2	5.6	940	80.5	0.74	2.0	6.0	2.0
Y132S—4	3	7.2	960	83	0.76	2.0	6.5	2.0
Y132M₁—6	4	9.4	960	84	0.77	2.0	6.5	2.0
Y132M₂—6	5.5	12.6	960	85.3	0.78	2.0	6.5	2.0
Y160M—6	7.5	17.0	970	86	0.78	2.0	6.5	2.0
Y160L—6	11	24.6	970	87	0.78	2.0	6.5	2.0
Y180L—6	15	31.5	970	89.5	0.81	1.8	6.5	2.0
Y200L₁—6	18.5	37.7	970	89.8	0.83	1.8	6.5	2.0
Y200L₂—6	22	44.6	970	90.2	0.83	1.8	6.5	2.0
Y225M—6	30	59.5	980	90.2	0.85	1.7	6.5	2.0
Y250M—6	37	72	980	90.8	0.86	1.8	6.5	2.0
Y280S—6	45	85.4	980	92	0.87	1.8	6.5	2.0
Y280M—6	55	104.4	980	92	0.87	1.8	6.5	2.0
Y315S—6	75	142.4	980	92	0.87	1.6	7.0	2.0
Y315M₁—6	90	170.8	980	92	0.87	1.6	7.0	2.0
Y315M₂—6	110	207.7	980	92.5	0.87	1.6	7.0	2.0
Y315M₃—6	132	249.2	980	92.5	0.87	1.6	7.0	2.0
Y132S—8	2.2	5.8	710	81	0.71	2.0	5.5	2.0
Y132M—8	3	7.7	710	82	0.72	2.0	5.5	2.0
Y160M₁—8	4	9.9	720	84	0.73	2.0	6.0	2.0
Y160M₂—8	5.5	13.3	720	85	0.74	2.0	6.0	2.0
Y160L—8	7.5	17.7	720	86	0.75	2.0	5.5	2.0
Y180L—8	11	25.1	730	86.5	0.77	1.7	6.0	2.0
Y200L—8	15	34.1	730	88	0.76	1.8	6.0	2.0
Y225S—8	18.5	41.3	730	89.5	0.76	1.7	6.0	2.0
Y225M—8	22	47.6	730	90	0.78	1.8	6.0	2.0
Y250M—8	30	63	730	90.5	0.80	1.8	6.0	2.0
Y280S—8	37	78.2	740	91	0.79	1.8	6.0	2.0
Y280M—8	45	93.2	740	91.7	0.80	1.8	6.0	2.0

（续）

型号	额定功率/kW	满载时				起动转矩 额定转矩	起动电流 额定电流	最大转矩 额定转矩
		电流/A	转速/r·min^{-1}	效率/%	功率因素/cosφ			
Y315S—8	55	112.1	740	92	0.81	1.6	6.5	2.0
Y315M$_1$—8	75	152.9	740	92	0.81	1.6	6.5	2.0
Y315M$_2$—8	90	180.3	740	92.5	0.82	1.6	6.5	2.0
Y315M$_3$—8	110	220.3	740	92.5	0.82	1.6	6.5	2.0

参 考 文 献

[1] 秦曾煌 . 电工学（上、下）[M] . 6 版 . 北京：高等教育出版社，2003.
[2] 荣西林，肖军 . 电工与电子技术 [M] . 2 版 . 北京：冶金工业出版社，2008.
[3] 唐庆玉 . 电工技术与电子技术（上、下）[M] . 北京：清华大学出版社，2009.
[4] 陈新龙 . 电工电子技术（上、下）[M] . 北京：电子工业出版社，2004.